Sozialwissenschaften

Franz Josef Floren

Wirtschaftspolitik im Zeichen der Globalisierung

Schöningh

www.schoeningh-schulbuch.de
Schöningh Verlag, Jühenplatz 1–3, 33098 Paderborn

Druck A 5 4 3 2 / Jahr 2018 17 16 15
Alle Drucke der Serie A sind im Unterricht parallel verwendbar.
Die letzte Zahl bezeichnet das Jahr dieses Druckes.

Umschlaggestaltung: Verlag Schöningh, Paderborn
Druck und Bindung: westermann druck GmbH, Braunschweig

ISBN 978-3-14-023997-4

Inhaltsverzeichnis

Hinweise zur Verwendung des Buches im Unterricht

Der vorliegende Band stellt die *vollständige Neubearbeitung* des zuletzt 2008 herausgegebenen Arbeitsbuches mit demselben Titel dar. Die Neuauflage unterscheidet sich von der bisherigen vor allem durch
- die vollständige *Aktualisierung* aller Materialien (Datenstand: Frühjahr 2012),
- die *veränderte* (z.T. reduzierte) *Akzentuierung* bisheriger und die Berücksichtigung neuer Inhaltsaspekte (z.B. der Euro-Schulden-Krise 2010/2011),
- ein verändertes, großzügiger gestaltetes *Layout*.

An den bewährten didaktischen Prinzipien der bisherigen Auflagen wurde festgehalten:
- Im Hinblick auf die Unterschiedlichkeit der Voraussetzungen, die die Schülerinnen und Schüler aus dem Unterricht der Sekundarstufe I und/oder aus dem vorausgehenden Unterricht in der Sekundarstufe II mitbringen, enthält das Buch eine Reihe von elementaren Informationen (vor allem Kapitel I), mit denen Lehrkräfte und Lerngruppe je nach Bedarf umgehen können.
- Die inhaltliche Struktur des Arbeitsbuches (s. Inhaltsverzeichnis) kann als traditionell, der methodische Aufbau als lehrgangsmäßig bezeichnet werden. Dafür hat sich der Herausgeber ganz bewusst entschieden, weil nur auf diese Weise die Möglichkeit garantiert erscheint, je nach Unterrichtssituation (Vorkenntnisse der Schülerinnen und Schüler, zur Verfügung stehende Unterrichtszeit, inhaltliche Schwerpunktsetzung) *aus dem Themen- und Materialangebot auszuwählen* und dabei doch im Hinblick auf die Verlaufsstruktur des Unterrichts auf einem sicheren, für die Schülerinnen und Schüler überschaubaren Weg zu bleiben. Ein dichtes Netz von *Querverweisen* in den Materialien und Arbeitshinweisen erleichtert die Orientierung.

Auf diese Weise können für die praktische Unterrichtsarbeit je nach thematischer Aktualität und Interessenlage der Lernenden in der selbst gewählten Verbindung einzelner Abschnitte ggf. eigene „Wege" der Erarbeitung konzipiert werden. So kann, um nur ein Beispiel zu nennen, die Behandlung der Geldpolitik (Abschnitt III.2) unmittelbar mit Abschnitt II.3 (Inflation) verknüpft werden.
- Das *Materialangebot* soll den Schülerinnen und Schülern eine gründliche, selbsttätige und kritische Auseinandersetzung mit den Themen und Gegenständen ermöglichen. Sein Umfang und seine Strukturierung bieten den Lehrenden und Lernenden in Grund- und Leistungskursen die Möglichkeit, sich für eine *Auswahl* und eine eigene inhaltliche *Schwerpunktsetzung* zu entscheiden, ohne dabei ständig auf zusätzliche Informationen angewiesen zu sein.
- Eine wichtige Steuerungs- und Unterstützungsfunktion für die Arbeit mit den vielfältigen Materialien kommt den *Arbeitshinweisen* zu, die im Hinblick auf die durchgehende *Kompetenzorientierung* genutzt werden können:
  - differenzierte, auf das jeweilige Material bezogene *Erschließungshilfen (Sach- und Methodenkompetenz)*,
  - Hinweise zur *Erfassung gedanklicher Zusammenhänge*, zur Anregung von *Argumentation* und *Diskussion (Urteilskompetenz)*,
  - Vorschläge für eine möglichst selbstständige, *auf ein bestimmtes Ergebnis bezogene Untersuchung bestimmter Fragestellungen (Methodenkompetenz, Handlungskompetenz)*.

Methoden, die im Unterricht von genereller Bedeutung sind *(Statistikanalyse, Textanalyse, Expertenbefragung, Kurzreferat)*, werden praxisbezogen im *Methodischen Anhang* beschrieben.

Eine weitere wichtige Arbeitshilfe stellen das *Glossar* (zu mit * markierten Begriffen) und das ausdifferenzierte *Register* dar, das über die zahlreichen Querverweise in den Materialien hinaus eine schnelle inhaltliche Orientierung ermöglicht.

Die einzelnen Abschnitte und Materialien enhalten *zahlreiche Hinweise auf themenbezogene Internet-Informationsangebote.* Auf folgende allgemeine Angebote (zur ergänzenden oder aktualisierenden Information) sei an dieser Stelle hingewiesen:

Zentrale Informationsquelle zu zahlreichen Themen, Fakten und Daten sind das Statistische Bundesamt (www.destatis.de) und der dort angesiedelte Sachverständigenrat zur Begutachtung der gesamtwirtschaftlichen Entwicklung (www.sachverstaendigenrat-wirtschaft.de).
Für die unmittelbare Unterrichtsarbeit stehen folgende Veröffentlichungen der Bundeszentrale für politische Bildung im Internet zur Verfügung:

- *Informationen zur politischen Bildung Nr. 294* (2007): *Staat und Wirtschaft* (http://www.bpb.de/izpb/8446/staat-und-wirtschaft)
- *Dossier Wirtschaft* (http://www.bpb.de/politik/wirtschaft/wirtschaftspolitik/)
- *Lexikon der Wirtschaft* (2009) (http://www.bpb.de/nachschlagen/lexika/lexikon-der-wirtschaft/)

Aus der unüberschaubaren Vielfalt der wissenschaftlichen Einführungsliteratur sei hier nur auf drei Titel hingewiesen, die sich aus Sicht des Herausgebers für eine vertiefende Beschäftigung auch für Oberstufenschülerinnen und -schüler eignen:

- Jörn Altmann: Volkswirtschaftslehre, UVK/Lucius Verlag, Stuttgart, 7. Aufl. 2009
- Herbert Sperber: Wirtschaft verstehen, Schaeffer-Pöschel-Verlag, Stuttgart, 4. Aufl. 2012
- Gerhard Mussel/Jürgen Pätzold: Grundfragen der Wirtschaftspolitik, Verlag Vahlen, München, 8. Aufl. 2012

Herausgeber und Verlag sind für kritische Hinweise und Anregungen (zu richten an den Schöningh Verlag, Jühenplatz 1–3, 33098 Paderborn, Fax: 05251/127-860, E-Mail: info@schoeningh-schulbuch.de) jederzeit dankbar.

I Grundbegriffe der Volkswirtschaftlichen Gesamtrechnung

*Der Wirtschaftsprozess in einem entwickelten Industrieland, dessen Kern die Produktion von Gütern bildet, ist durch unüberschaubar viele Einzelaktivitäten von Millionen von Wirtschaftssubjekten gekennzeichnet. Er wird bei dem Betrachter den Eindruck von Unübersichtlichkeit und Komplexität erwecken. Will man versuchen, einen Überblick über gesamtwirtschaftliche Prozesse zu gewinnen, erscheint es zweckmäßig, einzelwirtschaftliche zu gesamtwirtschaftlichen Größen (**Aggregaten***) zusammenzufassen. Zählt man z. B. alle auf den Einzelmärkten für Konsumgüter innerhalb eines Jahres getätigten Umsätze zusammen, so erhält man die gesamtwirtschaftliche Größe „Privater Konsum".*
Solche Berechnungen zu den verschiedenen Bereichen des Wirtschaftsprozesses werden in der Bundesrepublik Deutschland im Wesentlichen durch das Statistische Bundesamt, daneben auch durch die Bundesbank und einige wirtschaftswissenschaftliche Forschungsinstitute angestellt. Auf diesen Erhebungen beruhen die fast täglich in Presse, Rundfunk und Fernsehen verbreiteten Meldungen über die Entwicklung der Wirtschaft und auch der im Frühjahr eines jeden Jahres erscheinende „Jahreswirtschaftsbericht" der Bundesregierung.
*Die geordnete Zusammenstellung aller wesentlichen gesamtwirtschaftlichen Daten geschieht in der **Volkswirtschaftlichen Gesamtrechnung** (VGR; s. Kasten unten). Sie ist die Hauptdatenquelle für Untersuchungen und damit auch für Beurteilungen der wirtschaftlichen Entwicklung in einer abgelaufenen Periode, aber auch für Prognosen des zukünftigen wirtschaftlichen Ablaufs (und damit auch für die Argumentation der Parteien und Verbände im Streit um die richtigen wirtschaftspolitischen Maßnahmen). Es ist daher wichtig, nicht nur die wichtigsten Grundbegriffe der Volkswirtschaftlichen Gesamtrechnung zu kennen, sondern sich auch ihre methodischen Voraussetzungen und die Grenzen ihrer Aussagefähigkeit bewusst zu machen (Abschnitt 2., S. 14ff.). Zuvor (Abschnitt 1.) wollen wir jedoch noch kurz auf zwei wirtschaftliche Grundaspekte eingehen: auf den Produktionsprozess als Zentrum des gesamten Wirtschaftsprozesses (M 2) und auf das Modell des Wirtschaftskreislaufs als Hilfe zum Verständnis dieses Prozesses (M 3). Wenn Sie damit aus früherem Unterricht bereits genügend vertraut sind, können Sie gleich zum zweiten Abschnitt übergehen.*

Volkswirtschaftliche Gesamtrechnungen
Volkswirtschaftliche Gesamtrechnungen (VGR) sind die Zusammenfassung mehrerer Strom- und Bestandsrechnungen, die das wirtschaftliche Geschehen in einer abgelaufenen Periode darstellen. Die VGR bestehen aus der Inlandsproduktsberechnung, der Input-Output-Rechnung, der Finanzierungs-, der Arbeitsvolumen- und der Vermögensrechnung. Weitere Sachverhalte werden teilweise in sogenannten Satellitensystemen (zum Beispiel Haushaltsproduktion, Umwelt) abgebildet. In etwa fünfjährigen Abständen findet eine grundlegende Überarbeitung (Revision) der Ergebnisse und Methoden der VGR statt.
Die Inlandsproduktsberechnung ist eine zahlenmäßige Darstellung des wirtschaftlichen Geschehens in einem abgelaufenen Zeitraum. Die ermittelten Größen – allen voran das Bruttoinlandsprodukt – sind wichtige Daten für die Beurteilung und Gestaltung der Wirtschaftspolitik.

1. Der Produktionsprozess und das Modell des Wirtschaftskreislaufs

M 1 Im Zentrum des Wirtschaftsprozesses: der Produktionsprozess

Die Menschen benötigen zur Befriedigung ihrer Bedürfnisse Güter. Diese müssen bereitgestellt werden. Ort der Herstellung sind die Unternehmungen. Sie können privat oder staatlich sein. Die technische Herstellung von Gütern erfolgt im „Betrieb“, während die Unternehmung weitergehend als rechtlich-organisatorische Einheit zu verstehen ist. Ungeachtet der Verschiedenheit der hergestellten Güter läuft der Produktionsprozess stets nach dem gleichen Schema ab: Man braucht bestimmte Dinge für die Produktion („Input*“), diese werden miteinander kombiniert und heraus kommen schließlich die Erzeugnisse („Output*“). Bei einer etwas detaillierteren Betrachtung erhält man für das Produktionsgeschehen in einer Unternehmung das in Abbildung 1 dargestellte Schema.

Zum **Input** gehören

- Vorleistungen und
- Faktorleistungen.

Die **Vorleistungen** umfassen Waren und Dienstleistungen, die eine Unternehmung von anderen Firmen bezieht und die bei der laufenden Produktion „untergehen“. Sie stammen sowohl aus dem Inland als auch aus dem Ausland. Als *Sachgüter* kommen nicht dauerhafte Produktionsmittel (Roh-, Hilfs- und Betriebsstoffe) ebenso in Betracht wie Halbfertig- und Fertigfabrikate (z. B. ein französisches Auto, welches ein deutscher Autohändler bezieht). Bei den *Dienstleistungen* handelt es sich um Produktionsdienstleistungen (wie Transport-, Versicherungs- und Beratungsdienste); sie gewinnen zunehmend an Bedeutung. Vorleistungen sind also nichts anderes als Einkäufe von anderen Unternehmungen, das heißt aus Sicht der produzierenden Unternehmung „Fremdleistungen“.

An diese Vorleistungen legt nun das betrachtete Unternehmen bildhaft gesprochen selbst Hand an. Die „Eigenleistung“ besteht im Einsatz sogenannter **Faktorleistungen**. Hierzu zählt zunächst der Einsatz von *Sachkapital* (dauerhafte Produktionsmittel wie Maschinen oder Werkzeuge). Außerdem braucht man für die Produktion die Nutzung von *Grund und Boden*; diese Faktorleistung spielt naturgemäß in der landwirtschaftlichen Produktion eine überragende Rolle. Vor allem ist für jedwede Produktionstätigkeit der Einsatz der *menschlichen Arbeitskraft* erforderlich. Dies gilt auch dann, wenn man an eine „Roboterfabrik“ denkt; dort ist zwar die Fertigung vollautomatisiert, aber man braucht Arbeitskräfte, beispielsweise für Wartungs- und Kontrollarbeiten oder in der Verwaltung.

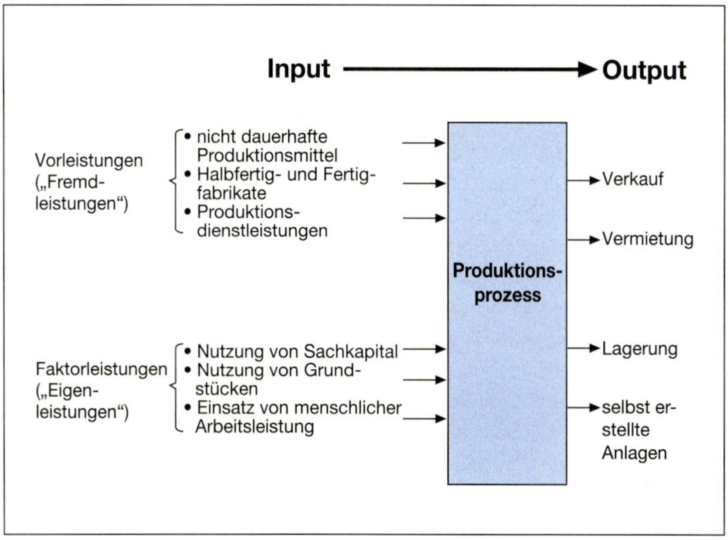

Abbildung 1: Schematische Darstellung des Produktionsprozesses

Vorleistungen und Faktorleistungen werden im Zuge des *Produktionsprozesses* miteinander kombiniert. Dieser Transformationsprozess ist ein technischer Vorgang, er bildet das Feld der Ingenieure beziehungsweise Ingenieurwissenschaften. Die Bedeutung von Produkt- und Prozessinnovationen* [neue oder verbesserte Güter und Produktionsmethoden] ist unbestritten, nicht nur bei Technikern, sondern gerade auch bei Ökonomen. Gleichwohl stellt der technische Produktionsprozess für Ökonomen eine „Black Box“ [unbekannte Größe] dar. Die „Lean Production“-Welle (s. Kasten S. 80.) hat allerdings gezeigt, dass

Lean production: „Schlanke Produktion"; Bündel von Maßnahmen zur Modernisierung der Produktion. Merkmale sind u. a. Verzicht auf alle überflüssigen Arbeitsschritte in Produktion und Verwaltung, Gruppenarbeit (mit stärkerer Verantwortung der Gruppe), Auslagerung bestimmter Produktionsschritte, Einsparung von Personalkosten, Automatisierung des Materialflusses.
(Autorentext)

kostengünstigere Produktionsmethoden nicht nur des technologischen Fortschritts, sondern auch einer organisatorischen, das heißt betriebswirtschaftlichen Flankierung bedürfen.
Die wirtschaftliche Betrachtung setzt erst wieder ein, wenn es um den **Output** geht. Hierfür gibt es, wie Abbildung 1 zeigt, prinzipiell vier Verwendungsmöglichkeiten: Die hergestellten Güter werden

- verkauft,
- vermietet,
- gelagert,
- selbst genutzt.

Die wichtigste Verwendungsform ist der Verkauf. Er erbringt den Herstellern Verkaufserlöse, also *Verkaufsumsätze*. Ihren Wert errechnet man bekanntlich als Produkt aus Verkaufspreis und Verkaufsmenge. Zunehmende Bedeutung erlangen die Umsätze im Vermietungsgeschäft, dem sogenannten *Leasing*. Mehr als die Hälfte der Leasinggeschäfte entfallen in Deutschland auf Fahrzeuge, die von den Fahrzeugherstellern an Privat- und Geschäftskunden vermietet werden, an zweiter Stelle folgen Gebäude.
Ein Teil der Produktion verbleibt beim Hersteller; dies betrifft allerdings nur das Waren produzierende Gewerbe. Zum einen handelt es sich dabei um *Lagerbestandserhöhungen* von Fertigwaren beziehungsweise Halbfertigfabrikaten. Zum anderen zählen hierzu *selbst erstellte* Anlagen. Hierunter fallen selbst hergestellte dauerhafte Produktionsmittel, die im eigenen Unternehmen Einsatz finden. In der Computerbranche bleibt bis zu einem Sechstel der gesamten Hardwareproduktion im eigenen Haus.

Produktionsfaktoren

Das Herzstück des Produktionsprozesses ist zweifellos der Einsatz von Faktorleistungen. Deshalb soll hierauf noch etwas genauer eingegangen werden.
Faktorleistungen werden von den sogenannten Produktionsfaktoren* abgegeben. Diese unterteilt man üblicherweise in

- Arbeit,
- natürliche Ressourcen,
- Kapital,
- technischen und organisatorischen Fortschritt.

Unter den Produktionsfaktor **Arbeit** fällt jede manuelle und geistige Tätigkeit mit dem Ziel der Erwirtschaftung von Einkommen. Die gesamte Arbeitsleistung, die einer Volkswirtschaft zur Verfügung steht, ergibt das Arbeitsvermögen oder Humankapital*. [...]
Zum Produktionsfaktor **natürliche Ressourcen*** gehört zunächst der Boden, auf dem Gebäude stehen beziehungsweise der von der Land- und Forstwirtschaft genutzt wird. Des Weiteren fallen darunter Bodenschätze sowie andere natürliche Gegebenheiten wie Gewässer oder natürliche Hilfsquellen. So bildet das Klima im Mittelmeerraum die entscheidende Voraussetzung für Urlaubsreisen und damit für die Produktion von Tourismusdienstleistungen. In neuerer Zeit subsumiert man unter den Boden auch die *Umwelt*, denn Luft und Wasser sind ebenfalls für die Produktion erforderlich. Die lange Zeit erfolgte Vernachlässigung der Umwelt ist darauf zurückzuführen, dass vor allem Luft und Wasser kostenlos genutzt werden konnten, die Umwelt also keinen Preis hatte. Diese Auffassung hat sich angesichts der immer drängender werdenden Umweltprobleme inzwischen geändert. Der Produktionsfaktor natürliche Ressourcen kann daher mit *Natur* umschrieben werden. Da dieser Faktor ebenso wie die menschliche Arbeitskraft natürlicherweise vorhanden ist, spricht man von originären Produktionsfaktoren.
Der Produktionsfaktor **Kapital** ist hingegen ein derivativer (abgeleiteter) Produktionsfaktor. Sein Bestand (Kapital-

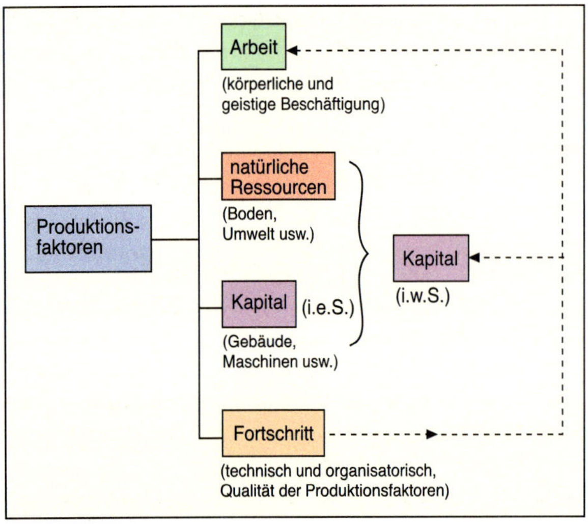

Abbildung 2: Produktionsfaktoren

stock*) muss erst hergestellt werden. In ihm sind, wie bereits erwähnt, sämtliche *dauerhaften Produktionsgüter* der Volkswirtschaft enthalten. Hierzu zählen Gebäude, Maschinen, Werkzeug, Fuhrpark sowie Lagerbestände. Eine Erhöhung des Kapitals geschieht durch die Anschaffung neuer Maschinen usw. Die Zunahme des Kapitalstocks innerhalb einer Zeitperiode nennt man Nettoinvestitionen*. Allerdings verliert das Kapital durch seinen Einsatz im Produktionsprozess an Wert; diese *durch Abnutzung entstehende Wertminderung* erfasst man mithilfe der Abschreibungen* (s. M 4). Für Deutschland wurde der Wert des sogenannten Kapitalstocks im Jahr 1997 auf circa 8,3 Billionen DM[1] veranschlagt. Allerdings ist die Berechnung des Kapitals schwierig, z. B. wegen der Bewertungsprobleme. Besonders hinzuweisen ist an dieser Stelle noch auf die Behandlung des Geldes: *Geld* ist kein Produktionsfaktor; erst wenn es zum Kauf einer Maschine verwendet wird, berührt dies das Kapital. Deshalb spricht man beim Produktionsfaktor Kapital häufig vom *Sachkapital* oder *Realkapital*.

Die bisherige Erörterung der Produktionsfaktoren bezog sich lediglich auf deren quantitative Dimension. Die Berücksichtigung der qualitativen Elemente der Produktionsfaktoren erfolgt durch den **technischen und organisatorischen Fortschritt**. Darin sind die Geschicklichkeit und das Ausbildungsniveau der Arbeitskräfte ebenso enthalten wie die Qualität der Böden, die Organisationsformen in den Unternehmen oder der technische Stand des Maschinenparks. Empirische* Untersuchungen kommen zu dem Ergebnis, dass die Produktionsentwicklung der Volkswirtschaft, also das Wirtschaftswachstum, primär auf den technischen und organisatorischen Fortschritt zurückzuführen ist. Gerade für rohstoffarme Industrienationen ist diese Erkenntnis von großer Tragweite. Diese Länder müssen ihre Anstrengungen vorrangig auf eine weitere Verbesserung des Bildungsniveaus der Bevölkerung sowie auf Innovationen* und damit mehr Know-how richten.

(Gerhard Mussel, Basis-Know-How Volkswirtschaft, Campus Verlag, Frankfurt/New York 2000, S. 24–28)

[1] Dies entspricht einem Wert von circa 4,24 Billionen €.

1 Erläutern Sie anhand des Textes das Schema des Produktionsprozesses (Abb. 1) und achten Sie dabei auf die möglichst genaue Klärung der verwendeten Fachbegriffe, wie z. B. Vorleistungen, Faktorleistungen, Umsatz.

2 Übersetzen Sie den Begriff Produktionsfaktor ins Deutsche (die beiden zugrunde liegenden lateinischen Wörter dürften Ihnen vertraut sein) und gehen Sie bei der Erläuterung des Schemas (Abb. 2) insbesondere auf die Bedeutung des Begriffs Kapital sowie auf die besondere Stellung des technischen und organisatorischen Fortschritts als eines „qualitativen" Produktionsfaktors ein. Sollte man ihn eher als einen eigenen vierten Faktor oder als eine Dimension der drei übrigen Faktoren betrachten? Inwiefern berücksichtigt das Schema beide Aspekte?

M 2 Das Modell des Wirtschaftskreislaufs

„Wenn wir uns morgens an den Frühstückstisch setzen, erwarten wir selbstverständlich, dass Brot oder Brötchen, Kaffee oder Tee, Butter, Marmelade, Wurst vorhanden sind. Das musste aber nicht nur eingekauft und auf den Tisch gebracht werden. Es musste vom Bäcker, Metzger usw. hergestellt und angeboten werden. Es sind dazu lange im Voraus Getreide angebaut, Tiere gezüchtet, Rohkaffee und Tee aus Übersee importiert, gelagert, weiterverkauft worden. Es müssen dazu gleichzeitig Transportmittel, Wasser und Energie zur Verfügung stehen. Käufer und Verkäufer, Produzenten, Händler und Konsumenten benutzen in diesem ständigen Austausch Geld, auf dessen Wert sie sich verlassen, wenn sie dafür Waren weggeben oder Arbeit leisten.

Was geschieht da eigentlich, wenn in einer Großstadt oder in einem Land von Millionen Einwohnern täglich Abermillionen von Tauschvorgängen ablaufen? Wie kommt es, dass das alles so ineinandergreift und, von Krisen oder Katastrophen abgesehen, funktioniert? Wer hat dieses unsichtbare Netz landes- und weltweiter Beziehungen geknüpft? Wer ordnet und lenkt das alles, damit wir jeden Tag satt werden? Oder ist das Ganze ein Chaos, und wir merken es nur nicht? Warum haben wir normalerweise keine Angst, dass das alles zusammenbricht?" (Bernhard Sutor/Joachim Detjen, Politik – Ein Studienbuch zur politischen Bildung, Schöningh, Paderborn 2001, S. 262; Verf.: B. Sutor)

„Um verstehen zu können, wie die Volkswirtschaft funktioniert, müssen wir einen Weg zur Vereinfachung des Nachdenkens über diese Aktivitäten finden. Mit anderen Worten brauchen wir ein **Modell***, das in*

allgemeinen Begriffen erklärt, wie die Volkswirtschaft organisiert ist!" (G. Mankiw) Aus dieser Überlegung resultiert die Idee des **Wirtschaftskreislaufs**. *Sie geht zurück auf den französischen Arzt und Ökonomen François Quesnay (1694–1774; Quesnay war Leibarzt Ludwigs XV.), der möglicherweise die Ähnlichkeit der wirtschaftlichen Austauschvorgänge mit dem menschlichen Blutkreislauf im Auge hatte und in seinem „Tableau Economique" zum ersten Mal Geld- und Güterströme gegenüberstellte. „Das Kreislaufmodell ist in seinem Grundaufbau umso leichter zu verstehen, als es aus der Vielzahl der Beziehungen in einer Volkswirtschaft nur die wesentlichen Tatbestände erfasst, das für diese Betrachtungsweise Unwichtige weglässt und dadurch die komplizierten Zusammenhänge vereinfacht. Die Kreislaufelemente entstehen dadurch, dass gleichartige Wirtschaftseinheiten zu Sektoren und gleichartige Tauschprozesse zu Stromgrößen zusammengefasst werden." (Werner Heiring, Im Kreislauf der Wirtschaft, Köln 2005, S. 30)*

Eine kreislaufmäßige Darstellung des wirtschaftlichen Ablaufs richtet ihr Augenmerk darauf, dass in einer arbeitsteiligen, entwickelten Marktwirtschaft zur Erfüllung der zentralen ökonomischen Aufgaben der Produktion und der Einkommensbildung und -verwendung eine Fülle von Aktivitäten zwischen verschiedenen Wirtschaftssubjekten durchgeführt werden muss. Die arbeitsteilige entwickelte Marktwirtschaft, in der wir leben, unterscheidet sich von der Haus- (oder Subsistenz-)wirtschaft früherer Zeiten vor allem durch die Auslagerung der Produktion aus der häuslichen Sphäre in eigene Produktionsstätten – die Unternehmen und die Bildung und Ausweitung von **Märkten**, auf denen die zur Produktion benötigten produktiven Leistungen (Faktorleistungen) sowie die Produktionsergebnisse gehandelt und ausgetauscht werden. Sie hat mithin einen ungleich höheren Bedarf an wirtschaftlichen Aktivitäten zwischen verschiedenen ökonomischen Akteuren zur Erfüllung ökonomischer Aufgaben als die weitgehend selbstgenügsame Hauswirtschaft.

Nach welchen Kriterien sollte nun ein Wirtschaftskreislauf konstruiert werden? Von der Aufgabenstellung der VGR her sollte er die wichtigsten wirtschaftlichen Aktivitäten zwischen den zentralen ökonomischen Akteuren, die in einer Volkswirtschaft vom Typus der Bundesrepublik Deutschland abgewickelt werden, erfassen. Grundsätzlich lassen sich vier Arten von ökonomischen Transaktionen* (Aktivitäten) unterscheiden:

a) Einkommensschaffung durch *Produktion* von Gütern (kurz: **Produktion**)
b) Einkommensverwendung durch *Verbrauch* von Gütern (kurz: **Konsum**)
c) Einkommensverwendung durch *Sparen* (kurz: **Vermögensbildung**)
d) Einkommensübertragung durch *Kreditgewährung* bzw. Kreditaufnahme (kurz: **Kreditbildung**)

Diese grundlegenden wirtschaftlichen Aktivitäten werden nun auf – vom Entwicklungsstand der jeweiligen Volkswirtschaft abhängige – unterschiedliche Weise von den ökonomischen Akteuren ausgeführt. Welche **ökonomischen Akteure** (Wirtschaftssubjekte*) prägen den Wirtschaftsprozess in einem entwickelten Industrieland wie der Bundesrepublik? Es sind einmal die *Unternehmen*, in denen Güter (Produkte und Dienstleistungen) für den Markt produziert werden, ferner die *privaten Haushalte*, die den Unternehmen gegen Einkommensbezug Produktivleistungen (Arbeit, Kapital, Boden) zur Verfügung stellen und ihr Einkommen für Konsumgüterkäufe und Ersparnisbildung verwenden, sowie der *Staat*, der in der VGR vor allem als Produzent unentgeltlicher öffentlicher Güter*, als Steuereinnehmer und als Umverteiler* von Einkommen hervortritt. Nach den Konventionen* der VGR (s. S. 14 f.) sind **Unternehmen** Wirtschaftseinheiten, die Waren und Dienstleistungen produzieren bzw. erbringen und diese gegen spezielles Entgelt verkaufen, das in der Regel Überschüsse abwirft, zumindest jedoch die Kosten deckt. Hierzu zählen neben den privaten Produktions-, Dienstleistungs- und Handelsbetrieben die Landwirtschaft, die Gruppe der freien Berufe und das Handwerk. Hinzu kommen öffentliche (staatliche) Unternehmen, Bundespost, Bundesbahn und die Deutsche Bundesbank. Die Wohnungsvermietung wird ebenfalls insgesamt dem Unternehmenssektor zugerechnet. [...]

Der **Staat** setzt sich zusammen aus dem *Bund* und den Gebietskörperschaften der *Länder* und *Gemeinden*, den verwaltungsrechtlichen Verbänden und den Sondervermögen des Bundes. Hinzugerechnet werden ferner die Sozialversicherungen*. [...]

Die **Haushalte** umfassen neben den privaten Haushalten auch die Gruppe der privaten Organisationen ohne Erwerbscharakter, wie Gewerkschaften, Kirchen, kulturelle und sportliche Vereine, sowie karitative und wissenschaftliche Organisationen. Gemeinsames Merkmal ist die fehlende Absicht der Gewinnerzielung durch unternehmerische Betätigung.

Der einfachste Kreislauf (**Übersicht 1**) kann für eine geschlossene Volkswirtschaft (d.h. ohne Außenhandel) ohne staatliche Aktivität konstruiert werden. Er erfasst die ökonomischen Transaktionen* der Produktion und des Konsums zwischen einem (oder allen) Unternehmen und einem (oder allen) Haushalt(en). Die Sektoren werden in den Kreislaufdarstellungen als *Pole*, die zwischen ihnen ablaufenden Transaktionen als *Ströme* bezeichnet. Der Wirtschaftskreislauf lässt sich dann näher durch die Ströme, die zwischen den Polen Haushalts- und Unternehmenssektor fließen, charakterisieren. Die privaten Haushalte stellen den Unternehmen produktive Leistungen (v.a. Arbeit) zur Verfügung und erhalten dafür *Faktoreinkommen* (Einkommen als Entgelt für die zeitweise Überlassung von *Produktionsfaktoren**). Die Unternehmen produzieren u.a. mit den erworbenen Produktivleistungen Güter, die sie auf den Gütermärkten den Haushalten anbieten. Die Haushalte treten als Nachfrager auf den Märkten auf und erwerben durch Verausgabung ihres Einkommens Konsumgüter.

Das Diagramm in **Übersicht 1** zeigt den grundlegenden Kreislauf einer Tauschwirtschaft mit Geld. Ist für jeden Sektor die Summe aller hineinfließenden gleich der Summe aller herausfließenden Ströme, ist der Kreislauf geschlossen. In Übersicht 1 haben die Geldströme jeweils die gleiche Größe wie die ihnen genau entgegengesetzt laufenden realen Güter- und Faktorleistungsströme. Die Aktivitäten lassen sich dann anhand einer der beiden Arten von Strömen erfassen, durch die indirekt auch die entgegenlaufenden – definitionsgemäß gleich großen – Ströme erfasst werden. [...]

- Das erste übermäßig vereinfachte Kreislaufbild lässt sich nun sukzessive um zusätzliche ökonomische Transaktionen und zusätzliche ökonomische Akteure (Pole) anreichern und damit an das in einem entwickelten Industrieland tatsächlich gegebene Bild kreislaufmäßiger Beziehungen anpassen. Haushalte etwa verausgaben ihr Einkommen nicht nur für Konsumgüter, sondern bilden auch *Ersparnisse*. Unternehmen produzieren nicht nur Konsumgüter, die von den Haushalten gekauft werden, sondern auch Investitionsgüter*, mit denen sie ihre Produktionskapazitäten erneuern oder erweitern. Zum empirischen* Nachweis von derartigen Vermögensbildungsvorgängen wird ein Vermögensbildungspol gebildet (siehe **Übersicht 2**, S. 12, nur Geldströme).
- Wird die ökonomische Aktivität des *Staates* in die Darstellung des Wirtschaftskreislaufes einbezogen, müssen weitere Ströme berücksichtigt werden. Zu den wichtigsten gehören Steuerzahlungen des Unternehmens- und des Haushaltssektors an den Staat, Einkommens- und Transferzahlungen* des Staates an den Haushaltssektor, Zahlungen des Staates an die Unternehmen für den Bezug von Vorleistungen (Verbrauchsgütern) und Investitionsgütern*, Subventionszahlungen* an die Unternehmen.
- Eine weitere Annäherung an die Realität ergibt sich

Übersicht 1

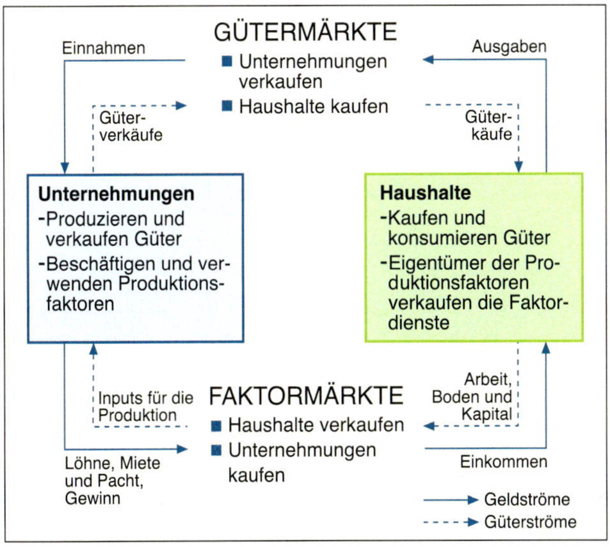

(Gregory Mankiw/Mark Taylor, Grundzüge der Volkswirtschaftslehre, Schäffer-Poeschel Verlag, Stuttgart, 4. Aufl. 2008, S. 28; übers. von Adolf Wagner und Marco Herrmann)

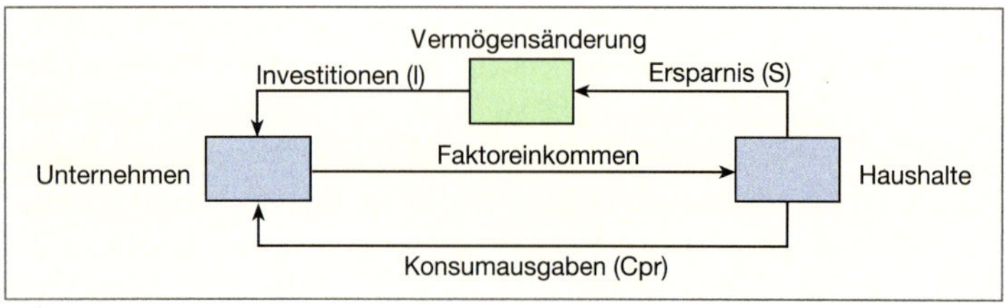

Übersicht 2 (Geldströme)

durch die Aufgabe der Annahme einer geschlossenen Wirtschaft. Berücksichtigt man das *Ausland* als neuen Sektor, so müssen die Ströme der Waren und Dienstleistungen zwischen den inländischen Sektoren und dem Ausland erfasst werden (**Übersicht 3**). Ein Teil der inländischen Produktion wird im Ausland nachgefragt und dorthin geliefert (Exporte); dagegen wird ein Teil der Produktion des Auslandes von inländischen Sektoren nachgefragt (Importe) und entweder weiterverarbeitet oder unmittelbar der letzten Verwendung zugeführt. In der Darstellung der Ströme [...] wurde davon abgesehen, dass die einzelnen inländischen Sektoren Unternehmen, Haushalte und Staat Finanzierungsdefizite und -überschüsse aufweisen können, sodass es zu Kreditbeziehungen kommt.

(Christian Leipert, Grundzüge der Volkswirtschaftlichen Gesamtrechnung. In: Verbrauchererziehung, Informationsdienst zur wirtschaftlichen Bildung, Heft 9, 1980, S. 16 f. Hrsg. vom Informationsdienst des Instituts für wirtschafts- und sozialwissenschaftliche Bildung, Münster)

Übersicht 3 (Geld- und Güterströme)

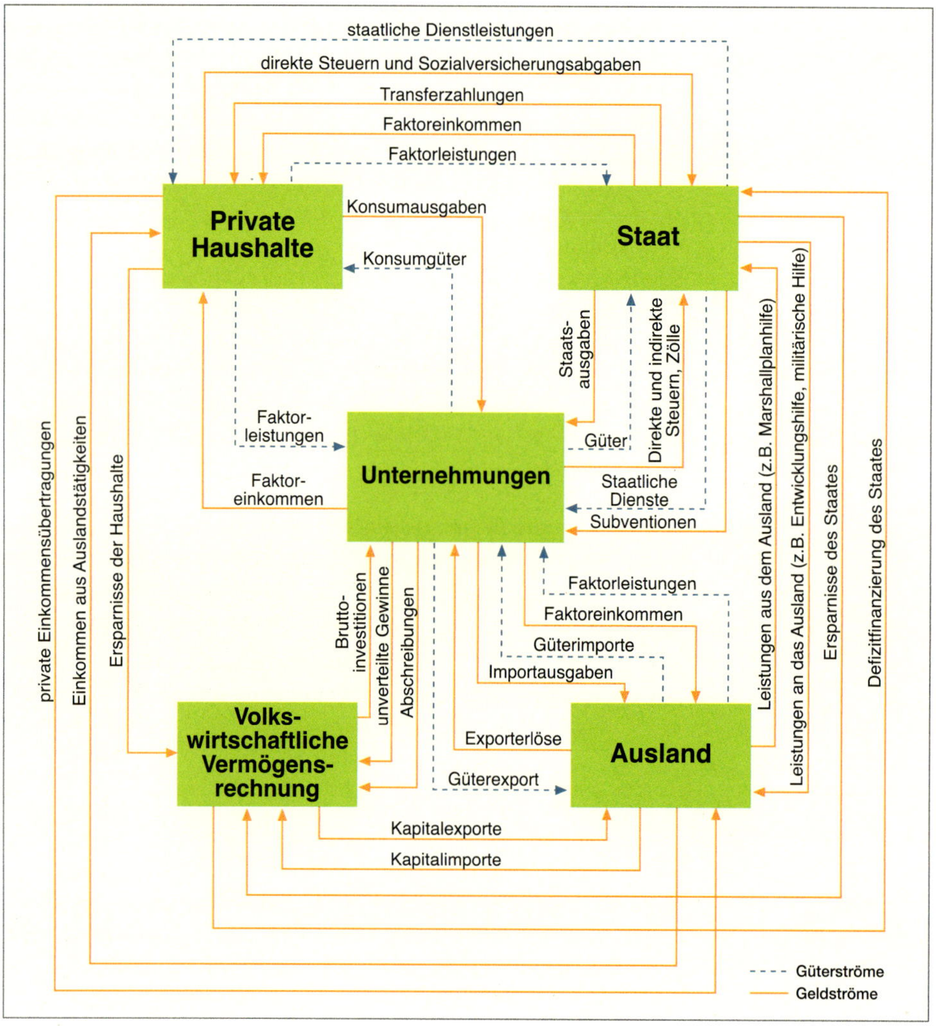

(Horst Wagenblaß, Volkswirtschaftslehre, öffentliche Finanzen und Wirtschaftspolitik, C. F. Müller Verlag, Heidelberg, 8. Aufl. 2008, S. 91; leicht verändert)

1 Vielleicht ist Ihnen die Darstellung des Wirtschaftskreislaufes aus dem vorausgegangenen Unterricht schon vertraut. Für diesen Fall könnten Sie sich darauf beschränken, Ihr Wissen zu überprüfen, indem Sie z. B. das Kreislaufbild (Übersicht 3) erläutern. – Anderenfalls sollten Sie die folgenden Hinweise beachten.

2 Machen Sie den grundsätzlichen Unterschied zwischen „selbstgenügsamer" Hauswirtschaft und „arbeitsteiliger entwickelter Marktwirtschaft" klar (M 2, Z. 1–12). Inwiefern setzt die Idee des Wirtschaftskreislaufs Arbeitsteilung und Bildung von Märkten voraus?

3 Die Erarbeitung des Textes M 2 soll – abgesehen von der Darstellung des Kreislaufmodells – auch dazu dienen, Sie mit einer Reihe von einfachen ökonomischen Grundbegriffen vertraut zu machen. Achten Sie deshalb darauf, dass Sie diese Begriffe nicht einfach überlesen, sondern klare Vorstellungen mit ihnen verbinden (in den ersten beiden Abschnitten etwa: Wirtschaftssubjekt*, Produktion, Konsum, Güter, Dienstleistungen, Einkommen, Vermögen, Produktionsfaktoren: Arbeit, Boden, Kapital; vgl. dazu M 1). – Für das Thema Wirtschaftspolitik sind dann vor allem die in Übersicht 3 verwendeten Begriffe (Investitionen, Subventionen*, Transferzahlungen*, indirekte Steuern) von erheblicher Bedeutung. Auf ihre Klärung sollten Sie besonderen Wert legen.

4 An der Festlegung dessen, was im Einzelnen zu den drei Sektoren Unternehmen, Staat, Haushalt gerechnet wird, können Sie zum ersten Mal (vgl. später zu M 3) sehen, dass das aggregierende* Verfahren der VGR (s. Einleitungstext, S. 14 f.) zu „Konventionen" (Z. 31; Vereinbarungen über die Abgrenzung von Begriffen und die Zuordnung von Einzelbereichen zu größeren Einheiten) zwingt. Nach welchen Kriterien wird z. B. Wohnungsvermietung als „Unternehmen" bewertet (Z. 36 f.), werden Institutionen wie z. B. die Kirchen aber den privaten Haushalten zugerechnet?

5 Einzelne Wirtschaftssubjekte können auch mehr als einem Sektor angehören. Inwiefern gehört z. B. ein Fabrikbesitzer sowohl dem Sektor Unternehmen als auch dem Sektor Haushalte an?

6 Der Wirtschaftskreislauf hat den Charakter eines Modells. Machen Sie sich Wesen und Funktion ökonomischer Modelle klar (s. M 3) und weisen Sie im Text Formulierungen nach, die den Modellcharakter des Wirtschaftskreislaufs betonen.

7 Ihr Verständnis der gesamten Kreislaufdarstellung können Sie kontrollieren, indem Sie in Übersicht 3 den Angaben für die Güter- und Geldströme folgende konkrete Beispiele zuordnen:
Firma Schulze zahlt Gewerbesteuern. Sie verkauft Bohrmaschinen nach Spanien. • Herr Meier zahlt Lohnsteuer. Er erhält für seine Arbeit seinen Monatslohn von Fa. Schulze. • Frau Schneider kauft einen Kühlschrank. Für ihre Kinder gibt es einen staatlichen Kindergarten. • Frau Schmidt zahlt 250 Euro auf ihr Sparbuch ein. • Herr Pohl lebt von der Sozialhilfe. • Lehrer Heine erhält sein Gehalt vom Land NRW.
Wie müsste folgendes Beispiel eingezeichnet werden: Familie Bernd bezahlt und unternimmt eine Reise mit Hotelaufenthalt in Griechenland?

M 3 Ökonomische Modelle

Biologielehrer im Gymnasium lehren die Grundlagen der Anatomie mit Nachbildungen des menschlichen Körpers aus Plastik. Diese Modelle haben alle wichtigen Organe – das Herz, die Leber, die Nieren und so fort. Das Modell ermöglicht es dem Lehrer, auf einfache Weise zu zeigen, wie die wichtigsten Körperteile zusammenpassen. Selbstverständlich sind diese Plastikmodelle keine wirklichen menschlichen Körper, und niemand würde das Modell als eine lebende Person ansehen. Derartige Modelle sind stilisiert und lassen viele Details weg. Trotz dieser Realitätsferne – eigentlich *wegen* dieses Abstands zur Wirklichkeit – ist das Studium des Modells nützlich, um zu lernen, wie der menschliche Körper funktioniert. Auch Ökonomen gebrauchen Modelle, um etwas über die Welt zu lernen; aber statt Plastik werden bei der Modellierung z. B. Diagramme und Gleichungen verwendet. Wie im Plastikmodell des Biologielehrers fehlen viele Einzelheiten, damit man das Wesentliche besser sieht. So wie das Modell des Biologielehrers nicht alle Muskeln und Kapillaren des Körpers enthält, zeigt auch das ökonomische Modell nicht jede Einzelheit der Volkswirtschaft.

[...] Sie werden bemerken, dass Modelle mit Annahmen konstruiert sind. Wie ein Physiker am Anfang seiner Analyse der herabfallenden Marmorkugel die Existenz von Reibungswiderstand per Annahme beseitigt, schließen auch Ökonomen viele Details, die für die Untersuchung einer bestimmten Frage irrelevant sind, mithilfe von Annahmen aus (s. u.). Alle Modelle – in der Physik, in der Biologie und in den Wirtschaftswissenschaften – simplifizieren [vereinfachen] die Realität, um unser Verständnis von der Wirklichkeit zu verbessern.

(Gregory Mankiw/Mark Taylor, Grundzüge der Volkswirtschaftslehre, Schäffer-Poeschel Verlag, Stuttgart, 4. Aufl. 2008, S. 26; übers. von Adolf Wagner und Marco Herrmann)

Modellbildung und „Ceteris-paribus-Klausel"

- Alle Theorien und Modelle arbeiten mit bestimmten **Annahmen bzw. Restriktionen** (Einschränkungen; „wenn ..." oder „unter der Voraussetzung, dass ..."). Eine Standardannahme ist z. B., dass die nicht explizit im Modell enthaltenen Größen sich nicht verändern. Wenn man beispielsweise die Veränderung des Bremsweges eines Autos in Abhängigkeit von unterschiedlicher Nässe der Fahrbahn untersuchen will, darf man während der Versuche z. B. nicht den Fahrer auswechseln (und er muss immer gleich wach sein) oder den Zustand des Autos verändern (z. B. andere Reifen aufziehen), weil man sonst vielleicht zu der Schlussfolgerung käme, dass der Bremsweg umso kürzer ist, je nasser die Fahrbahn ist. Diese Vorgehensweise, dass man bei mehreren Einflussfaktoren jeweils nur einen verändert (Fahrbahnnässe), die übrigen aber konstant gehalten werden, fasst man als Bedingung *„unter sonst gleichen Voraussetzungen"* zusammen (lateinisch: **ceteris paribus**, gelegentlich nur als c. p. abgekürzt). Zwar bildet ein solches Modell dann nicht die komplette Wirklichkeit ab, in der sich meist mehrere Größen gleichzeitig verändern, doch ermöglicht nur die Ceteris-paribus-Betrachtung, den Einfluss einer einzelnen Variablen (veränderlichen Größe) in einem komplexeren Zusammenhang zu isolieren. Wenn man beispielsweise den Einfluss von Preiserhöhungen auf das Nachfrageverhalten nach Urlaubsreisen untersuchen will, muss durch eine c.-p.-Betrachtung ausgeschlossen sein, dass gleichzeitig eine Einkommenserhöhung die Preiserhöhungen kompensiert.
- Die Güte eines Modells oder einer Theorie hängt dabei auch von der **Wirklichkeitsnähe** ihrer Annahmen ab. Eine Aussage, die beispielsweise von der Unterstellung eines dreibeinigen Menschen ausgeht, mag theoretisch interessant sein, ist aber ohne jeden praktischen Nutzen. Eine wichtige Gattung von Annahmen stellen sog. *Axiome* (griech.: *„was für richtig erachtet wird"*) dar. Axiome sind Grundsätze, die weder beweisbar sind noch eines Beweises bedürfen, allgemein z. B., dass jedes Ereignis einen Grund hat (im Sinne von Ursache-Wirkung-Zusammenhängen); in der Ökonomie ist z. B. die Unterstellung rationalen Handelns ein Axiom.

(Jörn Altmann, Volkswirtschaftslehre, Lucius & Lucius Verlag, Stuttgart, 6. Aufl. 2003, S. 10 f.)

1. Erläutern Sie am Beispiel des Biologieunterrichts (Z. 1 ff.) die Merkmale von Modellen, ihren Bezug zur Lebensrealität und den Sinn ihres Einsatzes im Unterricht.
2. Woraus ergibt sich der Zwang zur Modellbildung bei der Erklärung wirtschaftlicher Zusammenhänge? Worin liegt der spezifische Charakter ökonomischer Modelle? Was sollen sie (und was können sie nicht) leisten? Wovon hängt ihr Erklärungswert ab?
3. Erläutern Sie anhand der Beispiele (Z. 29 ff., 40 ff.) die Bedeutung der „Ceteris-paribus-Klausel" und finden Sie ein weiteres Beispiel.

2. Die Berechnung des Sozialprodukts – Entstehung, Verwendung, Verteilung

Wie schon in der Einleitung zu diesem Kapitel (S. 8) vermerkt, ist es wichtig, sich eine Reihe von methodischen Konventionen (Vereinbarungen) klarzumachen, wenn man die Ergebnisse der VGR sachgerecht interpretieren will. Neben der Tatsache, dass die Abgrenzung und Zuordnung der einzelnen Größen häufig auf Definitionen beruht, die von der Sache her nicht immer sinnfällig erscheinen, ist vor allem auf folgende Charakteristika hinzuweisen:*

– *Die VGR ist eine* **Wertrechnung**; *Gütermengen werden mit Preisen bewertet, und zwar zu laufenden Marktpreisen (mit Ausnahme einiger Bereiche wie z. B. des Staatskonsums, s. u.); diese „nominelle" Größe muss also noch um die Preissteigerungen „bereinigt" werden, wenn die „reale*" Entwicklung der Produktion erfasst werden soll (s. u. M 5, Z. 58ff.).*

– *In Statistiken kann man nicht selten gewisse* **Zahlenabweichungen** *feststellen; sie hängen damit zusammen, dass die endgültigen Ergebnisse der sehr langwierigen und komplizierten VGR häufig erst nach mehreren Jahren vorliegen und auch dann manchmal noch nachträglich korrigiert werden. Auch wird das Berechnungsverfahren des Statistischen Bundesamtes von Zeit zu Zeit revidiert (s. Kasten, S. 6 u.), was zwangsläufig zu einer Neuberechnung auch zurückliegender Daten führen muss.*

M 4 Das Bruttoinlandsprodukt (BIP) – die zentrale Größe der Volkswirtschaftlichen Gesamtrechnung

Entstehung, Verwendung und Verteilung des Bruttoinlandsproduktes* 2011 (in Mrd. Euro, 2 570,0)

Entstehung = Verwendung = Verteilung

Entstehung

Bereich	
Land- und Forstwirtschaft, Fischerei 21,9	Bruttowertschöpfung
Produzierendes Gewerbe ohne Baugewerbe 587,8	
Baugewerbe 100,8	
Handel, Verkehr, Gastgewerbe 350,0	
Information und Kommunikation 88,9	
Finanz- und Versicherungsdienstleister 118,4	
Grundstücks- und Wohnungswesen 267,3	
Unternehmensdienstleister 245,3	
Öffentliche Dienstleister, Erziehung, Gesundheit 412,7	
Sonstige Dienstleister 103,7	

\+ Gütersteuern abzüglich Gütersubventionen 273,2

=

Verwendung

Posten	
Private Konsumausgaben 1 475,2	Konsumausgaben
Konsumausgaben des Staates 501,8	
+	
Bruttoanlageinvestitionen 467,9	Bruttoinvestitionen
Vorratsveränderungen −8,3	
+	
Exporte 1 288,5	Außenbeitrag
−	
Importe 1 155,0	

=

Verteilung

Posten	
Arbeitnehmerentgelt 1 319,9	Volkseinkommen
Unternehmens- und Vermögenseinkommen 644,4	
Produktions- und Importabgaben an den Staat abzüglich Subventionen vom Staat 264,6	
+	
Abschreibungen 381,0	
−	
Saldo der Primäreinkommen aus der übrigen Welt 39,9	

=

Bruttoinlandsprodukt 2 570,0

Die nebenstehende Übersicht kann zum einen den Überblick über die Textdarstellung (M 5 – M 7) erleichtern (Sie können immer wieder auf sie zurückgreifen) und zum anderen die zahlenmäßigen Größenverhältnisse vermitteln, die in der Textdarstellung nicht genannt werden.

(© Statistisches Bundesamt, Wiesbaden 2012)

Die folgenden Texte beziehen sich auf das Kernstück der VGR: die Berechnung des Sozialprodukts. Dabei kann man, wie die Darstellung zeigt (vgl. M 4), prinzipiell an drei Stellen ansetzen:

- *bei der Entstehung (Ermittlung des Beitrags der einzelnen Wirtschaftsbereiche zur Gesamtproduktion),*
- *bei der Verwendung (Ermittlung der Verwendungszwecke von Gütern bzw. Einkommen),*
- *bei der Verteilung (Ermittlung der Verteilung der entstandenen Einkommen).*

Auf jedem dieser Wege gelangt man unabhängig voneinander zu demselben Ziel, zur Ermittlung des Sozialprodukts bzw. des Gesamteinkommens.

Die Beschreibung der drei Berechnungsarten des BIP (M 5 – M 7) beruht im Wesentlichen auf einer Veröffentlichung des Statistischen Bundesamtes („Volkswirtschaftliche Gesamtrechnung, Wichtige Zusammenhänge"). Näheres siehe ggf. unter: https://www.destatis.de/DE/ZahlenFakten/Gesamtwirtschaft Umwelt/VGR/VolkswirtschaftlicheGesamtrechnungen.html

M 5 Die Entstehung des Bruttoinlandsproduktes

„Allgemein hat man sich unter dem Sozial- bzw. Inlandsprodukt den ‚Güterberg' vorzustellen, der in einer Wirtschaft produziert wurde. Gelegentlich vergleicht man die gesamtwirtschaftliche Produktionsleistung auch mit einem großen Kuchen, den die Volkswirtschaft innerhalb eines Jahres gebacken hat. Entsprechend versteht man unter dem Sozial- bzw. Inlandsprodukt die *Summe aller Waren und Dienstleistungen*, die in einer Volkswirtschaft innerhalb einer Periode (üblicherweise ein Jahr) hergestellt wurden." (Gerhard Mussel, Basis-Know-How Volkswirtschaft, Campus Verlag, Frankfurt/New York 2000, S. 35)

(1) **Waren** aller Art, von der Stecknadel bis zum Fernsehturm, gleichgültig, ob für den Verbrauch, für Investitionen* (Maschinen, Gebäude) oder für die Ausfuhr bestimmt; auch Rohstoffe und Zwischenprodukte werden erfasst, solange sie nicht in ein neues Produkt eingegangen sind (sonst Doppelzählung);

(2) **Dienstleistungen** vom Ortsgespräch bis zur Herzverpflanzung; dazu gehören auch der Unterricht in öffentlichen und privaten Schulen, Transportleistungen, Rundfunk und Fernsehen, Bank- und Versicherungsdienste sowie insbesondere die Nutzung von Wohnraum (sowohl in Mietwohnungen als auch im Eigenheim).

Die **Produktionswerte** der Unternehmen stellen den Wert der *Verkäufe* von Waren und Dienstleistungen aus eigener Produktion sowie von Handelsware an andere (in- und ausländische) Wirtschaftseinheiten dar.

Summiert ergeben die Produktionsmeldungen aller Unternehmen den **Bruttoproduktionswert** der Volkswirtschaft. Zieht man von ihm die sog. Vorleistungen ab, erhält man als *Nettoproduktionswert* die **Bruttowertschöpfung**, die um eine unterstellte Bankgebühr bereinigt wird.

Unter **Vorleistungen** (vgl. M 1, Z. 13 ff.) ist der Wert der Güter (Waren und Dienstleistungen) zu verstehen, die inländische Wirtschaftseinheiten von anderen (in- und ausländischen) Wirtschaftseinheiten bezogen und im Berichtszeitraum im Zuge der Produktion verbraucht haben. Die Vorleistungen umfassen außer Rohstoffen, sonstigen Vorprodukten, Hilfs- und Betriebsstoffen, Brenn- und Treibstoffen und anderen Materialien auch Bau- und sonstige Leistungen für laufende Reparaturen, Transportkosten, Postgebühren, Anwaltskosten, gewerbliche Mieten, Benutzungsgebühren für öffentliche Einrichtungen usw. Dabei ist nun zu berücksichtigen, dass Unternehmen einerseits auf ihre erzeugten Güter Steuern zu zahlen haben (**Gütersteuern**) und dass sie andererseits **Gütersubventionen** erhalten. Zählt man diese Steuern der Brutto-

Seit 1999 wird vom Statistischen Bundesamt als zentrale Größe das „Bruttoinlandsprodukt" (BIP) berechnet. Der Begriff „Bruttosozialprodukt" wurde durch „Bruttonationaleinkommen" (BNE) ersetzt (zum Unterschied der beiden Größen s. M 5, Z. 39 ff.).

wertschöpfung hinzu und zieht gleichzeitig die Subventionen* ab, so ergibt sich das **Bruttoinlandsprodukt** als die zentrale Größe der Volkswirtschaftlichen Gesamtrechnung (s. Übersicht, M 4). Es erfasst, wie sein Name sagt, die wirtschaftliche Leistung eines politisch-geografischen Raumes, also alle Produktionswerte, die im *Inland* entstehen, unabhängig davon, ob dies durch im Inland oder im Ausland Ansässige geschieht (*Inlandskonzept*).

Vom Bruttoinlandsprodukt unterscheidet sich ein Berechnungskonzept, das auf die Güterproduktion von *Inländern* abstellt, also nur Daten erfasst, die Inländern zuzurechnen sind, und zwar auch, wenn die erfassten Leistungen im Ausland erbracht werden (*Inländerkonzept;* s. Kasten). Inländer sind natürliche oder juristische Personen* mit ständigem (Wohn-)Sitz im Inland, unabhängig von ihrer Nationalität. Dieses Konzept heißt seit der Übernahme des Europäischen Systems Volkswirtschaftlicher Gesamtrechnungen (1999) **Bruttonationaleinkommen** (vor diesem Zeitpunkt: *Bruttosozialprodukt*).

Das Bruttoinlandsprodukt und die meisten seiner Komponenten lassen sich sowohl **nominal** (in jeweiligen Preisen) als auch **real** (preisbereinigt) darstellen. Die Preisbereinigung erfolgt nunmehr auf der Grundlage einer jährlich wechselnden Preisbasis (Vorjahrespreisbasis) und ersetzt somit die bisherige Berechnung in konstanten Preisen eines bisher üblicherweise fünfjährlich wechselnden festen Preisbasisjahres (s. dazu später M 18).

(Autorentext)

Inlands- und Inländerkonzept

Der Unterschied zwischen beiden Konzepten kommt zum einen bei den „Grenzgängern“ zum Tragen. Wohnt eine Person beispielsweise in Kehl, arbeitet aber in Straßburg, so trägt sie zur Produktionsleistung in Frankreich bei: Dies erhöht das französische Inlandsprodukt. Das Einkommen geht aber nach Deutschland und steigert das deutsche Sozialprodukt (Bruttonationaleinkommen). Zum anderen ist die Unterscheidung bei grenzüberschreitenden Vermögenstransaktionen relevant. Legt beispielsweise ein Stuttgarter Bürger sein Geld in New York an, so fließen die Zinserträge in das deutsche Sozialprodukt ein. Diese müssen aber zuerst in New York erwirtschaftet werden, wodurch das amerikanische Inlandsprodukt steigt.

(Gerhard Mussel, Basis-Know-How Volkswirtschaft, Campus Verlag, Frankfurt/New York 2000, S. 39)

Für das Verständnis der Entstehungsrechnung des Bruttoinlandsproduktes sollten Sie sich auf die Klärung der drei zentralen Begriffe Bruttowertschöpfung, Bruttoinlandsprodukt und Bruttonationaleinkommen und ihr Verhältnis zueinander konzentrieren.

1 Erläutern Sie, was man unter Vorleistungen versteht (Z. 22 ff.), und überprüfen Sie anhand des nebenstehenden einfachen Beispiels die Berechnung des Bruttoproduktionswertes (= 102) und der Bruttowertschöpfung (= 52). Welche Zahlen gehören in die Klammern?

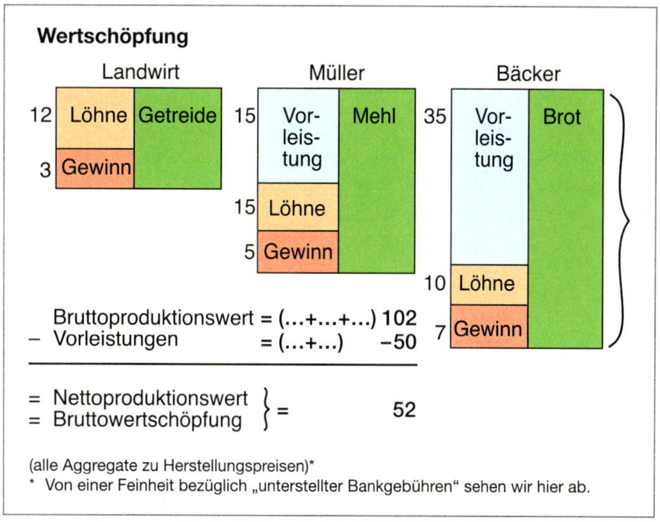

2 Die in dem Schaubild zur Entstehung des BIP (M 4, S. 15) aufgeführten Bereiche (Sektoren) der Volkswirtschaft werden oft auch zu dreien zusammengefasst, deren Verhältnis zueinander die Wirtschaftsstruktur eines Landes ausmacht. Vgl. dazu Abb. 1, S. 76.

3 Erklären Sie den Unterschied zwischen Bruttoinlandsprodukt (BIP) und Bruttonationaleinkommen (BNE), indem Sie folgende kurze Definition erläutern: „Das BIP unterscheidet sich vom BNE durch den (in der Regel geringeren) Saldo [Differenzbetrag] grenzüberschreitender Einkommen.“

4 Die Unterscheidung zwischen nominalen und realen Größen (Z. 54 ff.) ist von grundlegender Bedeutung in vielen Bereichen der Wirtschaftslehre. Vergleichen Sie zu diesem Unterschied auch die Darstellung in Abb. 1, S. 34.

M 6 Die Verwendung des Bruttoinlandsprodukts

Neben der *Entstehung* des Inlandsprodukts wird auch seine *Verwendung* statistisch erfasst. Nach dem Muster eines „Haushaltsbuchs“ gibt diese Rechnung darüber Aufschluss, welche Teile des Inlandsprodukts

- **verbraucht** werden, unterschieden nach privatem und öffentlichem (staatlichem) Verbrauch;
- **investiert** werden, in den „Produktionsapparat“ und in öffentliche Einrichtungen (Anlageinvestitionen) oder in die Lageraufstockung (Vorratsinvestitionen);
- **exportiert** werden: nach Abzug der Importe der sog. „Außenbeitrag“.

Im Einzelnen werden auf der Verwendungsseite des Bruttoinlandsprodukts die Konsumausgaben der privaten Haushalte, der privaten Organisationen ohne Erwerbszweck und des Staates, die Bruttoanlageinvestitionen, die Vorratsveränderungen und der Nettozugang an Wertsachen sowie der Außenbeitrag unterschieden (vgl. M 4).
Als **Konsumausgaben privater Haushalte** werden die Waren- und Dienstleistungskäufe der inländischen privaten Haushalte für Konsumzwecke bezeichnet.
Die **Konsumausgaben des Staates** (Staatsverbrauch) entsprechen dem Wert der Güter, die vom Staat selbst produziert werden, jedoch ohne selbst erstellte Anlagen und Verkäufe, sowie den Ausgaben für Güter, die als soziale Sachtransfers den privaten Haushalten für ihren Konsum zur Verfügung gestellt werden (s. Kasten).

Die **Bruttoanlageinvestitionen** umfassen die Käufe neuer Anlagen (einschließlich aller eingeführten und selbst erstellten Anlagen) sowie die Käufe von gebrauchten Anlagen und Land nach Abzug der Verkäufe von gebrauchten Anlagen und Land.
Als *Anlagen* werden in diesem Zusammenhang alle dauerhaften reproduzierbaren Produktionsmittel angesehen, mit Ausnahme von nur militärisch nutzbaren Anlagen und Gütern, die in den privaten Konsum eingehen. Als *dauerhaft* gelten in den Volkswirtschaftlichen Gesamtrechnungen diejenigen Produktionsmittel, deren Nutzungsdauer mehr als ein Jahr beträgt [...]. Ausgenommen sind geringwertige Güter, vor allem solche, die periodisch wiederbeschafft werden, auch wenn sie eine längere Nutzungsdauer als ein Jahr haben (zum Beispiel kleinere Werkzeuge, Reifen, Büromittel). Größere Reparaturen, die zu einer wesentlichen Steigerung des Wertes einer Anlage führen, sind dagegen Bestandteile der Bruttoanlageinvestitionen.
Die **Bruttoanlageinvestitionen** untergliedern sich in **Ausrüstungen** (Maschinen, Geräte, Fahrzeuge), **Bauten** (Wohnbauten, Nichtwohnbauten) und **Sonstige Anlagen** (unter anderem Computersoftware, Urheberrechte, Nutztiere und Nutzpflanzungen).
Die **Vorratsveränderungen** werden anhand von Bestandsangaben für Vorräte berechnet, die zunächst von Buchwerten auf eine konstante Preisbasis umgerechnet werden.
Der **Außenbeitrag** ergibt sich als Saldo* zwischen den Exporten und Importen von Waren und Dienstleistungen. Als **Exporte**

Der **Staatsverbrauch** ist definiert als *Summe aller Sach- und Dienstleistungen, die öffentliche Einrichtungen unentgeltlich zur Verfügung stellen.* Dazu gehören die Leistungen der Sicherheitskräfte, der Erziehungs- und Gesundheitsbehörden sowie des gesamten Verwaltungsapparates einschließlich Gesetzgebung und Rechtsprechung. Der Begriff Staatsverbrauch oder öffentlicher Konsum ist insofern irreführend, als der Staat diese Leistungen nicht selbst verbraucht oder für eigene Zwecke erbringt.
Da es für diese Leistungen definitionsgemäß keinen Verkaufswert gibt, wird der Staatsverbrauch anhand der laufenden *Personal- und Sachaufwendungen* der öffentlichen Haushalte errechnet (abzüglich der Gebühreneinnahmen, da gebührenpflichtige Leistungen nicht zum staatlichen Verbrauch gehören). *Straßen, Brücken* und *Wasserwege* gehen ihrerseits mit dem tatsächlichen Erhaltungsaufwand in die Verbrauchsrechnung ein.

(Autorentext)

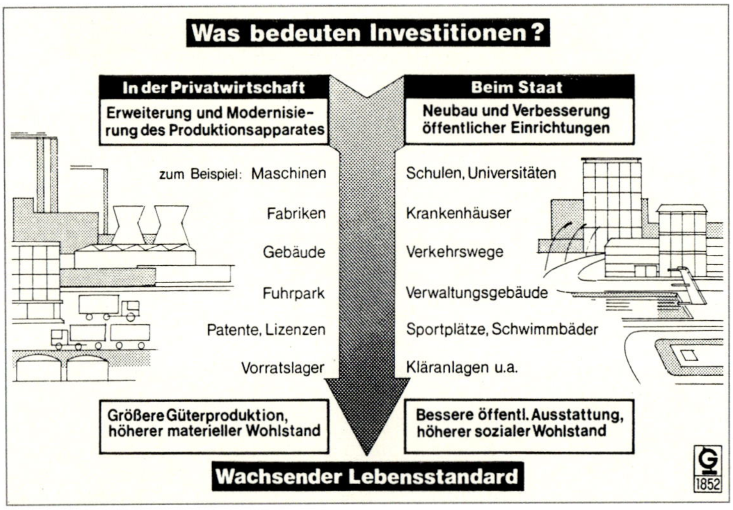

und **Importe** gelten alle Waren- und Dienstleistungsumsätze mit Wirtschaftseinheiten, die ihren ständigen Sitz oder Wohnsitz außerhalb Deutschlands haben. Nicht eingeschlossen sind die grenzüberschreitenden Primäreinkommen* (sich am Markt ergebenden Einkommen) zwischen Inländern und der übrigen Welt.

(Autorentext)

1 Das Verständnis der Verwendungsseite des Sozialprodukts ist eine wichtige Voraussetzung für die Beurteilung wirtschaftspolitischer Maßnahmen (insbesondere der Finanzpolitik des Staates, vgl. später S. 116 ff.). Machen Sie sich daher vor allem die Bedeutung und das Gewicht des privaten Konsums und der Investitionen (s. Grafik S. 18) klar.

2 Bruttoinvestitionen, Nettoinvestitionen, Ersatzinvestitionen – erläutern Sie die Abgrenzung dieser Begriffe voneinander (vgl. Glossar zu Investitionen*).

M 7 Die Verteilung des Volkseinkommens

Das Volkseinkommen als häufig genutzte Größe der Verteilungsrechnung ist die Summe aller Erwerbs- und Vermögenseinkommen, die Inländern letztlich zugeflossen sind. Es umfasst das von Inländern empfangene *Arbeitnehmergeld* (frühere Bezeichnung: Einkommen aus unselbstständiger Arbeit) sowie die *Unternehmens- und Vermögenseinkommen* (frühere Bezeichnung: Einkommen aus Unternehmertätigkeit und Vermögen), die Selbstständigen oder Arbeitnehmern (auch sie haben Vermögenseinkommen) zufließen.

Die **Unternehmens- und Vermögenseinkommen** (als Anteil am Volkseinkommen: **Gewinnquote**) bestehen also im Wesentlichen aus

- den Bruttoeinkommen der selbstständigen Unternehmer, Landwirte und Freiberufler (Anwälte, Ärzte usw.) und
- den Einkommen aus Vermögen (Zins-, Pacht- und Dividendeneinnahmen*) der privaten Haushalte (auch von Arbeitnehmern).

Das **Arbeitnehmerentgelt** (als Anteil am Volkseinkommen auch als **Lohnquote** bezeichnet; s. u.) setzt sich zusammen aus

- den *Bruttolöhnen* und *-gehältern* (von Arbeitern, Angestellten, Vorstandsmitgliedern, Beamten, Soldaten usw., einschließlich Urlaubsgeld, vermögenswirksame Leistungen und ähnliche Leistungen des Arbeitgebers)
- und den *Sozialbeiträgen der Arbeitgeber* (Anteil der Arbeitgeber an den gesetzlich vorgeschriebenen Beiträgen zur Renten-, Kranken-, Arbeitslosen- und Pflegeversicherung) und den freiwillig übernommenen Beiträgen (zu Pensionskassen, Unfallversicherung usw.).

(Autorentext)

Bereinigte und unbereinigte Lohnquote

Die Zweiteilung in Löhne bzw. Gewinne ist insbesondere deshalb unbefriedigend, weil z. B. ein und derselbe Haushalt sowohl in der Lohnquote (durch sein Erwerbseinkommen) als auch in der Gewinnquote erfasst wird, wenn er z. B. Zins- oder Mieteinkommen hat. Andererseits werden Leistungen mithelfender Familienangehöriger bei Selbstständigen nicht in der Lohnquote erfasst. Je stärker diese *Querverteilung* ausgeprägt ist, desto weniger aussagekräftig sind die Quoten. [...] Offensichtlich kann die Lohnquote nur steigen, wenn gleichzeitig die Gewinnquote sinkt. Die Lohnquote kann aus zwei Gründen steigen: einmal, wenn bei konstanter Erwerbstätigenstruktur die *Löhne* stärker steigen als die Gewinneinkommen, zum anderen, wenn die Zahl der Lohnempfänger zunimmt.

Daher gibt es auch zwei Versionen der Lohnquote: Die **unbereinigte Lohnquote** erfasst pauschal den Anteil der Löhne am Volkseinkommen und steigt somit (zulasten der Gewinnquote) allein aufgrund des Strukturwandels, der sich ergibt, wenn Selbstständige ihre Tätigkeit aufgeben und eine unselbstständige Beschäftigung aufnehmen.

Dieser **Strukturwandel**, d. h. der Rückgang der selbstständigen Unternehmertätigkeit in der Bundesrepublik, der sich auch an zunehmenden Unternehmenskonzentrationen und dem Rückgang des Einzelhandels bzw. mittelständischer Unternehmen ablesen lässt, würde die Aussagekraft

Arbeitnehmerentgelt, Unternehmens- und Vermögenseinkommen in Deutschland
1991 = 100

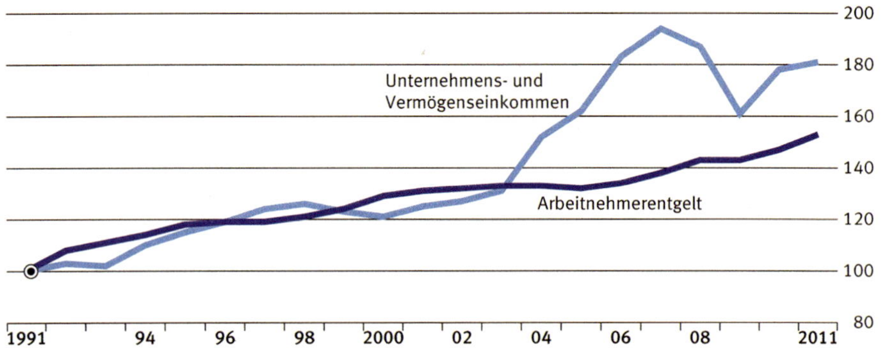

Statistisches Bundesamt
Bruttoinlandsprodukt 2011

„Die *Unternehmens- und Vermögenseinkommen* sind 2011 mit +1,5 % erheblich schwächer gewachsen als das Arbeitnehmerentgelt. Allerdings ist hier auch auf einen Basiseffekt hinzuweisen: Im Jahr 2010 waren die Unternehmens- und Vermögenseinkommen um 10,5 % gestiegen – nach einem deutlichen Rückgang um 13,5 % im Krisenjahr 2009."

(https://www.destatis.de/DE/Publikationen/WirtschaftStatistik/Monatsausgaben/WistaJanuar12.pdf?__blob=publicationFile, S. 24)

von Lohn- und Gewinnquoten verfälschen. Infolgedessen wird eine **„bereinigte" Lohnquote** ermittelt, bei der rechnerisch die als konstant unterstellte Beschäftigungsstruktur eines Basisjahres zugrunde gelegt wird. Dieses Verfahren entspricht im Prinzip der Berechnung von preisbereinigten realen* Größen, bei denen die Preisstruktur eines Basisjahres herangezogen wird. Dann kann die Lohnquote nur steigen, wenn die Lohneinkommen – bei unterstelltem konstantem Selbstständigenanteil – stärker steigen als die Gewinneinkommen. Die Abweichungen zwischen bereinigter und unbereinigter Quote am Volkseinkommen sind dabei beträchtlich.

(Jörn Altmann, Wirtschaftspolitik, Lucius & Lucius Verlag, Stuttgart, 8. Aufl. 2007, S. 201 f.)

Die längerfristige Entwicklung der sogenannten *funktionellen Einkommensverteilung*[1] ist im Schaubild (s. o.) dargestellt. Nach der deutschen Vereinigung ist in den Jahren 1992 und 1993 das Arbeitnehmerentgelt etwas stärker angestiegen als die Unternehmens- und Vermögenseinkommen. Zwischen 1994 und 2003 haben sich die beiden Komponenten des Volkseinkommens weitgehend parallel entwickelt. Ausgedrückt in Messzahlen erreichte das Arbeitnehmerentgelt im Jahr 2003 einen Wert von 134, die Unternehmens- und Vermögenseinkommen einen Wert von 135 (jeweils 1991 = 100). Seit 2004 verzeichnen die Unternehmens- und Vermögenseinkommen indessen ein deutlich stärkeres Wachstum als das Arbeitnehmerentgelt, sodass sich die Schere zwischen beiden Einkommensarten zunehmend geöffnet hat.

(Statistisches Bundesamt, Wiesbaden: Wirtschaft und Statistik 1/2008, S. 24)

Aussagekraft von Lohn- und Gewinnquote

Lohn- bzw. Gewinnquoten stehen im Zentrum der verteilungspolitischen Diskussion. Aus Arbeitnehmersicht wird verständlicherweise die relativ ungünstige Entwicklung von bereinigten Nettolohnquoten unterstrichen, während Arbeitgeber eher auf die Veränderungen anhand der unbereinigten Bruttolohnquote hinweisen dürften.
Abgesehen von dem Problem der Veränderung der Beschäftigungsstruktur sind Lohn- und Gewinnquoten aus weiteren Gründen als Verteilungsmaße ungeeignet. Zum einen beziehen un-

[1] Die *funktionelle* Verteilung erfasst die Einkommen nach der *Art ihrer Herkunft* (zum einen aus abhängiger Arbeit [Löhne, Gehälter], zum anderen aus Unternehmertätigkeit [Selbstständigeneinkommen] und Vermögen [Gewinne aus Geldanlagen, Vermietung usw.]). Im Unterschied dazu erfasst die *personelle* Einkommensverteilung die Einkommen nach *sozialen Gruppen* (Selbstständige, Angestellte, Arbeiter, Beamte).

selbstständige Arbeitnehmer – wie erwähnt – meist nicht nur Lohneinkommen, sondern auch Zins- und Mieteinnahmen. Dies wird in der Lohnquote nicht berücksichtigt. Zum anderen werden in Lohn- und Gewinnquoten hohe und niedrige Einkommen aggregiert*, sodass sich nichts über die gruppeninterne Verteilung herauslesen lässt. Beispielsweise werden auch die Einkommen der Spitzenmanager in Großunternehmen, die eindeutig Unternehmerfunktionen ausüben, aber auch die des Bundespräsidenten und der Minister der Lohnquote zugerechnet. Es wäre sinnvoll, den Anteil höherer und niedrigerer Einkommen an der Lohnquote auszuweisen. Analog wird bei den Gewinneinkommen nicht zwischen dem Gewinn eines Industriekonzernbesitzers und dem eines Handwerksbetriebsbesitzers unterschieden. Bei stärkerer Differenzierung in dieser Hinsicht wäre der Unterschied zur personellen Verteilung nicht mehr groß.

(Jörn Altmann, Wirtschaftspolitik, Lucius & Lucius, Stuttgart, 8. Aufl. 2007, S. 205)

1. Machen Sie sich die Ableitung des Begriffs Volkseinkommen aus dem Begriff Bruttonationaleinkommen (vgl. M 7, Z. 1 ff.) und die Aufteilung in die beiden zentralen Kategorien Arbeitnehmerentgelte und Unternehmens- und Vermögenseinkommen klar. Inwiefern orientiert sich diese Aufteilung nicht an Personengruppen, sondern an Produktionsfaktoren („Faktoreinkommen“)?

2. Erläutern Sie, inwiefern mit der Verteilung des Volkseinkommens die Verteilung der „Faktoreinkommen“ gemeint ist. Welche „Faktoren“ sind gemeint? Wie verteilen sich die Erlöse daraus auf die beiden „Quoten“?

3. Eine wichtige Rolle in der gesamten wirtschaftspolitischen Diskussion, besonders aber bei Tarifauseinandersetzungen, spielt die Verteilung des Volkseinkommens nach den Leistungsarten „Arbeitnehmerentgelt“ und „Unternehmens- und Vermögenseinkommen“ („funktionelle“ Einkommensverteilung im Unterschied zur „personellen“ Einkommensverteilung nach Gruppen von Einkommensempfängern, wie z. B. Selbstständige, Beamte, Angestellte, Arbeiter). Machen Sie sich den Unterschied zwischen „tatsächlicher“ und „bereinigter“ Lohnquote gründlich klar (Z. 31 ff.). Näheres dazu s. http://de.wikipedia.org/wiki/Lohnquote

4. Beschreiben Sie anhand der Grafik auf S. 20 die Entwicklung der Lohnquote 1991 – 2011 im Vergleich zur Gewinnquote (zur Entwicklung der Löhne s. auch M 34, Grafik S. 56 u.). Zur grundsätzlichen Beurteilung der Aussagekraft von Lohn- und Gewinnquote s. den folgenden Arbeitshinweis.

5. Bedenken Sie, dass der Aussagewert der beiden groben Aggregate* Lohn- und Gewinnquote beschränkt ist. Einerseits: Generaldirektorengehälter machen reich, werden aber auf der Seite der Arbeitnehmer verbucht; das Unternehmereinkommen des selbstständigen Würstchenverkäufers ist ein Hungerlohn, schlägt sich aber statistisch auf der Seite der Unternehmer nieder. Andererseits: Arbeitnehmer erzielen auch Vermögenseinkommen, z. B. Zinserträge aus Sparguthaben und Einkünfte aus Vermietung und Verpachtung. Das Gesamteinkommen der einzelnen Haushalte bzw. Personen setzt sich also aus unterschiedlichen Einkommensarten zusammen. Weshalb ist wegen dieser „Querverteilung“ die Lohnquote für den Streit um die Einkommensverteilung nur bedingt geeignet?

6. Überprüfen Sie Ihr Verständnis der funktionellen Einkommensverteilung durch die Beantwortung folgender Fragen:
   - Das Volkseinkommen beträgt 1570 Mrd. €, das Arbeitnehmerentgelt 1080 Mrd. €. Wie hoch ist die Lohnquote, wie hoch die Gewinnquote?
   - Wie verändert sich tendenziell die (unbereinigte) Lohnquote, wenn ein bislang selbstständiger Unternehmer eine abhängige Beschäftigung aufnimmt?
   - Lohn- und Gewinnquote beschreiben die „Primärverteilung*“ der Einkommen. Was versteht man unter „Sekundärverteilung*“? Wie verändert sie die für Nachfragezwecke zur Verfügung stehenden Einkommen der privaten Haushalte?

M 8 Die Aussagefähigkeit des Bruttoinlandsprodukts als „Wohlstandsindikator“

Die Aussagefähigkeit des realen Bruttoinlandsprodukts als Wohlfahrtsindikator wurde in der Vergangenheit zunehmend infrage gestellt. In der Tat existiert eine ganze Reihe von Argumenten, die gegen die Verwendung des Inlandsprodukts als Wohlfahrtsindikator sprechen. Im Folgenden soll auf einige Argumente näher eingegangen werden.

Was ist Wohlstand?
Bereits bei der Definition des Begriffs „Wohlstand" gehen die Meinungen weit auseinander. Materieller bzw. wirtschaftlicher Wohlstand ist der Versorgungsgrad einer Person oder eines Haushalts, einer Gruppe oder einer Gesellschaft mit wirtschaftlichen Gütern und Dienstleistungen einschließlich der öffentlichen Güter und der Haushaltsproduktion. In dieser Definition ist Wohlstand gleichbedeutend mit dem Begriff Lebensstandard. In einem weiteren Verständnis umfasst Wohlstand auch Eigenschaften wie subjektives Wohlbefinden, allgemeine Lebensbedingungen oder subjektive Zufriedenheit und wird mit den Begriffen Wohlfahrt und Lebensqualität gleichgesetzt. Lebensqualität ist im Unterschied zum Lebensstandard allerdings erheblich schwerer zu erfassen und zu messen.

(Wie funktioniert das? Wirtschaft heute, Meyers Lexikonverlag, Mannheim 1999, S. 52)

Ein wesentlicher Kritikpunkt an der Aussagekraft des Inlandsprodukts als Wohlstandsindikator ist die Tatsache, dass bestimmte Vorgänge, die den Wohlstand (s. Kasten) in einer Volkswirtschaft beeinflussen, nicht in der Volkswirtschaftlichen Gesamtrechnung und damit auch nicht im Inlandsprodukt erfasst werden.

Viele Güter werden im Inlandsprodukt nicht erfasst, weil sie nicht auf Märkten gehandelt werden und daher keinen Marktpreis haben.

Mit Ausnahme der vom Staat kostenlos bereitgestellten Güter (Konsumausgaben des Staates) sind nur solche Waren und Dienstleistungen im Inlandsprodukt enthalten, die auf Märkten gehandelt werden. Das bedeutet beispielsweise, dass weder die Eigenleistungen privater Haushalte (z. B. Hausfrauenarbeit, Kindererziehung, Nachbarschaftshilfe, Hobbygärtner) noch die Befriedigung höherer Bedürfnisebenen (z. B. Bedürfnis nach Geborgenheit, Anerkennung, Selbstverwirklichung) im Inlandsprodukt berücksichtigt sind. Auch die Arbeitsbedingungen, unter denen die Güterproduktion erfolgt, kommen nicht in der Höhe des Inlandsprodukts zum Ausdruck.

In das Inlandsprodukt gehen nur Gütermengen und Güterpreise ein. Die Qualität der Produkte wird nicht gesondert erfasst.

Die Marktpreise, mit denen die Güter in das Inlandsprodukt eingehen, spiegeln häufig nicht die Produktqualität, die sich beispielsweise auch in der Lebensdauer ausdrückt, wider. Die Herstellung vieler herkömmlicher Glühbirnen mit kurzer Lebensdauer erhöht beispielsweise trotz des Preisunterschiedes das Inlandsprodukt mehr als die Produktion langlebiger Energiesparlampen. Obwohl die Produktionstechnologie laufend verbessert wird, nimmt die Gebrauchsdauer vieler Konsumgüter (z. B. Kühlschränke, Autos, Waschmaschinen, Kleider) ständig ab. Der dadurch entstehende Ersatzbedarf steigert zwar Produktion und Inlandsprodukt, beansprucht aber gleichzeitig natürliche Rohstoffe und schafft erhebliche Entsorgungs-, Abfall- und Umweltprobleme. [...]

Das Inlandsprodukt berücksichtigt nicht den Wert der Freizeit.
Das Inlandsprodukt kann beispielsweise deswegen steigen, weil aufgrund einer verlängerten Wochenarbeitszeit mehr gearbeitet und produziert wird. Dabei wird aber nicht berücksichtigt, dass der durch die Steigerung des Inlandsprodukts bedingte Verzicht auf Freizeit eine Wohlstandsminderung darstellt.

(Viktor Lüpertz, Problemorientierte Einführung in die Volkswirtschaftslehre, Winklers Verlag, Darmstadt, 4. Aufl. 2005, S. 69)

Schäden als „Wertsteigerung"
Jede statistisch erfasste wirtschaftliche Aktivität, die Schäden nur beseitigt – Reparaturen, Krankheitskosten, Entgiftung von Böden, Reinigung verseuchter Flüsse –, wird als Wertsteigerung erfasst, obgleich sie im besten Fall nur werterhaltend ist. Erfasst wird nicht der Schaden selbst (negativ), sondern die Maßnahme zur Eindämmung oder Reparatur des Schadens geht (positiv) als Wertschöpfung in die Berechnung z. B. des Bruttoinlandsproduktes ein: Die Vergiftung eines Flusses durch einen Ölunfall wird nicht erfasst, wohl aber die Aufwendung der Feuerwehr oder die Maßnahmen zur Reinigung der Ufer. Die „Erfolge" des Wirtschaftswachstums, ausgedrückt im Bruttoinlandsprodukt, sind daher möglicherweise nur mit vorübergehenden bzw. „netto" gar nicht zutreffenden Wohlfahrtsgewinnen verbunden.

(Jörn Altmann, Wirtschaftspolitik, Lucius & Lucius, Stuttgart, 7. Aufl. 2000, S. 137)

Zwei Autos fahren auf der Landstraße friedlich aneinander vorbei, nichts passiert, und sie tragen beide nur minimal zum Bruttosozialprodukt bei. Aber dann passiert es, der Lenker des einen Autos passt nicht auf, gerät auf die Gegenfahrbahn und verursacht mit einem inzwischen anrollenden dritten Auto einen schweren Verkehrsunfall. Da freut sich das Bruttosozialprodukt und klettert sprunghaft nach oben: Rettungshubschrauber, Ärzte, Krankenschwestern, Abschleppdienst, Autoreparatur oder Neukauf, Rechtsstreit, Verwandtenbesuche zu den Unfallopfern, Ausfallgeld, Versicherungsagenten, Zeitungsberichte, Alleebaumsanierung, all das sind beruflich erfasste Tätigkeiten, die bezahlt werden müssen. Und Wert hat in der gängigen Wirtschaft nur, was bezahlt wird. Auch wenn kein Beteiligter einen Gewinn an Lebensqualität und einige einen großen Verlust haben, so steigt doch der Wert unseres „Wohlstandes", den das Bruttosozialprodukt angibt.

(Ernst Ulrich von Weizsäcker, Erdpolitik, Primus Verlag, Darmstadt, 5. Aufl. 1997, S. 247)

Des Weiteren werden im Inlandsprodukt die **Umweltschäden** nicht oder fehlerhaft erfasst. Obwohl Raubbau an Umwelt und Ressourcen* erfolgt, werden keine Abschreibungen* auf das Gut „Umwelt" vorgenommen. Sie würden das Nettoinlandsprodukt verringern. Umweltschutzausgaben (z. B. Kosten eines Klärwerkes) gehen dagegen positiv in das Inlandsprodukt ein (s. Kasten). Es wird damit ein „Wachstum“ ausgewiesen, obwohl diese Ausgaben möglicherweise noch nicht einmal ausreichen, die Verschlechterungen der Umweltqualität auszugleichen.

(Gerhard Mussel/Jürgen Pätzold, Grundfragen der Wirtschaftspolitik, Verlag Vahlen, München, 6. Aufl. 2005, S. 157)

M 9 „Wachstum ist nicht alles, aber ohne Wachstum ist alles nichts“

Sollte man den Erfolgsindikator BIP über Bord werfen? Die Antwort ist ein klares Nein. Betrachtet man die folgenden Gesichtspunkte, dann wird die Eignung des BIP als sinnvoller Kompass für die Wirtschaftspolitik gestärkt.

- Für das BIP spricht zunächst, dass diese Größe das Lebensglück der Menschen zwar nicht direkt, aber über viele indirekte Kanäle massiv beeinflusst. So ist *Arbeitslosigkeit* einer der stärksten Negativfaktoren, der in vielen Analysen der Glücksforschung immer wieder unterstrichen wird. Arbeitslosigkeit ist ein Ereignis, welches unabhängig von den damit verbundenen finanziellen Folgen die Zufriedenheit mit dem eigenen Leben massiv mindert. Der Zuwachs an Freizeit für die Arbeitslosen, den die BIP-Kritiker gerne auf der Aktivseite ihrer umfassenderen Bilanzen verbuchen würden, ist für die Betroffenen eindeutig kein Zuwachs an Lebensqualität. Dass das BIP diesen Freizeitkonsum nicht einbezieht, ist also eher eine Stärke als eine Schwäche des Konzepts. Bemerkenswert ist noch dazu, dass die Zufriedenheit eines Menschen sinkt, wenn in seinem Land die Arbeitslosigkeit steigt, er persönlich aber nicht betroffen ist. Kaum ein empirischer* Zusammenhang in der Makroökonomie* ist so unzweifelhaft wie die positive Beziehung zwischen Wachstum und Beschäftigung. Eine Politik, die unter den heutigen Bedingungen des deutschen Arbeitsmarkts auf eine Steigerung des BIP setzt, ist daher sehr wohl eine die Zufriedenheit der Menschen steigernde Politik.
- Daneben gibt es eine ganze Reihe weiterer indirekter Kanäle, über die das BIP-Wachstum das Wohlergehen der Menschen positiv beeinflusst. Ein höheres BIP erhöht ohne Steuersatzerhöhung das Steuer- und Abgabenaufkommen. Es erleichtert so die Finanzierung von öffentlicher Infrastruktur*, von Bildungs- und Sozialpolitik. Es erleichtert außerdem die Verringerung von Staatsschulden und eröffnet damit größere politische Handlungsspielräume. Ein funktionierendes Gemeinwesen und ein stabiler Sozialstaat, wichtige Faktoren für die individuelle Zufriedenheit, lassen sich unter den heutigen Bedingungen nur durch BIP-Wachstum gewährleisten.
- Natürlich ist das BIP insgesamt nichts anderes als eine recht grobe Näherungsgröße für die gesamtgesellschaftliche Wohlfahrt. Genauso sicher ist aber auch: Wir haben heute keine bessere umfassende Orientierungsgröße. Daher bleibt es sinnvoll, den Erfolg der Wirtschaftspolitik anhand dieses Indikators* zu beurteilen. Denn auch wenn BIP-Wachstum nicht alles ist, so ist doch ohne BIP-Wachstum alles nichts.

(Friedrich Heinemann, Der beste Kompass für die Wirtschaftspolitik. In: Frankfurter Allgemeine Zeitung v. 11.8.2004, S. 10)

M 10 „Weltweit wächst die Kritik“ – Auf der Suche nach einem neuen Indikator

Wann eine Volkswirtschaft wächst, ist mitunter nicht ganz leicht zu sagen. Wächst sie, wenn Unternehmen mehr verkaufen? Wenn alle mehr haben? Oder wenn möglichst viele zufrieden sind? Gert Wagner kennt das Problem, er ist Ökonom am Deutschen Institut für Wirtschaftsforschung (DIW) und neuerdings Experte einer Enquete-Kommission des Deutschen Bundestages. „Seit meiner Kindheit erlebe ich den Gegensatz von Wachstum und Lebensqualität“, lässt Wagner die Kommission gleich zu ihrem Auftakt am Montag wissen. „Ich bin nämlich in Kelsterbach aufgewachsen, gleich in der Nähe des Frankfurter Flughafens.“ Dort geht die Rechnung ganz anders: Mehr Wachstum heißt mehr Flüge, heißt mehr Lärm. Und schon wird sie unendlich schwierig, die Frage nach dem „guten“ Wachstum.

Das passt zum Auftrag der Enquete-Kommission „Wachstum, Wohlstand, Lebensqualität“, die am Montag in Berlin ihre Arbeit aufgenommen hat. „Wir brauchen einen neuen Indikator*, der allgemein als Maß von Wohlstand angesehen wird“, folgert Daniela Kolbe (SPD), die Vorsitzende der Enquete-Kommission. Dieser müsse auch die negativen Folgen von Wachstum einkalkulieren, etwa soziale Verwerfungen, Umweltschäden, den Verbrauch endlicher Ressourcen*. Bis 2013 hat sich die Enquete-Kommission Zeit gegeben; sie soll nicht nur ein neues Maß entwickeln, sondern auch Wege zum Maßhalten. Und das in einem Land, das seit Jahrzehnten darauf gepolt ist, das Bruttoinlandsprodukt, kurz BIP, zu steigern.

Doch die Messgröße, bislang international das Maß der Dinge, steckt in der Krise. Vor allem Umweltprobleme wie den Klimawandel ignoriert das BIP völlig. Zerstören Stürme einen ganzen Landstrich, so wie 2005 in New Orleans, erhöhen die Wiederaufbauarbeiten das BIP um Milliarden Dollar. Zerstörungen aber bleiben außen vor. Brennt eine Bohrinsel und fließt Öl aus, werden Aufräumarbeiten positiv gezählt, die Umweltfolgen dagegen ignoriert. Gleichwohl ist das BIP derzeit der einzige weltweit anerkannte Indikator für Wirtschaftswachstum. [...]
Doch weltweit wächst [auch] die Kritik am klassischen Wachstumsbegriff. Noch vor der deutschen Enquete gingen Länder wie Großbritannien, Frankreich und Kanada auf die Suche nach Alternativen, auch EU und OECD* fahnden nach neuen Indikatoren. In Kanada entwickelt ein eigenes Institut den „Index fürs Wohlergehen". Die Hoffnung: Ist ein solcher Maßstab erst etabliert, könnte eine Gesellschaft Wege zum nachhaltigen* Wachstum entwickeln. [...]
An Ideen mangelt es nicht. So schlägt der Heidelberger Ökonom Hans Diefenbacher ein „grünes" Inlandsprodukt vor. Im Zentrum seines „Nationalen Wohlfahrtsindexes" steht der private Verbrauch. Davon werden die Kosten des Wachstums abgezogen – etwa die Verschmutzung von Böden, Wasser und Luft. Darin tauchen zwar auch noch nicht alle Umweltschäden auf. Die Tendenz aber ist deutlich: Das Ergebnis zeigt eine Kurve, die seit einem Jahrzehnt von der BIP-Kurve abfällt. „Wir rechnen nicht besser", sagt Diefenbacher. „Wir rechnen nur anders."

(Süddeutsche Zeitung v. 18.1.2011, S. 19; Verf.: Markus Balser und Michael Braumüller)

1. Setzen Sie sich mit der Problematik des Begriffs „Wohlstand" auseinander. Wie lässt er sich gegenüber den Begriffen „Lebensstandard" und „Lebensqualität" abgrenzen (s. Kasten in M 8, S. 22)?
2. Inwiefern lässt sich zwar die Güterversorgung, kaum aber der Nutzen der Güter „objektiv" erfassen? (M 8)
3. Erläutern Sie die für den Wohlstand relevanten Bereiche, die im Bruttoinlandsprodukt nicht erfasst werden (M 8, Z. 7 ff).
4. Erläutern Sie die besondere Bedeutung der Berücksichtigung von Umweltschäden bei der Berechnung des BIP (M 8, Z. 44 ff.; vgl. M 10, Z. 18 ff.). Erörtern Sie folgende These: „Je anfälliger und kränker eine Volkswirtschaft ist, desto höher ist das Sozialprodukt."
5. Fassen Sie die einzelnen Argumente zusammen, die nach M 9 dafür sprechen, dass das BIP durchaus als „sinnvoller Kompass für die Wirtschaftspolitik" gelten kann.
6. Erörtern Sie die zur Diskussion um das Bruttoinlandsprodukt dargestellten Gesichtspunkte, Probleme und Argumente (M 8, M 9) und nehmen Sie begründet dazu Stellung.
7. Das Jahr 2010 war geprägt von neuen Initiativen, das Bruttoinlandsprodukt durch einen neuen Indikator* zu ersetzen bzw. zu ergänzen. Beschreiben Sie, welchen Auftrag eine Untersuchungskommission des Deutschen Bundestags in dieser Hinsicht erhalten hat (M 10), und erörtern Sie, wie Sie die Chancen und Schwierigkeiten eines solchen Versuchs einschätzen. Nähere Informationen zu weiteren Initiativen, über die Ende 2010 diskutiert wurde, finden Sie in einer Mitteilung des deutschen Sachverständigenrates Wirtschaft, der ein dreigeteiltes Indikatorensystem (Wirtschaftsleistung, Lebensqualität, Nachhaltigkeit*) entwickelt hat (http://www.sachverstaendigenrat-wirtschaft.de/fileadmin/dateiablage/Expertisen/2010/ex10_de.pdf).

II Die Ziele der Wirtschaftspolitik und die gesamtwirtschaftliche Entwicklung in Deutschland

In der Einleitung zum vorangehenden Kapitel war von der Bedeutung der Volkswirtschaftlichen Gesamtrechnung für die Diskussion über die richtige ***Wirtschaftspolitik*** *die Rede. Unter dem Begriff Wirtschaftspolitik lässt sich nach einer Definition des Wirtschaftswissenschaftlers Herbert Giersch die „Gesamtheit aller Maßnahmen politischer Entscheidungsträger" verstehen, die „darauf abzielen, den Ablauf des wirtschaftlichen Geschehens zu ordnen, zu beeinflussen oder unmittelbar festzulegen".*
Diese Definition besagt noch nichts darüber, was denn im Einzelnen mit den Maßnahmen der Wirtschaftspolitik erreicht werden soll. Bevor wir daher auf die „Akteure" und die „Maßnahmen" der Wirtschaftspolitik näher eingehen, wollen wir in diesem umfangreichen Kapitel aufzeigen, welche Ziele die Wirtschaftspolitik in Deutschland verfolgt, wie sie sich zueinander verhalten (Abschnitt 1) und wie die wirtschaftliche Entwicklung in den einzelnen Zielbereichen insgesamt in der Geschichte der Bundesrepublik verlaufen ist (Abschnitte 2–5).

1. Die Ziele der Wirtschaftspolitik

M 11 Das „magische Viereck" des „Stabilitätsgesetzes"

Ob die **Festsetzung wirtschaftspolitischer Ziele** zu den Aufgaben der Volkswirtschaftslehre gehört, ist seit Langem umstritten. Das Problem liegt darin, dass Ziele bereits eine Bewertung wirtschaftlicher Sachverhalte voraussetzen und etwas Gewolltes, Angestrebtes zum Ausdruck bringen, also ein Urteil über das enthalten, was „sein soll", ein sogenanntes **Werturteil***. Setzt man z. B. als Ziel eine gleichmäßigere Einkommens- und Vermögensverteilung fest, so beinhaltet dies das Werturteil, dass eine solche Verteilung erstrebenswert ist. Ob und inwieweit nun Werturteile Platz in einer Wissenschaft haben, darüber waren und sind die Meinungen sehr geteilt (sogenannte „Werturteilsproblematik") – eine Frage, die weit über den Bereich der Volkswirtschaftslehre hinausgehend zu den Grundproblemen der Wissenschaften überhaupt zählt (vgl. Kasten). In der Regel wird die Meinung vertreten, dass Werturteile (und damit auch Ziele) wissenschaftlich nicht ableitbar und überprüfbar sind und deshalb mit Wissenschaft im strengen Sinn nichts zu tun haben. Wo sie dennoch in die Beschreibung, Erklärung oder Prognose des Wirtschaftsprozesses einfließen, sind sie eindeutig als Wertungen kenntlich zu machen, um der Argumentation jede Scheinobjektivität zu nehmen. Um Missverständnisse zu vermeiden: Auch diese „wertfreie" Position erkennt die Existenz von Werturteilen, z. B. in Form der Zielsetzungen von Unternehmen, Haushalten und politischen Entscheidungsträgern, an. Sie nimmt diese Wertungen aber als „von außen gegeben", als Daten hin. Die *Festsetzung* von gesellschafts-

Sachaussagen und Werturteile*
Umstritten ist insbesondere die Frage einer klaren Trennung zwischen objektiver wissenschaftlicher Analyse und Werturteilen und zum anderen die des Engagements des Wirtschaftswissenschaftlers für bestimmte Ziele. [...]
Allgemein lässt sich sagen: In der wirtschaftswissenschaftlichen Analyse sollte man, wie es insbesondere *Max Weber** (1864–1920) gefordert hat, Sachaussagen und Werturteile* möglichst auseinanderhalten.
Das schließt nicht aus, dass sich Wirtschaftswissenschaftler als Staatsbürger für bestimmte Ziele engagieren. Wenn ein Wissenschaftler Werturteile fällt, dann sollte er diese jedoch in jedem Fall entsprechend kennzeichnen, entweder als persönliche Stellungnahme (meine persönliche Überzeugung ist ...) oder indem er die Aussage als Hypothese formuliert (wenn man ... als Ziel ansieht, dann ...).
(Wilhelm Henrichsmeyer/Oskar Gans/Ingo Evers, Einführung in die Volkswirtschaftslehre, Ulmer, Stuttgart 1993, S. 39 f.)

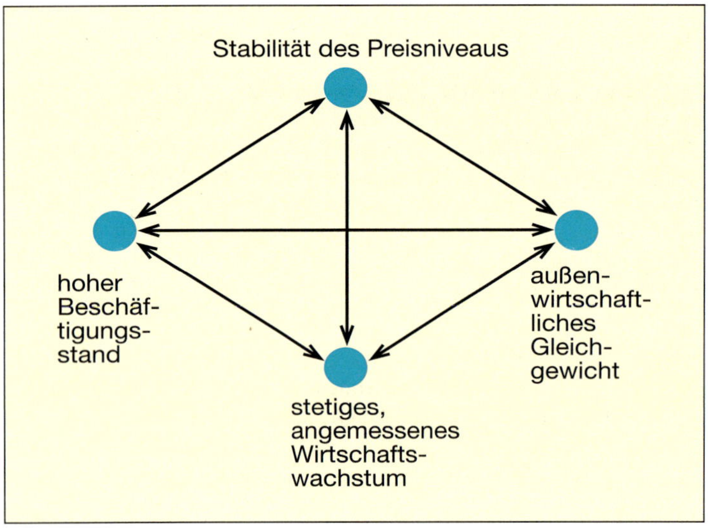

Abb. 1: Das magische Viereck

politischen Zielen jedenfalls kann nach dieser Auffassung niemals Aufgabe der Wissenschaft sein, sondern muss rein politisch erfolgen. Dies wird an der gesellschaftspolitischen Diskussion über Einkommens- und Vermögensverteilung, Wachstum und Umwelt besonders deutlich.

In der Bundesrepublik Deutschland sind die gesamtwirtschaftlichen Ziele im *„Gesetz zur Förderung der Stabilität und des Wachstums der Wirtschaft"* vom 8. Juni 1967 (im sogenannten „Stabilitätsgesetz") festgelegt worden.

Je nachdem, wie viele Ziele in den gesamtwirtschaftlichen Zielkatalog einbezogen sind, spricht man vom „magischen" Dreieck, Viereck oder allgemein vom „magischen" Vieleck. Die Bezeichnung „magisch" soll dabei zum Ausdruck bringen, dass das Verhältnis zwischen den Zielen sehr komplex und allgemein kaum zu erfassen ist und, vor allem, dass es schwierig ist, alle Ziele zugleich zu erreichen (s. M 14).

(Ulrich Baßeler/Jürgen Heinrich/Burkhard Utecht, Grundlagen und Probleme der Volkswirtschaft, Schäffer-Poeschel Verlag, Stuttgart, 18. Aufl. 2006, S. 7 f.)

In § 1 des **Gesetzes zur Förderung der Stabilität und des Wachstums der Wirtschaft** (StWG) heißt es zunächst, dass *„Bund und Länder ... bei ihren wirtschafts- und finanzpolitischen Maßnahmen die Erfordernisse des gesamtwirtschaftlichen Gleichgewichts zu beachten"* haben (eine ähnlich lautende Formulierung wurde im gleichen Jahr in das Grundgesetz, Art. 109, Abs. 2, aufgenommen).

Der Begriff „gesamtwirtschaftliches Gleichgewicht" wird dann (§ 1 Satz 2 StWG) näher erläutert. Danach sind „die Maßnahmen ... so zu treffen, dass sie im Rahmen der marktwirtschaftlichen Ordnung **gleichzeitig zur Stabilität des Preisniveaus, zu einem hohen Beschäftigungsstand und außenwirtschaftlichem Gleichgewicht bei stetigem und angemessenem Wirtschaftswachstum** beitragen". Vgl. dazu Abb. 1.

Ein fünftes Ziel ist *„die Bildung und Verteilung von Einkommen und Vermögen"*. Dieses Ziel wurde in das „Stabilitätsgesetz" nicht aufgenommen, weil offenbar unter den Parteien über diese Zielsetzung kein Konsens erreicht werden konnte. Gleichwohl findet das Verteilungsziel allgemeine Akzeptanz.

Abb. 2

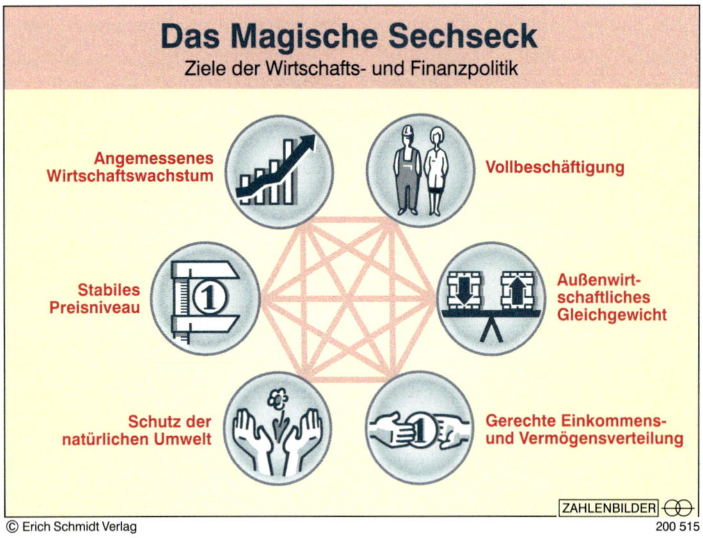

Die in den 1970er-Jahren aufgekommene Diskussion über Umweltprobleme und ihren Zusammenhang mit der Herstellung und dem Verbrauch von Gütern hat zu der Forderung geführt, auch das *Umweltziel* in den Katalog der wirtschaftspolitischen Ziele aufzunehmen, sodass sich insgesamt ein Sechseck der Ziele der Wirtschaftspolitik ergäbe (vgl. Abb. 2). 1994 wurde der Umweltschutz als Staatsziel in das Grundgesetz (Art. 20 a) aufgenommen.

(Autorentext)

METHODE M 12 Positive (deskriptive) und normative (präskriptive) Aussagen – Wissenschaft und Werturteile

Zwei junge Leute diskutieren z. B. über Mindestlohnbestimmungen, wobei sie sich wie folgt äußern:
POLLY: Mindestlohnbestimmungen verursachen Arbeitslosigkeit.
NORMA: Man sollte die vorgeschriebenen Mindestlöhne erhöhen.
Ob Sie den Aussagen nun zustimmen oder nicht, bemerkenswert ist, worin sich Polly und Norma bei ihren Ansichten unterscheiden. Polly spricht wie eine Wissenschaftlerin: Sie sagt etwas darüber, wie die Welt funktioniert. Norma spricht wie eine Politikerin: Sie sagt etwas darüber, wie sie die Welt verändert sehen möchte.
Generell gibt es zwei Typen von Aussagen über die Realität. Ein erster Typ, wie die Aussage von Polly, ist positiv. *Positive Aussagen* sind beschreibend („deskriptiv"). Sie richten sich darauf, wie die Welt *ist*. Ein zweiter Typ, wie die Aussage von Norma, ist normativ. *Normative Aussagen* sind präskriptiv. Sie richten sich darauf, wie die Welt *sein sollte*.
Ein Hauptunterschied zwischen positiven und normativen Aussagen zeigt sich darin, wie wir ihre Gültigkeit überprüfen. Positive Aussagen können wir grundsätzlich dadurch annehmen oder verwerfen, dass wir sie auf ihre empirische* Gültigkeit überprüfen. So könnte ein Ökonom Pollys Aussage mithilfe statistischer Daten über Veränderungen der Mindestlöhne und der Arbeitslosigkeit untersuchen. Im Gegensatz dazu kommen bei der Bewertung normativer Aussagen Fakten und Werturteile zusammen. Normas Aussage kann man nicht allein mit statistischen Daten überprüfen. Darüber zu entscheiden, ob politische Maßnahmen gut oder schlecht sind, ist nicht nur eine Sache der Wissenschaft. Dabei sind auch unsere persönlichen Einstellungen zur Ethik, zur Religion und zur politischen Philosophie gefragt. Selbstverständlich mögen positive und normative Aussagen verwandt sein. Unsere positiven Bilder davon, wie die Welt funktioniert, beeinflussen unsere normativen Ansichten darüber, welche politischen Maßnahmen wünschenswert sind. Pollys Ausspruch, dass Mindestlöhne Arbeitslosigkeit verursachen, könnten – wenn er zutrifft – uns dazu veranlassen, Normas Wunsch nach Erhöhung der Mindestlöhne abzulehnen. Doch unsere normativen Folgerungen können nicht allein aus positiver Analyse entstehen. Sie erfordern beides: *positive Analysen* und *Werturteile**.

(Gregory Mankiw/Mark P. Taylor, Grundzüge der Volkswirtschaftslehre, Schäffer-Poeschel Verlag, 4. Aufl., Stuttgart 2008, S. 35 f.; übers. von Adolf Wagner und Marco Herrmann)

Wertungen, über die man verschiedener Ansicht sein kann, sind **keine wissenschaftlichen Aussagen**. Diese Abgrenzung des Wissenschaftsbegriffs sei an einigen Beispielen erläutert: Ob Kauf und Konsum eines bestimmten Gutes – z. B. eines schnellen Sportwagens oder alten Whiskys – einen Luxus darstellen, darüber wird es verschiedene Meinungen geben. Der Ausdruck Luxus ist also ein wertbezogener und deshalb unwissenschaftlicher Begriff, und die Begründung einer Luxussteuer kann sich nicht auf wissenschaftliche Aussagen stützen. Verschiedener Ansicht wird man auch darüber sein, ob ein Einkommen im Hinblick auf die erbrachte Leistung angemessen oder die Verteilung der Einkommen gerecht ist. Wer von gerechten Löhnen oder von ungerechter Einkommensverteilung spricht, bedient sich nach dem herrschenden Wissenschaftsverständnis einer unwissenschaftlichen Ausdrucksweise. [...]
Ein häufiger Gebrauch von Begriffen wie „gerecht", „fortschrittlich" oder „gut" – geradezu charakteristisch für politische Äußerungen – sollte nicht darüber hinwegtäuschen, dass sich dahinter die handfeste Absicht verbergen kann, bestimmte Meinungen gegen widerstreitende durchzusetzen. Werturteile stehen zu wissenschaftlichen Aussagen in demselben Verhältnis wie meinen zu wissen. Sie haben die Form von imperativen (etwas soll sein) oder normativen (etwas ist gut oder schlecht) Aussagen. Wissenschaftliche Feststellungen sind dagegen Tatsachenaussagen (etwas ist so oder nicht so). Das Merkmal zur Unterscheidung von Werturteilen und wissenschaftlichen Aussagen ist demnach die Möglichkeit der intersubjektiven Überprüfbarkeit und der Kritik. [...] Diese Forderung behindert den Forscher auch nicht, persönlich Stellung zu beziehen und Werturteile abzugeben. Nur kann er sich dann nicht auf die Wissenschaft berufen und deren Autorität in Anspruch nehmen.
Die Fähigkeit, *Werturteile von wissenschaftlichen Aussagen zu unterscheiden*, lässt sich durch sorgfältigen Sprachgebrauch erhöhen. Einige Beispiele sollen das Gesagte noch einmal verdeutlichen:

Sachverhalt	Mögliches Werturteil	Mögliche wissenschaftliche Aussage
1. Einige Bauarbeiter essen Kaviar zum Frühstück.	Der Verzehr von Kaviar ist ein Luxus für Bauarbeiter.	Die Kaviarnachfrage der Bauarbeiter wird aus Lohnerhöhungen bestritten.
2. Unternehmer verdienen im Durchschnitt zehnmal so viel wie Arbeiter.	Die Einkommensverteilung ist ungerecht.	Die Einkommensverteilung ist ungleichmäßig.
3. Die deutsche Landwirtschaft erhält jährlich rd. 3,6 Mrd. Euro Subventionen.	Die Subventionen sind zu hoch (oder zu gering).	Die öffentliche Hilfe für die Landwirtschaft bindet etwa 300 000 Beschäftigte in der Landwirtschaft.

(Artur Woll, Allgemeine Volkswirtschaftslehre, Vahlen, München 1996, S. 8 f., 10 f.)

1. Erklären Sie, warum nach M 11 (1. Abschnitt) die Festlegung wirtschaftspolitischer Ziele nicht durch die Wissenschaft, sondern durch die Politik erfolgen kann, und erläutern Sie, was Max Weber* mit seiner Forderung nach „Werturteilsfreiheit" der Wissenschaft (nicht) gemeint hat (s. Kasten).

2. Erläutern Sie die Bedeutung des „Stabilitätsgesetzes" und des „magischen" Vier- bzw. Sechsecks für die Wirtschaftspolitik in Deutschland (M 11, 2. Abschnitt).

3. M 12 kann Ihnen dazu dienen, sich den grundsätzlichen Unterschied zwischen „positiven" (beschreibenden) und „normativen" (wertbezogenen) Aussagen sowie die Bedeutung dieser Unterscheidung für die Diskussion in Politik und Wissenschaft (und auch im Unterricht Politik-Wirtschaft) klarzumachen.

4. Charakterisieren und diskutieren Sie die Zuordnung der folgenden Aussagen (Sachaussagen, Vorurteile, Werturteile, Vorhersagen):

   1. Die Sonne kreist um die Erde.
   2. Menschen über dreißig Jahre gehören zum „alten Eisen".
   3. Der Himmel ist grau, es wird bald regnen.
   4. Der Finderlohn in Höhe von 700 Euro für die auf dem Fundamt abgegebene Brieftasche war zu hoch.
   5. Verhandeln ist besser als Krieg führen.
   6. Frauen sind schlechtere Autofahrer als Männer.
   7. Amerikaner sind geldgierige Menschen.
   8. Diese Partei hat den hohen Wahlsieg bei den letzten Europawahlen verdient.
   9. Wer fünfzig Jahre alt ist, ist kein Kind mehr.
   10. Du wirst diese Prüfung nicht bestehen.
   11. Wer einmal lügt, lügt immer wieder.
   12. Der Weg von Stuttgart nach Freiburg ist zu weit.
   13. Eidechsen gehören zur Familie der Säugetiere.
   14. Weil er kein Geld hatte, konnte er sich kein Auto kaufen.

M 13 Wirtschaftspolitische Ziele und gesellschaftspolitische Grundwerte

Als gesellschaftspolitische Grundziele (Grundwerte) werden hauptsächlich genannt:
- der *Freiheitsspielraum des Einzelnen* (im Hinblick auf den wirtschaftlichen Bereich u. a. die Freiheit der Berufswahl und des Arbeitsplatzes, die Freiheit bei der Verwendung des Einkommens und Vermögens),
- die *soziale Gerechtigkeit* (z. B. als Leistungsgerechtigkeit, als Chancengerechtigkeit, als Bedarfsgerechtigkeit; hier wäre mit engerem Bezug auf den ökonomischen Bereich das Ziel der gerechten Einkommens- und Vermögensverteilung einzuordnen),
- der *soziale Frieden* (verstanden etwa als ein Zustand, in dem die in jeder Gesellschaft notwendig bestehenden Interessengegensätze so weit ausgeglichen sind, dass kein offener Konflikt ausbricht),
- die *soziale Sicherheit* (z. B. als Sicherung vor den materiellen Auswirkungen von Krankheit, Invalidität und Arbeitslosigkeit, als Sicherung vor dem Verlust von Einkommen und Vermögen, als Sicherheit, in einer gesunden Umwelt leben zu können),
- die *Förderung des Wohlstandes* für alle Bürger (als Förderung wirtschaftlichen Wachstums umstritten; vgl. M 8 – M 10).

Es müsste sich nun zeigen lassen, dass die Verletzung der im engeren Sinne wirtschaftlichen Ziele, wie sie im Stabilitätsgesetz formuliert sind, mehr oder weniger immer auch die Erreichung solcher übergeordneter gesellschaftspolitischer Ziele beeinträchtigt.

Für die Verletzung des *Beschäftigungsziels* ist das unmittelbar einleuchtend: Arbeitslosigkeit beeinträchtigt nicht nur die unmittelbar Betroffenen im Hinblick auf alle genannten Grundwerte; als Massenarbeitslosigkeit belastet sie auch die Gesamtgesellschaft schwer (s. M 35 – 38).

Das Ziel der *Inflationsbekämpfung* wird aufgrund überlieferter Erfahrungen mit der Hyperinflation (vgl. Kasten S. 46) der 1920er-Jahre in Deutschland generell akzeptiert. Dass Inflation (Geldwertverlust, Preisniveausteigerung) die soziale Sicherheit, aber auch die soziale Gerechtigkeit und den Wohlstand gefährden kann, ist leicht einzusehen (vgl. M 34).

Inwieweit das *Wachstumsziel* die Verwirklichung der gesellschaftlichen Grundwerte fördert oder gefährdet, ist zwar im Hinblick auf die ökologischen Folgen nicht unumstritten; als Voraussetzung für die Schaffung von mehr Arbeitsplätzen und weniger Arbeitslosigkeit wird Wachstum aber gerade in den letzten Jahren oft schmerzlich vermisst (vgl. M 8 – M 10).

Das *außenwirtschaftliche Gleichgewicht* als viertes Ziel des Stabilitätsgesetzes lässt sich als eine Situation beschreiben, „die dadurch gekennzeichnet ist, dass von den wirtschaftlichen Aktivitäten des Inlandes mit dem Ausland keine negativen Auswirkungen auf die binnenwirtschaftliche Entwicklung (insbesondere auf Preisniveau und Beschäftigung) ausgehen. So interpretiert, ist außenwirtschaftliches Gleichgewicht notwendige Voraussetzung (Vorziel) zur Realisierung der binnenwirtschaftlichen Ziele." (J. Pätzold, Stabilisierungspolitik, 1998, S. 64)

(Autorentext)

1. Erläutern Sie die Bedeutung der in M 13 (Z. 1–15) genannten gesellschaftlichen Grundwerte, indem Sie sie auf Ihre eigene jetzige und zukünftige Lebenssituation zu beziehen versuchen.

2. Vielleicht werden Sie in der Reihe der Grundwerte den äußeren Frieden (Sicherheit vor Kriegen und Terrorismus) vermissen. Überlegen Sie, inwiefern dieses Ziel auf einer anderen Ebene liegt als die übrigen genannten (gesellschaftspolitischen) Ziele. Wie verhält es sich zu ihnen?

3. Erläutern Sie im Einzelnen, in welcher Beziehung die vier wirtschaftspolitischen Ziele zu den gesellschaftlichen Grundwerten gesehen werden können. Gehen Sie dabei insbesondere auf das Beschäftigungsziel ein.

M 14 Sind die Ziele miteinander vereinbar?

Das „Stabilitätsgesetz" verlangt zur Herstellung eines „gesamtwirtschaftlichen Gleichgewichtes" die „gleichzeitige" Erreichung aller vier Ziele (s. M 20). Die Erfahrung zeigt, dass diese Forderung in der Realität kaum jemals erfüllt wurde, welche Zielgröße auch immer man ansetzt. Daher rührt die Bezeichnung *„magisches"* (d.h. nur durch Wunderkraft realisierbares) Viereck.

Grundsätzlich lassen sich folgende **Zielbeziehungen** unterscheiden:

- *Komplementarität* (die Verfolgung eines Ziels führt gleichzeitig zur Annäherung an ein anderes/die anderen),
- *Inkompatibilität* („Nichtvereinbarkeit", Zielkonflikt: die Erreichung des einen Ziels behindert die des anderen/der anderen),
- *Neutralität* (die Förderung des einen Ziels beeinflusst weder negativ noch positiv die des anderen/der anderen).

Während die Ziele *Wachstum und Vollbeschäftigung* zumindest miteinander vereinbar, eher sogar komplementär erscheinen (vgl. M 10), gilt die Beziehung zwischen *Vollbeschäftigung und Preisniveaustabilität* im Allgemeinen als typischer Fall eines *Zielkonfliktes.*

Im Jahre 1958 veröffentlichte der neuseeländische Wirtschaftswissenschaftler A.W. Phillips die Ergebnisse einer Untersuchung, die auf Beobachtungen über einen Zeitraum von 100 Jahren in England beruhte. Für jedes Jahr wurden die Arbeitslosigkeit und der Prozentsatz der Lohnsteigerungen gemessen. Dabei wurde festgestellt, dass bei *Vollbeschäftigung* in der Regel *stärkere Lohnforderungen* durchgesetzt wurden.

In einer weiteren Untersuchung (von Samuelson und Solow, 1960) wurde der enge Zusammenhang von Lohn- und Preissteigerungen festgestellt, sodass der Nachweis für die *Unvereinbarkeit von Preisniveaustabilität und Vollbeschäftigung* erbracht erschien.

„Der skizzierte ‚Phillips-Zusammenhang' wird allgemein akzeptiert. Empirische* Untersuchungen zeigen, dass die Phillips-Kurve (s. Abb. 1) aber nur *kurzfristig* zutrifft. In der Vergangenheit der Bundesrepublik Deutschland gab es immer wieder Phasen, in denen die Phillips-Kurve zutreffend schien. Dann jedoch kamen wieder Jahre, in denen gleichzeitig hohe Inflationsraten und hohe Arbeitslosenquoten

Abb. 1: Die modifizierte Phillips-Kurve

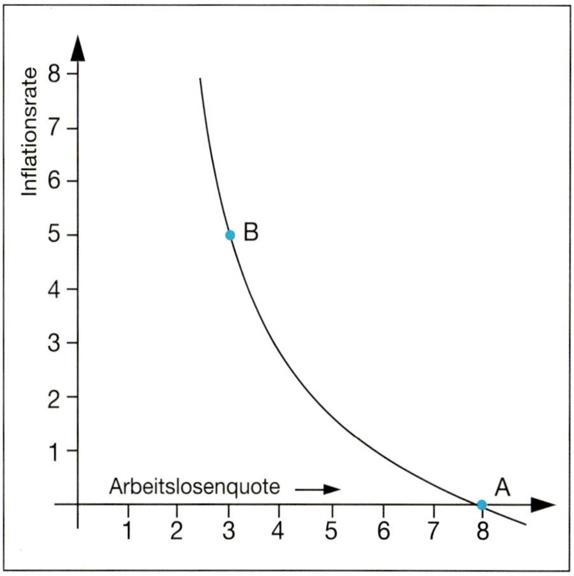

(B. Gahlen u. a., Volkswirtschaftslehre, J. C. B. Mohr/Paul Siebeck, Tübingen 1983, S. 132)

auftraten. In der Bundesrepublik und auch in anderen europäischen Ländern (vgl. Abb. 2) traten etwa seit 1975 *Inflation und Arbeitslosigkeit gleichzeitig* (zunehmend oder sich verringernd) auf. Besonders in den Jahren 1980–1981 herrschte **Stagflation**, d.h. deutliche Stagnation (Wachstumsschwäche verbunden mit Arbeitslosigkeit) und hohe Inflation zugleich (vgl. Abb. 2).
Dass in der praktischen Wirtschaftspolitik der Zielkonflikt zwischen Vollbeschäftigung und Geldwertstabilität weiterhin von Bedeutung ist und kontrovers diskutiert wird, zeigt die Bedeutung des Modells „Phillips-Kurve". Insgesamt gesehen liegt aufgrund der Erfahrungen die Vermutung nahe, dass alle vier Ziele des „Stabilitätsgesetzes" kaum gleichzeitig realisiert werden können, dass also das geforderte „gesamtwirtschaftliche Gleichgewicht" ständig gefährdet ist.
(Autorentext)

Abb. 2

„Gleich zwei auf einmal!"

Abb. 3

Abb. 4

„Hurra, sie zieht sich zurück!"

1. Erläutern Sie die grundsätzliche Unterscheidung zwischen drei Zielbeziehungen des „magischen Vierecks" (M 14, Z. 5–11).
2. Welche Beziehung zwischen den Zielen „Preisniveaustabilität" und „Arbeitslosigkeit" wird in der sog. „modifizierten Phillips-Kurve" dargestellt? Auf welchen Untersuchungen beruht dieser viel zitierte Zusammenhang?
3. Welche auf Inflation und Arbeitslosigkeit bezogenen wirtschaftlichen Lagen bezeichnen die Punkte A und B in der grafischen Darstellung der Phillips-Kurve (Abb. 1)?
4. Was lässt sich zur Geltung des Phillips-Zusammenhangs sagen, wenn man die Entwicklung der beiden Ziele in Deutschland betrachtet? Überprüfen Sie dazu Daten zur „Preisentwicklung" und zur „Arbeitslosenquote" in den folgenden drei Zeitabschnitten: 1976–1979, 1980–1983 und 1995–2006 (s. Tabelle, M 17).
5. In einer wirtschaftswissenschaftlichen Untersuchung heißt es: „Aus dem empirischen* Zusammenhang zwischen Arbeitslosenquote und Inflationsrate in der Bundesrepublik lässt sich weder eine Bestätigung noch eine Widerlegung der Phillips-Kurve ableiten." Diskutieren Sie diese Aussage anhand Ihrer Untersuchungsergebnisse zum Arbeitshinweis 4.
6. Analysieren Sie die beiden Karikaturen Abb. 3 und 4. Was wollen sie zum Phillips-Zusammenhang (Abb. 3) und zum Zusammenhang zwischen Wachstum und Inflation (Abb. 4) zum Ausdruck bringen?

M 15 Was bedeuten die Ziele konkret?

Das „Stabilitätsgesetz" (s. M 11) beschreibt die vier Ziele in einer Form, die grundsätzlich offenlässt, wann (bei welchem Grad der Realisierung) sie als erfüllt gelten können oder nicht. Nun wird zwar niemand darüber streiten wollen, dass Arbeitslosigkeit von Millionen von Menschen eine deutliche Abweichung von der Norm „hoher Beschäftigungsstand" darstellt, dass man nicht mehr von „Stabilität" sprechen kann, wenn der Geldwert jährlich um 10% abnimmt, und dass

	Arbeitslosenquote[1]	Inflationsrate[1]	Wachstumsrate des BIP[1]
1967	0,8 (2,1)	1 (1,7)	4 (–0,3)
1969	1 (0,9)	2 (1,9)	4,5 (7,5)
1982	7 (7,5)	5 (5,2)	1–1,5 (–0,9)
1993	7–7,5 (9,8)	3,5 (3,6)	0–1 (–1,1)
1995	7,5–8 (10,4)	2 (1,7)	2,5 (1,7)
2000	10,2 (10,7)	1–1,5 (1,4)	2,5 (2,9)
2005	10,7 (13,0)	1,4 (2,0)	1,6 (0,9)
2008	8,2 (7,8)	2,0 (2,6)	1,7 (1,3)
2009	8,4 (8,2)	0,5 (0,4)	–2,25 (–5,0)
2010	8,9 (7,7)	1,1 (1,1)	1,4 (3,6)
2011	7,0 (7,1)	1,8 (2,1)	2,3 (3,0)
2012	6,8	1,8	0,7

[1] Zielwerte des jeweiligen Jahreswirtschaftsberichts (in Klammern erreichte Ist-Werte); zu den Definitionen vgl. die Anmerkungen zu M 17.

ein „Minuswachstum" nicht der Forderung des Stabilitätsgesetzes entspricht. Dass es andererseits in einer Marktwirtschaft immer eine bestimmte Zahl von Arbeitslosen geben wird und dass der Geldwert nicht hundertprozentig stabil bleiben kann, ist ebenso unbestritten. Schwierig bleibt die Beurteilung von Entwicklungen, die zwischen den genannten Extremen liegen.

Es besteht daher die Notwendigkeit, die gesetzlichen Zielformulierungen zu *konkretisieren*, wenn man zu einem verallgemeinerungsfähigen Urteil über eine gegebene oder nicht gegebene Normabweichung (und damit über eine erfolglose oder erfolgreiche Wirtschaftspolitik) kommen will.

● Das bedeutet, dass jedem Ziel zunächst ein **Indikator*** zuzuordnen ist, ein „Anzeiger", eine messbare Größe, die sozusagen stellvertretend für den betreffenden, als solchen nicht quantifizierbaren Zielbegriff steht und den Bedeutungsinhalt des Ziels möglichst „gültig" erfasst (Näheres dazu in M 16). Dabei hat man sich für folgende Indikatoren entschieden: „Angemessenes Wirtschaftswachstum" soll erfasst und gemessen werden an der jährlichen Veränderung des **Bruttoinlandsprodukts***, „Stabilität des Preisniveaus" an der Entwicklung des **„Index der Verbraucherpreise"** (s. M 27) und „hoher Beschäftigungsstand" („Vollbeschäftigung") an der **„Arbeitslosenquote"** (Anteil der Arbeitslosen an den Erwerbspersonen; s. M 40 b).

● In einem *zweiten Schritt der Konkretisierung* sind nun den jeweiligen Indikatoren angestrebte quantitative *„Bestwerte"* zuzuordnen: Bei welcher *Höhe der Arbeitslosenquote* kann/soll das Ziel des hohen Beschäftigungsstandes als erreicht gelten (absolute Vollbeschäftigung kann es nicht geben)? Bei welcher *Höhe der Zunahme des Bruttoinlandsprodukts* („Wachstumsrate") ist das Wirtschaftswachstum „angemessen"? Bei welcher *Veränderung des Verbraucherpreisindex* kann man das Preisniveau als „stabil" bezeichnen (völlig gleich kann der Verbraucherpreisindex nicht bleiben)?

Diese **Zielwerte** sind natürlich nicht gesetzlich festgelegt, sie unterliegen der politischen Entscheidung der jeweiligen Regierung, die in ihrem **Jahreswirtschaftsbericht** zu Beginn eines Jahres die von ihr angestrebten Zielwerte bekannt geben muss („Jahreszielprojektionen" nach § 2 StWG). Sie kann sich dabei natürlich nicht am „Wünschbaren", sondern – angesichts der Ausgangslage – nur am „Machbaren" orientieren.

Ein Vergleich der Zielprojektionen (s. Tab.; in Klammern sind die jeweils erreichten Ist-Werte angegeben) für ausgewählte Jahre zeigt mit aller Deutlichkeit, wie abhängig die Zielwerte von der jeweiligen wirtschaftlichen Situation sind (die Werte von 1967, dem Jahr des ersten Jahreswirtschaftsberichtes, können als die „Wunschziele" des Stabilitätsgesetzes bezeichnet werden).

(Autorentext)

1. Erläutern Sie den Begriff Indikator und grenzen Sie die genannten Konkretisierungsschritte voneinander ab (M 15).

2. Machen Sie sich die Bedeutung der Indikatoren „Arbeitslosenquote", „Preisniveaustabilität" und „Wachstumsrate des Bruttoinlandsprodukts" vorläufig anhand der Anmerkungen zu M 17, S. 33, klar (methodische Probleme, die mit der Festlegung des Indikators „Arbeitslosenquote" verbunden sind, werden später in M 40 ausführlich erläutert).

3. Erläutern Sie die Probleme, die mit der Festlegung der Zielgröße verbunden sind (M 15, Z. 30 ff.). Wenn man von den Zielwerten des Jahres 1967 (s. Tabelle oben), in dem das Stabilitätsgesetz verabschiedet wurde, ausgeht: In welchen (wie vielen) Jahren wurden seitdem diese Werte für Inflation und Arbeitslosigkeit erreicht (s. M 17)?

4. Warum orientiert sich die Projektion des jeweiligen Jahreswirtschaftsberichtes an den realisierbaren, nicht an den eigentlich wünschbaren Zielwerten? In welchem der aufgeführten Beispieljahre (s. Tab. oben) hat sich die Bundesregierung insgesamt am stärksten (am schmerzlichsten) geirrt?

METHODE M 16 Operationalisierung und Indikatorenbildung

- Immer wenn wir Begriffe wie *Wachstum, Wohlstand, Lebensqualität* verwenden, haben wir es mit Phänomenen zu tun, die nicht direkt beobachtbar oder wahrnehmbar sind. Anders ausgedrückt: Die für derartige Phänomene verwendeten Bezeichnungen *sind Begriffe ohne direkten empirischen* Bezug*. Ähnliches gilt z. B. auch für Begriffe wie *Freiheit, Gerechtigkeit, Gleichheit* und viele andere. Da wir nun die derartig benannten Tatbestände nicht ohne Weiteres wahrnehmen können, uns andererseits aber über Fragen wie Gerechtigkeit, Lebensqualität usw. politisch oder wissenschaftlich verständigen wollen, müssen diese Begriffe irgendwie ‚greifbar' (operabel) gemacht werden, damit nicht jeder etwas anderes darunter versteht. Mit anderen Worten, sie müssen konkretisiert bzw. *operationalisiert* werden.

- Wissenschaftler versuchen daher, für Begriffe mit nur indirektem empirischem Bezug sog. **Indikatoren*** (Ersatzgrößen, Merkmale) zu finden, mit deren Hilfe sie begründet auf das Vorliegen des nicht unmittelbar wahrnehmbaren Phänomens schließen zu können hoffen. Wie schwierig es ist, derartige Indikatoren zu finden, sehen wir z. B. an dem sehr vagen Begriff *Wohlstand*. Wählt man als Indikator lediglich globale Geldgrößen, z. B. das Bruttoinlandsprodukt und dessen Steigerung, so hat man keine Information darüber, wie gerecht oder ungerecht dieses Ergebnis unter den Bürgern verteilt ist; ganz zu schweigen davon, dass viele Menschen Faktoren wie Bildungsniveau, Gesundheit, Sicherheit, saubere Luft sicherlich auch zu dem zählen würden, was sie unter Wohlstand verstehen.

- Selbst bei einer scheinbar so objektiven Größe wie der *Arbeitslosenquote* muss man sich erst verständigen, wie man bei der Messung und Berechnung vorgehen will. Soll man nur die offiziell gemeldeten oder auch die nicht gemeldeten (verdeckten) Arbeitslosenzahlen, die ‚stille Reserve' zugrunde legen (s. dazu später M 41)? Je nach der gewählten Größe (dem Indikator) kommt man zu ganz verschiedenen Ergebnissen. Indikatoren lassen sich also auch leicht manipulieren, je nach der politischen Absicht, die man damit verfolgt. Dies löst dann meist heftige Diskussionen über die *Gültigkeit* (Validität) der Indikatoren aus. Als gültig wird nämlich ein Indikator nur dann angesehen, wenn er das misst, was er zu messen vorgibt. (So wäre z. B. ein Indikator, der nur die gemeldete Arbeitslosigkeit misst, unter dem Aspekt der Gültigkeit dann problematisch, wenn er suggeriert, den Gesamtumfang der Arbeitsuchenden – also auch die „stille Reserve" – wiederzugeben.)

- Außerdem soll ein Indikator *zuverlässig* sein. Dies ist er dann, wenn sich die mit seiner Hilfe gewonnenen Ergebnisse unter den gleichen Untersuchungsbedingungen wiederholen lassen. Das Kriterium der *Zuverlässigkeit* (Reliabilität) wäre z. B. dann nicht erfüllt, wenn eine mehrmals unter (vermeintlich) gleichen Voraussetzungen durchgeführte Untersuchung über die Zufriedenheit einer Betriebsbelegschaft mit ihren Arbeitsbedingungen zu unterschiedlichen Ergebnissen gelangte. Hier können z. B. die äußeren Umstände bei der Fragestellung, die Tageszeit der Befragung usw. eine (zunächst nicht beachtete) Rolle gespielt haben.

(Franz Josef Behet, Soziale Marktwirtschaft. Grundlagen und Entwicklung, Ernst Klett Schulbuchverlag, Stuttgart 1995, S. 122)

1. Erläutern Sie den Begriff „operationalisieren" und das Problem der Indikatorenbildung. Wann ist ein Indikator „gültig" und „zuverlässig"?

2. Halten Sie für den Begriff „Faulheit von Schülern" die folgenden Indikatoren für geeignet?
a) fehlende Hausaufgaben (z. B. täglich mindestens in einem Fach), b) fehlende aktive Mitarbeit im Unterricht (keine Meldung zu einem Unterrichtsbeitrag), c) tägliche mehrstündige Freizeitbeschäftigung.

3. Wählen Sie einen weiteren Begriff aus Ihrem Erfahrungsbereich und diskutieren Sie dazu eine geeignete Indikatorenbildung. An welchen Indikatoren würden Sie z. B. die Gerechtigkeit eines Lehrers/einer Lehrerin messen?

4. Nehmen Sie (möglicherweise in ***Gruppenarbeit***) anhand von M 17 (S. 33) eine erste vorläufige Überprüfung der Frage vor, ob bzw. inwieweit die drei Ziele Wachstum, Vollbeschäftigung und Preisniveaustabilität in der Geschichte der Bundesrepublik „gleichzeitig" (Stabilitätsgesetz) erreicht bzw. annähernd erreicht wurden (gemessen in etwa an den Wunschzielen von 1967; s. Tabelle, S. 31 o.). Überprüfen Sie dabei auch, ob sich bestimmte typische Phasen in der zeitlichen Entwicklung der Zielbeziehungen erkennen lassen:
   - In welchen Jahren war das „gesamtwirtschaftliche Gleichgewicht" am wenigsten gefährdet, in welchen war das Ungleichgewicht am größten?
   - Von welcher Zeit an etwa lässt sich feststellen, dass die wirtschaftliche Entwicklung in allen drei Zielbereichen deutlich instabiler wurde?

   Fassen Sie die Ergebnisse Ihrer Überprüfung in möglichst präzisen Aussagen zusammen.

M 17 Wirtschaftsentwicklung der Bundesrepublik 1957 – 2011

Jahr	Wachstumsrate[1]	Preisentwicklung[2]	Arbeitslosenquote[3]	Politisch-ökonomische Daten
1958	4,5	2,1	3,6	1948–60 Wiederaufbau und Zeit des „Wirtschaftswunders"
1959	7,9	1,0	2,5	1949–63 Regierung Adenauer (CDU/CSU u. a.)
1960	8,6	1,4	1,3	
1961	4,6	2,3	0,8	
1962	4,7	3,0	0,7	
1963	2,8	3,2	0,8	1963–66 Regierung Erhard (CDU/CSU u. FDP)
1964	6,7	2,1	0,8	
1965	5,4	3,2	0,7	
1966	2,8	3,6	0,7	1966–69 Regierung Kiesinger (CDU/CSU u. SPD)
1967	−0,3	1,7	2,1	1. Rezession
1968	5,5	1,5	1,5	
1969	7,5	2,1	0,9	1969–74 Regierung Brandt (SPD u. FDP)
1970	5,0	3,3	0,7	
1971	3,3	5,4	0,8	
1972	4,1	5,5	1,1	
1973	4,6	7,0	1,2	1973/74 1. Ölpreisschock*
1974	0,5	7,0	2,6	1974–82 Regierung Schmidt (SPD u. FDP)
1975	−1,0	5,9	4,7	1975 2. Rezession
1976	5,0	4,3	4,6	
1977	3,0	3,7	4,5	
1978	3,0	2,7	4,3	
1979	4,2	4,1	3,8	
1980	1,3	5,5	3,8	1980 2. Ölpreisschock
1981	0,1	6,3	5,5	
1982	−0,8	5,3	7,5	1982–98 Regierung Kohl (CDU/CSU u. FDP), 3. Rezession
1983	1,5	3,3	9,1	
1984	2,8	2,4	9,1	
1985	2,2	2,0	9,3	
1986	2,4	−0,1	9,0	
1987	1,5	0,2	8,9	
1988	3,7	1,3	8,7	
1989	3,9	2,8	7,9	
1990	5,7	2,7	7,2	1990 Deutsche Vereinigung
1992	2,2	5,1	8,5 (7,7)	Strukturwandel in Ostdeutschland
1993	−0,8	4,4	9,8 (8,9)	4. Rezession
1994	2,7	2,7	10,6 (9,6)	
1995	1,9	1,7	10,4 (9,4)	
1996	1,0	1,5	11,5 (10,4)	
1997	1,8	1,9	12,7 (11,4)	
1998	2,0	0,9	12,3 (11,1)	1998–2005 Regierung Schröder (SPD u. Grüne)
1999	2,0	0,6	11,7 (10,5)	
2000	3,2	1,4	10,7 (9,6)	
2001	1,2	2,0	10,3 (9,4)	
2002	0,1	1,4	10,8 (9,8)	
2003	−0,2	1,1	11,6 (10,5)	5. Rezession
2004	1,2	1,6	11,7 (10,5)	
2005	0,7	2,0	13,0 (11,7)	2005 Regierung Merkel (CDU/CSU u. SPD)
2006	3,7	1,7	12,0 (10,8)	
2007	3,3	2,2	10,1 (9,0)	
2008	1,1	2,6	8,7 (7,8)	
2009	−5,1	0,4	9,1 (8,2)	2009 Regierung Merkel (CDU/CSU und FDP), 6. Rezession
2010	3,7	1,1	8,6 (7,7)	
2011	3,0	2,1	7,9 (7,1)	

(Zusammengestellt aus: Jahresgutachten des Sachverständigenrates 2009/2010 und Mitteilungen der Deutschen Bundesbank; bis 1990 westdeutsche Länder, ab 1992 Gesamtdeutschland; Ergänzungen; Aktualisierung März 2012)

---

[1] Prozentuale jährliche Veränderung des Bruttoinlandsproduktes bis 1970 in Preisen von 1991, ab 1971 in Preisen von 1995

[2] Prozentuale jährliche Veränderungsraten errechnet aus dem Preisindex für die Lebenshaltung aller privaten Haushalte (seit 1995: „Verbraucherpreisindex"; s. M 27, S. 47 f.)

[3] Prozentualer Anteil der Arbeitslosen an den *abhängigen* Erwerbspersonen (beschäftigte Arbeitnehmer + registrierte Arbeitslose); ab 1992 in Klammern Quote für *alle* zivilen Erwerbspersonen

2. Die Entwicklung von Wachstum und Konjunktur

M 18 Wachstum „nominal" und „real"

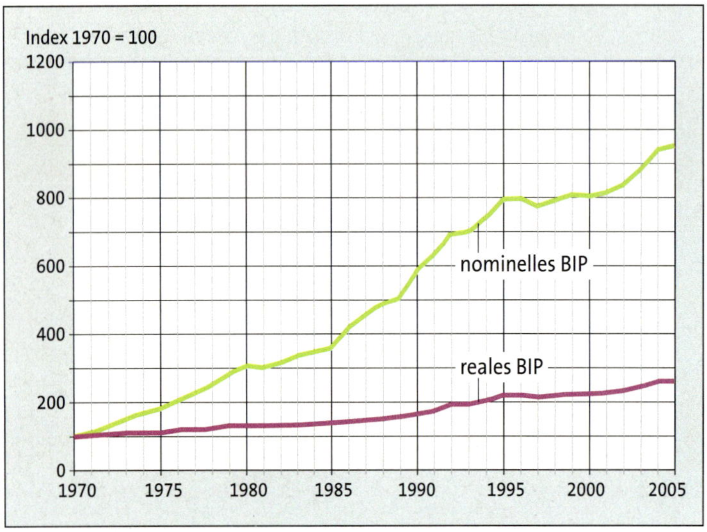

Abb. 1: Entwicklung des nominellen und des realen Bruttoinlandsprodukts, BRD (bis 1990: D-West) 1970 – 2005 (Index 1970 = 100)

Marktpreise unterliegen Schwankungen. Wenn z. B. die Preise steigen, gehen die Güter mit einem höheren Betrag in das Bruttoinlandsprodukt ein. Damit wird ein Zuwachs vorgetäuscht; in Wirklichkeit handelt es sich aber nicht um einen Produktionszuwachs, sondern lediglich um höhere Preise. Der tatsächliche Zuwachs ergibt sich, wenn der zunächst gemessene nominale Zuwachs um die darin enthaltene Preissteigerung vermindert wird.

Beispiel:
Ein Unternehmen hat in einer Wirtschaftsperiode 50 Güter zum Marktpreis von je 100 GE [Geldeinheiten] hergestellt. Sein Produktionswert geht mit 5000 GE in das Bruttoinlandsprodukt ein. In der folgenden Periode stellt das Unternehmen 55 Güter her und erhöht gleichzeitig den Produktpreis um 10 % auf 110 GE. In das Bruttoinlandsprodukt dieser Periode geht ein Produktionswert von 6050 GE ein. Das nominale Wachstum von 1050 GE setzt sich zusammen aus 500 GE für die Mehrproduktion und 550 GE Preissteigerung. Das reale Wachstum betrug also lediglich 500 GE.

(Hans-Jürgen Albers/Gabriele Albers-Wodsack, Volkswirtschaftslehre, Verlag Europa-Lehrmittel, Haan-Gruiten, 6. Aufl. 2005, S. 55)

Um das wirtschaftliche Wachstum einer Volkswirtschaft zu messen, wird die zeitliche Entwicklung des Bruttoinlandsprodukts* (BIP) häufig als empirischer* Indikator* verwendet. Soll das BIP in dieser Weise als Indikator eines im Zeitverlauf gewachsenen Güterbündels dienen, muss der *Wertmaßstab der Preise* von Periode zu Periode konstant bleiben. Der Ausweis des nominellen BIP zu laufenden Preisen erfüllt diese Bedingung des konstanten, vergleichbaren Wertmaßstabs nicht, wenn die Preise von Periode zu Periode steigen. Bei Preisinflation dehnt sich der Wertmaßstab der Marktpreise aus, sodass ein nominelles Wachstum des BIP analytisch aus zwei Komponenten besteht, einer preislichen Inflations- und einer mengenbezogenen Wachstumskomponente. Bei allgemeinen Preisniveauänderungen fallen daher die Entwicklung des nominellen BIP zu laufenden Preisen und die Wachstumskomponente auseinander (vgl. Kasten). Um das wirtschaftliche Wachstum zu ermitteln, muss ein Preisindex – bezogen auf das Güterbündel des BIP – zur rechnerischen Bereinigung der Preisinflation verwendet werden. Der rechnerische Wachstumsindikator wird als reales (preisbereinigtes) BIP bezeichnet. Das **reale BIP** beschreibt die preisbereinigte zeitliche Entwicklung des Inlandsprodukts, ausgedrückt im Preisniveau eines Basisjahres.
Ein optischer Vergleich der Zeitreihen des nominalen und realen BIP der Jahre 1970 – 2005 zeigt, dass die Entwicklung der Nominalwerte zu überwiegenden Teilen inflationär gewesen ist; das reale Wachstum der Produktion in der BRD war erheblich bescheidener als die Dynamik des BIP zu laufenden Preisen (s. Abb. 1).

(Heinz Dieter Hardes/Alexandra Uhly, Grundzüge der Volkswirtschaftslehre, Oldenbourg Wissenschaftsverlag, München 9. Aufl. 2007, S. 282)

Machen Sie deutlich, warum ein „vergleichbarer Wertmaßstab" notwendig ist, wenn man die Entwicklung des Bruttoinlandsprodukts als „Güterbündel" im Zeitverlauf beurteilen will (M 18). Auf welche Weise wird das „reale" BIP des jeweiligen Jahres ermittelt?

M 19 **Bergauf oder bergab? – Zwei Darstellungsformen der Entwicklung des Bruttoinlandsprodukts**

a)

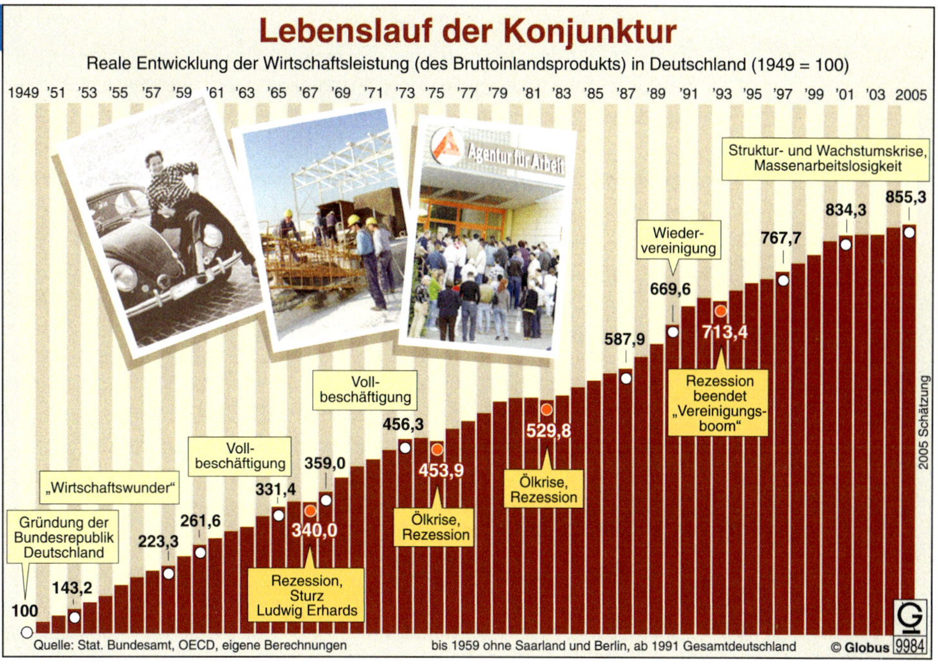

b)

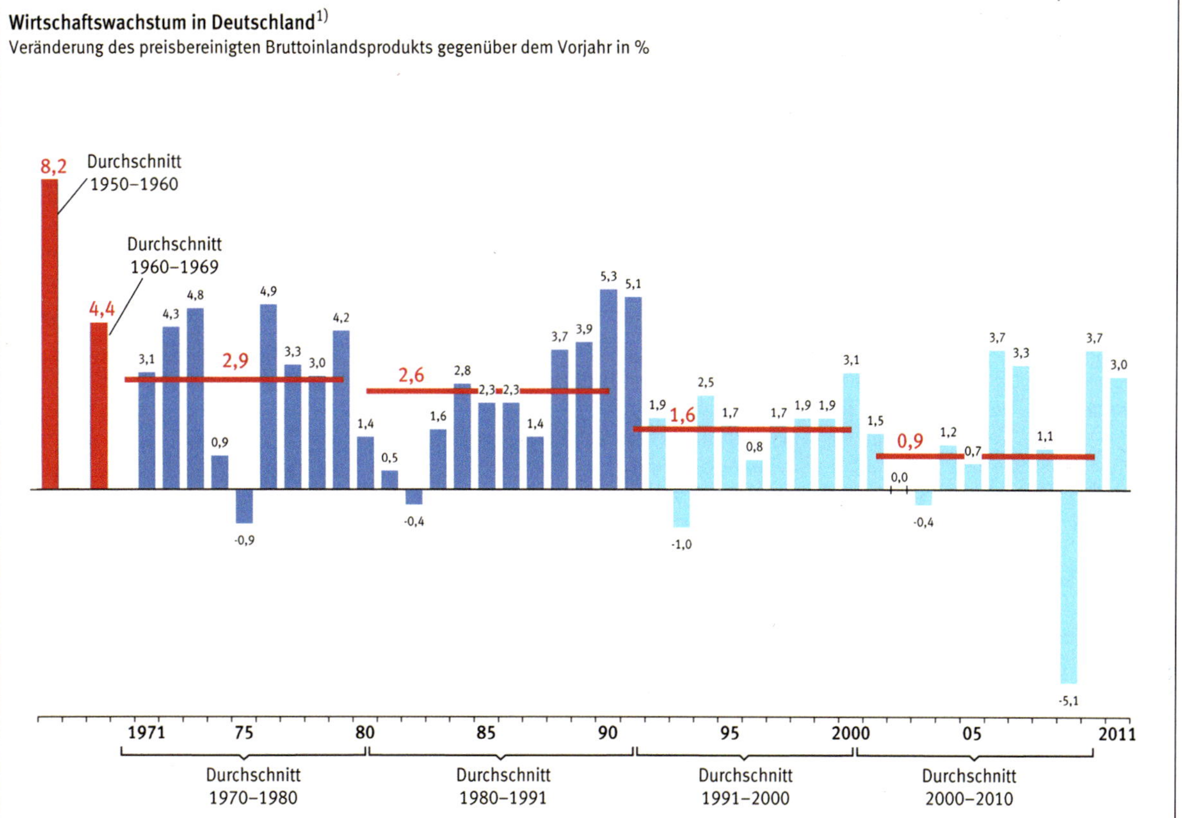

1) Die Ergebnisse von 1950 bis 1970 (Früheres Bundesgebiet) sind wegen konzeptioneller und definitorischer Unterschiede nicht voll mit den Ergebnissen von 1970 bis 1991 (Früheres Bundesgebiet) und den Angaben ab 1991 (Deutschland) vergleichbar. Die preisbereinigten Ergebnisse von 1950 bis 1970 (Früheres Bundesgebiet) sind in Preisen von 1991 berechnet. Die Ergebnisse von 1970 bis 1991 (Früheres Bundesgebiet) sowie die Angaben ab 1991 (Deutschland) werden in Preisen des jeweiligen Vorjahres als Kettenindex nachgewiesen. Bei der VGR-Revision 2011 wurden zudem nur die Ergebnisse für Deutschland bis 1991 zurückgerechnet; Angaben vor 1991 sind unverändert geblieben.

2012 - 15 - 0002

Nach einem wechselhaften Jahrzehnt verzeichnete die Bundesrepublik im Jahr 2000 das vorerst stärkste Wachstum seit der deutschen Einigung (3,1%). Hoffnungen auf einen anhaltend kräftigen Aufschwung wurden aber enttäuscht: Nach dem Platzen der New-Economy*-Blase glitt die deutsche Wirtschaft ab 2001 in eine hartnäckige Stagnation, die erst 2006/07 nachdrücklich überwunden wurde. Dabei strahlte der Exportboom entsprechend dem gängigen Konjunkturmuster endlich auch auf die Investitionen und den Arbeitsmarkt aus. Noch im Lauf des Jahres 2008 setzte die *globale Finanz- und Wirtschaftskrise** der Erholung wieder ein Ende. 2009 sank das Bruttoinlandsprodukt* (BIP) real um 5,1% gegenüber dem Vorjahr – so stark wie noch nie in der Nachkriegszeit. Da der drohende Zusammenbruch des Weltfinanzsystems verhütet werden konnte und die Schwellenländer* auf Wachstumskurs blieben, folgte auf die tief einschneidende Rezession aber ein lebhafter Aufschwung, der das BIP 2010 um 3,7% anwachsen ließ. Neben dem Export trug dieses Mal auch der private Konsum zur raschen Erholung bei. (Zahlenbilder 220000)

M 20 „Wachstumsraten sind relative Zahlen"

[Bei der Betrachtung des prozentualen Zuwachses des Bruttoinlandsprodukts] sollte man sich der Tatsache bewusst sein, dass es sich bei **Wachstumsraten** stets um Relativzahlen handelt. Ein bestimmter prozentualer Zuwachs gewinnt erst dann an Aussagekraft, wenn man die Prozentzahl in Verbindung mit dem *Ausgangsniveau* sieht. So kann ein Entwicklungsland eine zweistellige Wachstumsrate aufweisen, obwohl die Menschen dort wegen des sehr niedrigen Ausgangsniveaus weiterhin mit einer äußerst schlechten Güterversorgung leben müssen. Umgekehrt suggerieren etwa geringe Wachstumsraten in Industrieländern eine wirtschaftliche „Katastrophe", obwohl das Versorgungsniveau bereits sehr hoch ist und sogar noch weiter wächst. Die Vorstellung, eine Gesellschaft könne auf Dauer mit einer konstant hohen Wachstumsrate wachsen, ist zumindest für hoch entwickelte Volkswirtschaften schlicht unrealistisch. Eine konstante Wachstumsrate würde ja bedeuten, dass eine Volkswirtschaft exponentiell wächst. Je reicher die Menschen werden, umso größer würde auch der absolute Wohlstandszuwachs. Bereits von daher ist es wenig erstaunlich, dass sich die Zuwachsraten des Inlandsprodukts in Deutschland im Trend immer weiter abgeflacht haben (s. M 19 b).
Für die Aussagefähigkeit des Inlandsprodukts bzw. dessen Entwicklung spielt des Weiteren die Entwicklung der **Bevölkerung** eine entscheidende Rolle. Wächst das reale Inlandsprodukt genauso schnell, wie die Bevölkerung zunimmt, so liegt quasi ein stationärer Zustand vor. Das Pro-Kopf-Realeinkommen der Bevölkerung steigt erst dann, wenn die Zuwachsrate des realen Inlandsprodukts über dem Bevölkerungswachstum liegt. Aussagekräftiger als das Inlandsprodukt ist daher das *Pro-Kopf-Inlandsprodukt.* Speziell in Entwicklungsländern ist zu beobachten, dass das Inlandsprodukt zwar wächst, infolge eines noch schnelleren Wachstums der Bevölkerung ist jedoch pro Kopf ein Verarmungsprozess zu konstatieren.

(Gerhard Mussel/Jürgen Pätzold, Grundfragen der Wirtschaftspolitik, Verlag Vahlen, München, 8. Aufl. 2012, S. 175 f.)

1. Werfen Sie einen vorläufigen Blick auf die beiden verschiedenen grafischen Darstellungen (M 19 a/b) und beschreiben Sie zunächst die unterschiedlichen Eindrücke, die sie beim Betrachten hervorrufen. Analysieren Sie nun, worauf die unterschiedlichen Darstellungen und die dadurch erzeugten Eindrücke beruhen: Was stellen die Säulen in M 19 a, was in M 19 b dar?

2. Welche der beiden Darstellungen halten Sie im Hinblick auf die Darstellung der wirtschaftlichen Entwicklung für sinnvoller/geeigneter/angemessener? Stimmen Sie der Aussage zu: „Relative Werte (M 19 b) verstellen den Blick für Reales (M 19 a)."?

3. Im Hinblick auf die Darstellung M 19 b spricht man häufig von einer „Verlangsamung des Wachstumstempos" oder von einem „negativen Wachstumstrend" (vgl die Durchschnittswerte für die einzelnen Jahrzehnte). Machen Sie deutlich, was es bei dieser Betrachtungsweise zu bedenken gilt (M 20). Welche Rolle spielt bei Prozentangaben das „Ausgangsniveau" (der sog. „Basiseffekt")? Welche Aussagekraft hat das Pro-Kopf-BIP?

4. Nennen und erläutern Sie ein Stück weit die Faktoren, die als entscheidend für die Konjunkturentwicklung 2000 bis 2009 bezeichnet werden (Text zu M 19 a/b; zu den Bestimmungsgrößen der gesamtwirtschaftlichen Entwicklung vgl. M 22).

5 Inwiefern spielt die für viele Entwicklungsländer wichtige Differenzierung zwischen Bruttoinlandsprodukt und Pro-Kopf-Inlandsprodukt (M 20, Z. 16 ff.) für die Bundesrepublik seit Jahren kaum eine Rolle?

6 Welche Darstellungsform der Wachstumsentwicklung halten Sie für die korrekteste bzw. sinnvollste? Begründen Sie Ihre Entscheidung.

Konjunktur und Konjunkturverlauf

M 21 Konjunktur und Konjunkturzyklus

Als **Konjunktur** bezeichnet man die Gesamtsituation einer Volkswirtschaft, die sich aus der gleichzeitigen Betrachtung (lat.: *conjungere* = zusammenfügen) verschiedener volkswirtschaftlicher Größen ableitet. Die Entwicklung der Konjunktur ist von wellenförmigen Schwankungen gekennzeichnet.

Diese Konjunkturschwankungen lassen sich auf verschiedene Weise erfassen. Zunächst einmal bedeuten Konjunkturschwankungen, dass das gegebene **Produktionspotenzial** einer Volkswirtschaft unterschiedlich stark ausgelastet wird; dies wird in Abschnitt c (S. 38 f.) noch näher betrachtet werden. Die Wachstumsrate des realen Bruttoinlandsprodukts (BIP) unterliegt Schwankungen. Üblicherweise zieht man diese Größen zur Darstellung der Konjunkturbewegungen heran (vgl. die Darstellung M 19 b).

Abgesehen von den Jahren 1967, 1975, 1982, 1993, 2003 und 2009 ist das BIP in der Bundesrepublik in jedem Jahr gewachsen, wobei aber die „Geschwindigkeit" des Wachstums (die Wachstumsrate) unterschiedlich war (s. M 19 b). Lediglich in den genannten Jahren ist das BIP real tatsächlich kleiner geworden. Um bei der Geschwindigkeitsanalogie zu bleiben: Aus der Vorwärtsbewegung ist – nach Bremsen und Stillstand – eine Rückwärtsbewegung geworden. Daraus leiten sich auch die im Sprachgebrauch üblichen Begriffe des **„Nullwachstums"** bzw. des **„negativen Wachstums"** ab, womit eine absolute und nicht nur relative Verkleinerung des BIP bezeichnet wird.

a) Konjunkturzyklus

Wenn man die Wachstumsraten des realen BIP im Zeitablauf grafisch darstellt, so ergibt sich ein typischer „S"-förmiger Verlauf (Sinuskurve), den man in verschiedene Phasen unterteilt. An einen Tiefststand (**Talsohle**) schließt sich der **Aufschwung** (bzw. Expansion oder Erholung) an. Danach beginnt die **Hochkonjunktur** (bzw. **Boom** oder Anspannung), die nicht exakt als Punkt, sondern allenfalls als Bereich bestimmt werden kann. Die Hochkonjunktur geht über in die Krise[1], und der Aufschwung kippt um in einen **Abschwung** (**Rezession**, Entspannung, Abschwächung, Kontraktion). Dieser setzt sich fort bis zu einem neuen Tiefststand, wonach sich der Phasenablauf wiederholt. Das Durchlaufen aller Phasen bezeichnet man als **Konjunkturzyklus**.

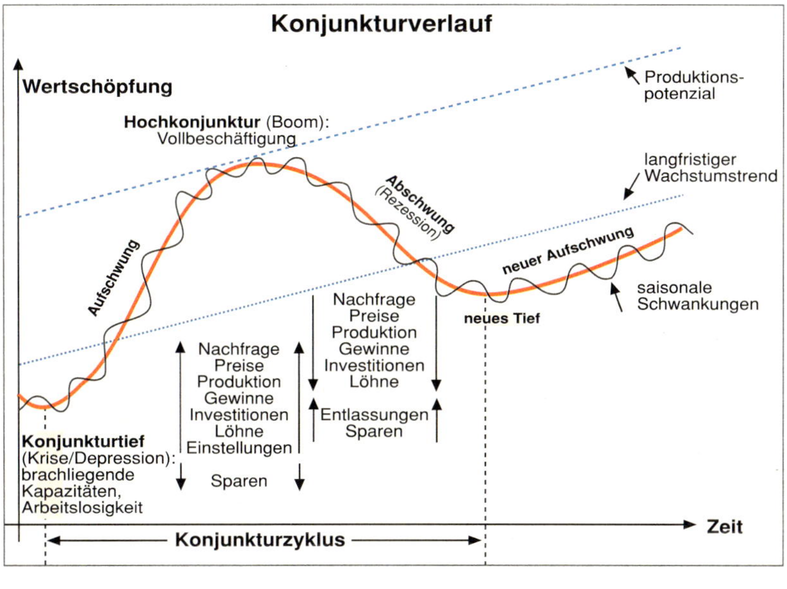

● Der *Begriff „Rezession"* wird in der Literatur allerdings unterschiedlich verwendet. Nach unserem Verständnis bezieht sich Rezession (von lat.: *recedere* = zurückgehen) auf eine Verringerung des betrachteten Wachstums*indikators*, also z. B. der Wachstumsrate des realen BIP. Sinkt diese

[1] Im Sprachgebrauch wird als ‚Krise' auch die ‚Talsohle' im Sinne von ‚Wirtschaftskrise' bezeichnet.

(Bundesverband deutscher Banken (Hg.): SCHUL/BANK Wirtschaft, Materialien für den Unterricht, Kapitel 2.5/5, 1995)

unter die Vorjahreswerte ab, so wächst das Inlandsprodukt zwar noch absolut, aber langsamer bzw. weniger als vorher. In Analogie von „Wachstum" zu „Geschwindigkeit" eines Autos bedeutet Rezession ‚Bremsen', also eine Verringerung der Geschwindigkeit, wobei das Auto aber noch vorwärtsfährt. Eine Rezession ist also eine *Verringerung der Wachstumsrate* des Inlandsprodukts, was ein absolutes (aber geringeres) Wachstum des Inlandsprodukts nicht ausschließt.

- Andere Ökonomen vertreten die Auffassung, dass der Begriff Rezession im Gegensatz zu einem bloßen Abschwung mit sinkenden positiven Wachstumsraten einen absoluten Rückgang des BIP, also *negative* Wachstumsraten[1] voraussetzt (das Auto fährt rückwärts).

(Jörn Altmann, Wirtschaftspolitik, Lucius & Lucius, Stuttgart, 8. Aufl. 2007, S. 54 ff.)

[1] „Nach gängiger Definition liegt eine Rezession dann vor, wenn das reale Bruttoinlandsprodukt zwei Quartale hintereinander nicht wächst oder schrumpft." (Zit. nach: Volker Happe/Gustav Horn/Kim Otto: Das Wirtschaftslexikon, Bundeszentrale für politische Bildung, Bonn 2011, S. 267)

b) Typische Merkmale von Konjunkturphasen

Für die einzelnen Phasen sind jeweils bestimmte Entwicklungen in den Bereichen des Investitionsverhaltens der Unternehmer, der Lohn- und Preisentwicklung und des Beschäftigungsstandes typisch, die sich – in Kürze und auf die wichtigsten Aspekte reduziert – so beschreiben lassen (vgl. die Angaben in der Abb. S. 37 u.). Wie bei der Abb. handelt es sich auch hier um eine „idealtypische*" Betrachtung: Von einem wirklichen „Boom" und damit verbundenem „Arbeitskräftemangel" kann in Deutschland seit vielen Jahren keine Rede mehr sein.

„Im **Konjunkturaufschwung**, der im Wesentlichen durch Nachfrage- und Produktionssteigerungen gekennzeichnet ist, sind die Wirtschaftseinheiten in der Regel optimistisch gestimmt. Die Unternehmer rechnen mit einer günstigen Absatzlage. Sie nehmen verstärkt Investitionen vor und stellen zusätzliche Arbeitskräfte ein. In der anschließenden **Hochkonjunktur** (Boom) steigen angesichts zunehmenden Arbeitskräftemangels die Löhne und somit die Haushaltseinkommen. Steigende Konsumausgaben treiben die Preise auf den Gütermärkten in die Höhe. Der **Konjunkturabschwung** (zunächst als Rezessionsphase, später möglicherweise in eine Depressionsphase mündend) ist durch stagnierende bzw. rückläufige Nachfrage und Produktion gekennzeichnet. Es entstehen unterausgelastete Kapazitäten, Arbeiter werden entlassen. Die optimistischen und vor allem in der Hochkonjunktur übertriebenen Erwartungen sind in pessimistische Erwartungen umgeschlagen: Sie verstärken sich im Verlaufe des Konjunkturabschwungs regelmäßig noch. Erst nach Durchschreiten der psychologischen Talsohle zeigen sich wieder optimistische Einschätzungen der wirtschaftlichen Entwicklung; diese bereiten den Boden für einen neuerlichen Konjunkturaufschwung." (Henrichsmeyer/Gans/Evers, Einführung in die Volkswirtschaftslehre, Stuttgart 1993, S. 27)

Schwierigkeiten bereitet der Versuch, die einzelnen Phasen des Konjunkturzyklus' klar voneinander abzugrenzen. Wann genau z. B. der Aufschwung in den Boom übergeht, lässt sich nicht sagen. Der gesamte Zyklus wird jedoch üblicherweise dadurch abgegrenzt, dass die *Aufschwungphase* (und damit ein neuer Zyklus) in dem Jahr beginnt, dessen *Wachstumsrate* (des realen BSP) *erstmalig höher liegt als im Vorjahr*, in dem also der Abschwung mit seinen sinkenden Wachstumsraten endet.

(Autorentext)

Auslastungsgrad: Prozentsatz, bis zu dem die Produktionskapazität (Maschinen, Anlagen, Arbeitskräfte) eines Betriebs tatsächlich ausgenutzt wird; gesamtwirtschaftlich das Verhältnis des tatsächlich erwirtschafteten Sozialprodukts zum Produktionspotenzial

(Autorentext)

c) Konjunktur und Wachstum

Die beiden Begriffe Konjunktur- und Wachstumsentwicklung werden im allgemeinen Sprachgebrauch nicht selten synonym gebraucht. Das folgende Zitat zeigt aber, dass man zwischen *Konjunktur* und *Wachstum* unterscheiden muss. Aus dieser Unterscheidung ergibt sich sodann die Frage, die im folgenden Abschnitt beantwortet werden soll. Wodurch wird das Wachstum der Produktionskapazität bestimmt?

„Es ist heute in der praktischen Wirtschaftsanalyse üblich, zwischen dem Wachstum der Produktionskapazität (dem sog. **Produktionspotenzial***) und ihrer *Auslastung*, gemessen am tatsächlichen Sozialprodukt, zu unterscheiden. Die Messung des *Wirtschaftswachstums* stellt dabei auf den Zuwachs des Produktionspotenzials ab, während der *Konjunkturverlauf* danach beurteilt wird, in welchem Ausmaß das Produktionspotenzial durch die tatsächliche Produktion (gemessen am realen Bruttoinlandsprodukt) ausgelastet wird: Ein sinkender Auslastungsgrad (s. Kasten) bedeutet danach Rezession, während ein steigender Auslastungsgrad mit wirtschaftlicher Aufwärtsentwicklung (Prosperität) identifiziert wird." (Ulrich van Suntum, Angemessenes und stetiges Wirtschaftswachstum, Beilage zu Das Parlament B 18/19, 27.4.1990, S. 7)

Ein Vergleich des Produktionspotenzials (also der Produktionsleistung, die bei voller Auslastung aller Produktionsfaktoren [Maschinen, Gebäude, Erwerbspersonen] möglich wäre) mit der tatsächlich erzeugten Gütermenge (= Bruttoinlandsprodukt) lässt erkennen, inwieweit (vollständig oder nur zu einem gewissen Teil) die vorhandenen Produktionskapazitäten ausgelastet wurden, und gibt damit Aufschluss über die Konjunkturentwicklung (s. die folgende Abb.).

(Autorentext)

Abb.: Produktionspotenzial und tatsächliche Entwicklung des realen BIP

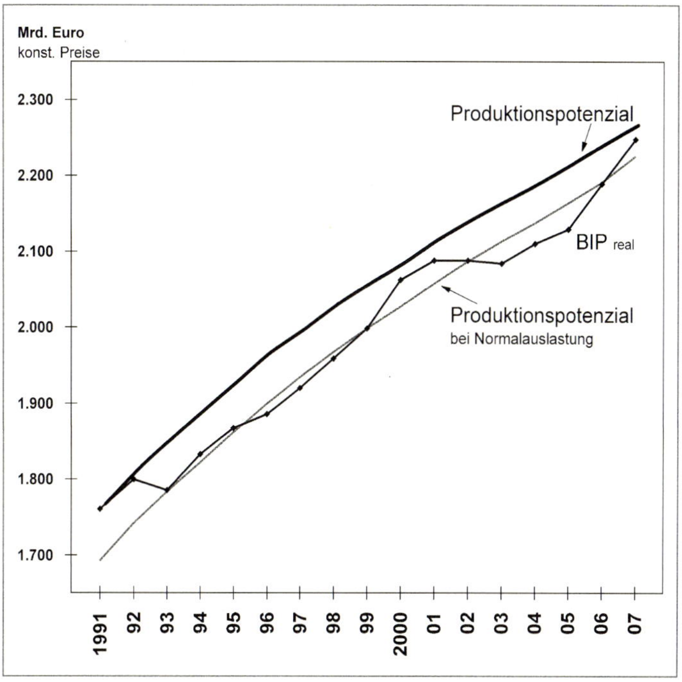

Quelle: Jahresgutachten des Sachverständigenrates 2007/08, S. 451

(Jürgen Pätzold/Daniel Baade, Stabilisierungspolitik, Verlag Franz Vahlen, München, 7. Aufl. 2008, S. 27; Grafik S. 28)

Schätzungen [des Sachverständigenrates] zufolge ist das Produktionspotenzial in den Neunzigerjahren jahresdurchschnittlich um knapp 2 Prozent gewachsen. Im ersten Jahrzehnt dieses Jahrhunderts hat sich das Potenzialwachstum dagegen auf nur noch knapp 1,4 Prozent jahresdurchschnittlich abgeflacht. Für die gesamte Schätzperiode 1991 bis 2012 ergibt sich ein Anstieg des Produktionspotenzials um etwa 42 Prozent. Die tatsächliche Entwicklung des realen Bruttoinlandsprodukts lag teils unter, teils über dem Wert des jeweiligen Produktionspotenzials.

1. Grenzen Sie die Begriffe Konjunktur, Konjunkturschwankungen, Konjunkturphase und Konjunkturzyklus möglichst exakt voneinander ab und erläutern Sie die begrifflichen Unklarheiten, die sich bei den Phasenbezeichnungen feststellen lassen (M 21 a). Stellen Sie fest, in welchen Konjunkturphasen (nach der begrifflichen Abgrenzung in M 21 b, Z. 67 ff.) sich Deutschland in den Jahren 2005 bis 2011 befand (s. M 19 b), und erkunden Sie den aktuellen Stand der Konjunkturentwicklung.

2. Erläutern Sie die kurze Beschreibung des typischen Verlaufs einzelner Phasen des Konjunkturzyklus' (M 21 b) und der dabei zu beobachtenden Merkmale (Z. 38 ff.).

3. Machen Sie sich klar, wie Konjunktur und Wachstum unterschieden werden, und erläutern Sie dazu die Begriffe Produktionspotenzial (Produktionskapazität) und Auslastungsgrad (M 21 c).

4. Das gesamtwirtschaftliche Produktionspotenzial wird vom Sachverständigenrat auf sehr komplizierte (seit 1990 leicht veränderte) Weise berechnet, die wir hier nicht vorführen können. Den „normalen" Auslastungsgrad (95 %; s. Abb.) bestimmt der Sachverständigenrat nach dem „langfristigen Durchschnitt" der Jahre 1963 – 1993. Beschreiben Sie anhand der Abbildung oben die Entwicklung des Produktionspotenzials in diesem Verständnis und die des realen BIP (Konjunkturentwicklung) 1991 – 2007 und vergleichen Sie diese Darstellung mit der „idealtypischen*" in M 21 b und den Daten in M 19 b. Zur aktuellen Entwicklung s. Jahresgutachten des Sachverständigenrats 2014/15 (http://www.sachverstaendigenrat-wirtschaft.de/fileadmin/dateiablage/gutachten/jg201415/JG14_ges.pdf).

Ursachen von Konjunkturschwankungen – Faktoren der gesamtwirtschaftlichen Nachfrage

*In der wirtschaftswissenschaftlichen Literatur gibt es eine Vielfalt von Theorien, welche die Ursachen von Konjunkturschwankungen zu bestimmen versuchen (**Konjunkturtheorien**). Keine von ihnen kann bisher für sich in Anspruch nehmen, eine allgemeingültige und bestätigte Erklärung zu liefern. Das liegt offenbar auch darin begründet, dass die auslösenden Momente eines Auf- und Abschwungs im Einzelfall zu vielfältig und unterschiedlich sind, als dass sie auf einen einzigen dominierenden Faktor zurückgeführt werden könnten, wie es viele Theorien versuchen (monokausale Theorien).*

- *Die **exogene** Konjunkturtheorie macht äußere Faktoren wie die Bevölkerungsentwicklungen oder den technischen Fortschritt für Schwankungen in der Wirtschaft verantwortlich. Die **endogene** Konjunkturtheorie dagegen erklärt Veränderungen der konjunkturellen Entwicklung mit Einflüssen innerhalb des Wirtschaftsprozesses, z. B. durch zu geringe gesamtwirtschaftliche Nachfrage. Die **monetäre** Konjunkturtheorie sieht als Ursache des wirtschaftlichen Auf und Ab die im Zeitablauf unterschiedliche Versorgung der Wirtschaft mit Geld und Krediten. Die Zinsen spielen dabei eine wichtige Rolle.*
- *Bis zur Zeit der Weltwirtschaftskrise* (1929–1933) herrschte in den Wirtschaftswissenschaften die Lehre der **Klassiker**, die der festen Überzeugung waren, dass in einer freien marktwirtschaftlichen Ordnung längerfristige Krisen nicht auftreten könnten. Diese Überzeugung basierte auf der Annahme, dass auf den Märkten eine Tendenz zum Ausgleich zwischen Angebot und Nachfrage herrsche und sich daraus von selbst ein ständiges Gleichgewicht herstelle. Es wurde lediglich zugestanden, dass es kurzfristig und vorübergehend in einzelnen Bereichen zu Absatzstockungen kommen könne. Falls trotzdem Krisen aufträten, könnten sie nur durch exogene Faktoren, möglicherweise sogar durch das Eingreifen des Staates, verursacht werden. Ansonsten gelte der Grundsatz, dass jede Produktion sich ihre Nachfrage schaffe, weil durch die Entlohnung des Einsatzes von Kapital und Arbeit Einkommen entstünden, die den Verkauf der Produktion sicherstellten (sog. **Say'sches Theorem*** nach dem französischen Ökonomen Jean Baptiste Say, 1767–1832).*
- *Nach **Joseph A. Schumpeter** (1883–1950) ergeben sich (langfristige) zyklische Schwankungen aus der technologischen und der dadurch bedingten industriellen Entwicklung. Einzelne „dynamische Unternehmer" vollbringen „Pionierleistungen", indem sie neue technische Erfindungen („Inventionen") in ihren Unternehmen verwerten („Innovationen*") und die übrige Wirtschaft zur Anpassung an den Fortschritt zwingen (Preissenkungen, Produktionsumstellungen, Investitionen*). Nach vollzogener Anpassung setzt ein neuer „Schub" ein, sobald dynamische Unternehmer wieder neue Erfindungen anwenden (vgl. Kasten).*

Der österreichische Volkswirtschaftler und Sozialwissenschaftler **Joseph A. Schumpeter** lebte von 1883 bis 1950. Er war seit 1909 Professor, unter anderem in Graz (1911 bis 1919), Bonn (1925 bis 1932) und seit 1932 an der Harvard University (USA). Schumpeter entwickelte eine Theorie der wirtschaftlichen Entwicklung des kapitalistischen* Wirtschaftssystems, die er durch innerwirtschaftliche Veränderungen erklärte. [...] Den durch den Wettbewerb ausgelösten *Prozess der „schöpferischen Zerstörung"*, d.h. der ständigen Erneuerung und Verbesserung der Produktionsverfahren und Erzeugnisse [...], bei dem alte Güter und Produktionsverfahren ständig durch neue ersetzt werden, sieht Schumpeter als Motor der wirtschaftlichen Entwicklung. Eine zentrale Rolle spielt dabei der *„dynamische"*, der schöpferische, einfallsreiche *Unternehmer*, der durch neue Ideen und den Einsatz neuer Produktionsmethoden, Techniken und Verarbeitungsmöglichkeiten den wirtschaftlichen und technischen Fortschritt immer wieder vorantreibt. [...]

Damit leistete Schumpeter einen wichtigen Beitrag zur Konjunkturtheorie. Er befürchtete aber auch das Ende des Kapitalismus*, da der innovative Prozess vor allem durch Bürokratisierung in den Unternehmen und eine verstärkte Rolle des Staates erlahme. Schumpeter gilt als einer der einflussreichsten Volkswirtschaftler des 20. Jahrhunderts.

(Das Lexikon der Wirtschaft, Bibliographisches Institut & Fa. Brockhaus AG, Mannheim, 2. Aufl. 2004, Lizenzausgabe für die Bundeszentrale für politische Bildung, Bonn 2004, S. 44)

- *Einen gegenüber den Klassikern neuen Erklärungsansatz lieferte der englische Nationalökonom John Maynard* ***Keynes**** *(1883–1946; s. M 59). Keynes setzte zur Erklärung von Konjunkturschwankungen bei der* ***gesamtwirtschaftlichen Nachfrage*** *an, die sich in vier Sektoren (s. M 22) unterteilen lässt: die Konsumgüternachfrage der privaten Haushalte, die Investitionsgüternachfrage der privaten Unternehmen, die Nachfrage des Staates (Staatsverbrauch und Investitionen) und die Nachfrage des Auslandes. Hauptursache für konjunkturelle Schwankungen sind nach Keynes Schwankungen der Investitionsgüternachfrage der privaten Unternehmen.*

M 22 Bestimmungsfaktoren der gesamtwirtschaftlichen Nachfrage

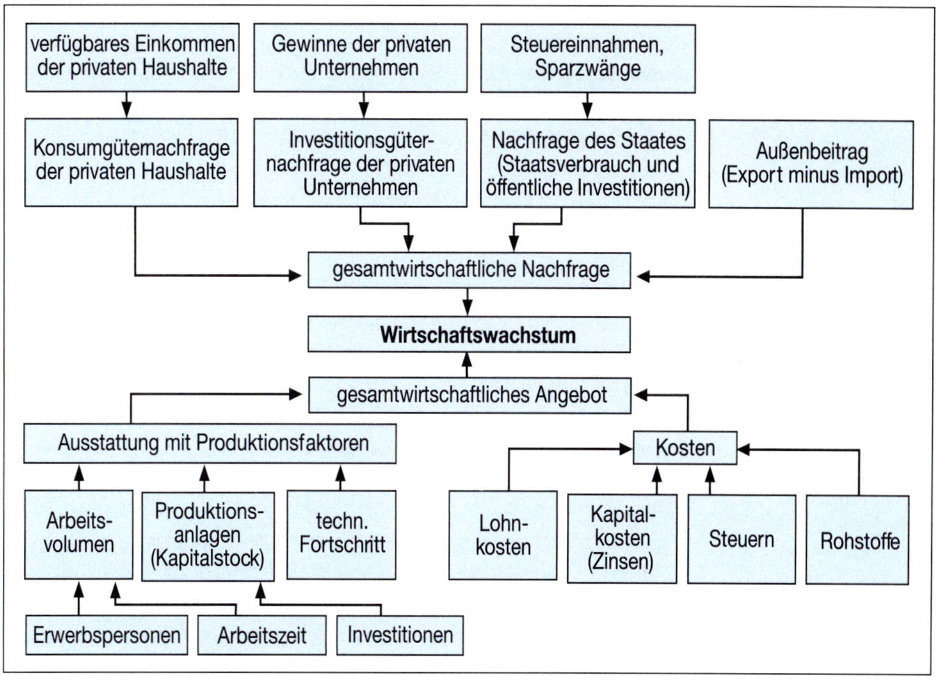

1. Erläutern Sie mit eigenen Worten die unterschiedlichen Erklärungsansätze zu Konjunkturschwankungen bei den Klassikern, bei Schumpeter und bei Keynes (Einleitungstext, S. 40 f.).

2. Erläutern Sie (möglichst an konkreten Beispielen) die einzelnen Faktoren von Nachfrage und Angebot (M 22).

3. Beschreiben Sie, an welchen Stellen des Schemas M 22 die im Folgenden genannten wirtschaftspolitischen Maßnahmen ansetzen und welche (wachstumsfördernden oder wachstumshemmenden) Veränderungen sie tendenziell hervorrufen könnten (vorausgesetzt, dass die übrigen Bedingungsfaktoren gleich bleiben):
   - Erhöhung der Unternehmenssteuern (Gewerbesteuer*, Körperschaftssteuer),
   - Kürzung staatlicher Transferzahlungen* (z. B. des Kindergeldes) an private Haushalte,
   - Senkung der Einkommensteuer,
   - Erhöhung der Rohölpreise durch Beschluss der OPEC*.

M 23 Bestimmungsgründe für private Konsum- und Investitionsentscheidungen

Für die gesamtwirtschaftliche **Konsumnachfrage** lassen sich u. a. folgende Bestimmungsgründe anführen:

- das Einkommen,
- die Einkommensverteilung,
- Präferenzen für Gegenwarts- oder Zukunftskonsum,
- das Vermögen,

- die Zinsen,
- Steuern und Abgaben,
- Erwartungen über die künftige wirtschaftliche Entwicklung,
- Sicherheit des Arbeitsplatzes.

Nach keynesianischer Auffassung ist kurzfristig das **Einkommen** die wichtigste Einflussgröße. [...] Bei zunehmendem Einkommen steigen Konsum und Ersparnis, bei sinkendem Einkommen gehen beide zurück. Das Ausmaß der Veränderung ist abhängig von der Konsumquote (Sparquote), d.h. dem Anteil des Konsums (der Ersparnis) am Einkommen. [...] Welche Faktoren die **Investitionstätigkeit der Unternehmen** bestimmen, ist bisher nicht eindeutig zu beantworten. U.a. werden folgende Gründe genannt:

- Gewinnerwartungen,
- Absatzerwartungen,
- Konkurrenzdruck,
- Zinshöhe,
- Kosten und Steuern,
- psychologische Faktoren wie politisches Klima, Pessimismus oder Optimismus.

(Gerd Jan Krol/Alfons Schmid, Volkswirtschaftslehre, Mohr Siebeck Verlag/UTB, Tübingen, 21. Aufl. 2002, S. 232ff.)

Jeder einzelwirtschaftliche Akteur (Unternehmer) steht bei einer *Investitionsentscheidung* vor einem **Wahlproblem**: Eine Möglichkeit besteht darin, verfügbare Finanzierungsmittel am Kapitalmarkt* anzulegen und relativ risikolose Wertpapiere* zu erwerben. Eine risikobehaftete Sachinvestition als Alternative muss im Prinzip zumindest eine erwartete Rendite[1] in Höhe des realen Zinssatzes einer risikolosen Finanzinvestition am Kapitalmarkt erbringen. Denn der Akteur steht bei Annahme verfügbarer Finanzierungsmittel generell vor der Alternative einer Finanzanlage ohne Risiko (Kauf festverzinslicher Wertpapiere) oder einer Sachinvestition (Kauf einer Maschine etc.). Die Finanzinvestition erbringt den realen* Zinssatz des Kapitalmarktes als Mindestrendite. Diese finanzwirtschaftliche Mindestrendite ist mit der realen* Rendite einer geplanten Sachinvestition zu vergleichen. Nur wenn eine risikobehaftete Sachinvestition eine höhere Rendite als den realen Marktzinssatz der Finanzinvestition erwarten lässt, wird die Entscheidung zugunsten einer Sachinvestition positiv ausfallen.

(Heinz Dieter Hardes/Alexandra Uhly, Grundzüge der Volkswirtschaftslehre, Oldenbourg Wissenschaftsverlag, München, 9. Aufl. 2007, S. 393)

[1] Rendite (ital.: „Einkünfte", „Gewinn"): der jährliche Gesamtertrag einer Kapitalanlage im (prozentualen) Verhältnis zum Wert dieser Anlage

1. Die Feststellung des Einflusses bestimmter Nachfragekomponenten auf die Konjunkturentwicklung besagt noch nichts über die Bestimmungsgründe, auf denen entsprechende Entscheidungen der Haushalte und der Unternehmen stehen. Erläutern Sie zunächst etwas näher, wonach sich die privaten Haushalte bei Ihren Entscheidungen über Konsumausgaben richten. Was ist Ihrer Meinung nach mehr, was weniger entscheidend (M 23, Z. 1 – 14)?
2. Klären Sie die Bedeutung der „Sparquote". Unter welchen Voraussetzungen neigen aus Ihrer Sicht die Haushalte dazu, mehr von ihrem Einkommen zu sparen oder mehr für den Konsum auszugeben?
3. Im Einleitungstext zu M 22 (S. 41 o.) wurde darauf hingewiesen, dass nach Keynes die Nachfrage der privaten Unternehmen nach Investitionen* der wichtigste Faktor für die Konjunkturentwicklung ist. Vergleichen Sie dazu die in M 23 aufgeführten Motive der Unternehmen (Z. 15ff.). Woran liegt es, dass sich die Motive für Investitionsentscheidungen im konkreten Einzelfall noch schwerer klar bestimmen lassen als die Konsumentscheidungen der Haushalte? Vgl. dazu auch M 24, Z. 68ff.
4. Erläutern Sie mit eigenen Worten die grundsätzliche Entscheidungsalternative bei der Verwendung seiner Finanzierungsmittel, vor die sich im Normalfall jeder Unternehmer gestellt sieht (Z. 23ff.).

M 24 Impulse und Selbstbeschleunigungseffekte der Konjunkturentwicklung – „Multiplikator" und „Akzelerator"

In einer Marktwirtschaft werden die Aktivitäten von individuellen Entscheidungen getragen. Diese Entscheidungen werden unter dem Einfluss einer **Vielzahl von Impulsen** gefällt, die unaufhörlich auf uns einwirken und unser Handeln bestimmen. Ein *komplexes Zusammenspiel* aller wirtschaftlichen Entscheidungen und der dadurch ausgelösten Aktivitäten führt zu Veränderungen an den verschiedenen Märkten und damit letztlich zu Konjunkturschwankungen. Diese Marktveränderungen beeinflussen verschiedene volkswirtschaftliche Größen, die wir bereits kennengelernt haben, wie den Konsum, das Sparverhalten, die Investitionen*, die Gewinne oder die Löhne. Wie Sie ebenfalls wissen, haben Veränderungen einer Größe auch Veränderungen von anderen Größen zur Folge: Im volkswirtschaftlichen Gesamtsystem sind alle Größen miteinander vernetzt. [...]

Die durch die genannten Impulse ausgelösten Schwankungen haben die Tendenz, sich aus eigener Kraft zu beschleunigen. Diese *Selbstbeschleunigung* ist auf verschiedene Verstärker zurückzuführen. Da Entscheidungen zukunftsgerichtet sind, spielen die *Erwartungen* der Wirtschaftsakteure eine wichtige Rolle. Diese Erwartungen hängen im großen Maße von *Stimmungswellen* ab. Auch wenn psychische Faktoren nicht von jedermann als eigentliche Ursache von Konjunkturschwankungen erachtet werden, sind sie doch als *psychologische Verstärker* anerkannt. [...]

Investitionen bewirken zweierlei:

- Erstens lösen sie einen *Kapazitätseffekt* aus, das heißt, es werden Kapazitäten geschaffen, die das *Wachstum des Produktionspotenzials* (vgl. M 21c, S. 39) mitbestimmen.
- Im Zuge der Herstellung dieser Kapazitäten entsteht zweitens ein *Einkommenseffekt*, das heißt, es entstehen Einkommen, die über die Konsumausgaben der Einkommensempfänger Nachfragewirkungen entfalten und somit die Potenzialauslastung mitbestimmen. [...]

Multiplikator

Welche gesamtwirtschaftlichen **Einkommenswirkungen** entstehen nun, wenn dank einer Investition ein Nachfrageimpuls in Höhe von 100 Millionen Euro ausgelöst wird? Vermutlich überrascht es Sie, dass die Einkommen gesamthaft um mehr als die Höhe des ursprünglichen Investitionsimpulses in Höhe von 100 Millionen Euro zunehmen werden. Der Grund dafür liegt darin, dass die Bezieher dieser Einkommen, ob als Arbeitnehmer und Lohnempfänger oder als Unternehmer und Gewinnbezieher, einen Teil davon wieder ausgeben und damit ihrerseits *weitere Nachfrage- und Einkommenseffekte* auslösen. Die Stärke dieses Prozesses ist vom Anteil der Einkommen abhängig, welcher wieder ausgegeben, also nicht auf Konten gespart wird. In der Fachsprache nennt man das die *„Grenzneigung zum Konsum"*. Eine **Erhöhung der Nachfrage** wirkt also *multiplikativ*, weil ein Einkommenseffekt erzeugt wird, der bedeutend größer ist als die ursprüngliche Nachfrageerhöhung. Deshalb bezeichnet man diese Erkenntnis als *Multiplikatortheorie*.

Wir wollen diese Theorie an einem Beispiel verdeutlichen: Nehmen wir an, der Staat löse eine zusätzliche Investition in Höhe von 100 Millionen Euro aus und die Grenzneigung zum Konsum sei 0,8 oder 80 Prozent („Sparquote" von 20%). Dadurch wird der in der folgenden Tabelle dargestellte Prozess ausgelöst. Der Multiplikator lässt sich folgendermaßen berechnen:

$$\text{Multiplikator} = \frac{1}{1 - \text{Grenzneigung zum Konsum}}$$

Tabelle: Die Wirkung des Einkommensmultiplikators

Periode	ursprüngliche Nachfrageänderung	ausgelöste Nachfrageänderung	Veränderung der Produktion	Veränderung des Einkommens	Veränderung des Konsums
1	100		+ 100	+ 100	+ 80
2		+ 80	+ 80	+ 80	+ 64
3		+ 64	+ 64	+ 64	+ 51,2
4		+ 51,2	+ 51,2	+ 51,2	+ 41,0
5	+	41,0			
…	…				
	100	+ 400	+ 500	**+ 500**	+ 400

Dargestellt werden die ersten 4 bzw. 5 Phasen; für die angegebenen Summen sind die weiteren Phasen (bis zum Auslaufen des Prozesses) mitberechnet.

In unserem Fall beträgt er 5, der gesamte Einkommenseffekt ist also fünfmal so groß wie die ursprüngliche Investition. Die Wirkung des Multiplikators wird aber immer kleiner und verpufft schließlich ganz. Man kann sich den zeitlichen Ablauf des Multiplikatorprozesses veranschaulichen, indem man sich vorstellt, in einem Auto zu sitzen und kräftig auf das Gaspedal zu drücken. Das Auto beschleunigt zunächst stark und erreicht schließlich eine höhere Geschwindigkeit, mit der es anschließend ausrollt, wenn man nicht weiter Gas gibt. In genau derselben Weise kann eine Nachfrageerhöhung um 100 Millionen Euro multiplikative *Beschäftigungswirkungen* auslösen. Denn auch auf dem Arbeitsmarkt kann die Summe der gesamthaft geschaffenen Arbeitsplätze größer sein als die unmittelbar entstandenen. Ebenso wie die Einkommen oder die Beschäftigung bei einer Erhöhung der Nachfrage um ein Vielfaches zunehmen, nehmen sie bei einer Verringerung der Nachfrage um ein Vielfaches ab.

(Bernd Nolte, Volkswirtschaft konkret, Wiley VCH Verlag, Weinheim 2003, S. 92 ff.)

Natürlich läuft in der Realität ein solcher Multiplikatorprozess niemals „rein“ und ungestört ab. Berücksichtigt man nur, dass aus dem wachsenden Volkseinkommen auch wachsende *Steuern* zu zahlen sind, sodass also weniger für den Konsum verbleibt, und dass ferner ein Teil der zusätzlichen Nachfrage auf *Importe* entfällt und insoweit nicht das Sozialprodukt des eigenen Landes erhöht, so wird der Gesamteffekt bereits viel geringer ausfallen, ganz abgesehen davon, dass der Ablauf des skizzierten Verstärker-Prozesses Zeit erfordert. Dennoch wird hier ein in nahezu allen Konjunkturerklärungen verwandtes Prinzip sichtbar, das dazu beiträgt, eine einmal eingeschlagene (positive oder negative!) Entwicklung der Volkswirtschaft zu verstärken.

(Peter Czada, Wirtschaft. Aktuelle Probleme des Wachstums und der Konjunktur, Opladen 1984, S. 93)

Akzelerator

Die Multiplikatorwirkung wird verstärkt durch Akzeleratoreffekte („Beschleuniger“). Das Akzeleratorprinzip ist im Grunde ebenfalls ein Multiplikator. Es stellt darauf ab, dass Veränderungen der Konsumnachfrage nicht nur direkte, multiplikative Einkommenswirkungen erzeugen, sondern dass eine (dauerhafte) Nachfrageerhöhung nach *Konsumgütern* [z. B. nach Fernsehern] bei ausgelasteten Produktionskapazitäten eine erhöhte **Nachfrage nach Investitionsgütern** [Maschinen zur Herstellung von Fernsehern] auslöst, um die erhöhte Konsumgüternachfrage befriedigen zu können. Die ausgelöste Investitionsgüternachfrage „beschleunigt“ oder verstärkt den Konsummultiplikator. (Jörn Altmann, Wirtschaftspolitik, Lucius & Lucius, Stuttgart, 8. Auf 2007, S. 671)

Der Akzelerator wirkt sich weniger ausgeprägt aus, wenn leer stehende Kapazitäten oder ausreichende Lager vorhanden sind. Mitentscheidend für Neuinvestitionen sind neben der Nachfrage natürlich noch weitere Kriterien, so beispielsweise die **Zukunftserwartungen**. So ist es einerseits durchaus denkbar, dass bei pessimistischen Erwartungen trotz Nachfrageerhöhung zunächst keine Neuinvestitionen getätigt werden, andererseits kann Optimismus zu Neuinvestitionen führen, auch wenn sich die Nachfrage zunächst nicht erhöht. Der Multiplikator- und der Akzeleratoreffekt *verstärken* sich gegenseitig. Bereits ein Rückgang des Nachfragewachstums kann zu sinkenden Aufträgen in der Investitionsgüterindustrie führen und so Multiplikatorprozesse in Gang setzen und ein Umkippen der Konjunktur bewirken. Allein diese beiden Effekte können also die Konjunktur in Schwingungen versetzen. (Bernd Nolte [s. o.], S. 94)

M 25 Ein Unternehmen siedelt an – Beispiel eines Multiplikatoreffekts

[...] Nehmen wir an, in einer Kleinstadt siedelt sich ein neues Maschinenbauunternehmen mit 500 Beschäftigten an. Auch wenn vielleicht einige Mitarbeiter mitgebracht werden, so eröffnen sich dadurch doch neue Kooperationschancen für Arbeitssuchende in der Gegend; sie bieten ihre Arbeitskraft an und erhalten im Gegenzug vom Unternehmen Lohn, und für das Unternehmen lohnt sich das Tauschgeschäft, weil für die produzierten Maschinen zahlungsbereite Nachfrage besteht.

Das ist so weit nichts Neues. Interessant ist nun, nach weiteren Folgewirkungen der Ansiedlung zu fragen, deren es natürlich sehr viele gibt, und es hängt, wie immer, vom Problem ab, welche man betrachtet. Eine der Folgewirkungen, die für makroökonomische [gesamtwirtschaftliche] Fragestellungen zentral ist, betrifft die Tatsache, dass die Arbeitnehmer in dem neuen Betrieb Einkommen erhalten und dass daraus etwas folgt. Denn sie werden

– einen Teil dieses Einkommens als *Steuern* abführen müssen – mit der Folge, dass sich dem Staat neue Möglichkeiten der Finanzierung öffentlicher Güter eröffnen,
– einen Teil *sparen* – mit der Folge, dass jenen Akteuren, die Kredite aufnehmen möchten, hier neue Gelegenheiten erwachsen,
– und einen Teil *konsumieren* – mit der Folge, dass nun wiederum die Hersteller bzw. Verkäufer der von ihnen gekauften Güter und Dienstleistungen Einkommen erhalten und eine neue Runde in diesem Prozess beginnt.

Betrachten wir den letzten Unterpunkt noch einmal genauer: Nehmen wir an, Herr J., ein neuer Mitarbeiter des Unternehmens, hat durch seinen neu gefundenen Arbeitsplatz nun 1000 Euro im Monat mehr zur Verfügung, und er gibt davon 500 Euro für Konsumzwecke aus. Was er ausgibt, muss notwendigerweise bei anderen Akteuren als Einnahme anfallen, also als Einkommen, das sie nicht erhalten hätten, wenn Herr J. nicht seinen neuen Arbeitsplatz gefunden hätte. Nun werden diese Akteure ihrerseits das so erhaltene Einkommen für verschiedene Zwecke verwenden, und sie werden verschiedene Güter und Dienstleistungen *zusätzlich* nachfragen, die sie sonst nicht nachgefragt hätten; und ihre Tauschpartner werden dann ihrerseits neues Einkommen erhalten usw.

Nachdem sich also durch die Ansiedlung des Unternehmens in einer ersten Runde neue Kooperationschancen [Chancen der Beteiligung am Wirtschaftsprozess] für die neuen Mitarbeiter eröffneten, ergeben sich daraus wiederum, in einer zweiten Runde, neue Kooperationschancen für neue Interaktionspartner der Mitarbeiter, die von deren gestiegenen Möglichkeiten profitieren; sie können ein paar Brötchen, mehr Kleider, größere Autos und dergleichen mehr verkaufen, mehr Geld verdienen. In einer dritten Runde werden diese das so erworbene Mehreinkommen möglicherweise dazu nutzen, neue Investitionen zu tätigen und/oder neue Mitarbeiter einzustellen usw. Die so stattfindende Ausweitung von Kooperationsmöglichkeiten trägt den passenden Namen **Multiplikatoreffekt.**

Solche Prozesse – und auch ihre Umkehrung, die entsprechenden kontraktiven [einschränkenden, eindämmenden] Entwicklungen – finden in einer Volkswirtschaft ständig so statt. Man kann nun natürlich nicht all diese Einzelfälle nachzeichnen. Stattdessen werden in makroökonomischen Modellen solche Wirkungsketten im Aggregat [zusammengefasst] betrachtet; es wird nicht nur die Kleinstadt, sondern die gesamte Volkswirtschaft betrachtet, und dies nicht nur im Hinblick auf eine bestimmte Branche, sondern hinsichtlich aller wirtschaftlichen Tätigkeiten.

(Karl Homann/Andreas Suchanek, Ökonomik. Eine Einführung, Mohr Siebeck, Tübingen 2000, S. 307 f.)

1. Beschreiben Sie die „gesamtwirtschaftlichen Einkommenswirkungen“, die sich in der Folge einer Erweiterungsinvestition (s. Glossarbegriff Investition*) ergeben, und zeigen Sie anhand des Zahlenbeispiels auf, wie es zu einer „Multiplikation“ des ursprünglichen Effektes kommt. Wovon hängt die Größe des Multiplikatoreffekts ab? Sie können an dieser Stelle auch das in M 25 dargestellte konkrete Beispiel heranziehen.
2. Der „Multiplikatoreffekt“ ist ein Beispiel für ökonomische Modellbildung*. Auf welche möglichen Unterschiede zwischen Modell und Realität wird in M 24, Z. 51 ff. hingewiesen?
3. Erklären Sie den sich in der Folge des Multiplikatoreffekts ergebenden „Akzeleratoreffekt“ (Z. 59 ff.). Unter welcher Modellbedingung tritt er ein?
4. Nicht zu vergessen: Multiplikatoreffekte können sich nicht nur „expansiv“ (wachstumsfördernd), sondern auch „kontraktiv“ (als Schrumpfungsprozess) ergeben. Benutzen Sie das in M 25 dargestellte Beispiel, um analog die multiplikativen Auswirkungen der Schließung eines bestehenden Unternehmens in den wichtigsten Zügen zu beschreiben.

3. Die Entwicklung des Preisniveaus – Inflation in Deutschland

M 26 Preisniveaustabilität als Ziel der Wirtschaftspolitik in Deutschland

Ein weiteres zentrales Anliegen der Wirtschaftspolitik ist die Bekämpfung von Inflation. Dies mündet in das Ziel der **Stabilität des Preisniveaus**. Aus dieser Formulierung geht bereits hervor, dass bei diesem Ziel nicht die Vermeidung des Anstiegs einzelner Güterpreise, sondern die Verhinderung von Preisniveausteigerungen auf breiter Front im Mittelpunkt steht. Die Europäische Zentralbank spricht etwas verkürzt von **Preisstabilität**. Gemeint ist damit ebenfalls die Stabilität des Preisniveaus. Gleichwohl könnte diese Formulierung zu einer Fehlinterpretation in dem Sinne führen, dass im Zeitablauf sämtliche Preise stabil bleiben sollen. Für die Funktionsfähigkeit [...] der Marktwirtschaft sind jedoch Preiserhöhungen auf einzelnen Märkten ein unabdingbares Erfordernis; dem müssen jedoch entsprechende Preissenkungen auf anderen Märkten gegenüberstehen. Vielfach spricht man auch vom Ziel der **Geldwertstabilität**. Die Inflationsbekämpfung nahm in der Wirtschaftspolitik der Bundesrepublik Deutschland stets einen hohen Rang ein. Zum einen sind **Bund** und **Länder** gemäß § 1 Stabilitäts- und Wachstumsgesetz explizit zur Erhaltung der Stabilität des Preisniveaus verpflichtet. Zum anderen hatte die **Deutsche Bundesbank** gemäß § 3 Bundesbankgesetz (alt) bis zum 31. Dezember 1998 die Aufgabe, „die Währung zu sichern", d. h. ihre Geldpolitik primär am Ziel der Preisniveaustabilität auszurichten.
Sinkt das Preisniveau, so liegt eine **Deflation*** vor. Sie bedeutet genauso eine Verletzung des Zieles der Stabilität des Preisniveaus wie die Inflation. [...]
Ihre herausragende Bedeutung verdankt die Geldwertstabilität in Deutschland zweifellos der überdurchschnittlich ausgeprägten Inflationsmentalität. Sie ist vor allem bei älteren Menschen anzutreffen. Die Ursache hierfür liegt in den **historischen Erfahrungen**, denn schon zweimal musste die Bevölkerung in Deutschland auf schmerzliche Weise die Verletzung des Ziels der

1922/23 erlebte Deutschland die wohl stärkste Inflation aller Zeiten. Um die Staatsschulden nach dem Ersten Weltkrieg zu bezahlen, druckte die Deutsche Reichsbank viel mehr Geld, als zur Finanzierung der realen Wirtschaftsleistung notwendig gewesen wäre. In der Folge stiegen die Preise für alle Güter praktisch stündlich, und es entwickelte sich eine sogenannte **„Hyperinflation"**. Auf ihrem Höhepunkt im Jahr **1923** erreichte die Inflationsrate unvorstellbare 100 Millionen Prozent. Schließlich wurde in der **Währungsreform** eine Billion Mark gegen nur eine Rentenmark* umgetauscht. Millionen von Sparern verloren dadurch ihr gesamtes Vermögen. Nach dem Zweiten Weltkrieg* kam es in Deutschland dann noch einmal zu einer **„galoppierenden"** Inflation (davon spricht man bei Teuerungsraten von mehr als 10 Prozent, eine Hyperinflation beginnt bei 50 Prozent). Am 20. Juni **1948** ersetzte in einer neuerlichen **Währungsreform** die D-Mark die wertlos gewordene Reichsmark. Jeder Bundesbürger erhielt damals 40 D-Mark. Die neu geschaffene Bundesbank, der als erster Zentralbank volle Unabhängigkeit von der Regierung zugestanden wurde, machte die D-Mark dann bekanntlich zu einer der stabilsten Währungen der Welt.

(Helmut Sperber, Wirtschaft verstehen – nutzen – ändern, Schäffer-Poeschel Verlag, Stuttgart 2002, S. 41)

Banknote von 1923

„Kopfgeld" zur Währungsreform 1948

Preisniveaustabilität erfahren. Die erste verheerende Inflation trat zu Beginn der Zwanzigerjahre des 20. Jahrhunderts auf. Sie kulminierte bis Oktober 1923 in einer **Hyperinflation** mit einer monatlichen Inflationsrate von 32 000 Prozent (s. Kasten, S. 46 u.). Am *Ende des Zweiten Weltkrieges** zeigten sich dann für die Bevölkerung zum zweiten Mal die verhängnisvollen Auswirkungen einer schweren Inflation: Abermals wurden Geldvermögen massiv entwertet (s. Kasten, S. 46). Auch in der Nachkriegszeit traten mehrfach Inflationsschübe auf, die jedoch bei Weitem nicht das Ausmaß der beiden vorangegangenen Inflationen erreichten. Im internationalen Vergleich kann man die Bundesrepublik durchaus als eine Insel der Stabilität einstufen.

(Gerhard Mussel/Jürgen Pätzold, Grundfragen der Wirtschaftspolitik, Vahlen, 8. Aufl., München 2012, S. 104)

1 Erläutern Sie den Unterschied zwischen „Preisstabilität" und „Preisniveaustabilität" (selbst die Europäische Zentralbank beachtet diese Unterscheidung nicht immer).

2 Welche historischen Erinnerungen und Erfahrungen spielen für die große Bedeutung, welche die Inflation in Deutschland vor allem bei älteren Menschen hat, eine Rolle? (M 26; Kasten)

3 Schlagen Sie ggf. zur Bedeutung und zu den Folgen einer Deflation*, auf die wir hier nicht näher eingehen können, im „Lexikon der Wirtschaft" nach (http://www.bpb.de/nachschlagen/lexika/lexikon-der-wirtschaft/).

Inflationsmessung durch Preisindizes und ihre Problematik

M 27 Warenkorb, Preisindex, Inflationsrate

Wie kann man Inflation messen? In einer Volkswirtschaft gibt es Millionen von Preisen. Diese Preise unterliegen ständigen Veränderungen, die im Grunde Veränderungen des Angebots von und der Nachfrage nach einzelnen Waren und Dienstleistungen widerspiegeln und dadurch einen Hinweis auf die „relative Knappheit" der betreffenden Waren und Dienstleistungen liefern. Es liegt auf der Hand, dass es weder praktikabel noch wünschenswert ist, all diese Preise zu berücksichtigen. Gleichzeitig ist es aber auch nicht angemessen, nur einige von ihnen zu betrachten, denn sie sind möglicherweise nicht repräsentativ für das allgemeine Preisniveau.

Die meisten Länder verfolgen bei der Messung von Inflation einen einfachen, naheliegenden Ansatz, indem sie den sogenannten **Verbraucherpreisindex** (VPI) heranziehen. Dabei wird das Kaufverhalten der Verbraucher analysiert, um festzustellen, welche Waren und Dienstleistungen Verbraucher typischerweise kaufen und welche daher als in gewisser Weise *repräsentativ für den Durchschnittsverbraucher* einer Volkswirtschaft betrachtet werden können. Dazu gehören nicht nur die Artikel, die Verbraucher täglich kaufen (z. B. Brot und Obst), sondern auch Gebrauchsgüter (z. B. Autos, PCs, Waschmaschinen usw.) und wiederkehrende Transaktionen (z. B. Mietzahlungen). Die Zusammenstellung dieser „Einkaufsliste" von Artikeln und ihre Gewichtung entsprechend ihrer Bedeutung in den Budgets der Verbraucher ergeben den sogenannten **Warenkorb**. Jeden Monat prüft eine Gruppe von Preisbeobachtern die Preise dieser Artikel an verschiedenen Verkaufsstellen. In der Folge werden die Kosten dieses Korbs immer wieder verglichen, sodass eine Zeitreihe für den Preisindex entsteht. Die jährliche Inflationsrate kann dann berechnet werden, indem man die Veränderung der Kosten des Warenkorbs heute als Prozentsatz der Kosten des identischen Warenkorbs vor einem Jahr ausdrückt. [...]

(Europäische Zentralbank [EZB], Preisstabilität: Warum ist sie für dich wichtig?, Lehrerheft, Frankfurt am Main 2005, S. 24 f.)

Preisindex und Inflationsrate

Jahr	Preis des Warenkorbs	Preisindex	Inflationsrate in % gegenüber Vorjahr
1	1 591,79	100	–
2	1 642,73	103,2	3,2
3	1 710,08	107,4	4,1
4	1 764,04	110,8	3,1

Wenn der Güterkorb im Jahre 1 einen Gesamtwert von 1 591,79 Euro = 100 % hatte, dann resultiert aus dem Güterwert des Jahres 4 mit 1764,04 Euro ein Preisindex von (1764,04 : 1591,79) x 100 = 110,8, d. h., dass das durchschnittliche Preisniveau zwischen den Jahren 1 und 4 um 10,8 % gestiegen ist.

Mit der Ermittlung des **Preisindex** zusammen-

hängend, aber nicht gleichbedeutend, ist die **Inflationsrate**. Sie beschreibt die prozentuale Preisänderung nicht im Vergleich zu einem – meist weiter zurückliegenden – Basisjahr, sondern zum Vorjahr (manchmal auch zum Vormonat, wobei sich außergewöhnliche und saisonale Veränderungen besonders stark bemerkbar machen, wie z. B. die im Sommer generell sinkenden Heizölpreise). Die Inflationsrate für z. B. das Jahr 4 berechnet sich somit entweder durch Vergleich der Güterkorbwerte 1710,08 (Jahr 3) und 1764,04 (Jahr 4) = 1,031, d. h. 3,1%, oder durch Vergleich der entsprechenden Indexwerte 107,4 (Jahr 3) und 110,8 (Jahr 4) = 1,031, d. h. 3,1%.
Dabei wird auch wiederum der Unterschied zwischen **Prozent** und **Prozentpunkten** deutlich: Der Preisindex veränderte sich zwischen den Jahren 3 und 4 um 110,8 – 107,4 = 3,4 *Prozentpunkte*, was – wie gezeigt – einer Veränderung von 3,1 *Prozent* entspricht. Diese beiden Begriffe werden leider häufig verwechselt. (Jörn Altmann, Wirtschaftspolitik, Lucius & Lucius Verlag, Stuttgart, 8. Aufl. 2007, S. 134 f.)

1. Das Verfahren zur Messung des Preisniveaus ist ein einfaches Beispiel für das in den Sozialwissenschaften verbreitete Verfahren der Operationalisierung von Begriffen (vgl. M 16). Machen Sie anhand der Begriffe Preisniveau, Lebenshaltungskosten, Warenkorbwert deutlich, worin hier die Operationalisierung besteht und warum sie notwendig ist. Warum werden z. B. zur Ermittlung der Lebenshaltungskosten nicht alle Güter einer Volkswirtschaft erfasst? Was bedeutet es, dass die Güterzusammensetzung des Warenkorbs „repräsentativ" sein muss?

2. Erörtern Sie, ob z. B. Rennpferde, Petroleumlampen oder Fertigpizza Bestandteile des Warenkorbes sein sollten (nur eines dieser Güter ist im Warenkorb enthalten).

3. Begründen Sie, warum der Warenkorb, nach der Struktur der Verbrauchsausgaben gewichtet, über einen bestimmten Zeitraum hin konstant gehalten werden muss, wenn man die Änderung des Preisniveaus messen will.

4. Machen Sie sich das Verfahren der Indexberechnung klar (Formel: Güterkorbwert des Berichtsjahres : Güterkorbwert des Basisjahres x 100 = Preisindex für das Berichtsjahr).

5. Überprüfen Sie: Wenn der Warenkorb eines bestimmten Jahres z. B. einen Wert von 3 148,03 € hatte, der des Vorjahres einen Wert von 3 107,63 €, wie berechnet sich daraus eine prozentuale Veränderung (Inflationsrate) von 1,3?

6. Erläutern Sie den Unterschied zwischen Prozenten und Prozentpunkten (Z. 38 ff.) an folgendem Beispiel: „Beim diesjährigen Abitur sind 8 % der Schüler nicht zur Prüfung zugelassen worden, ein Jahr zuvor waren es nur 6 %." Wie hoch ist der Zuwachs in Prozent bzw. Prozentpunkten?

Ausführliche und klar gegliederte Informationen und Erklärungen zu allen mit der Inflationsmessung zusammenhängenden Fragen (besonders zum Preisindex und zum Warenkorb) können Sie der Broschüre der Europäischen Zentralbank „Preisstabilität: Warum ist sie für dich wichtig?" entnehmen (Lehrerheft Kap. 3), die im Internet zur Verfügung steht (http://www.bundesbank.de/Redaktion/DE/Downloads/Veroeffentlichungen/EZB_Publikationen/2011/2011_01_17_preisstabilitaet.pdf?__blob=publicationFile).

M 28 Datenerhebung, Berechnung und Veränderung des Warenkorbes

- Für die **Messung der Preisentwicklung** notieren rund 600 Preiserheber in 188 Gemeinden Monat für Monat die Preise der gleichen Produkte in denselben Geschäften. Zusätzlich erfolgt für viele Güterarten eine zentrale Preiserhebung, beispielsweise im Internet oder in Versandhauskatalogen. Insgesamt werden so monatlich über 300 000 Einzelpreise erfasst. Ein einmal für die Preisbeobachtung ausgewählter Artikel wird dann gegen einen anderen ausgetauscht, wenn er nicht mehr oder nur noch wenig verkauft wird. Beim Preisvergleich werden auch Mengenänderungen einbezogen. Verringert zum Beispiel ein Anbieter die Verpackungsgröße eines Produktes bei gleich bleibendem Preis, so wird dies in der Preisstatistik als Preiserhöhung verbucht. Weiterhin werden auch Qualitätsänderungen berücksichtigt – zum Beispiel bei Gütern mit technischem Fortschritt. Für die Preismessung werden die Anschaffungspreise einschließlich Umsatzsteuer (Mehrwertsteuer) und Verbrauchssteuern beobachtet.
- Im nächsten Schritt werden die Güter des Warenkorbs in rund 700 Güterarten eingeteilt. Für

die Berechnung der gesamten Teuerungsrate wird die durchschnittliche Preisentwicklung für eine Güterart jeweils mit dem Ausgabenanteil **gewichtet**, welche die privaten Haushalte im Durchschnitt für diese Güterart ausgeben. Das Ergebnis ist ein gewichteter Mittelwert für die Preisentwicklung in Deutschland. Die Gewichtungsinformationen sind im sogenannten Wägungsschema enthalten (s. Abb.). Im Gegensatz zum Warenkorb wird das **Wägungsschema** für den Verbraucherpreisindex nur alle fünf Jahre aktualisiert, um innerhalb des Fünfjahreszeitraums die reine Preisentwicklung, unbeeinflusst von Änderungen der Ausgabengewichte, darstellen zu können (s. Kasten).

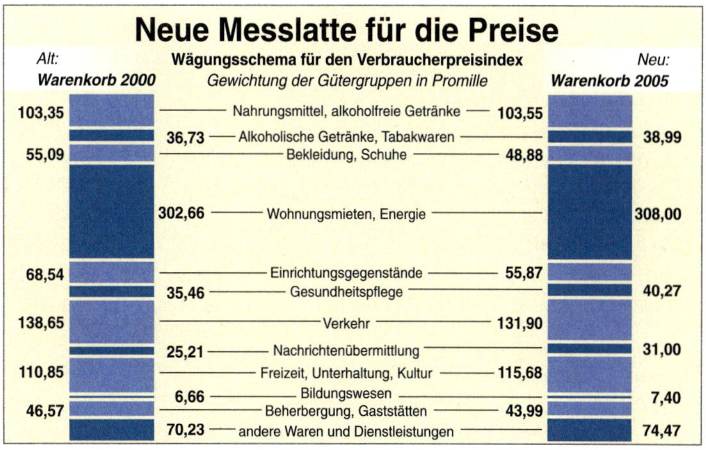

Zum Teil sind die zu beobachtenden Verschiebungen durch Preisänderungen verursacht, so ist zum Beispiel Heizöl oder Fernwärme teurer geworden, die verbrauchten Mengen haben sich jedoch wenig geändert. In manchen Teilbereichen gab es zwischen 2000 und 2005 jedoch reale Strukturveränderungen, die nicht nur durch Preisänderungen bedingt sind, sondern auch Mengenänderungen widerspiegeln. So gaben im Bereich der *Telekommunikation* die Menschen für Internetzugang und Internetnutzung sowie für das Mobiltelefonieren 2005 deutlich mehr aus, ohne dass dies auf Preisänderungen zurückzuführen ist. Andere Bereiche haben beim privaten Konsum an Bedeutung verloren: Der *Absatz von Kraft- und Schmierstoffen* ist zwischen 2000 und 2005 zurückgegangen, wozu neben tendenziell verbrauchsärmeren Pkws und etwas niedrigeren durchschnittlichen Fahrleistungen auch der verstärkte Tanktourismus in die Nachbarstaaten beigetragen haben dürfte. Besonders starke Veränderungen waren beim *Konsum von Tabakwaren* zu beobachten. Während die Preise für Tabakwaren zwischen 2000 und 2005 um etwa 50 % anstiegen, ging die verbrauchte Menge drastisch zurück.

(https://www.destatis.de/DE/PresseService/Presse/Pressekonferenzen/2008/VPI/Statement.pdf?__blob=publicationFile; © Statistisches Bundesamt, Wiesbaden 2012)

- Die wesentliche Basis für die Berechnung des Wägungsschemas ist die **Einkommens- und Verbrauchsstichprobe**. Die rund 60 000 Teilnehmer dieser Haushaltsbudgeterhebung zeichnen freiwillig einige Monate lang ihre Einnahmen und Ausgaben auf und übermitteln diese Informationen an die statistischen Landesämter. Die so gewonnenen Basisinformationen werden weiterhin anhand von kleineren Zusatzerhebungen verfeinert, welche Informationen über die genaue Aufteilung der Haushaltsausgaben auf einzelne Güterarten liefern. Schließlich werden die Ergebnisse der Haushaltsbudgeterhebungen im Statistischen Bundesamt zusammengefasst und anhand zusätzlicher Informationen korrigiert, zum Beispiel anhand von Daten aus den Verbrauchssteuerstatistiken.

(https://www.destatis.de/DE/Meta/AbisZ/VPI.html; © Statistisches Bundesamt, Wiesbaden 2012)

1. Beschreiben Sie, auf welche Weise das Statistische Bundesamt zum einen die Ermittlung der laufenden Preise vornimmt, zum anderen die Mengenstruktur des Warenkorbes festlegt (M 28).
2. Warum erscheint es sinnvoll und notwendig, nicht nur die Zusammensetzung des Warenkorbs, sondern auch die Gewichtung der Gütergruppen i. d. R. alle fünf Jahre zu überprüfen und ggf. zu verändern? Warum wurde z. B. die im Warenkorb 1995 enthaltene „elektrische Schreibmaschine“ im Warenkorb 2000 gestrichen, der „Scanner“, der 1995 noch nicht im Warenkorb war, neu aufgenommen?
3. Untersuchen Sie die Veränderungen des Wägungsschemas (Gewichtung der Gütergruppen) 2005 gegenüber 2000 (Grafik und Kasten): Welche Warengruppen wurden stärker, welche schwächer gewichtet? Welche Erklärungen lassen sich dafür geben?

M 29 Probleme bei der Messung

Aus verschiedenen Gründen ist jeder Versuch, die Veränderung der Preise insgesamt als einzelne Zahl auszudrücken, mit einigen Schwierigkeiten verbunden.

- Zunächst einmal wird ein bestehender Korb in der Regel allmählich immer weniger repräsentativ, da die Verbraucher zunehmend teurere Waren durch billigere ersetzen. So mögen höhere

Preisänderungen, die aus **Qualitätsänderungen** resultieren, dürften idealerweise bei der Preismessung nicht berücksichtigt werden. Obwohl die amtliche deutsche Verbraucherpreisstatistik große Anstrengungen zur Ausschaltung von Qualitätsänderungen unternimmt, gelingt es dennoch nicht, alle Qualitätsveränderungen herauszurechnen. Die Deutsche Bundesbank schätzt diesen Messfehler auf etwa 3/4 Prozentpunkte. Um Qualitätsveränderungen besser zu erfassen, führt das Statistische Bundesamt sukzessive das sog. **hedonische Verfahren** in die Preisstatistik ein. Dabei wird ein Gut (z. B. ein PC oder ein Pkw) in Teilkomponenten zerlegt und Ausstattungsänderungen (z. B. ein leistungsfähigerer Prozessor oder Motor bzw. eine verbesserte Ausstattung) bei der Indexberechnung berücksichtigt.

(Jürgen Pätzold/Daniel Baade, Stabilisierungspolitik, Verlag Franz Vahlen, München, 7. Aufl. 2008, S. 20)

Um die Veränderungen der Lebenshaltungskosten in den **EU-Staaten** einheitlich erfassen zu können, wird seit 1997 ein **Harmonisierter Verbraucherpreisindex (HVPI)** verwendet. Ihm liegt ein vereinheitlichter Warenkorb zugrunde, damit nationale Besonderheiten weitgehend ausgeschaltet werden und eine größtmögliche Vergleichbarkeit der Werte erreicht wird. Die Statistischen Ämter der Mitgliedstaaten ermitteln den HVPI für ihr Gebiet monatlich und liefern die Daten an Eurostat, das daraus die Vergleichstabelle der EU-Staaten erstellt und den Durchschnittswert der Inflationsrate errechnet. Dieser ist wichtigster Indikator* der Inflation für geldpolitische Entscheidungen des ESZB.

(Wolfgang W. Mickel/Jan Bergmann, Handlexikon der Europäischen Union, Omnia Verlag, Stuttgart, 3. Aufl. 2005, S. 425)

Benzinpreise einige Menschen veranlassen, weniger Auto zu fahren und stattdessen eine größere Menge sonstiger Waren zu kaufen. Daher kann es sein, dass die Indexänderung die tatsächlichen Preiserhöhungen leicht überschätzt, wenn die Gewichte nicht angepasst werden.

- Zweitens sind **Qualitätsänderungen** manchmal nur schwer in den Preisindex zu integrieren. Wenn sich die Qualität eines Produkts im Laufe der Zeit erhöht und der Preis ebenfalls steigt, ist ein Teil der Preisveränderung auf die verbesserte Qualität zurückzuführen. Preiserhöhungen, die auf Qualitätsveränderungen zurückgehen, kann man nicht als inflationstreibend betrachten (s. Kasten), weil sie die Kaufkraft des Geldes nicht verringern. Qualitätsveränderungen über lange Zeiträume hinweg sind üblich. So unterscheidet sich ein heutiges Auto erheblich von den in den Siebzigerjahren hergestellten Fahrzeugen, die sich wiederum deutlich von denen der Fünfzigerjahre abhoben. Die Statistischen Ämter verbringen viel Zeit damit, Anpassungen aufgrund von Qualitätsveränderungen vorzunehmen, aber es liegt in der Natur der Sache, dass diese Anpassungen in Form von Schätzungen nicht leicht sind.
- Abgesehen von den neuen Varianten *bestehender* Waren (z. B. die Einführung neuer Frühstücksflocken) stellt die **Aufnahme neuer Produkte** eine wichtige, schwierige Frage dar. Als beispielsweise DVD-Player auf den Markt kamen, konnten sie unweigerlich nur mit einer gewissen zeitlichen Verzögerung in den Preisstatistiken erfasst werden, da erst entsprechende Angaben über die Marktanteile, die Hauptvertriebskanäle, die beliebtesten Marken usw. erforderlich waren. Dauert es aber zu lange, bis neue Produkte in den Preisindex aufgenommen werden, spiegelt der Index die tatsächlichen durchschnittlichen Preisveränderungen, mit denen die Verbraucher konfrontiert sind, nicht völlig wider.
- In der Vergangenheit hat eine Reihe volkswirtschaftlicher Studien gezeigt, dass bei nationalen Verbraucherpreisindizes ein geringer, aber positiver **Messfehler** auftritt, sodass eine gemessene Inflationsrate von beispielsweise weniger als einem halben Prozentpunkt in Wirklichkeit der „wahren“ Preisstabilität entsprechen könnte. Für den Euroraum (d. h. alle EU-Mitgliedstaaten, die den Euro eingeführt haben) liegen keine präzisen Schätzungen bezüglich eines derartigen Messfehlers vor. Zwei Gründe sprechen jedoch dafür, dass ein solcher möglicher Fehler eher gering ausfallen dürfte. Erstens ist der **Harmonisierte Verbraucherpreisindex (HVPI)** – dabei handelt es sich um eine Harmonisierung der Verbraucherpreisindizes aller Länder des Euroraums – ein relativ neues Konzept (s. Kasten). Zweitens bemüht sich Eurostat – das von der Europäischen Kommission für diesen Bereich der Statistik auf EU-Ebene eingesetzte Amt – darum, Messfehler im HVPI durch die Festlegung geeigneter statistischer Standards zu vermeiden.

(Europäische Zentralbank [EZB], Preisstabilität: Warum ist sie für dich wichtig?, Lehrerheft, Frankfurt am Main 2005, S. 26)

1 Zu den Problemen bei der Messung der Preisniveauveränderungen gehören vor allem die Qualitätsveränderungen bei nicht wenigen Gütern. Erläutern Sie, wie das Statistische Bundesamt dieses Problem angehen will. Über erste Ergebnisse der „hedonischen Preismessung“ (z. B. bei Pkw und PC) können Sie sich ggf. über die Internetadresse https://www.destatis.de/DE/ZahlenFakten/GesamtwirtschaftUmwelt/Preise/HedonischeMethodenUebersicht.html informieren.

2 Welches Problem kann sich daraus ergeben, dass innerhalb der Zeitspanne bis zur Änderung des Warenkorbs neue Produkte auf den Markt kommen (Z. 22 ff.)?

3 Welche Bedeutung hat der 1997 eingeführte „Harmonisierte Verbraucherpreisindex“ (HVPI)?

M 30 „Gefühlte 5,2 Prozent"

Warum haben wir im Supermarkt und an der Tankstelle ständig das Gefühl, Preise und damit die Inflation hätten kräftig angezogen, während die amtliche Statistik immer noch niedrige Inflationsraten aufweist? Hans Wolfgang Brachinger erklärt das Phänomen im Gespräch mit Stefan Schelp.

Herr Brachinger, das Statistische Bundesamt gibt die aktuelle Inflation in Deutschland mit 1,7 Prozent an. Das ist doch praktisch nichts. Oder?

Hans Wolfgang Brachinger: Das kann man natürlich so sehen. Aber nur, wenn man die Zahlen oberflächlich betrachtet. Schaut man genauer hin, so stellt man fest, dass etwa manche Lebensmittelpreise zweistellig gestiegen sind: Salat kostet etwa um 28 Prozent mehr als vor einem Jahr. Hohe Preissteigerungsraten bei Lebensmitteln oder Benzin werden aber durch Preissenkungen bei Hochtechnologiegütern wie Fernsehgeräten oder DVD-Recordern ausgeglichen. Deshalb haben wir den Portemonnaie-Index entwickelt, der die Preisentwicklung der 50 kaufhäufigsten Güter angibt. Der liegt bei 3,8 Prozent. Das ist eine ganze Menge. Wichtig für die Kauflaune der Konsumenten ist aber vor allem die subjektiv gefühlte Inflation. Dazu haben wir den Index der wahrgenommenen Inflation, den IWI, entwickelt. In diesem Index ist im Gegensatz zur offiziellen Statistik ein Gut dann besonders wichtig, wenn es häufig gekauft wird. Zum Beispiel Brot, Butter, Benzin. Und es wird die Preisempfindlichkeit der Käufer erfasst: Preissteigerungen werden höher bewertet als Preissenkungen. Dann kommt man aktuell auf eine Inflationsrate von 5,2 Prozent. Und das ist dann schon eine Menge mehr als „nichts".

Der Index der wahrgenommenen Inflation sichert damit statistisch den Eindruck der Menschen ab, dass alles teurer wird?

Brachinger: So ist es. In der offiziellen Statistik spiegelt sich nicht die unterschiedliche Kaufhäufigkeit wider. Man kauft eben häufig teurer werdende Lebensmittel und ganz selten einen Computer, der sogar billiger geworden ist. Die amtliche Preisindexberechnung ist für die Zentralbanken gemacht. Sie dokumentiert die allgemeine Geldentwertung.

Müsste dann der offizielle Index nicht angepasst werden?

Brachinger: Er hat ohne Frage seine Berechtigung. Der von uns entwickelte Index ist keine Kritik am offiziellen Index. Aber er relativiert ihn. Er beleuchtet einen anderen Aspekt des Teuerungsphänomens.

Wie hat sich der IWI in der Vergangenheit entwickelt?

Brachinger: Er war besonders hoch nach der Euro-Einführung und dann wieder 2008, als die Energiepreise stark anstiegen. Bis Anfang 2010 bewegte sich der IWI mehrere Monate unterhalb des amtlichen Indexes. Aber seit März 2010 steigt der IWI signifikant, seitdem bewegen sich die offizielle und die wahrgenommene Inflationsrate signifikant auseinander. Das ist eine gefährliche Entwicklung.

Wenn die „kaufhäufigen Güter" teurer geworden sind, dann müssten besonders die Geringverdiener unter der Inflation leiden. Die werden sich die preiskonstanten, aber teuren Güter ohnehin nicht leisten.

Brachinger: Natürlich ist das so. Aber das nachzuweisen ist methodisch schwierig. Der Anteil ihres Budgets, den einkommensschwächere Haushalte für den kurzfristigen Konsum ausgeben, ist jedenfalls viel größer als das bei den einkommensstarken Haushalten der Fall ist. Die einkommensschwächeren Haushalte sparen praktisch nicht, sie wenden ihr ganzes Einkommen für den kurzfristigen Konsum auf, während die einkommensstarken Haushalte etwa 40 Prozent ihres Einkommens für langlebige Konsumgüter wie einen neuen Fernseher oder ein neues Auto sparen. Beim Kauf profitieren sie dann von Preissenkungen bei diesen Gütern. Häufig bekommen sie beim Einkauf noch Rabatt. Den bekommt aber nur angeboten, wer größere Budgets ausgeben kann.

Können die anderen der Inflation entkommen?

Brachinger: Praktisch nicht. Die Menschen haben sich an ihren Lebensstandard gewöhnt. Sie wollen bei ihrem Konsumverhalten bleiben, kaufen die Dinge des täglichen Lebens und sparen bei den kaufseltenen, teuren Gütern. Sie legen ein Inflationspolster an.

(Neue Westfälische v. 16.1.2011, Seite „Wirtschaft"; Prof. Brachinger lehrt seit 1991 Statistik und Ökonometrie an der Universität Fribourg in der Schweiz)

1. Erläutern Sie, was man unter „gefühlter Inflation" versteht und wie Prof. Brachinger sie – in Zusammenarbeit mit dem Statistischen Bundesamt – zu messen versucht. Worin besteht der entscheidende Unterschied zur amtlichen berechneten Inflationsrate? Näheres dazu finden Sie unter der Internetadresse http://www.ecb.int/ecb/educational/hicp/html/index.de.html

2. Warum hält es Prof. Brachinger für gefährlich, wenn die offizielle und die gefühlte Inflationsrate stark voneinander abweichen?

3. Nehmen Sie begründet Stellung: Sollte man dazu übergehen, wie die offizielle so auch die gefühlte Inflationsrate regelmäßig (monatlich) bekannt zu geben?

Inflationsentwicklung in Deutschland – Ursachen, Erscheinungsformen und Folgen von Inflation

M 31 Inflationsentwicklung in Deutschland – zwei Darstellungsformen

a)

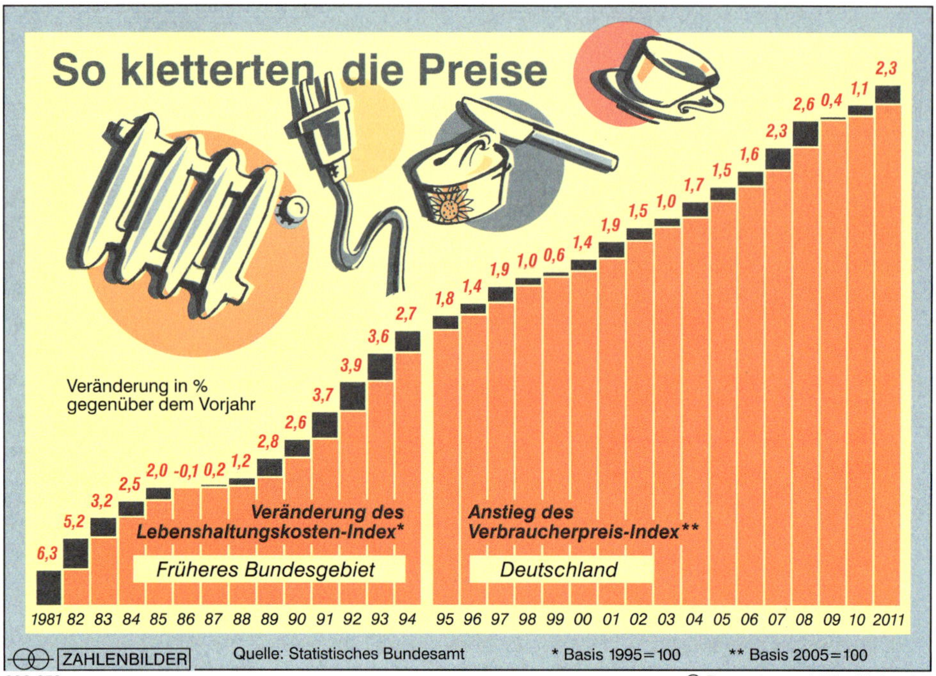

293 652 © Bergmoser + Höller Verlag AG

b) Veränderungsraten des Verbraucherpreisindex 1970–2012

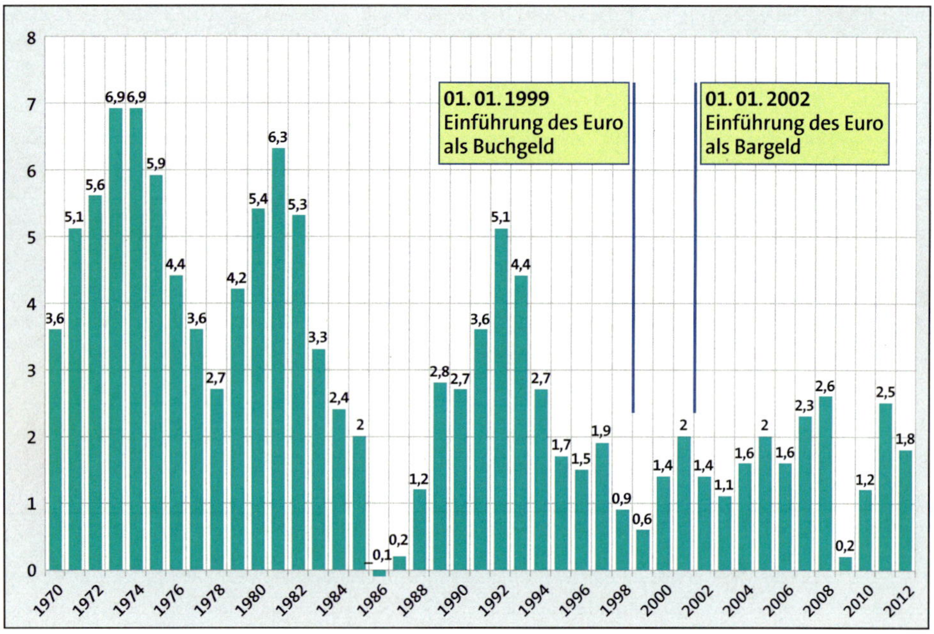

Die Werte ab 2001 weichen von den endgültigen Werten (später nachberechneten; s. Abb. in M 32) etwas ab.

(Gerhard Mussel/Jürgen Pätzold, Grundfragen der Wirtschaftspolitik, Verlag Franz Vahlen, München, 8. Aufl. 2012, S. 121; Quelle: Deutsche Bundesbank, Monatsberichte)

M 32 Phasen und Einflussfaktoren der Inflationsentwicklung 1970–2011

Anfang der Siebzigerjahre war die Bundesrepublik in den Strudel inflationärer Preisbewegungen geraten, gegen die sie sich zwar besser behauptete als die meisten anderen Industrieländer, denen sie sich wegen ihrer engen Verflechtung mit dem Ausland aber auch nicht völlig entziehen konnte. So dauerte es mehrere Jahre, bis der 1973 durch die *Verteuerung der Öleinfuhren* ausgelöste und durch „hausgemachte" Faktoren verstärkte Preisschub (Inflationsrate 1974: 6,9 %) eingedämmt werden konnte.

Als die *Preise für Erdöl und andere Rohstoffe* 1981 wieder kräftig stiegen, bekamen die Verbraucher abermals höhere Rechnungen präsentiert. Der Preistrend flachte aber schon bald wieder ab, weil sich die Einfuhrpreise auf einem konstanten Niveau einpegelten und weil die *schwache Konjunktur* zu Preis- und Lohndisziplin zwang. Als 1985 der Dollar-Wechselkurs* ins Rutschen kam und sich daraufhin die Ölimporte verbilligten, ging der Index der Lebenshaltungskosten 1986 sogar leicht zurück. An den Preissteigerungen der Jahre 1990–1992 waren zunächst die Erhöhungen einiger *Verbrauchssteuern* (Mineralöl, Kfz, Tabak) und der Telefongebühren, sodann die Steigerung der *Mietpreise* und einiger *kommunaler Gebühren* maßgeblich beteiligt.

Die Ursachen der – für eine Rezessionsphase eigentlich untypischen – Inflationsentwicklung im Jahre 1992 lagen in der Verteuerung vieler *Dienstleistungen* (Versicherungen, Kfz-Reparaturen, Friseurleistungen usw.) und zahlreicher „administrierter" (von öffentlichen Stellen fixierter) Preise (Postgebühren, Parkgebühren, TÜV-Gebühren usw.). Ende der 1990er-Jahre herrschte in der deutschen Wirtschaft nach Feststellung der Deutschen Bundesbank weitgehende Preisstabilität. In den folgenden Jahren war die Entwicklung von *steigenden Energiepreisen* einerseits und fallenden Preisen u. a. für Fernsehgeräte und Computer andererseits gekennzeichnet.

In der *Wirtschaftskrise 2009* war der Preisauftrieb fast ganz zum Stillstand gekommen und auch 2010 stieg der deutsche Verbraucherpreisindex nur verhalten (vgl. Abb. 2). Allerdings schnellten die Preise für Heizöl und Kraftstoffe Ende des Jahres wieder in die Höhe. Da die deutschen Einfuhrpreise insgesamt im Januar 2011 12 Prozent höher lagen als ein Jahr zuvor und die Unternehmen sich wegen der guten Konjunkturentwicklung in der Lage sahen, die Kostensteigerungen an die Kunden weiterzugeben, ergab sich für 2011 ein Anstieg der Inflationsrate auf 2,3 %, der vor allem durch die Preise für Energie, aber auch durch die für Nahrungsmittel zustande kam (s. Abb. 2). (Autorentext)

Abb. 1

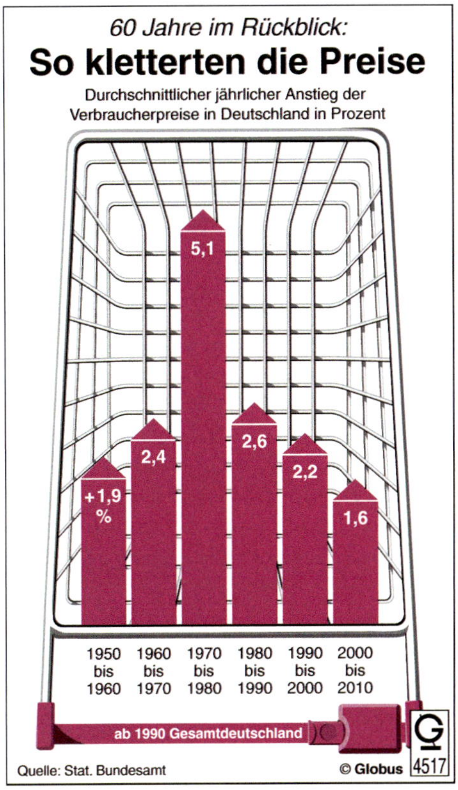

Abb. 2

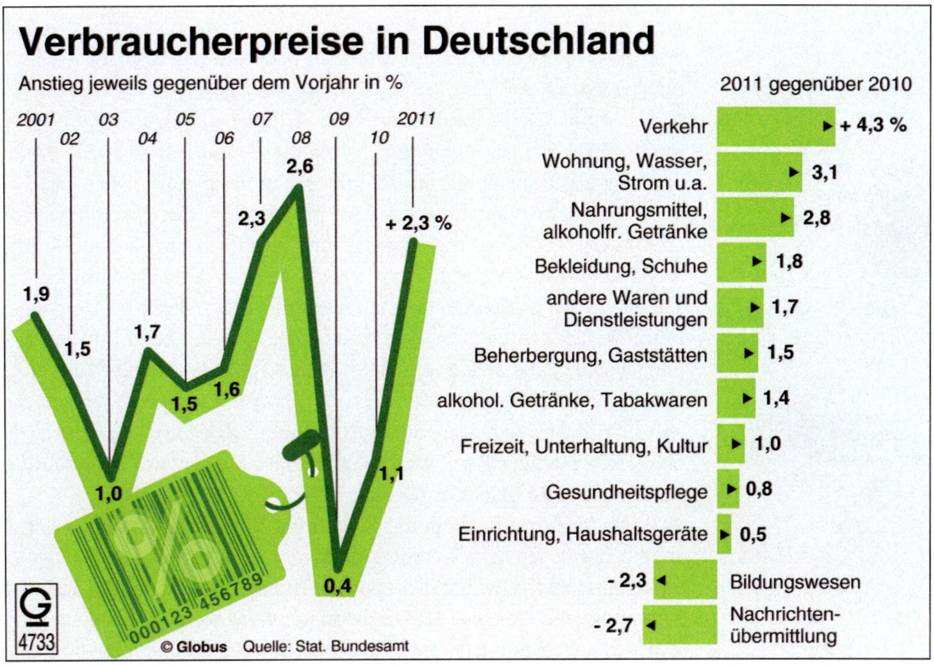

Eine vollständige Darstellung der Entwicklung des Verbraucherpreisindex in allen Bereichen seit 1991 finden Sie unter http://www.sachverstaendigenrat-wirtschaft.de/zr_deutschland.html#c179 (Nr. ZR084 „Verbraucherpreise in Deutschland").

1. Analysieren Sie die beiden Darstellungen der Inflationsentwicklung (M 31 a und b). Welchen unterschiedlichen Eindruck erwecken sie? Worauf ist das zurückzuführen? Welche Darstellung ist aus Ihrer Sicht sinnvoller bzw. aussagekräftiger?

2. M 32 gibt einen knappen Überblick über die längerfristige Inflationsentwicklung in Deutschland. Charakterisieren Sie bestimmte Phasen dieser Entwicklung (Text, Abb. 1 und M 31 a/b) und achten Sie besonders darauf, welche Ursachen für die jeweilige Entwicklung genannt werden. Welche Rolle spielen „hausgemachte“, welche von außen einwirkende Faktoren? Was ist mit „administrierten Preisen“ gemeint? Grundsätzliches zu den Inflationsursachen enthält M 33.

3. Untersuchen Sie die Preisniveauentwicklung im Jahr 2011 gegenüber 2010 (M 32, Abb. 2).
   - Welche Gütergruppen haben sich am auffälligsten verändert?
   - Welches Gewicht haben sie im „Wägungsschema“ des Warenkorbs (s. Grafik in M 28)?
   - Welche konkreten Güter gehören zu diesen Gruppen?

4. Berechnen Sie die durchschnittliche Inflationsrate für die gesamte Zeit der DM-Währung (1950 – 2001) und vergleichen Sie sie mit dem Durchschnittswert für die bisherige Euro-Zeit (2002 – 2011; Abb. 1 und 2 in M 32). Wie lässt sich erklären, dass bei einem Teil der deutschen Bevölkerung immer noch der Eindruck vorhanden ist, der Euro sei ein „Teuro“ (vgl. M 30)?

M 33 Ursachen der Inflation – Inflationstheorien

Umlaufgeschwindigkeit: Die Umlaufgeschwindigkeit des Geldes gibt an, wie oft innerhalb einer Periode das Geld den Besitzer wechselt. Sie ist u.a. abhängig von den Ausgabegewohnheiten der Wirtschaftssubjekte, ihren Erwartungen hinsichtlich Preissteigerungen und von Entlohnungsperioden (Monats- oder Wochenlohn). Eine Beschleunigung der Umlaufgeschwindigkeit hat dieselbe Wirkung wie eine Vermehrung der Geldmenge. (Autorentext)

Die Theorien über die Ursachen inflationärer Prozesse sind zahlreich und deuten insgesamt darauf hin, dass in einer Inflation verschiedene Faktoren zusammenwirken, ohne dass ihr genauer Anteil an der Steigerung des Preisniveaus eindeutig bestimmt werden kann. Die wichtigsten von ihnen wollen wir kurz charakterisieren. Danach lassen sich **geldmengen-, nachfrage- und angebotsinduzierte** Inflationsentwicklungen unterscheiden.

- Die älteste Theorie führt Inflation (von lat. *inflare* = aufblähen) auf einen Anstieg (Aufblähen) der Geldmenge bei gleich bleibendem Güterangebot zurück (**Quantitätstheorie**). Diese Erklärung setzt voraus, dass die angewachsene Geldmenge sich automatisch auch in eine erhöhte Güternachfrage umsetzt, was nicht unbedingt der Fall sein muss (Geld kann auch „brachliegen“, seine Umlaufgeschwindigkeit [s. Kasten] kann sinken). In aller Regel bedeutet aber eine übermäßige *Kreditausweitung* und eine dadurch bedingte *Ausdehnung des Geldvolumens* eine Gefahr für die Preisniveaustabilität. In modifizierter Form hat die Quantitätstheorie seit etwa 1960 in der Diskussion wieder an Bedeutung gewonnen (in der Theorie von Milton Friedman, vgl. M 61, S. 99).
- Von einer **Nachfrageinflation** kann dann gesprochen werden, wenn die Nachfrage nach Gütern und Dienstleistungen das im Inland mit den vorhandenen Produktionskapazitäten erstellbare Angebot übersteigt. Ein Nachfrageüberhang wird in der Regel die Güterpreise nach oben treiben. Er kann entstehen, wenn die privaten Haushalte weniger sparen und mehr für Konsumgüter ausgeben. Er kann aber auch darauf zurückgehen, dass sich die private Investitionstätigkeit verstärkt. Wenn die Unternehmer mehr in neue Anlagen (Fabrikgebäude, Maschinen) investieren, steigt die Nachfrage nach Gütern und Arbeitskräften. Demgegenüber bringen die neuen Betriebsstätten ihre Produkte erst zu einem späteren Zeitpunkt auf den Markt. Die Nachfrage eilt zunächst der Produktion voraus. Sind die Kapazitäten schließlich fertiggestellt, so kommen auch vermehrt Waren auf den Markt. Die Ausgaben wachsen dagegen langsamer. Zu einem gesamtwirtschaftlichen Nachfrageüberhang können neben der Konsum- und der Investitionsnachfrage des privaten Sektors auch die Nachfrage des Staates und die Nachfrage des Auslands nach heimischen Gütern (Exporten) beitragen. […]
- [Insbesondere ist] der Preis, den unsere Wirtschaft für **importierte Güter** bezahlen muss, von erheblicher Bedeutung. Werden Konsumgüter eingeführt, steigen die Verbraucherpreise hierzulande unmittelbar. Da die Bundesrepublik Deutschland zudem arm an Rohstoffen und Energiequellen ist, müssen diese in großem Umfang eingeführt werden. Verteuerungen an den **Rohstoffmärkten** und Verteuerungen von Vorleistungen lassen die Produktionskosten steigen und damit auch ten-

Abb. 1

denziell die Angebotspreise der Unternehmen. Die so **importierte Inflation** spielt also nicht nur auf der Nachfrageseite, sondern auch auf der Angebotsseite unserer Wirtschaft eine Rolle (vgl. M 32).

- Als **Angebotsinflation** bezeichnen wir deshalb einen Zustand, bei dem Preissteigerungen auf der Angebotsseite ausgelöst werden. Die Unternehmen versuchen, Kostensteigerungen über die Preise weiterzugeben (*Kostendruckinflation*). Angesichts des Einflusses der **Lohnkosten** auf die gesamten Kosten der Gütererzeugung steht dabei die Lohnentwicklung im Vordergrund. Die volkswirtschaftlichen Auswirkungen von Lohnsteigerungen hängen allerdings davon ab, in welchem Verhältnis diese zur Entwicklung der sogenannten Arbeitsproduktivität, also der Erzeugung von Gütern und Dienstleistungen je Arbeitsstunde, stehen. Können nämlich bei gleichem Arbeitseinsatz mehr Güter hergestellt werden, so muss ein Anstieg der Löhne nicht zu einem höheren Angebotspreis der Güter führen.
- Zur Angebotsinflation zählt ferner die sogenannte *Gewinndruckinflation*, bei der die Unternehmen die Preise bei unveränderten Kosten anheben, um ihre Gewinne zu erhöhen. Voraussetzung für diese Inflationsart ist jedoch eine unabhängig von den Marktbedingungen erfolgende Preissetzung durch marktbeherrschende Unternehmen und den Staat (administrierte Preisbildung). Nicht auf allen Märkten funktioniert nämlich der Wettbewerb ausreichend. Offene und vor allem versteckte Kartellbildung*, aber auch staatliche Preissetzungen [...] behindern das freie Spiel von Angebot und Nachfrage in vielfältiger Weise. Manche Unternehmen sind deshalb in der Lage, Kostensenkungen in den Absatzpreisen nicht weitergeben zu müssen bzw. in ihrer Kalkulation auf die Durchschnittskosten unabhängig von der Marktlage eine bestimmte Gewinnmarge aufzuschlagen.

(Geld und Geldpolitik. Ein Heft für die Schule, Sekundarstufe II, Ausgabe 2005/2006. Hrsg. im Auftrag der Arbeitsgemeinschaft zur Förderung der wirtschaftlichen und sozialen Bildung e.V. Bonn und der deutschen Bundesbank von Dr. Adalbert Kitsche und Prof. Dr. Heinz Markmann, Verlag Th. Mann, Gelsenkirchen-Buer 2005, S. 104 f.)

Die Darstellung hat gezeigt, dass man sowohl bei der Nachfragesog-Inflation als auch bei der Kostendruck-Inflation nach *„hausgemachten"* und *„importierten"* Inflationsimpulsen unterscheiden kann, je nachdem, ob der Nachfragesog stärker aus dem Inland (z. B. erhöhte Konsumnachfrage) oder aus dem Ausland (erhöhte Exporte bei gleich bleibenden oder verringerten Importen) erfolgt, und je nachdem, ob der Kostendruck stärker im Inland (z. B. durch Lohnerhöhungen) entsteht oder vom Ausland (z. B. durch erhöhte Rohstoffpreise) erzeugt wird. Im Zusammenhang mit den hausgemachten Kostendruckimpulsen wird häufig die sog. **„Lohn-Preis-Spirale*"** als wichtige Inflationsursache diskutiert: Die Unternehmer berufen sich bei Preiserhöhungen auf gestiegene Lohnstückkosten (s. M 106 b), die Gewerkschaften verlangen bei den Tarifverhandlungen einen entsprechenden „Inflationsausgleich"; die vereinbarten Lohnerhöhungen sind für die Unternehmer wiederum Anlass, die Preise zu erhöhen, usw. So relevant der Zusammenhang zwischen Löhnen, Kosten und Preisen ist, so muss doch auf Folgendes hingewiesen werden: 1. Es lässt sich empirisch meist nicht feststellen, wer die „Lohn-Preis-Spirale" in Bewegung gesetzt hat. Die Diskussion darüber ist häufig müßig. 2. Nachweisbar sind für Preiserhöhungen häufig insbesondere die sog. **„staatlich administrierten"** Preise (z. B. Verkehrstarife, Post- und Fernmeldegebühren) verantwortlich. 3. Die Inflationsentwicklung in der Bundesrepublik zeigt, dass die Entwicklung von Importgüterpreisen (z. B. Rohstoffe) ganz wesentlich die Inflationsentwicklung beeinflusst hat (vgl. M 32). (Autorentext)

Abb. 2

„Grausam, wie der Hase den armen Fuchs hetzt!"

Inflationsursachen

I. Nachfrageinflation		II. Angebotsinflation	
Hausgemachte Nachfrageinflation • Konsumnachfrage-inflation • Investitions-nachfrageinflation • Staatsnachfrage-inflation	**Importierte Nachfrage-inflation** • Exportnachfrage-inflation	**Kostendruckinflation** • Lohnkosten-inflation • Kapitalkosten-inflation • Kostensteuer-inflation • importierte Kosteninflation	**Marktmachtinflation** (Gewinndruckinflation) • Preismissbrauch durch marktbeherrschende Unternehmen • Kartell-Absprachen und abgestimmtes Verhalten
		Verteilungskampfinflation[1]	

III. Geldmengeninflation (quantitätstheoretischer Erklärungsansatz)

(Jürgen Pätzold/Daniel Baade, Stabilisierungspolitik, Verlag Franz Vahlen, München, 7. Aufl. 2008, S. 57)

[1] Verteilungskampf zwischen Arbeitgebern und Arbeitnehmern bei Tarifverhandlungen

1. Erläutern Sie möglichst mit eigenen Worten die verschiedenen Inflationstheorien und ihre Klassifizierung (M 33) und vergleichen Sie dazu die Übersicht auf S. 56 o. Auf welchen Voraussetzungen bauen sie jeweils auf? Welche Erscheinungen können sie erklären, welche nicht?
2. Erläutern Sie mit eigenen Worten die folgende Aussage: „Eine Geldmengeninflation setzt voraus, dass bei konstanter Umlaufgeschwindigkeit (U) die Geldmenge (M) stärker wächst als die Güterproduktion (X) (Sozialprodukt). Sofern X und M in gleichem Maße wachsen, entsteht bei konstantem U kein Inflationsdruck." („Fisher'sche Verkehrsgleichung")
3. Untersuchen Sie vor dem Hintergrund der systematischen Darstellung der Inflationsursachen noch einmal die Beschreibung der Inflationsentwicklung in Deutschland (M 32): Welche Inflationsursachen werden darin angesprochen? Welchen kommt die größte Bedeutung für die Preisentwicklung zu?
4. Beschreiben Sie, was es mit der „Lohn-Preis-Spirale" auf sich hat, und verfolgen Sie darauf hin ggf. laufende Tarifverhandlungen. Welche Rolle spielen in der Argumentation der Tarifparteien Inflationsentwicklungen und Inflationsursachen (vgl. auch M 34, Z. 20 ff. und Grafik „Lohn-Illusion")?
5. Interpretieren Sie die beiden Karikaturen Abb. 1 und 2. Auf welche möglichen Inflationsursachen nehmen sie Bezug? Was wollen sie zum Ausdruck bringen? Nehmen Sie Stellung zur jeweiligen Aussageabsicht.

M 34 Folgen der Inflation

Abb. 1

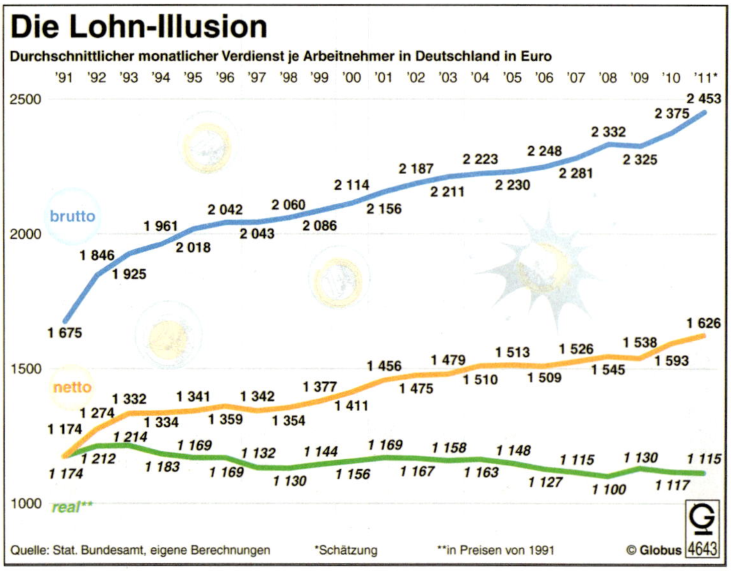

a) Für die realen Folgen inflationärer Entwicklungen kommt es entscheidend darauf an, ob der Kaufkraftverlust pro Geldeinheit durch eine Erhöhung der verfügbaren Geldeinheiten ausgeglichen werden kann. Die Chancen für einen Inflationsausgleich sind bei den Wirtschaftssubjekten unterschiedlich. Neben den Folgen für einzelne Wirtschaftssubjekte bzw. Bevölkerungsgruppen ergeben sich auch Wirkungen für die Gesamtwirtschaft.

- **Inflation und Einkommen**

Einkommensbezieher sind, wenn sie Kaufkraftverluste vermeiden wollen, darauf angewiesen, inflationsbedingte Geldentwertungen durch Einkommenserhöhungen auszugleichen. Das kann insbesondere für Bezieher fester Einkommen zu einem Problem werden. Wie gut es gelingt, hängt nicht zuletzt von der Wirksamkeit der Interessenvertretung ab. Gewerkschaften können in der Regel in den Tarifverträgen zumindest einen Inflationsausgleich durchsetzen (vgl. Abb. 1). Strittig ist dabei u. a. zwischen den Tarifparteien immer wieder die Frage, ob eine Lohnerhöhung eine zukünftige Preissteigerung vorwegnimmt und damit auf die zu erwartende Inflationsrate ausgerichtet werden muss oder ob die Preissteigerung vorausgeht und durch die Lohnerhöhung nachträglich ausgeglichen wird („Lohn-Preis-Spirale*"; vgl. M 33, Abb. 2).

- **Inflation und Vermögen**

Geldvermögen wachsen durch Zinsen. Liegt der Zinssatz unter der Inflationsrate, nehmen Geldvermögen real ab. Inflation beeinträchtigt also die *Wertaufbewahrungsfunktion* des Geldes. Da insbesondere einkommensschwache Bevölkerungskreise ihre Ersparnisse nur zu vergleichsweise geringen Zinssätzen anlegen (können), ergibt sich eine sozial bedenkliche Inflationsfolge. *Sachvermögen* wachsen durch Wertsteigerungen. In der Regel liegen die Steigerungsraten über der Inflationsrate, sodass Sachvermögensbesitzer durch die Inflation kaum benachteiligt werden. Bei hohen Inflationsraten findet daher oft eine *„Flucht in Sachwerte"* statt, d. h., Geldvermögen wird in Sachvermögen umgewandelt („Betongold").

- **Inflation und Schulden**

Für Schulden gilt das *Nominalwertprinzip.* 1000 Euro Schulden bleiben auch bei hoher Inflation 1000 Euro Schulden. *Schuldner profitieren* und *Gläubiger verlieren* also durch die Inflation, wenn kein Inflationsausgleich durch Zinsanpassungen stattfindet (s. Kasten). [...]

Sparer verlieren, Schuldner gewinnen

Geldentwertung senkt die Kaufkraft aller Vermögenswerte, die auf einen festen Geldbetrag lauten. Darunter fallen Geld, festverzinsliche **Wertpapiere, Sparguthaben und Versicherungsverträge.** Je niedriger die Realzinsen fallen und insbesondere dann, wenn die Inflationsrate höher ist als die Zinsen, die die Bank für das Sparbuch zahlt, desto mehr gewinnen die Kreditnehmer auf Kosten der Eigentümer von Finanzanlagen. [...] Besonders betroffen sind dabei die Sparkonteninhaber, da die Realzinsen der Spareinlagen in Phasen hoher Inflation häufig unter null sinken. Da Sparanlagen die typische Anlageform breiter Bevölkerungsschichten sind, tragen Sparkonteninhaber einen besonders hohen Teil der Kosten der Inflation.

(Das Parlament Nr. 33–34 v. 8./15.8.1997, S. 5; Verf.: Gertrud Traud)

- **Inflation und Beschäftigung**

Die Zusammenhänge zwischen Inflation und Beschäftigung bzw. Wachstum sind nicht eindeutig. Die in der Realität oft zu beobachtende Gleichzeitigkeit von Inflation und Beschäftigungszunahme bedeutet noch keineswegs, dass es sich um ein Ursache-Wirkungs-Verhältnis handelt und dass der Staat lediglich die Inflation anheizen müsse, um die Beschäftigung zu fördern. Bei einer Erhöhung der nachfragewirksamen Geldmenge (z. B. durch staatliche Kreditaufnahme) wächst die gesamtwirtschaftliche Nachfrage. Inwieweit die Mehrnachfrage zu mehr Beschäftigung oder zu mehr Inflation führt, hängt insbesondere vom Grad der bestehenden Kapazitätsauslastung (vgl. M 17 c) ab. Je höher die Auslastung, umso höher der Inflationseffekt; je geringer die Auslastung, umso höher der Beschäftigungseffekt. Aus dem Sowohl-als-auch ergibt sich für die Wirtschaftspolitik ein typischer Zielkonflikt. Der empirische Zusammenhang zwischen Beschäftigung und Inflation wird zumeist mithilfe der *Phillips-Kurve* dargestellt (s. dazu M 5).

(Hans Jürgen Albers [Hg.], Volkswirtschaftslehre, Verlag Europa-Lehrmittel, Haan-Gruiten, 6. Aufl. 2005, S. 257 f.)

Abb. 2

b) Jeder ist betroffen

Niemand sollte sich der Täuschung hingeben, er könne als Angehöriger dieser oder jener gesellschaftlichen Gruppe auf Dauer von der Inflation ungeschoren bleiben. Niemand gehört nämlich nur einer einzigen – gewinnenden oder verlierenden – Gruppe an, sondern gleichzeitig mehreren Gruppen, auf die sich die Inflationsfolgen auswirken (vgl. Abb. 3):

- Wer als Unternehmer oder Arbeitnehmer evtl. die Preissteigerungen über seine eigenen Preise oder seinen Lohn wettmachen kann, wird sicher von der Steuerprogression, die mit der Aufblähung der Einkommen Hand in Hand geht, eingeholt (vgl. M 76). Seinen Tribut an die Inflation leistet er dann mithin in seiner Eigenschaft als *Steuerzahler.*

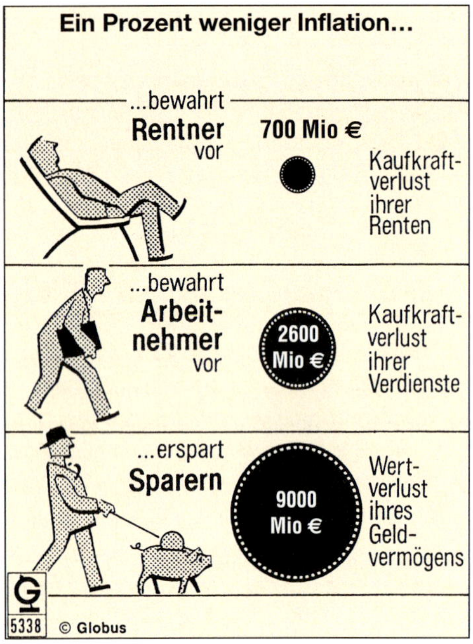

Abb. 3

- Oder er sieht als *Sparer* sein Barvermögen dahinschwinden (s. Kasten S. 57 und Abb. 2).
- Oder die Preise für sein privates oder gewerbliches *Bauvorhaben* laufen ihm davon.
- Oder die Zinssätze für die *Hypotheken*, mit denen er gebaut hat, klettern mit dem allgemeinen Zinsniveau nach oben.
- Oder er muss seine Leistungen an seine *Lebensversicherung* verdoppeln, damit er eines ferneren Tages noch einigermaßen mit der ausbezahlten Versicherungssumme zurande kommt. [...]
- Oder er muss über kurz oder lang feststellen, dass die Erträge seines eigenen (bzw. seines Arbeitgebers) *Unternehmens* nicht mehr hinreichen, um die verteuerten, aber unabweislichen Ersatzinvestitionen und Modernisierungsmaßnahmen vorzunehmen; dann aber steht das weitere Bestehen des Unternehmens und seiner Arbeitsplätze im inländischen wie im internationalen Wettbewerb auf dem Spiel.
- Oder er muss feststellen, dass die Kundenaufträge zurückgehen – sei es, weil die Kunden von der Inflation abgewürgt worden sind, sei es, dass sie als Verbraucher gegen die hohen Preise „streiken". [...]

(© Redaktion „WirtschaftsSpiegel" im Deutschen Sparkassen Verlag)

1 In M 34 werden die Folgen der Inflation zunächst eher aus gesamtwirtschaftlicher Sicht (M 34 a) und danach aus der Sicht des einzelnen Bürgers als Angehöriger bestimmter Bevölkerungsgruppen (M 34 b) beschrieben.
Erläutern Sie die einzelnen Folgen (M 34 a) nach den hervorgehobenen Stichworten und versuchen Sie dann, einzelne Beispiele aus M 34 b diesen Gesichtspunkten zuzuordnen. Legen Sie dabei besonderes Gewicht auf die Klärung folgender Fragen:
- Warum sind unter den Einkommensbeziehern vor allem die Arbeitnehmer und Rentner bzw. Pensionäre (d. h. also diejenigen, die über einen längeren Zeitraum hin feste Einkommen beziehen) betroffen (vgl. Abb. 3)? In welcher Lage sind im Vergleich dazu Selbstständige, z. B. Unternehmer?
- Inflation wirkt sich nicht nur auf die Einkommens-, sondern auch auf die Vermögensverteilung aus. Welche Gruppe der Bevölkerung ist bei der Vermögensbildung im Wesentlichen auf Spareinlagen angewiesen und warum werden Sparer durch inflationäre Entwicklungen besonders geschädigt (vgl. Kasten, S. 57)? Wie sieht es in dieser Hinsicht mit den Besitzern von Sachvermögen (z. B. Grundstücken) aus?
- Inwiefern macht die Behauptung Sinn: „In der Inflation sollte man Schulden machen."?
- Analysieren Sie die Bedeutung der Inflation für die Realeinkommen in den letzten 20 Jahren anhand der Grafik auf Seite 56 unten.

2 Erläutern Sie die Aussageabsicht der Karikatur (Abb. 2). Welche Textstellen werden durch sie verdeutlicht?

3 Versuchen Sie, sich in folgende Rollen zu versetzen und Ihre Situation bei hoher oder steigender Inflation zu beschreiben (als Inflationsverlierer oder auch Inflationsgewinner):
- Sie planen den Bau eines Eigenheims und haben dafür ein Sparguthaben angesammelt.
- Für den Bau eines Eigenheims nehmen Sie einen Kredit zu einem festen Zinssatz auf.
- Sie zahlen für Ihre Alterssicherung regelmäßig Beiträge in eine Lebensversicherung.
- Als Unternehmer haben Sie bei Ihrer Produktionsplanung eine bestimmte (hohe) Kundennachfrage kalkuliert.

4. Arbeitslosigkeit in Deutschland – Ausmaß, Entwicklung, Struktur und Ursachen

Die Abbildung 1 zeigt ein für viele Beobachter im In- und Ausland erstaunliches Bild der Entwicklung des Arbeitsmarktes in den Jahren 2008 bis 2010: Trotz der schweren internationalen Finanz- und Wirtschaftskrise 2008/2009, die in Deutschland im Jahre 2009 zum stärksten konjunkturellen Einbruch in der Geschichte der Bundesrepublik führte, stieg die Zahl der Arbeitslosen nur um rund 150 Tsd. auf 3,42 Mio. an, verringerte sich 2010 und unterschritt 2011 erstmals seit der Wiedervereinigung die Drei-Millionen-Grenze (2,98 Mio.; vgl. M 43). Wie das Befragungsergebnis (s. Abb. 2) zeigt, wurde am Jahresende 2011 die öffentliche Diskussion durch die Euro-Schuldenkrise (s. M 90) dominiert und auch die Entdeckung rechtsextremistischer Mordtaten spielte (vorübergehend) eine große Rolle. Trotz der überaus positiven Entwicklung auf dem Arbeitsmarkt blieb die Arbeitslosigkeit aber das Problem, das die Bürgerinnen und Bürger vor vielen anderen dauerhaft am meisten bewegt. Das verweist auf den überragenden Stellenwert, den die Erwerbsarbeit und die Sicherheit des Arbeitsplatzes im Leben der Menschen einnehmen (s. M 35). Der Analyse des Problems der Arbeitslosigkeit kommt daher auch im Rahmen unseres Buches eine besondere Bedeutung zu. Die ökonomischen und sozialen Folgen der Arbeitslosigkeit für den einzelnen Betroffenen und für die gesamte Gesellschaft werden in M 35 bis M 38 beschrieben. Den Schwerpunkt der Darstellung bilden die (quantitative und strukturelle) Beschreibung der Beschäftigungssituation und ihrer bisherigen Entwicklung (M 39–M 45) sowie die Darstellung ihrer Ursachen (M 46/M 47).*

Abb. 1

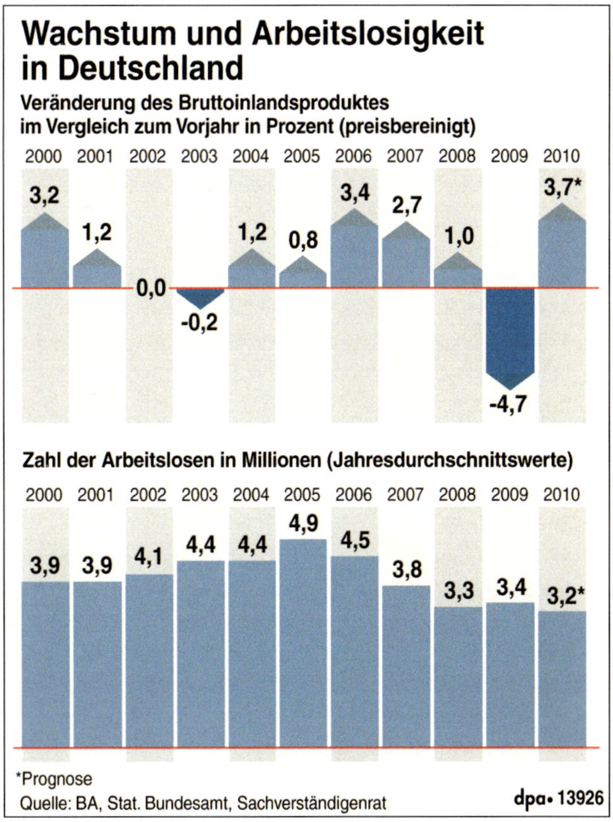

Abb. 2

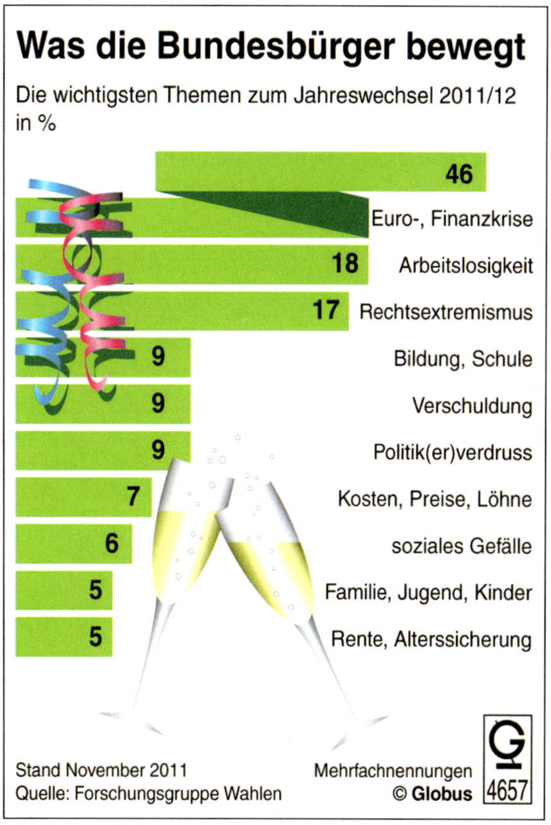

Was Arbeitslosigkeit für den Einzelnen und die Gesellschaft bedeutet

M 35 Wozu arbeiten?

Arbeit hat viele Funktionen für den Menschen. Sie verleiht der Zeit – dem Tag, der Woche, den Monaten und Jahren – eine klare Struktur, lässt Menschen sinnvoll am gesellschaftlichen Leben teilnehmen und erlaubt es ihnen, produktive Bedürfnisse zu befriedigen. Die Arbeit vermittelt berufliche wie außerberufliche Perspektiven, auch soziale Kontakte; durch Arbeit gelangen die Menschen in den Besitz finanzieller Mittel, um ihr Leben zu gestalten.

(Michael Frese, Arbeitslosigkeit. In: Aus Politik und Zeitgeschichte Nr. 40–41/2008, S. 22)

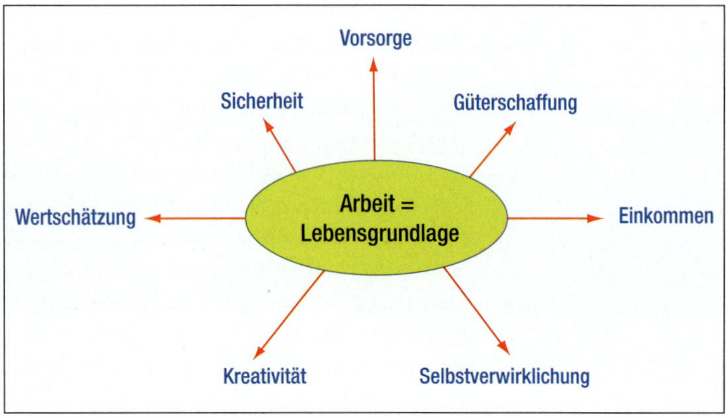

1. In M 35 wird die Hauptaussage, dass Arbeit für die Menschen die „Lebensgrundlage" bedeutet, im Hinblick auf verschiedene Lebensbereiche differenziert. Erläutern Sie, worin die Bedeutung von Arbeit in den Bereichen Einkommen, Güterbeschaffung, Vorsorge und Sicherheit jeweils besteht. Versuchen Sie im Gespräch miteinander auch zu klären, inwiefern Arbeit auch etwas mit Wertschätzung, Kreativität und Selbstverwirklichung zu tun hat oder haben kann.

2. Wenn Sie die einzelnen Bedeutungsbereiche näher erklärt haben, sollten Sie darüber diskutieren, welche Bereiche Ihnen persönlich (den Einzelnen vielleicht ganz unterschiedlich) am wichtigsten sind.

3. Versuchen Sie sich in die Lage eines Arbeitslosen zu versetzen, der keine Erwerbsarbeit finden kann und nur von staatlichen Unterstützungsleistungen leben muss: In welchen Bedeutungsbereichen wird er am schwersten betroffen und belastet sein (Näheres dazu in den folgenden Materialien)?

M 36 Familie und Arbeitslosigkeit

- Generell müssen *verschiedene Gruppen von Arbeitslosen und ihren Familien* unterschieden werden. So sind die negativen Folgen von Arbeitslosigkeit zum Beispiel besonders groß, wenn beide Ehepartner, der einzige Ernährer der Familie oder ein alleinerziehender Elternteil davon betroffen sind, wenn eine besonders große Familie zu versorgen ist oder wenn eine Person länger als ein Jahr ohne Arbeit ist. Die Belastungen sind aber auch für viele junge Familien sehr groß, da sie hohe Ausgaben (insbesondere wenn sie Wohnungseigentum erworben haben) und oft nur geringe Ersparnisse haben. Arbeitslosigkeit führt fast immer zu einer *Verschlechterung der materiellen Situation* einer Familie. Dies ist besonders dann der Fall, wenn keine oder nur niedrige Ansprüche an die Arbeitslosenversicherung bestehen. [...]
- Das verminderte Haushaltseinkommen führt natürlich auch zu *Einschränkungen im Familienbudget*. So kommt es häufig zu einer Verschlechterung von *Kleidung* und *Ernährung*, sind viele *Freizeitaktivitäten* nicht mehr finanzierbar, muss oft auf eine Urlaubsreise verzichtet werden. Sind die materiellen Ressourcen* aufgebraucht, muss vielfach ein Teil des Eigentums veräußert werden. Kann die Familie ihre Wohnung nicht mehr finanzieren, muss sie in eine preiswertere umziehen oder wird im Extremfall sogar obdachlos. Die mit andauernder Arbeitslosigkeit zunehmende Verarmung kann zu sozialem Abstieg und unter Umständen zum Abgleiten in gesellschaftliche Randständigkeit führen.
- Jedoch sind für die meisten Arbeitslosen die finanziellen Probleme leichter zu bewältigen als die *psychosozialen Belastungen*. So werden sie aus gewohnten Zeitstrukturen herausgerissen, haben keinen Feierabend und kein wirkliches Wochenende mehr (Entrhythmisierung des Tages und der Woche). Zumeist wissen sie nicht, wie sie die ihnen nun zur Verfügung stehende Zeit auf sinnvolle und befriedigende Weise verbringen können. Einige entwickeln neue Hobbys oder nutzen Weiterbildungsmöglichkeiten beziehungsweise Angebote von Kirchen, Verbänden und staatlichen Organisationen. Die meisten wissen aber nicht, wie sie die Zeit verbringen sollen, leiden unter Nichtstun und

klagen über Langeweile. In der Regel kommt es zu einem gesteigerten *Medienkonsum*. Vor allem verheiratete Männer empfinden Arbeitslosigkeit als Zerstörung ihrer Identität als Ernährer ihrer Familie. Sie erleben oft einen Autoritäts- und Bedeutungsverlust als Ehepartner und Elternteil.

- Generell tendieren Arbeitslose dazu, sich überflüssig zu fühlen, einen *Mangel an Lebenssinn* zu verspüren und ein negatives Selbstbild zu entwickeln. Sie machen sich häufig für ihre Situation verantwortlich und zweifeln an sich selbst. Da sie ihr weiteres Leben nicht mehr planen können, fühlen sie sich hilflos und ihrem Schicksal ausgeliefert. Mit zunehmender Dauer der Arbeitslosigkeit wird ihre Grundstimmung immer negativer, verlieren sie die Hoffnung auf Besserung ihrer Situation, werden sie immer passiver, unzufriedener und verbitterter. [...] Obwohl Arbeitslose heute weniger ausgegrenzt werden als in den 1960er- und 1970er-Jahren, erleben sie weiterhin Vorurteile, Diskriminierung [Herabsetzung] und eine Beeinträchtigung ihrer sozialen Beziehungen. So nimmt vor allem der Kontakt zu früheren Kollegen bald ab. Vereinzelt kommt es aber auch zur Selbstisolation. Anzumerken ist noch, dass die Stärke der beschriebenen psychosozialen Belastungen und anderen von der Dauer der Arbeitslosigkeit und der subjektiven Einschätzung der eigenen Chancen am Arbeitsmarkt abhängig ist.
- Die Arbeitslosigkeit eines Elternteils führt auch zu *Veränderungen in der Familie*. So mag ein arbeitsloser Vater seine Frau im Haushalt oder bei der Kindererziehung entlasten, können seine Kinder für ihn eine neue Bedeutung erlangen (zum Beispiel als Sinn des Lebens). Viele arbeitslose Männer nutzen jedoch ihre freie Zeit nicht für Familientätigkeiten. [...] So kommt es vielfach zu einer Verschlechterung familialer Kommunikation, zu häufigen Auseinandersetzungen (unter Umständen mit Gewaltanwendung) und zu einer Beeinträchtigung des körperlichen und seelischen Wohlbefindens aller Familienmitglieder. Ferner nimmt die *Scheidungsgefahr* zu. Auch mag sich die Familie aus Angst vor sozialer Herabsetzung nach außen hin abschotten beziehungsweise in soziale Isolation geraten. Generell bestimmt die vor Eintritt der Arbeitslosigkeit vorhandene Qualität des Familienlebens weitgehend darüber, ob und wie eine Familie die Arbeitslosigkeit eines Elternteils und deren Folgen bewältigt. [...]
- Aufgrund der finanziellen Situation müssen *Kinder* oft Abstriche beim Taschengeld hinnehmen oder auf dieses ganz verzichten. Sie dürfen nicht mehr zu Kindergeburtstagsfeiern, auf Klassenfahrt, ins Kino oder in den Zoo. Auch können sie bezüglich Kleidung und Freizeitausgaben nicht mit Gleichaltrigen mithalten, was vor allem in der Pubertät ein Problem sein kann. Oft schämen sie sich ihrer Eltern und fürchten den Spott ihrer Klassenkameraden.

(Martin R. Textor, Familie und Arbeitslosigkeit, www.kindergartenpaedagogik.de/34.html)

M 37 Psychische Auswirkungen lang anhaltender Arbeitslosigkeit

Die menschliche Erfahrung mit der Arbeitslosigkeit

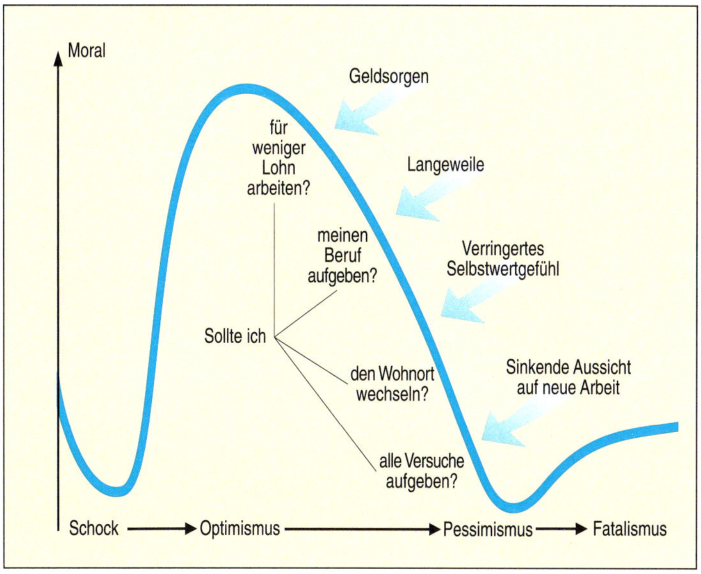

(Nach: Überlegungen II zu einer vorausschauenden Arbeitsmarktpolitik, Hrsg. Bundesanstalt für Arbeit, 1978, S. 209; Primärquelle: Department of Employment Gazette, April 1976)

Wie reagieren Menschen, wenn trotz großer persönlicher Anstrengungen der Arbeitsplatz verloren geht und längerfristige Arbeitslosigkeit eintritt?

In den großen psychologischen Studien zu den Folgen von Arbeitslosigkeit werden seit Jahrzehnten ähnliche Phasen von Verlauf und Reaktionen beschrieben: Nach anfänglichem Schock und Aufbegehren gibt es eine Phase des Befreiungsgefühls, das bald von verstärkter Aktivität und Umtriebigkeit (Bewerbungen, Fortbildungen) abgelöst wird. Bleiben diese Bemühungen erfolglos, nimmt das Interesse ab, Mattigkeit und Hoffnungslosigkeit breiten sich aus. Dem Leben Arbeitsloser fehlen vor allem Zeitstruktur und soziale Anerkennung als mentale Haltepunkte für eine sinnvolle persönliche Existenz. Arbeitslose antworten darauf mit Gefühlen von persönlichem Versagen.

(Christine Morgenroth, Arbeitsidentität und Arbeitslosigkeit – ein depressiver Zirkel, in: Aus Politik und Zeitgeschichte B 6–7/2003 v. 3.2.2003, S. 17 f.)

1. Fassen Sie die Darstellung M 36 abschnittsweise zusammen und stellen Sie im Einzelnen heraus,
   - für welche Familienformen die Auswirkungen von Arbeitslosigkeit besonders belastend sind,
   - zu welchen Folgen das verringerte Einkommen führen kann,
   - welche Probleme sich im Hinblick auf den Umgang mit der zur Verfügung stehenden Zeit und auf die sozialen Beziehungen ergeben und
   - welche verschiedenen Folgen sich für die familiäre Situation ergeben können.

2. Beschreiben Sie mit eigenen Worten, wie sich nach entsprechenden Untersuchungen die psychische Situation von Arbeitslosen i. d. R. entwickelt. Erläutern Sie die Bedeutung des Hinweises, dass Arbeitslose unter dem Fehlen von „Zeitstruktur" und „sozialer Anerkennung" leiden (M 37, vgl. M 35).

M 38 Gesamtgesellschaftliche Belastungen durch Arbeitslosigkeit

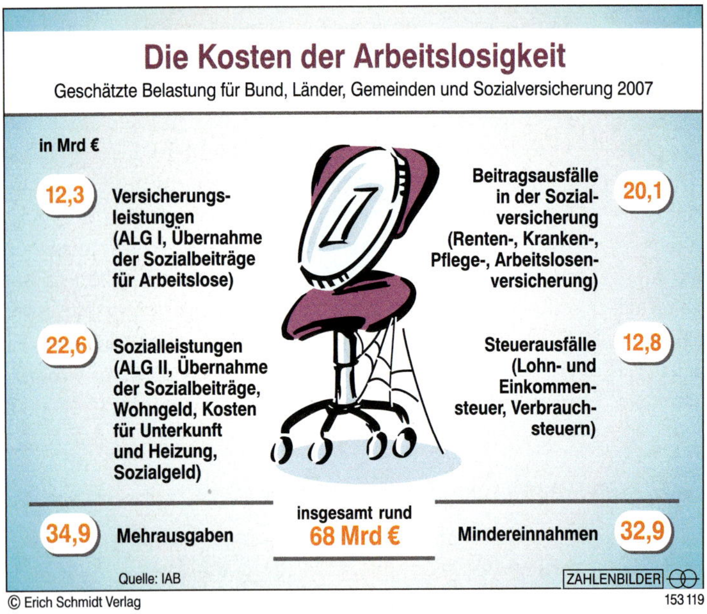

Staatliche Ausgaben bzw. Mindereinnahmen *je Arbeitslosen* im Jahr 2007: 17 900 Euro. Mit der Verringerung der Arbeitslosenzahlen (s. M 43) gingen die Kosten bis 2011 auf insgesamt 56 Mrd. Euro zurück (Versicherungsleistungen 12,1; Sozialleistungen 19,0; Sozialbeiträge 15,5; Steuern 9,4). Die Kosten je Arbeitslosen betrugen 18 900 Euro. Näheres s. http://doku.iab.de/kurzber/2012/kb0812.pdf

Arbeitslosigkeit belastet auch die Gesellschaft. Sie hat u. a. negative Auswirkungen auf die gesamtwirtschaftliche Entwicklung, auf das Wachstum der Wirtschaft und auf die Finanzierung der Sozialsysteme, da einerseits *hohe Kosten*, z. B. für die Zahlung von Lohnersatzleistungen und die Finanzierung von arbeitsmarktpolitischen Maßnahmen verursacht werden. Andererseits hat hohe Arbeitslosigkeit *staatliche Mindereinnahmen* durch Steuerausfälle, z. B. bei der Lohn- und Einkommensteuer oder bei der Umsatzsteuer durch sinkenden Güterkonsum, zur Folge. Zudem ist der Kampf gegen Arbeitslosigkeit auch aus sozial- und gesellschaftspolitischen Gründen (materielle Einbußen, Beeinträchtigungen des Selbstwertgefühls) unerlässlich.
Zudem sinkt die gesellschaftliche Leistungskraft, weil das erworbene Wissen und die beruflichen Fähigkeiten der Arbeitslosen nicht im Wirtschaftsprozess genutzt werden können und schrittweise veralten.

(Das Lexikon der Wirtschaft, hg. von der Bundeszentrale für politische Bildung, Bonn 2009, S. 96 f.; leicht ergänzt)

1. Machen Sie deutlich, warum Massenarbeitslosigkeit auch unter gesamtgesellschaftlichen Gesichtspunkten eine erhebliche Belastung darstellt (M 38). Inwiefern gehören zu den finanziellen Kosten nicht nur „Mehrausgaben", sondern auch „Mindereinnahmen" (s. Grafik)?

2. In Deutschland wird das gesamte „Sozialrecht" im sog. „Sozialgesetzbuch" (SGB) zusammengefasst, das aus insgesamt 12 einzelnen „Büchern" besteht. Das zweite Buch (SBG II) enthält die Regelungen zur „Grundsicherung für Arbeitslose" (Arbeitslosengeld II*/Hartz IV), das dritte Buch (SBG III) u. a. die Regelungen zu den Leistungen der Arbeitslosenversicherung („Arbeitslosengeld I*"). Informieren Sie sich anhand der Glossarbegriffe über den Unterschied zwischen „Arbeitslosengeld I*", das aus der Arbeitslosenversicherung gezahlt wird, und „Arbeitslosengeld II*" (zumeist als „Hartz IV" bezeichnet), das aus Steuermitteln aufgebracht wird.

3. Versuchen Sie, die im Text (Z. 13 ff.) angesprochenen weiteren, nicht finanziellen Belastungen etwas konkreter zu erläutern.

4. Was ist gemeint, wenn vom Verlust an „Leistungskraft" der Wirtschaftsgesellschaft die Rede ist (Z. 18 ff.)?

Wie Arbeitslosigkeit gemessen wird

M 39 Arbeitsmarkt: Arbeitsangebot und Arbeitsnachfrage 2010 (im Jahresdurchschnitt)

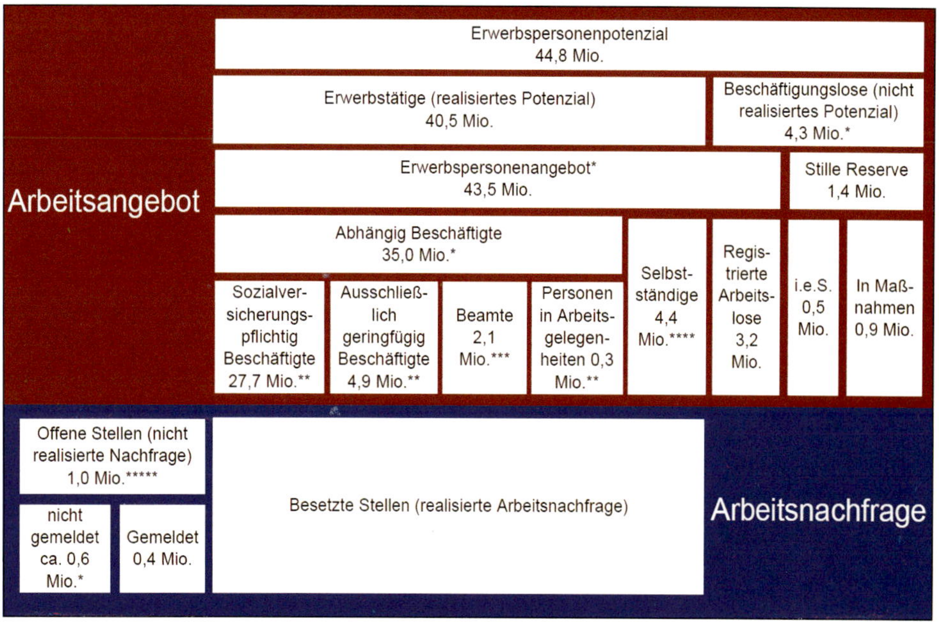

Quelle: Arbeitsmarktbericht 2010, in Anlehnung an Abb. II 1, S. 29; Daten nach eigener Zusammenstellung; *eigene Berechnung; **Ende Juni 2010/Mehraufwandsvariante; ***Jahresdurchschnitt 2009; ****Selbstständige und Familienangehörige; ***** 4. Quartal 2010.

Die Analyse der Übersicht M 39 ist wichtig für das Verständnis vieler in den folgenden Materialien gebrauchter Begriffe und Zusammenhänge.

- Machen Sie sich klar, wie die Begriffe „Angebot“ und „Nachfrage“ auf dem „Arbeitsmarkt“ (anders als auf dem Gütermarkt) verwendet werden. Wer fragt Arbeitskraft nach, wer bietet sie an?
- Klären Sie die Definition des Begriffs „Erwerbspersonen“ im Unterschied zum Begriff „Erwerbstätige“ sowie die Abgrenzung der verschiedenen Untergruppen der Erwerbstätigen.
- Den Begriff und die Bedeutung der „Stillen Reserve“ brauchen Sie an dieser Stelle nicht zu klären; darauf gehen wir in M 41 näher ein.

M 40 a Wer ist „arbeitslos“? Eine Frage der Definition

Im Vordergrund des öffentlichen Interesses stehen die Zahlen der von den Arbeitsagenturen gemeldeten Arbeitslosen. Die rechtlichen Grundlagen der Statistik finden sich im Sozialgesetzbuch (SGB). Zu den registrierten Arbeitslosen zählen demnach Personen, die alle folgenden Kriterien erfüllen:

- Sie sind bei einer Agentur für Arbeit[1] arbeitslos gemeldet.
- Sie sind vorübergehend ohne Beschäftigungsverhältnis oder mit Beschäftigung von weniger als 15 Stunden pro Woche.
- Sie suchen eine versicherungspflichtige Beschäftigung mit mindestens 15 Stunden pro Woche.
- Sie stehen den Vermittlungsbemühungen der Arbeitsagentur zur Verfügung.

Ein Erwerbstätiger, der zwischen einer und 15 Stunden pro Woche arbeitet, kann damit statistisch auch zu den Arbeitslosen zählen, wenn er die anderen drei Kriterien ebenfalls erfüllt. Schätzungen zufolge waren 2007 rund 450 000 Arbeitslose zugleich erwerbstätig. Dies ist legal und darf nicht mit Schwarzarbeit verwechselt werden.

(Institut für Arbeitsmarkt- und Berufsforschung [Hg.], IAB-Forum Nr. 2/2008, S. 15)

[1] Die örtlichen Agenturen der Bundesagentur für Arbeit* nehmen ihre Aufgaben vielfach in Zusammenarbeit mit kommunalen Stellen wahr. Diese Arbeitsgemeinschaften werden auch „Job-Center“ genannt.

Nach den derzeitigen Vorgaben des Sozialgesetzbuches gelten folgende Gruppen nicht als arbeitslos:

- Beschäftigte Personen, die mindestens 15 Stunden in der Woche arbeiten, aber wegen zu geringem Einkommen bedürftig nach dem SGB II sind und deshalb Arbeitslosengeld II* erhalten, werden nicht als arbeitslos gezählt (*Hartz-IV*-„Aufstocker“*).
- Erwerbsfähige hilfebedürftige Personen, die keine Arbeit aufnehmen können, weil sie kleine Kinder erziehen oder Angehörige pflegen, erhalten Arbeitslosengeld II; sie werden nicht als arbeitslos gezählt, weil sie für die Arbeitsaufnahme nicht verfügbar sein müssen. [...]
- *Teilnehmer in Maßnahmen aktiver Arbeitsmarktpolitik** [gelten] prinzipiell nicht als arbeitslos. [...] Dies entsprach der schon vorher angewandten Praxis. Denn wer eine berufliche Weiterbildung macht oder einen Gründungszuschuss für den Schritt in die Selbstständigkeit erhalten hat, steht dem Arbeitsmarkt momentan nicht zur Verfügung.

(Bundesagentur für Arbeit [Hg.], Monatsbericht Dezember und Jahr 2007, S. 37)

M 40 b Was besagt die Arbeitslosenquote?

Arbeitslosenquoten zeigen die relative Unterauslastung des Arbeitskräfteangebots an, indem sie die (registrierten) Arbeitslosen zu den Erwerbspersonen (EP = Erwerbstätige + Arbeitslose) in Beziehung setzen. Der Kreis der Erwerbspersonen bzw. der Erwerbstätigen kann unterschiedlich abgegrenzt werden. Insofern werden *zwei unterschiedliche Arbeitslosenquoten* ermittelt:

1. Die *Arbeitslosenquote bezogen auf* **alle** *zivilen Erwerbspersonen*, [...] d. h. bezogen auf die Summe aus den abhängigen zivilen Erwerbstätigen (*alle sozialversicherungspflichtig Beschäftigten einschl. Auszubildender, geringfügig Beschäftigten, Personen in Arbeitsgelegenheiten [Ein-Euro-Jobs] und alle Beamten ohne die Soldaten*) sowie den *Selbstständigen* und mithelfenden Familienangehörigen. Die Quote errechnet sich entsprechend als

$$\frac{\text{Arbeitslose}}{\text{alle zivilen Erwerbstätigen + Arbeitslosen}} \times 100$$

2. Die *Arbeitslosenquote, bezogen auf die* **abhängigen** *zivilen Erwerbspersonen: Der Nenner enthält nur die abhängigen zivilen Erwerbstätigen (siehe oben – ausgeschlossen sind also die Selbstständigen und mithelfenden Familienangehörigen). [...]*

$$\frac{\text{Arbeitslose}}{\text{alle abhängigen zivilen Erwerbstätigen + Arbeitslosen}} \times 100$$

Diese Art der Quotenberechnung hat in Deutschland die längere Tradition [wird aber zunehmend durch die auf alle zivilen Erwerbspersonen bezogene Art ergänzt bzw. ersetzt].

(Bundesagentur für Arbeit – Bereich Statistik; Berechnung von Arbeitslosenquoten und Bezugsgrößen [Stand 21.1.2008]; in: www.pub.arbeitsamt.de – Zugriff v. 26.3.2008)

1. Stellen Sie fest, welche Merkmale erfüllt sein müssen, damit jemand in der Statistik als „registrierter Arbeitsloser“ geführt wird. (M 40 a, Z. 1 – 13)
2. Welche beiden Personengruppen werden nicht zu den „registrierten Arbeitslosen“ gezählt, obwohl sie „Arbeitslosengeld II“ beziehen (Z. 15 ff.)?
3. Welches Kriterium gilt als nicht erfüllt, wenn sich Arbeitslose in bestimmten, von der Bundesagentur für Arbeit durchgeführten Maßnahmen der Arbeitsmarktpolitik* befinden (Z. 21 ff.)?
4. Nicht selten hört man in der öffentlichen Diskussion den Vorwurf, die in M 40 a beschriebenen Regelungen dienten dazu, die „Arbeitslosenzahlen schönzurechnen“. Informieren Sie sich ggf. über die Stellungnahme des Direktors des Instituts für Arbeitsmarkt- und Berufsforschung (IAB) bei der Bundesagentur für Arbeit zu diesem Vowurf: www.spiegel.de/karriere/berufsleben/0,1518,773641,00.hmtl.
5. Erklären Sie, wie die „Arbeitslosenquote“ berechnet wird und worin der Unterschied zwischen den beiden Varianten dieser Quote besteht (M 40 b; in öffentlichen Verlautbarungen wird seit einiger Zeit i. d. R. die auf *alle* Erwerbspersonen bezogene Quote verwendet; vgl. Abb. 2 in M 42).
6. Rechnen Sie nach, ob die Quoten von 10,03 (1. Quote) und 11,09 (2. Quote) richtig angegeben sind, wenn es 4 093 216 registrierte Arbeitslose gibt, die Zahl der *abhängig Beschäftigten* (Arbeitnehmer) 32 799 674 und die *aller Erwerbstätigen* 36 704 964 beträgt.

Genauere Informationen zu allen Bereichen der Arbeitsmarktstatistik (u. a. Berechnung der Arbeitslosenquote, Glossar zum Arbeitsmarkt) finden Sie auf der Internetseite http://statistik.arbeitsagentur.de/nn_274122/Statischer-Content/Grundlagen/Glossare/AST-Glossar/Arbeitslose.html

M 40a und b haben gezeigt, dass es ein Stück weit von der Definition abhängt, ob jemand „arbeitslos" ist oder nicht, und dass die durch die Bundesagentur für Arbeit erfasste Zahl der Arbeitslosen nur die „registrierten Arbeitslosen" beziffert. Neben dieser „offenen" Arbeitslosigkeit gibt es aber verschiedene Formen versteckter Arbeitslosigkeit, z. B. von Menschen, die sich nicht registrieren lassen, weil sie keinen Anspruch auf Arbeitslosengeld haben (dafür müssen bestimmte Voraussetzungen erfüllt sein). Sie werden von der Bundesagentur mit dem Begriff „Stille Reserve" zusammengefasst, der „Sachverständigenrat zur Begutachtung der gesamtwirtschaftlichen Entwicklung" erfasst sie in einer etwas anderen Abgrenzung – als „verdeckte Arbeitslosigkeit". M 41 soll darüber informieren, wie das „wahre" Ausmaß der Arbeitslosigkeit berechnet wird und wie hoch es sich darstellt.

M 41 Das „wahre Ausmaß" der Arbeitslosigkeit – „Stille Reserve" und „verdeckte Arbeitslosigkeit"

Grafik 1

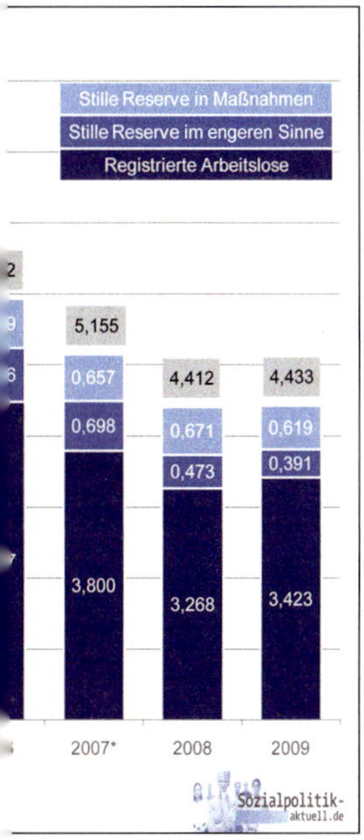

Die Begriffe „Stille Reserve" und „verdeckte Arbeitslosigkeit" werden in vielen Veröffentlichungen unterschiedlich verwendet und meistens nicht klar genug abgegrenzt. Das *Institut für Arbeitsmarkt- und Berufsforschung der Bundesagentur für Arbeit* (IAB) verwendet den Begriff **„Stille Reserve"** im Allgemeinen als Oberbegriff für die *Gesamtheit der nicht registrierten Arbeitslosen* und unterscheidet dabei (vgl. Grafik 1) zwischen

- einem Teil, der sich in bestimmten *arbeitsmarktpolitischen Maßnahmen* der Bundesagentur befindet und sich daher statistisch erfassen lässt, und
- der *„Stillen Reserve im engeren Sinn"* als dem Teil der nicht registrierten Arbeitslosigkeit, der sich statistisch nicht erfassen lässt, also nur geschätzt werden kann (Personen, die grundsätzlich an einer Beschäftigung interessiert sind, sich aber erst gar nicht bei der Arbeitsagentur melden, weil sie z. B. nach langer erfolgloser Arbeitsplatzsuche entmutigt sind („discouraged workers") oder ihre Beschäftigungschancen für zu gering erachten (darunter z. B. auch viele Verheiratete oder Freiberufler, die keine abhängige Beschäftigung suchen)). *Jugendliche*, die keine Lehrstelle gefunden haben und deshalb an einer berufsvorbereitenden Maßnahme teilnehmen oder eine weiterführende Schule besuchen, sind weder beschäftigt noch arbeitslos. *Studenten* können ihren Abschluss hinauszögern oder nach dem Examen ein Praktikum machen, um ihre persönlichen Chancen zu verbessern. Bei einer besseren Arbeitsmarktlage hätten diese jungen Menschen eine Lehrstelle oder bereits ihren ersten Job nach der Ausbildung angenommen.
- Die quantitative Erfassung der Stillen Reserve im engeren Sinne erfolgt durch das IAB nicht (wie z. B. in den USA und Österreich) durch direkte Befragungen (Stichprobenmethode), sondern gewissermaßen auf einem Umweg – durch die *Schätzung des sogenannten „konjunkturellen Erwerbspersonenpotenzials"*, d. h. der Gesamtheit aller Erwerbswilligen, die in Zeiten günstiger konjunktureller Gegebenheiten dem Arbeitsmarkt als Erwerbspersonen zur Verfügung stehen würden. Es

Zu den **verdeckt Arbeitslosen** zählt der Sachverständigenrat all jene, die entweder *subventioniert beschäftigt* sind (Kurzarbeiter* mit ihrem Arbeitsausfall, Teilnehmer an Arbeitsbeschaffungs- und Strukturanpassungsmaßnahmen) oder als *Maßnahmeteilnehmer nicht erwerbstätig* sind (Teilnehmer an beruflicher Weiterbildung und an Deutsch-Sprachlehrgängen, […] Empfänger von Altersübergangs- und Vorruhestandsgeld sowie Bezieher von Altersrente wegen Arbeitslosigkeit).

(www.sachverstaendigenrat-wirtschaft.de/download/gutachten/ga05_ges.pdf, Anhang IV B, S. 523)

Grafik 2: Registrierte Arbeitslosigkeit und Stille Reserve 1991 bis 2011

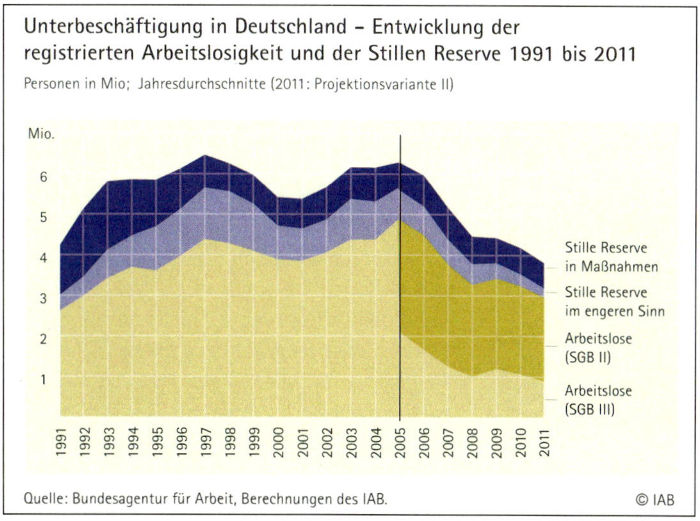

Näheres zu der in **Grafik 2** dargestellten Entwicklung: http://doku.iab.de/kurzber/2010/kb1810.pdf

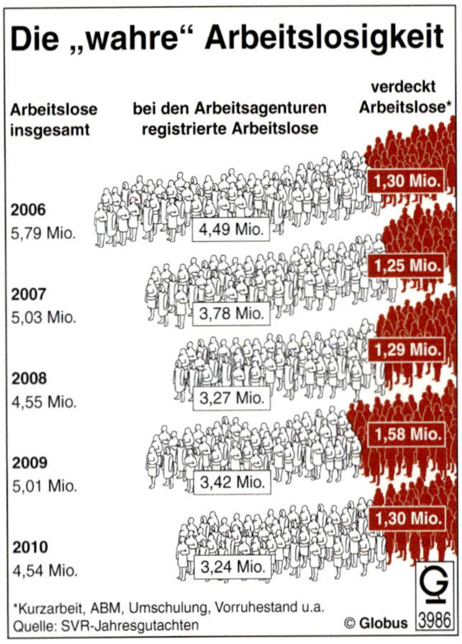

Grafik 3

orientiert sich dabei (in einem im Einzelnen recht komplizierten Verfahren) an der *Erwerbsbeteiligung früherer Hochkonjunkturperioden*. Für das Jahr 2009 ergibt sich eine gesamte Stille Reserve von 1,010 Mio., die sich aus der „Stillen Reserve in Maßnahmen“ (nach der Abgrenzung des IAB: 0,619 Mio.) und der „Stillen Reserve im engeren Sinn“ (0,391 Mio.) zusammensetzt (s. Grafik 1).

- Die „Stille Reserve in Maßnahmen“ überschneidet sich stark mit der vom *Sachverständigenrat* berechneten **„verdeckten Arbeitslosigkeit“**; dieses Konzept bezieht einige weitere Gruppen ein, wie z. B. Kurzarbeiter (s. Kasten S. 65), enthält aber eben nicht die „Stille Reserve im engeren Sinn“. Für 2010 beziffert der Sachverständigenrat die „verdeckte Arbeitslosigkeit“ auf 1,30 Mio.

Die „wahre“ Arbeitslosigkeit umfasste also nach dem Konzept des Sachverständigenrats (2010) 4,54 Mio. (3,24 registrierte + 1,30 verdeckte) Arbeitslose (s. Grafik 3). Näheres dazu: s. Quellenangabe im Kasten S. 65 unten.

- Seit dem Jahr 2005 werden die **Arbeitslosen in zwei Rechtskreisen** des Sozialgesetzbuches registriert (s. Grafik 2). Die Personen im Rechtskreis **SGB III** („Versicherungsbereich“) sind meist erst seit kurzer Zeit arbeitslos und beziehen großenteils *Arbeitslosengeld I**. Jene im Rechtskreis **SGB II** („Grundsicherungsbereich“) sind meist länger arbeitslos und beziehen *Arbeitslosengeld II** („Hartz IV“). Personen, die länger als ein Jahr arbeitslos waren, werden allgemein als *Langzeitarbeitslose* bezeichnet (s. M 44 b). Ihre Anteile an allen Arbeitslosen lagen im Jahresdurchschnitt 2010 bei 32,5 Prozent. Hier ist allerdings zu beachten, dass die Arbeitslosigkeit nicht selten nur kurze Zeit unterbrochen wird und dass die statistische Dauer die individuelle faktische Betroffenheit nicht immer vollständig abbildet. (Autorentext)

1. Anhand von M 41 und der darin enthaltenen Grafik 1 können Sie etwas genauer nachvollziehen, auf welche Weise das IAB zu seinen Annahmen über den Umfang der *Stillen Reserve* kommt. Welcher Anteil ist zahlenmäßig erfassbar, welcher kann nur geschätzt werden? Welche Aspekte und welche Annahmen gehen in diese Schätzung ein? Worin liegen aus Ihrer Sicht Probleme dieses Verfahrens (auch das IAB spricht von „manchen Unzulänglichkeiten“)?

2. Worin unterscheidet sich das Konzept der „verdeckten Arbeitslosigkeit“ des Sachverständigenrats von dem der „Stillen Reserve“ des IAB?

3. Seit dem Inkrafttreten des „Hartz-IV-Gesetzes“ (2005) trifft die Bundesagentur für Arbeit auch eine Unterscheidung der Arbeitslosen nach zwei Rechtskreisen. Erklären Sie, nach welchen Gesichtspunkten diese beiden Gruppen unterschieden werden, und beschreiben Sie anhand der Grafik 2, wie sie sich zahlenmäßig in den letzten Jahren entwickelt haben (nähere Informationen zu „Arbeitslosengeld I*“ und „Arbeitslosengeld II*“ s. Glossar).

Entwicklung und Struktur der Arbeitslosigkeit

M 42 Die langfristige Entwicklung der Arbeitslosigkeit

Der Aufbau der Arbeitslosigkeit vollzog sich bis zum Jahr 2000 in drei Schritten, zunächst bedingt durch die beiden Ölpreisschocks[1] in den Jahren 1973 und 1981 und zuletzt durch die 1992/93 einsetzende Rezession. Zwischen diesen Zeitpunkten ging die Arbeitslosigkeit nur schleppend zurück. […]

Die Entwicklung der Arbeitslosigkeit in Deutschland ist durch eine beträchtliche Persistenz (*Dauerhaftigkeit*) gekennzeichnet, obwohl die Beschäftigung in den Achtzigerjahren spürbar gestiegen war (s. M 43). Zwar erreichte die Erwerbstätigenquote kurz vor der Wiedervereinigung wieder das Niveau zu Beginn der 1970er-Jahre, als in Deutschland Vollbeschäftigung herrschte. Gleichzeitig war jedoch im Zeitraum 1970–1990 ein starker Anstieg des Arbeitskräfteangebots zu verzeichnen, sodass – trotz des Beschäftigungsanstiegs – die Arbeitslosenquote vom Höchststand der 1980er-Jahre (9,3 Prozent, 1985) nur auf 7,2 Prozent (1990) zurückging (s. M 43).

[1] Bezeichnung für die beiden Ölkrisen im Herbst 1971 (Verknappung der Ölmenge durch die OPEC*, Anstieg der Ölpreise um 70 %) und 1979/80 (Revolution im Iran, Golfkrieg; erheblicher Preisanstieg bis auf 38 Dollar je Barrel Öl)

Abb. 1: Arbeitslosigkeit in Deutschland

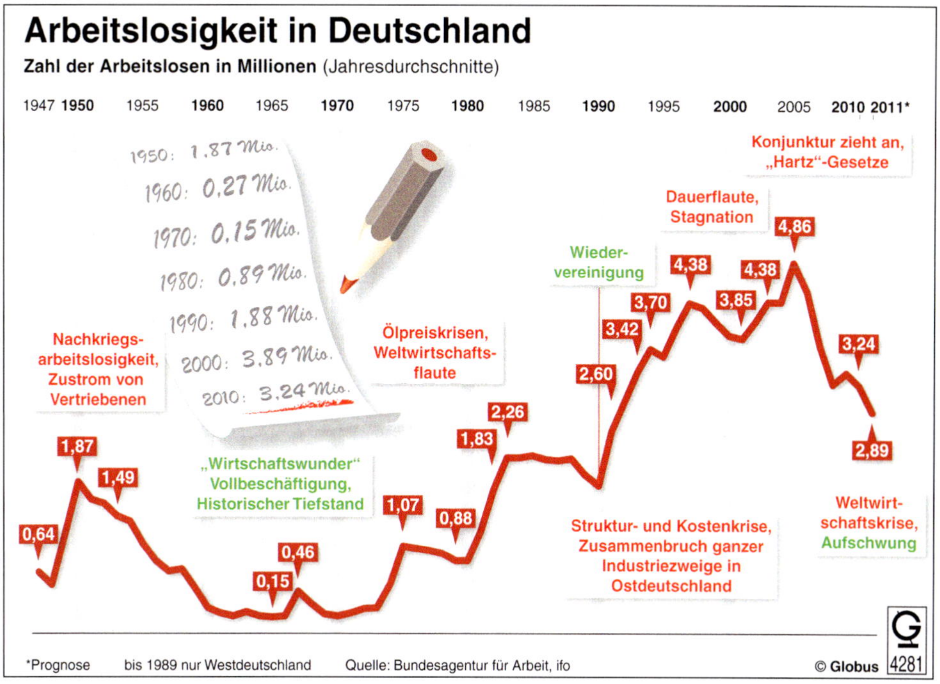

Im Laufe der 1990er-Jahre ging durch die Wiedervereinigung und den damit verbundenen Systemwechsel rund ein Drittel aller Arbeitsplätze in Ostdeutschland verloren. Gleichzeitig setzte in Westdeutschland eine Rezession ein. Beides zusammen bewirkte, dass die gesamtdeutsche Arbeitslosenquote rapide stieg (s. Abb. 1) und zugleich die Erwerbstätigenquote sank. Zwischen 1998 und 2001 sorgte ein kurzer Wirtschaftsaufschwung zwar für eine Verbesserung des Arbeitsmarktes. Sie beschränkte sich jedoch im Wesentlichen auf Westdeutschland. Nachdem es, auch aufgrund statistischer Umstellungen durch die „Hartz-IV-Reform*", im Jahre 2005 zu einem Höchststand der Arbeitslosigkeit gekommen war (s. Abb. 1 und M 43), reduzierte sich in der Folge des wirtschaftlichen Aufschwungs von 2006 bis Ende 2008 die Arbeitslosigkeit spürbar, bis sie in der Folge der Finanz- und Wirtschaftskrise* 2009 wieder leicht anstieg, sich danach (2010/2011) aber wieder weiter verringerte (s. Abb. 1 und 2; Stand Mai 2012: 2,855 Mio.).

(Susanne Koch/Ulrich Walwei/Frank Wießner/Gerd Zika, Wege aus der Arbeitsmarktkrise, in: IAB-Werkstattbericht Nr. 11/2002 v. 22.8.2002, S. 8 f., ergänzt)

Abb. 2

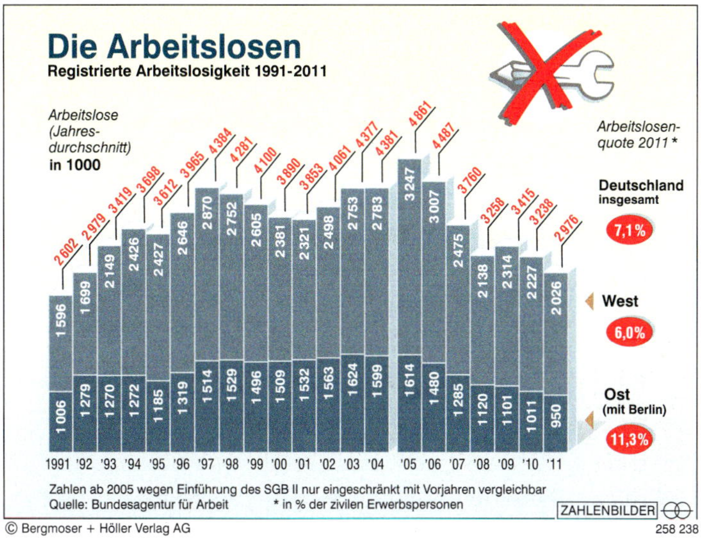

Als Ursachen für die höhere Arbeitslosigkeit (Arbeitslosenquote) in den *neuen Bundesländern* (Abb. 2) werden im Allgemeinen genannt: Systemwechsel von der staatlich gelenkten *Zentralverwaltungswirtschaft* (Planwirtschaft) zur wettbewerbsorientierten *Marktwirtschaft* und beschleunigter *Strukturwandel* von der Industrie- zur Dienstleistungsgesellschaft, Aufgabe der veralteten (bei geringer *Produktivität** beschäftigungsintensiven) Industrieanlagen, zu geringe Neuansiedlung hoch technisierter (stark rationalisierter) Unternehmen, hohe Erwerbsbeteiligung von Frauen, relative Erfolglosigkeit arbeitsmarktpolitischer* Maßnahmen.

(Autorentext)

M 43 Erwerbstätigkeit und Arbeitslosigkeit 1972 – 2011 (Anmerkungen s. S. 69 o.)

Jahr[1]	Erwerbs-personen[2]	Erwerbsquoten der Wohnbevölkerung		Erwerbstätige[5] im Inland			Nachrichtlich		
		insgesamt[3]	15- bis unter 65-Jährigen[4]	insgesamt	darunter: Arbeitnehmer	Erwerbslose[6]	Registrierte Arbeitslose[7]	Arbeitslosenquote[8]	Gemeldete Stellen[7]
	Tausend	vH		Tausend Personen				vH	Tausend
				Früheres Bundesgebiet					
1972	27 134	44,0	66,8	26 957	22 911	177	246	0,9 (1,1)	–
1974	27 334	44,0	66,6	26 988	23 178	346	582	2,1 (2,6)	–
1976	26 847	43,6	66,2	26 213	22 720	634	1060	3,9 (4,6)	235
1978	27 085	44,2	66,4	26 519	23 216	566	993	3,6 (4,3)	246
1979	27 503	44,8	66,8	27 019	23 791	484	876	3,2 (3,8)	304
1980	27 935	45,4	67,1	27 542	24 239	483	889	3,2 (3,8)	308
1981	28 280	45,8	66,9	27 482	24 928	798	1 272	4,5 (5,5)	208
1982	28 576	46,4	66,9	27 274	24 127	1 302	1 833	6,4 (7,5)	105
1983	28 881	47,0	66,2	27 031	23 914	1 850	2 258	7,9 (9,1)	76
1984	29 180	47,7	66,5	27 250	24 137	1 930	2 266	7,9 (9,1)	88
1985	29 608	48,5	67,2	27 632	24 514	1 976	2 304	8,0 (9,3)	110
1986	29 964	49,1	67,7	28 157	25 015	1 807	2 228	7,6 (9,0)	154
1987	30 289	49,6	68,3	28 530	25 416	1 759	2 229	7,6 (8,9)	171
1988	30 680	49,9	68,8	28 920	25 811	1 760	2 242	7,6 (8,7)	189
1989	31 045	50,0	69,0	29 450	26 316	1 595	2 038	6,8 (7,9)	251
1990	31 699	50,1	70,8	30 276	27 116	1 423	1 983	6,2 (7,2)	314
1991	32 136	50,2	70,5	30 870	27 667	1 266	1 596	– (6,2)	331
				Deutschland					
1992	40 740	50,5	72,4	38 183	34 567	2 534	2 979	7,7 (8,5)	356
1993	40 752	50,2	71,9	37 695	34 020	3 057	3 419	8,9 (9,8)	279
1994	40 972	50,3	72,1	37 887	33 909	3 323	3 698	9,6 (10,6)	285
1995	40 957	50,2	71,9	37 802	33 996	3 228	3 612	9,4 (10,4)	321
1996	41 198	50,3	71,4	37 772	33 907	3 505	3 965	10,4 (11,5)	327
1997	41 438	50,5	71,7	37 716	33 803	3 808	4 384	11,4 (12,7)	337
1998	41 788	50,9	71,7	38 148	34 189	3 732	4 281	11,1 (12,3)	422
1999	42 020	51,2	72,2	38 721	34 735	3 403	4 100	10,5 (11,7)	456
2000	42 394	51,6	72,1	39 382	35 387	3 137	3 890	9,6 (10,7)	515
2001	42 538	51,7	72,6	39 485	35 465	3 193	3 853	9,4 (103)	507
2002	42 648	51,7	72,8	39 257	35 203	3 523	4 061	9,8 (10,8)	452
2003	42 711	51,8	73,3	39 918	34 800	3 918	4 377	10,5 (11,6)	355
2004	43 075	52,2	73,3	39 034	34 777	4 160	4 381	10,5 (11,7)	286
2005	43 441	52,7	73,7	38 976	34 559	4 571	4 861	11,7 (13,0)	413
2006	43 361	52,6	74,8	39 192	34 736	4 245	4 487	10,8 (12,0)	564
2007	43 392	52,7	75,5	39 875	35 359	3 601	3 770	9,0 (10,1)	621
2008	43 426	52,9	75,8	40 345	35 866	3 136	3 258	7,8 (8,7)	569
2009	43 539	53,2	76,2	40 362	35 894	3 228	3 415	8,2 (9,1)	483
2010	43 452	53,1	76,5	40 553	36 065	2 946	3 238	7,7 (8,6)	360
2011	43 542	53,2		41 100	36 554	2 505	2 987	7,1 (7,9)	470

[1] Ab 2009 vorläufige Ergebnisse. – [2] Erwerbstätige (Inländerkonzept) und Erwerbslose nach dem ESVG 1995. – [3] Anteil der Erwerbspersonen (Erwerbstätige und Erwerbslose) an der Wohnbevölkerung insgesamt. – [4] Anteil der Erwerbspersonen im Alter von 15 bis unter 65 Jahren an der Wohnbevölkerung – [5] Arbeitnehmer, Selbstständige und mithelfende Familienangehörige (Inlandskozept). – [6] Abgrenzung gemäß Definition der internationalen Arbeitsorganisation (ILO). – [7] Quelle: BA – [8] Anteil der registrierten Arbeitslosen an *allen* zivilen Erwerbspersonen, in Klammern: Anteil der reg. Arbeitslosen an den *abhängigen* zivilen Erwerbspersonen (sozialversicherungspflichtig und geringfügig Beschäftigte, Beamte, Arbeitslose).

(Eigene Zusammenstellung nach Veröffentlichungen des Statistischen Bundesamtes, des Sachverständigenrates zur Begutachtung der gesamtwirtschaftlichen Entwicklung – http://www.sachverstaendigenrat-wirtschaft.de/zr_deutschland.html#c179, ZR 089 – und der Bundesagentur für Arbeit, BA)

1. Beschreiben Sie anhand von M 42, wie sich die Arbeitslosigkeit langfristig entwickelt hat. Inwiefern ist im Text von „drei Schritten" die Rede? Vergleichen Sie dazu die Darstellung in der Abb. 1 (zu den genannten Rezessionen in der Konjunkturentwicklung vgl. M 17 und M 19 b).

2. Wenn nach einem durch die schlechte Wirtschaftslage bedingten deutlichen Anstieg im sich anschließenden wirtschaftlichen Aufschwung die Arbeitslosigkeit sich nur wenig wieder zurückbildet, erhöht sich jedes Mal der „Sockel" der Arbeitslosigkeit. Wo sind zwischen 1970 und 2005 solche Entwicklungen erkennbar (s. Abb. 1, S. 67 o.)? Zu zugrunde liegenden gesamtwirtschaftlichen und politischen Entwicklungen vgl. auch die Stichworte in der Grafik.

3. Versuchen Sie, die angesprochenen Gründe für die Entwicklung in Ostdeutschland etwas näher zu erläutern (M 42, Z. 23 ff.).

4. Die Tabelle M 43 ist in vielerlei Hinsicht aufschlussreich. Klären Sie zunächst die in der Kopfzeile enthaltenen Begriffe und Kategorien (zum Unterschied zwischen „Erwerbslosen" und „registrierten Arbeitslosen" s. http://de.wikipedia.org/wiki/Erwerbslosigkeit) und untersuchen Sie auch folgende Fragen:
   - Die Einwohnerzahl der Bundesrepublik verringerte sich von 1974 bis 1985 aufgrund der demografischen Entwicklung um 1 Million. Wie ist es zu erklären, dass in diesem Zeitraum die Zahl der Erwerbspersonen (also des Arbeitskräfteangebots) um etwa 2,3 Mio. zunahm (vgl. dazu M 42, Z. 9 ff.)?
   - Im Zeitraum zwischen 1983 und 1989 wurden rd. 2,4 Mio. neue Arbeitsplätze geschaffen. Wie ist es zu erklären, dass im gleichen Zeitraum die Zahl der Arbeitslosen nahezu gleich blieb? Vergleichen Sie dazu die Entwicklung der Erwerbsbeteiligung (Erwerbsquote) und bedenken Sie die Bedeutung der Stillen Reserve.
   - Analysieren Sie die Entwicklung in den Jahren 2005 bis 2011.

M 44 Daten zur Struktur der Arbeitslosigkeit

M 44 a „Ständige Bewegung" auf dem Arbeitsmarkt

Bestand, Zu- und Abgang an Arbeitslosen 1998 – 2010

Jahr	Bestand im Jahresdurchschnitt	Zugang	Abgang
Deutschland			
1999	4 100 499	7 068 175	7 218 277
2000	3 889 695	6 811 140	7 049 345
2001	3 852 564	6 898 311	6 743 841
2002	4 061 345	7 254 703	6 992 248
2003	4 376 795	7 629 040	7 540 308
2004	4 381 281	8 235 080	6 894 977
2006	4 487 233	8 131 047	8 676 043
2009	3 423 283	9 252 794	9 024 950
2010	3 238 421	9 150 403	9 407 501

(http://www.sozialpolitik-aktuell.de/tl_files/sozialpolitik-aktuell/_Politikfelder/Arbeitsmarkt/Datensammlung/PDF-Dateien/tabIV12.pdf)

Arbeitslosigkeit ist kein statisches Phänomen. Auf dem Arbeitsmarkt allgemein und innerhalb der Gruppe der Arbeitslosen im Besonderen finden ständig Bewegungen statt. So verbergen sich hinter den Zahlen zum jahresdurchschnittlichen Bestand an Erwerbstätigen und Arbeitslosen immer wesentlich größere Umschichtungen bei Beschäftigten wie Arbeitslosen. Die jährliche Zahl der Arbeitslosmeldungen sowie der Abmeldungen aus der Arbeitslosigkeit bei der Bundesagentur für Arbeit betragen das Doppelte des jahresdurchschnittlichen Bestandes an Arbeitslosigkeit. Daher sind alle Gesamtzahlen der Arbeitsmarktstatistiken immer nur als Durchschnittswerte und Momentaufnahmen zu verstehen. Sie verdecken die erheblichen Dynamiken und Unterschiede in der Arbeitslosenpopulation.

Viele Arbeitslose sind nur kurze Zeit ohne Beschäftigung, einige werden in der Statistik kurzzeitig nicht erfasst, weil sie an einer Maßnahme der aktiven Arbeitsmarktpolitik* teilnehmen, andere wiederum sind jahrelang arbeitslos und gehen auf längere Sicht überhaupt kein Beschäftigungsverhältnis mehr ein. Zu berücksichtigen ist ferner, dass sich der Gesamtbestand an Arbeitslosen nicht ausschließlich zusammensetzt aus Personen mit gekündigten Beschäftigungsverhältnissen. Die Zugänge in Arbeitslosigkeit können ebenso aus Formen der Nichterwerbstätigkeit erfolgen wie aus Phasen der Kindererziehung. Ebenso wie die Zugänge sind auch die Abgänge aus Arbeitslosigkeit nicht allesamt arbeitsmarktbezogen. Arbeitslosigkeit wird für einen Teil der Betroffenen auch durch andere Wege und Möglichkeiten (zeitweise) beendet – wie in Phasen der Kindererziehung, den (vorzeitigen) Rentenbezug oder den Beginn einer Ausbildung und Weiterqualifizierung. (Autorentext)

M 44 b Langzeitarbeitslose in Deutschland

Als Langzeitarbeitslose gelten die Arbeitslosen, deren bisherige Dauer der Arbeitslosigkeit mehr als 12 Monate beträgt (Näheres s. die zur Grafik angegebene Quelle). 2010 waren 47 % der Langzeitarbeitslosen 2 Jahre und länger arbeitslos, 49 % ohne Berufsausbildung und 38 % älter als 50 Jahre.

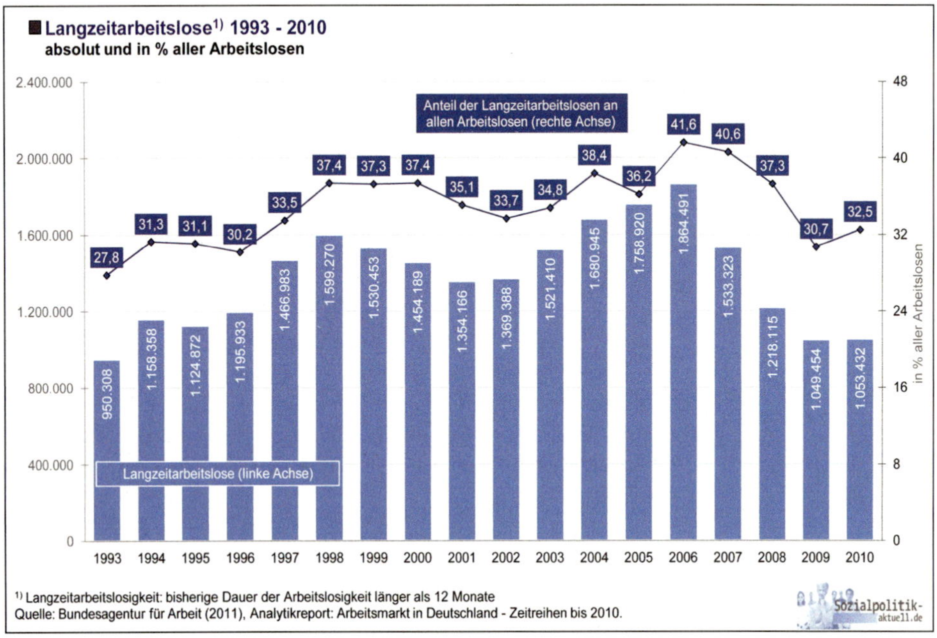

(http://www.sozialpolitik-aktuell.de/tl_files/sozialpolitik-aktuell/Politikfelder/Arbeitsmarkt/Datensammlung/PDF-Dateien/abbIV43.pdf)

M 44 c

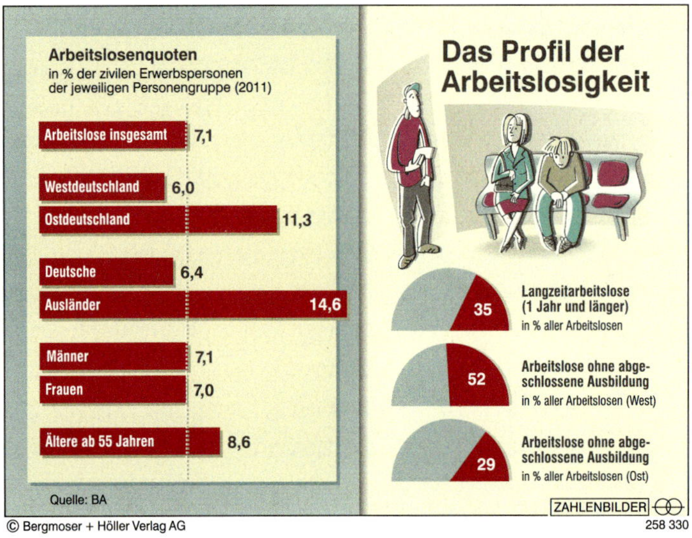

Eine umfassende Analyse der Entwicklung auf dem Arbeitsmarkt für das Jahr 2014 finden Sie unter http://statistik.arbeitsagentur.de/Statischer-Content/Arbeitsmarktberichte/Monatsbericht-Arbeits-Ausbildungsmarkt-Deutschland/Monatsberichte/Generische-Publikationen/Monatsbericht-201412.pdf

M 44 d „Bildung schützt vor Arbeitslosigkeit“

Qualifikationsspezifische Arbeitslosenquoten 1975 bis 2009 – in Prozent

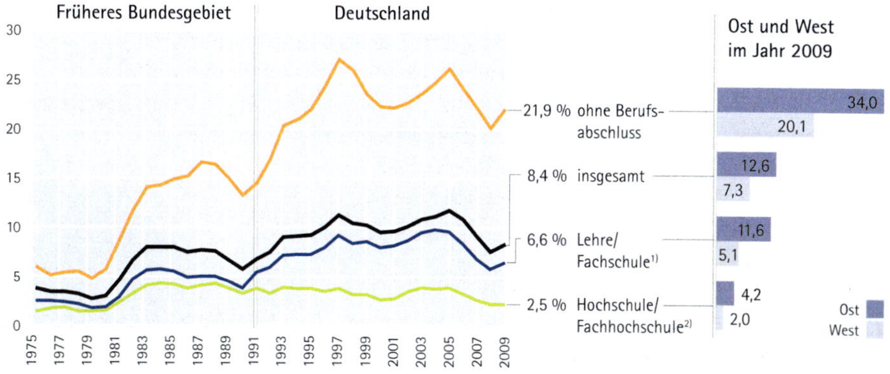

Arbeitslose in Prozent aller zivilen Erwerbspersonen (ohne Auszubildende) gleicher Qualifikation; Erwerbstätige ohne Angabe zum Berufsabschluss nach Mikrozensus je Altersklasse proportional verteilt.
Quelle: IAB-Berechnungen auf Basis des Mikrozensus und Strukturerhebungen der BA.

[1)] ohne Verwaltungsfachhochschulen
[2)] einschl. Verwaltungsfachhochschulen

© IAB

- Die Analyse der qualifikationsspezifischen Arbeitslosigkeit liefert seit Jahr und Tag den gleichen Befund: niedrige Qualifikation – hohes Arbeitsmarktrisiko, hohe Qualifikation – niedriges Risiko. Dieser Trend ist seit Jahrzehnten ungebrochen.
- Dabei verlaufen die langfristigen Beschäftigungsverluste der Geringqualifizierten ebenso (weitgehend) konjunkturneutral wie die massiven Arbeitsplatzgewinne bei den Hochqualifizierten. Selbst eine kräftige Konjunkturbelebung dürfte deshalb die Lage der Geringqualifizierten kaum merklich bessern.
- Eine gute Ausbildung schützt also nicht nur vor Arbeitslosigkeit. Sie hilft offensichtlich, das Arbeitsvermögen bis zum Rentenalter länger und besser zu nutzen.

(IAB Kurzbericht Nr. 9 v. 13.6.2005, S. 1; ergänzt)

1. „Die Bestandszahl an registrierten Arbeitslosen lässt für sich genommen nur ein begrenztes Urteil über die Arbeitslosigkeit zu. Es ist für das ökonomische Urteil, aber auch für die sozialen Belastungen durch Arbeitslosigkeit ein Unterschied, ob in dem Bestand an Arbeitslosen dauerhaft immer dieselben Personen enthalten sind oder ob sich der Kreis der Betroffenen ändert, jeder Einzelne vielleicht nur kurzfristig arbeitslos ist.“ (Jahresgutachten 1990/91 des Sachverständigenrats) Erläutern Sie diese Aussage anhand von M 44 a.

2. Erläutern Sie, was man unter „Langzeitarbeitslosigkeit“ versteht und wie sie sich in den letzten Jahren entwickelt hat. (M 44 b)

3. Stellen Sie heraus, was bei der Zusammensetzung der Arbeitslosen und den gruppenspezifischen Arbeitslosenquoten besonders auffällt (M 44 c).

4. Beschreiben Sie in M 44 d die unterschiedliche Betroffenheit von Arbeitslosigkeit bei unterschiedlichen Bildungsabschlüssen und stellen Sie heraus, welche Entwicklung seit 1980 besonders auffällig ist. Wie lässt sich diese Entwicklung erklären? Inwieweit „schützt Bildung vor Arbeitslosigkeit“?

5. Zur Struktur der Arbeitslosigkeit gehört auch ihre unterschiedliche regionale Verteilung. Beschreiben Sie dazu die „Landkarte der Arbeitslosigkeit“ (M 45). Welche Unterschiede zwischen den Bundesländern, aber auch zwischen bestimmten Regionen innerhalb von Bundesländern sind auffällig? Versuchen Sie, für einige dieser Unterschiede Erklärungen zu finden.

M 45 Die „Landkarte der Arbeitslosigkeit"

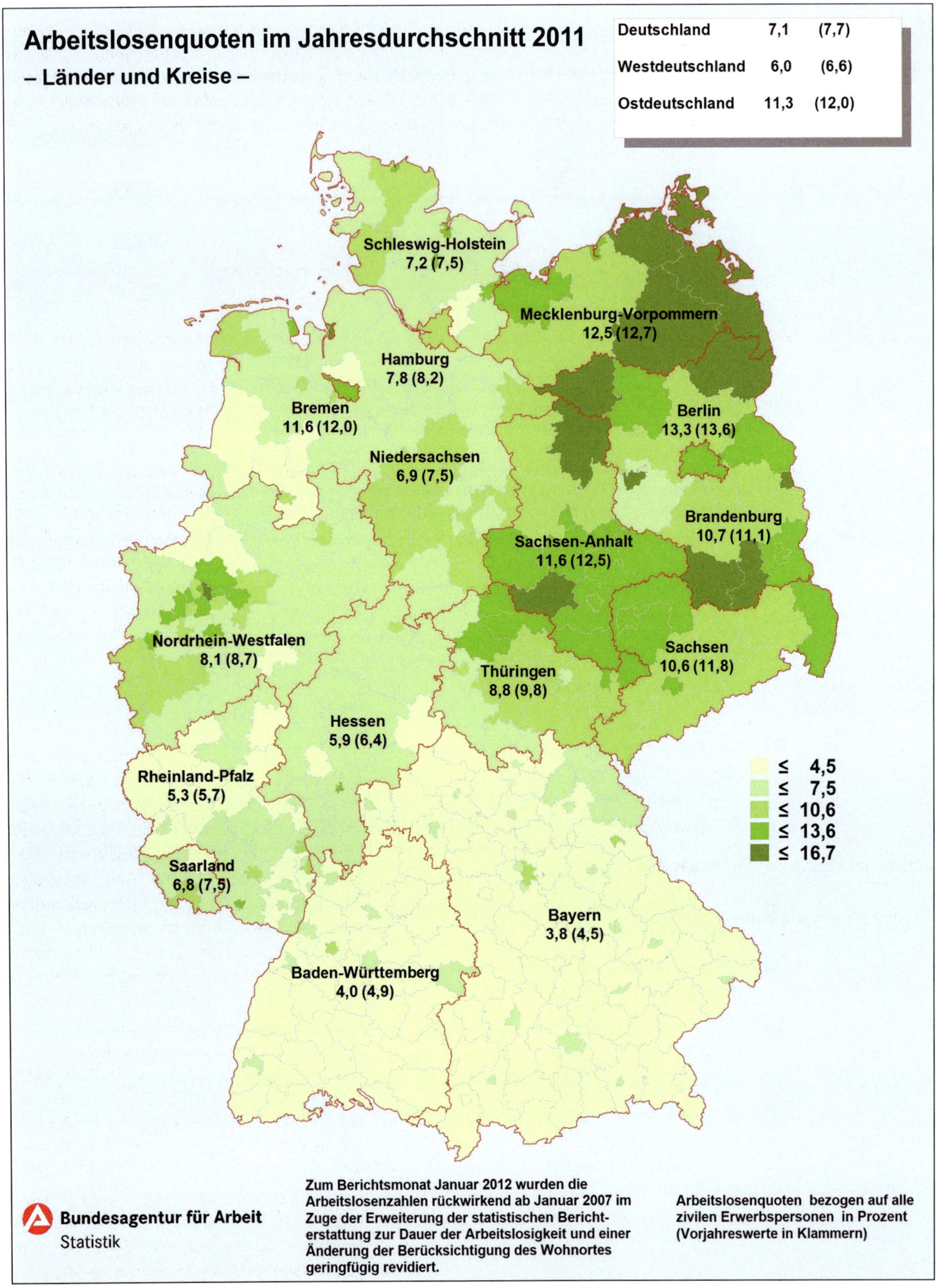

(http://www.pub.arbeitsagentur.de/hst/services/statistik/000000/html/start/karten/aloq_kreis_jahr.html)

Ursachen der Arbeitslosigkeit

Fast täglich werden Sie Zeitungsnachrichten finden können, in denen verschiedene Gründe angesprochen werden, die in einzelnen Betrieben und Sparten zum Abbau von Arbeitsplätzen führen. In diesem Abschnitt wird gleichsam aus der Vogelperspektive nach **gesamtwirtschaftlichen und gesamtgesellschaftlichen Ursachen** *für die Massenarbeitslosigkeit gefragt. Die Ursachen der Arbeitslosigkeit sind vielfältig. Um die Vielfalt dieser Ursachen gedanklich zu ordnen, werden häufig aus gesamtwirtschaftlicher Sicht folgende* **Typen der Arbeitslosigkeit** *unterschieden:*

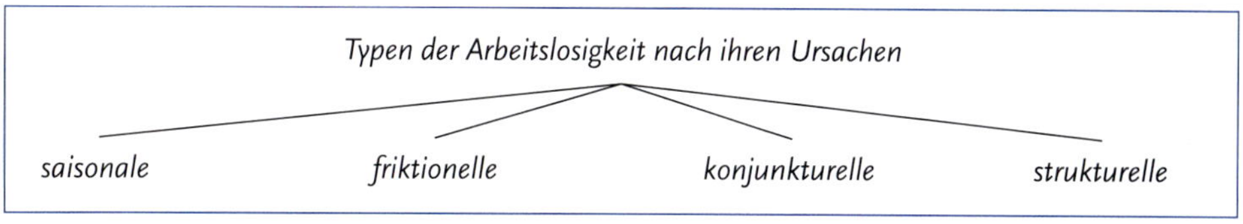

Nach einer Schätzung von Gerhard Willke entfielen (von saisonalen Ursachen abgesehen) 2006 ca. 60% der bestehenden Unterbeschäftigung auf strukturelle (im weitesten Sinn; vgl. dazu den Einführungstext, S. 75) Ursachen, 30% auf konjunkturelle und 10% auf friktionelle. (G. Willke, in: Georg Weißeno [Hrsg.], Politik und Wirtschaft unterrichten, Bundeszentrale für politische Bildung, Bonn 2006, S. 50f.)

M 46 a Friktionelle und saisonale Arbeitslosigkeit

Die friktionelle sowie die saisonale Arbeitslosigkeit zählen nicht zu den zentralen Sorgenkindern der Vollbeschäftigungspolitik. Es handelt sich hierbei um eine Art „Sockelarbeitslosigkeit". Sie kann auch in Zeiten guter Konjunktur- und Wachstumsentwicklung regelmäßig nicht unter einen gewissen „Bodensatz" gedrückt werden. Selbst in den besten konjunkturellen Zeiten (wie beispielsweise 1964) meldeten sich etwa 150 Tsd. Personen als arbeitslos. Schätzungen gehen für diese Kategorie von Arbeitslosigkeit in Deutschland von gegenwärtig ca. 250 000 Personen aus.

Friktionelle Arbeitslosigkeit wird auch als „Sucharbeitslosigkeit" bezeichnet. Sie ist kurzfristiger Natur und tritt auf, wenn Arbeitskräfte entlassen werden und infolge von Suchprozessen bis zum Antritt der neuen Stelle für eine gewisse Zeit nicht beschäftigt sind. Das Auftreten dieser Form von Arbeitslosigkeit ist nicht überraschend, wenn man bedenkt, dass in Deutschland pro Jahr ca. 7 Mio. Beschäftigungsverhältnisse begonnen bzw. beendet werden (vgl. M 44 a). Im Durchschnitt liegt die Dauer eines Beschäftigungsverhältnisses bei knapp 4 Jahren. Nach der Definition der Bundesagentur für Arbeit gilt jede Arbeitslosigkeit, die nicht länger als drei Monate gedauert hat, als *Sucharbeitslosigkeit*. Das erforderliche Arbeitsplatzangebot ist vorhanden, allerdings kennt die arbeitslose Person die offene Stelle noch nicht bzw. wählt unter den alternativen Angeboten aus. Durch Verbesserungen des Stelleninformations- und -vermittlungssystems (z. B. durch computergestützte Stellenvermittlungen) kann diese Arbeitslosigkeit verringert werden. [...] Zur Verbesserung der Vermittlungseffizienz wurden in Deutschland auch private Arbeitsvermittler zugelassen.

Saisonale Arbeitslosigkeit ist die *Folge jahreszeitlicher Schwankungen* (s. Grafik). Sie tritt sowohl auf der Angebotsseite, d. h. bei der Produktion (Land- und Forstwirtschaft, Bauwirtschaft), als auch auf der Nachfrageseite (Touristikgewerbe, Weihnachts- und Ostergeschäft) auf. Eine ursachengerechte Bekämpfung dieser Art von Arbeitslosigkeit ist naturgemäß kaum möglich. Hierzu müssten ja die *Saisoneinflüsse* beseitigt werden. Daher muss

Arbeitsmarkt Deutschland (Arbeitslose in 1000)

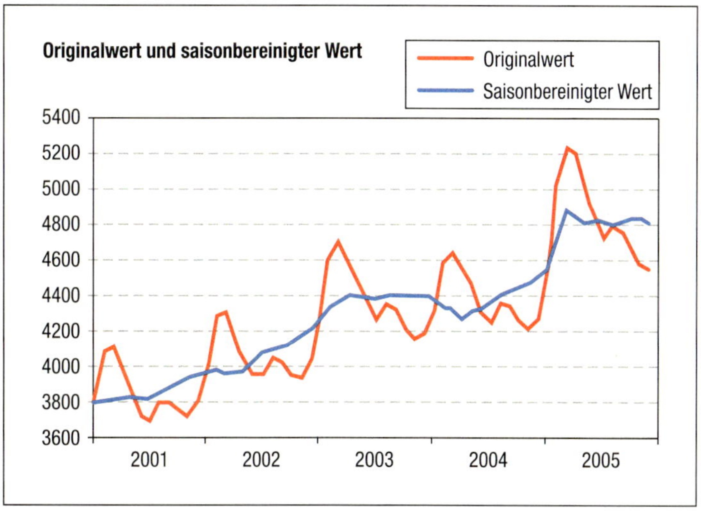

(Quelle: Statistisches Bundesamt, Wiesbaden 2005)

saisonale Arbeitslosigkeit weitgehend hingenommen werden wie „der Hagel, der die Ernte vernichtet“. Eine begrenzte Abhilfemaßnahme stellt die sog. produktive Winterbauförderung dar [Investitions- und Mehrkostenzuschüsse für die Betriebe]; hierdurch soll die Beschäftigung an Baustellen auch im Winter aufrechterhalten werden.

(Gerhard Mussel/Jürgen Pätzold, Grundfragen der Wirtschaftspolitik, Vahlen, 8. Aufl., München 2012, S. 40)

M 46b Konjunkturelle Arbeitslosigkeit

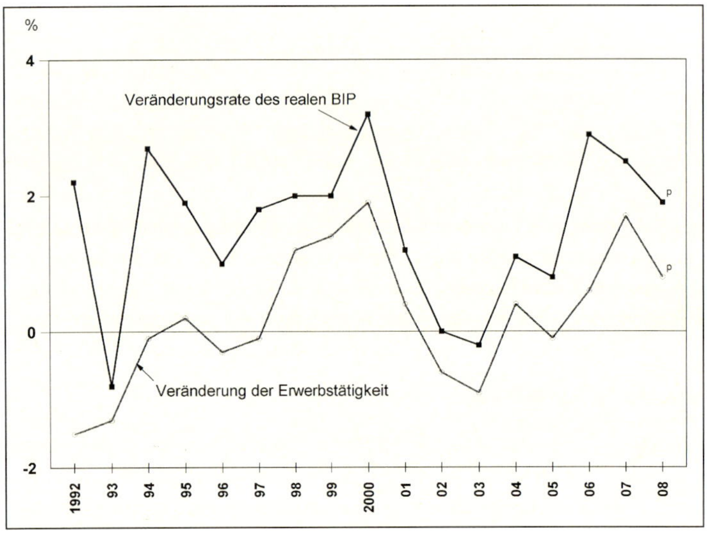

Abb. 1: Beschäftigung im Konjunkturverlauf in Deutschland
Veränderungsraten gegenüber dem Vorjahr; p: Prognose; Quelle: Sachverständigenrat
(Jürgen Pätzold/Daniel Baade, Stabilisierungspolitik, Verlag Franz Vahlen, München, 7. Aufl. 2008, S. 54)

Generell kann gesagt werden, dass die friktionelle und die saisonale Arbeitslosigkeit nur kurzfristiger Natur sind. Eher mittelfristiger, aber dem Grunde nach vorübergehender, also temporärer Art ist die konjunkturelle Arbeitslosigkeit. Sie ist dadurch gekennzeichnet, dass infolge eines Rückgangs der gesamtwirtschaftlichen Nachfrage, also eines Konjunkturabschwungs, in nahezu sämtlichen Branchen und Regionen der Volkswirtschaft die Produktion gedrosselt wird. Damit geht üblicherweise zunächst Kurzarbeit*, in der Folgezeit jedoch eine sinkende Beschäftigung einher.

Konjunktureinbrüche können allerdings auch auf bestimmte Wirtschaftszweige, Regionen oder Berufe beschränkt sein (z. B. „schlechte Baukonjunktur“). [...] Kennzeichnend für konjunkturelle Einbrüche ist, dass die daraus resultierende Arbeitslosigkeit im nächsten Boom wieder verschwindet. Bleibt der Aufschwung auf Dauer aus, dann handelt es sich nicht um einen vorübergehenden konjunkturellen Einbruch, sondern um eine länger anhaltende Wachstumsschwäche. [...]

Abbildung 1 zeigt, dass die Entwicklung der **Erwerbstätigkeit** eine beträchtliche Parallelität mit der **Konjunktur** aufweist. Unterbeschäftigung ist daher zum Teil ein konjunkturelles Phänomen. Diese konjunkturelle Arbeitslosigkeit tendiert im Boom gegen null. Trotzdem war auch in Zeiten von Hochkonjunkturen [...] ein erheblicher Sockel an Arbeitslosen zu verzeichnen (2000: 2,9 Mio., 2006: 4,5 Mio. und Sommer 2011: etwa 3 Mio. Arbeitslose). Für diesen Teil der Arbeitslosigkeit müssen offensichtlich nicht konjunkturelle Ursachen verantwortlich sein.

(Gerhard Mussel/Jürgen Pätzold [= M 46 a], S. 39, 43)

Abb. 2

1. Beschreiben Sie die drei Arten von Ursachen („Typen“) der Arbeitslosigkeit, die sich klar voneinander abgrenzen lassen (M 46 a und b), auch unter den Gesichtspunkten ihrer zeitlichen Begrenzung und ihrer Vermeidbarkeit. Wodurch ist bei der saisonalen (jahreszeitlich bedingten) Arbeitslosigkeit der „W-förmige“ Jahresverlauf (Grafik in M 46 a) bedingt?

2. Erklären Sie die Bedeutung der „konjunkturellen“ Arbeitslosigkeit (zu den Begriffen „Konjunktur“ und „Konjunkturzyklus“ s. M 21). Analysieren Sie dazu die Abb. 1 (M 46 b).

3. Zu dem Hinweis (M 46 b), dass konjunkturelle Arbeitslosigkeit „im nächsten Boom wieder verschwindet“, ist darauf hinzuweisen, dass nach allgemeiner Auffassung zusätzliche Beschäftigung erst ab einer bestimmten Höhe des Wirtschaftswachstums im konjunkturellen Aufschwung entsteht (in den letzten Jahren lag diese „Beschäftigungsschwelle“ in Deutschland bei einer Wachstumsrate von ca. 1,5 %; vgl. M 47, Z. 92 ff.). Was will die Karikatur (Abb. 2) dazu sagen? Vergleichen Sie dazu auch die in M 42 (Abb. 1) dargestellte Entwicklung.

Der Begriff „strukturell" weist ganz allgemein darauf hin, dass es sich um eine – im Vergleich zu den anderen „Typen" – ***dauerhaft verhärtete Arbeitslosigkeit*** *handelt, die auf tief greifende Veränderungen und Ungleichgewichte im Aufbau einer Volkswirtschaft verweist und daher nicht durch schnell wirkende Maßnahmen zu bekämpfen ist. Unter dieser formalen Abgrenzung werden in der Literatur unterschiedliche inhaltliche Typisierungen vorgenommen, die sich etwa wie folgt zusammenfassen lassen:*

Strukturelle Arbeitslosigkeit *im weitesten Sinn kann sich darauf beziehen,*

- *dass ganze Wirtschaftszweige wegen mangelnder Nachfrage oder Konkurrenz auf dem Weltmarkt in die Krise geraten, wie z. B. die Textilindustrie, oder fast ganz verschwinden, wie z. B. der Kohlebergbau (**„Strukturwandel"** von der Industriegesellschaft zur Dienstleistungsgesellschaft);*
- *dass der beschleunigte Strukturwandel veränderte oder insgesamt höhere Qualifikationen der Erwerbstätigen erfordert, die (noch) nicht gegeben sind (**„merkmalsstrukturelle"** bzw. **„qualifikationsspezifische"** Arbeitslosigkeit); oft spricht man hier auch von **„Mismatch"**-Arbeitslosigkeit, d. h., dass die Qualifikationsmerkmale der Arbeitsuchenden nicht zu den angebotenen Arbeitsplätzen (offenen Stellen) passen;*
- *dass der Einsatz neuer Techniken und Technologien zu Rationalisierungsmaßnahmen und damit zum Abbau von Arbeitsplätzen führt (**„technologisch bedingte** Arbeitslosigkeit"), der durch ein zu geringes Wirtschaftswachstum nicht ausgeglichen werden kann;*
- *dass die Unternehmen mit wachsendem **internationalem Konkurrenzdruck** zu kämpfen haben, weil im Ausland z. T. billiger produziert werden kann und deshalb Arbeitsplätze ins Ausland verlegt werden; die durch das Wirtschafts- und Sozialsystem gegebenen Rahmenbedingungen (**Standortbedingungen**) erscheinen den Unternehmen nicht attraktiv genug, um hier zusätzliche Investitionen zu tätigen (und damit neue Arbeitsplätze zu schaffen), oder sie machen es ihnen schwer, sich an veränderte Verhältnisse anzupassen;*
- *dass **längerfristig eine zu geringe Nachfrage** nach Gütern besteht (z. B. wegen stagnierender oder gar sinkender Einkommen oder weil die Nachfrage nach bestimmten Gütern **„gesättigt"** ist);*
- *dass aufgrund der Bevölkerungsentwicklung, des Zuzugs nicht qualifizierter Arbeitskräfte und der wachsenden Erwerbsbeteiligung von Frauen sich das **Angebot von Arbeitskräften stark vermehrt**, während der Bedarf an Arbeitskräften (die Nachfrage der Unternehmen) nicht im gleichen Maße steigt (**„demografische"** Arbeitslosigkeit).*

Gerhard Mussel und Jürgen Pätzold, deren Darstellung wir bei der folgenden näheren Erläuterung zu den wichtigsten Aspekten folgen wollen (s. die Übersicht unten), weisen – dies ist für jedwede Beurteilung struktureller Arbeitslosigkeit und der Möglichkeiten ihrer Bekämpfung wichtig zu bedenken – auf Folgendes hin: „Strukturelle Arbeitslosigkeit ist eine eher zählebige Erscheinung. Rasche Erfolge sind bei ihrer Bekämpfung nicht zu erwarten. Da sich zudem die Ursachenfaktoren gegenseitig überlappen und verstärken, kommt zur Bekämpfung der strukturellen Arbeitslosigkeit nur ein System von ineinandergreifenden struktur- und arbeitsmarktpolitischen Maßnahmen in Betracht." (Gerhard Mussel/Jürgen Pätzold, Grundlagen der Wirtschaftspolitik [= M 46a], S. 71f.)

M 47: Strukturelle Arbeitslosigkeit

– im engeren Sinne:

a) durch den *Strukturwandel* bedingte Arbeitslosigkeit (S. 76)

b) *berufs- und qualifikationsspezifische* Arbeitslosigkeit (S. 77)

– im weiteren Sinne:

c) durch den technischen Fortschritt bedingte Arbeitslosigkeit (S. 77 f.)

d) durch *anhaltende Wachstumsschwäche* bedingte Arbeitslosigkeit (S. 78)

e) durch die *Bevölkerungsentwicklung* und höheres *Arbeitskräfteangebot* bedingte Arbeitslosigkeit (S. 79)

*Für die folgende, für das Verständnis des komplexen Problems der Arbeitslosigkeit und seiner Bekämpfung wichtige Darstellung schlagen wir Ihnen **arbeitsteilige Gruppenarbeit** vor. Die Aufteilung könnte nach den Abschnitten a bis e des folgenden Textes M 47 erfolgen. Im Hinblick auf die Arbeitsergebnisse, die gruppenweise dem Plenum vorzustellen sind, sollten Sie auf eine verständliche, Fachbegriffe erläuternde und Akzente setzende Darstellung und nach Möglichkeit auf die Heranziehung von konkreten Beispielen aus Ihrem Wissens- und Erfahrungshorizont achten. Auf einzelne Arbeitshinweise zu M 47 haben wir verzichtet.*

M 47 Dimensionen struktureller Arbeitslosigkeit

a) Durch den Strukturwandel bedingte Arbeitslosigkeit

Ein entscheidender Auslöser der strukturellen Arbeitslosigkeit ist der **Strukturwandel in der Volkswirtschaft** (s. Abb. 1). Struktureller Wandel ist eine normale und zugleich notwendige Begleiterscheinung des wirtschaftlichen Wachstums- und Entwicklungsprozesses. Bestimmte Branchen, Produkte, Regionen oder Berufe stagnieren, während andere Branchen, Produkte, Regionen oder Berufe überdurchschnittlich wachsen. Aus dem Strukturwandel gehen also immer Verlierer und Gewinner hervor. Wenngleich die strukturellen Verschiebungen in einer Volkswirtschaft für die Verlierer schmerzhaft ausfallen, darf nicht übersehen werden, dass ohne Strukturwandel auf Dauer kein Wachstum möglich ist. Eine Wirtschaftspolitik, die versuchen würde, „alte" Strukturen und damit „alte" Arbeitsplätze zu konservieren, würde langfristig nicht nur den Wohlstand in einer Gesellschaft, sondern auch die Beschäftigung gefährden. Vollzieht sich der Strukturwandel nicht zu rasch, so sind auch die beschäftigungspolitischen Anpassungsprobleme lösbar – allerdings nicht zwingend für jeden einzelnen Arbeitnehmer; denn in der Praxis wird sich beispielsweise ein älterer Bleisetzer kaum noch beruflich umorientieren. In jedem Fall aber bringt der Strukturwandel einen geänderten Bedarf an Arbeitskräften mit sich. Der Strukturwandel hat also unmittelbare Auswirkungen auf die **Arbeitsnachfrage**. [...]

Abb. 1

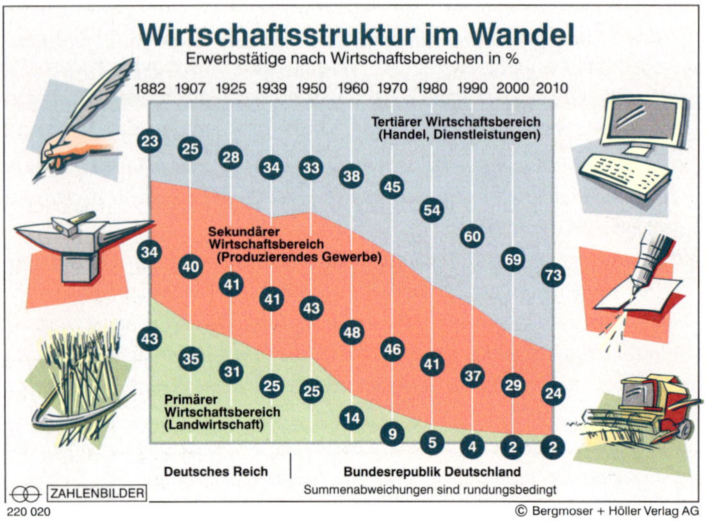

- **Strukturkrisen** treten einerseits auf, weil die Nachfrage nach den Produkten einer Branche nur noch unterdurchschnittlich wächst oder gar absolut zurückgeht. Beispiele hierfür sind die Landwirtschaft, die Textilindustrie (s. Abb. 2) oder der Bergbau (s. Abb. 3). Zum anderen können Branchen aber auch deshalb in Strukturkrisen geraten, weil sie den Anschluss an neuere technologische Veränderungen (z. B. Mikroelektronik) verpassen bzw. weil sie aufgrund veränderter internationaler Wettbewerbsbedingungen an Konkurrenzfähigkeit verlieren (z. B. Auftreten von Schwellenländern* im Textilbereich).

(Gerhard Mussel/Jürgen Pätzold [= M 46 a], S. 59, 65, 68)

Abb. 2: Beschäftigtenzahl in der Textilindustrie

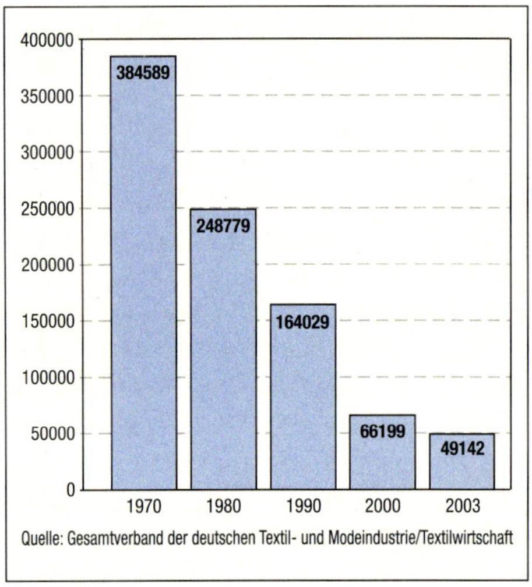

Abb. 3

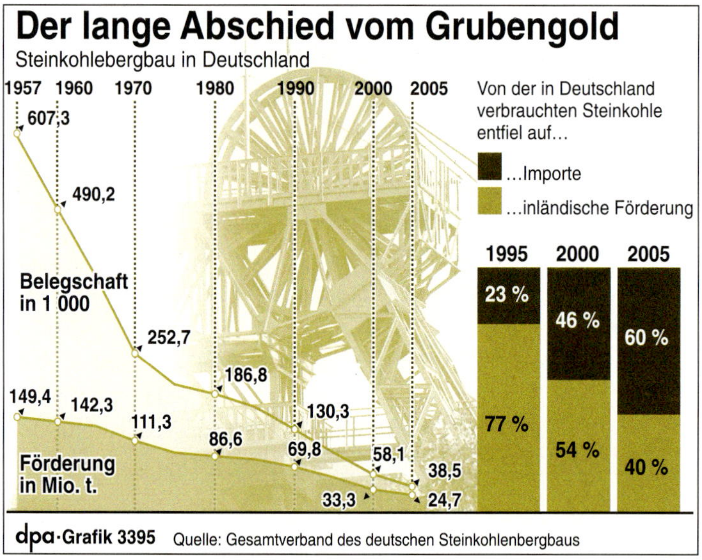

b) Berufs- und qualifikationsspezifische Arbeitslosigkeit

Die Ursachen für Ungleichgewichte auf Teilarbeitsmärkten können auch bei den Arbeitskräften selbst zu suchen sein, also beim **Arbeitskräfteangebot**. Es handelt sich hierbei um bestimmte Eigenschaften von Personen, die ein erhöhtes Risiko, arbeitslos zu werden, in sich bergen. Dahinter steht letztlich die Struktur des Arbeitskräfteangebots. [...]

[Insbesondere ist] Arbeitslosigkeit auch die Folge eines „falsch" gewählten Berufs bzw. eines zu niedrigen Ausbildungsniveaus. Dieser Tatbestand mündet in die **berufs- bzw. qualifikationsspezifische Arbeitslosigkeit**. Dieses Strukturmerkmal der Unterbeschäftigung besitzt in Deutschland ein besonders großes Gewicht. Nach einer Untersuchung des Instituts für Arbeitsmarkt- und Berufsforschung (Februar 2011) waren 22 % der Geringqualifizierten arbeitslos. Dabei schnitt Ostdeutschland mit 34 % deutlich schlechter ab als Westdeutschland (20 %). Bei Hochschulabsolventen lag die Quote dagegen nur bei 2,5 %. Wenngleich auch ein Studium keine Garantie für einen Arbeitsplatz bedeutet, belegen die Daten doch eindeutig, dass das Risiko, arbeitslos zu werden, umso geringer ist, je höherwertiger die Ausbildung der betreffenden Personengruppe war („Bildung schützt vor Arbeitslosigkeit"). Dieser Sachverhalt geht aus der Abbildung in M 44 d (S. 71) eindrucksvoll hervor. [...]

Abb. 4

„Schauen Sie mal, was der für kostbare Eier legt!"

c) Technischer Fortschritt und technologische Arbeitslosigkeit

Häufig wird die These vertreten, die zentrale Ursache für die anhaltende Arbeitslosigkeit in der Bundesrepublik liege im **technischen Fortschritt**. Er ziehe eine Beschleunigung des *Rationalisierungsprozesses* nach sich, die Folge sei Unterbeschäftigung. Tatsächlich sind in einzelnen Wirtschaftszweigen erhebliche Rationalisierungsschübe* als Folge der Anwendung neuer Technologien zu beobachten. [...]

Ungeachtet der potenziellen Gefahren für den Arbeitsmarkt sind Produktivitätsfortschritte* die zentrale Grundlage für die Steigerung des Wohlstandes einer Gesellschaft. **Produktivitätssteigerung** heißt, dass im Extremfall

- die gleiche Produktionsmenge mit einem geringeren Arbeitskräfteeinsatz (**Arbeitskräfteeinsparungseffekt** des technischen Fortschritts) oder
- eine höhere Produktion mit gleichem Arbeitskräfteeinsatz (**Wohlstandssteigerungseffekt** des technischen Fortschritts) erzeugt werden kann oder eine Kombination beider Effekte stattfindet.

Im *ersten Fall* wirken Produktivitätssteigerungen als „Jobkiller". Es gelingt nicht, den technischen Fortschritt in vollem Umfang in entsprechende Produktionssteigerungen „umzusetzen". Steigt die Produktivität um beispielsweise 1,5 % an und nimmt gleichzeitig die Produktion nur um 1 % zu, so werden einerseits 1,5 % der Arbeitsplätze „wegrationalisiert", andererseits benötigt man für die Produktionssteigerung nur 1 % mehr Arbeitsplätze. Per Saldo geht 0,5 % der Arbeitsplätze verloren (*Arbeitskräfteeinsparungseffekt*)[1].

Im zweiten Fall hingegen steht der Produktivitätssteigerung von 3 % eine Zunahme der Produktion von ebenfalls 3 % gegenüber. Hier werden zwar ebenfalls 3 % der Arbeitsplätze durch den technischen Fortschritt „wegrationalisiert", gleichzeitig aber entstehen 3 % mehr Arbeitsplätze, um die Produktionssteigerung bewältigen zu können. Dies bedeutet, dass die rechnerische Freisetzung von Arbeitsplätzen infolge des technischen Fortschritts vollständig kompensiert wird durch den Mehrbeschäftigungseffekt infolge der Zunahme der Produktion (*Wohlstandssteigerungseffekt*). [...]

- Umstritten ist allerdings, ob die auftretende Arbeitslosigkeit als „technologisch" etikettiert werden sollte. Ursache der *Produktivitäts-Produktions-Wachstums-Lücke* war nämlich nicht die Beschleunigung des technischen Fortschritts. Im Gegenteil: Die *Zuwachsraten der Arbeitsproduktivität** sind im Zeitablauf gesunken. Die potenzielle Freisetzung hat sich also – prozentual betrachtet – abgeschwächt. Noch rascher als die Produktivität sind allerdings die *Zuwachsraten der Produktion* gesunken.[1] Die (verringerte) Freisetzung von Arbeitskräften konnte somit nicht mehr durch Produktionssteigerungen kompensiert werden. Es wurden dadurch per Saldo Arbeitskräf-

[1] Für Deutschland zeigt sich, dass das Bruttoinlandsprodukt von 1991 bis 2006 um rund 24,3 % wuchs, aber die Produktivität je Erwerbstätigenstunde steigerte sich deutlicher, nämlich um knapp 32,4 %. Dadurch kam es zu einem Rückgang des gesamtwirtschaftlichen Arbeitsvolumens um rund 6 %.

te eingespart. Die eigentliche Ursache dieser Arbeitslosigkeit liegt insoweit nicht in der Beschleunigung des Rationalisierungsprozesses, sondern in der **Verlangsamung des wirtschaftlichen Wachstums**. Die zunehmende Arbeitslosigkeit in der Bundesrepublik seit Mitte der Siebzigerjahre ist damit zu einem erheblichen Teil auf die *anhaltende Wachstumsschwäche* zurückzuführen. So zeigen Berechnungen, dass für eine Verbesserung der Arbeitsmarktsituation gegenwärtig eine Zuwachsrate des realen BIP von ca. 1% bis 1,5% erforderlich ist. Diese **„Beschäftigungsschwelle“** hat sich im Laufe der Jahre allerdings deutlich nach unten verlagert [sie lag also früher deutlich höher]. Es ist deshalb sachgerechter, diese Art der Arbeitslosigkeit als **„Stagnationsarbeitslosigkeit“** zu bezeichnen.

d) Wachstumsschwäche und Stagnationsarbeitslosigkeit

- [...] Von Stagnation spricht man, wenn ein *anhaltender Rückgang* der Zuwachsraten des realen Inlandsprodukts zu verzeichnen ist. Die **Ursachen** einer anhaltenden „Wachstumsschwäche“ sind strittig. Vertreter der **Sättigungsthese** weisen darauf hin, dass Volkswirtschaften ohnehin nicht über längere Zeiträume hinweg mit konstanten Raten wachsen können. [...] Die Konsequenz wäre, dass der absolute Wohlstandszuwachs (in Mrd. Euro) fortwährend progressiv zunehmen würde. Es ist unbestritten, dass Wirtschaftssysteme in diesem Fall an „Grenzen des Wachstums“ (Club of Rome) stoßen müssen. Die Vertreter der Sättigungsthese verweisen zudem darauf, dass es mit zunehmendem Wohlstand auf immer mehr Märkten zu **Nachfragesättigungen** kommt, d.h., das Wirtschaftswachstum von der *Nachfrageseite* her begrenzt werde. In modernen Gesellschaften verlagern sich, so die Annahme, die Bedürfnisse zunehmend weg von denjenigen Bedürfnissen, die über die Märkte befriedigt werden, hin zu solchen Bedürfnissen, die „nicht marktorientiert“ sind. Verwiesen wird insbesondere auf das *Verlangen nach mehr Freizeit* und nach mehr immaterieller Lebensqualität. Die Folge eines derartigen **Wertewandels** von der marktorientierten Wohlstandsgesellschaft hin zur Freizeitgesellschaft sei die zu beobachtende Stagnation von Produktion und damit realem Volkseinkommen.
- **Angebotstheoretiker** (s. dazu später M 60), wie beispielsweise der Sachverständigenrat, sind hingegen der Auffassung, dass „Sättigung“ der über den Markt befriedigten Bedürfnisse keine reale Erscheinung ist. Die in der Realität zu beobachtende Stagnation des Produktions- und Volkseinkommenswachstums sei vielmehr Folge „falscher Rahmenbedingungen“ für die Investoren. Der Wunsch nach mehr materiellen und über die Märkte bereitgestellten immateriellen Gütern sei ohnehin vorhanden. Nach Auffassung des Rates sind die **Bedürfnisse** noch **keineswegs „gesättigt“**. Es gibt, so die Angebotstheoretiker, auch heute noch einen unbefriedigten Wunsch nach mehr Wohlstand und damit einen Wunsch nach noch höheren Realeinkommen – diese latenten Wünsche müssten nur geweckt und seitens der Produzenten befriedigt werden. Richtig sei zwar, dass auf einzelnen Märkten (Landwirtschaft, Haushaltsgeräte u.a. m.) Sättigungstendenzen zu beobachten seien. Diese „partiellen“ Sättigungen dürften jedoch nicht mit „allgemeiner“ Sättigung gleichgesetzt werden. Die zentrale Ursache der beobachtbaren Wachstumsschwäche wird vielmehr in angebotsseitigen Störungen gesehen. Es gibt – so die zentrale These – nicht mehr genug wagemutige **Pionierunternehmer** (s. Kasten, S. 40 unten), die durch das Eröffnen neuer Märkte [...] das Wachstum [...] vorantreiben.
- Die Gründe für die angebotsseitigen Hemmnisse sind vielschichtig. Sie werden vor allem in leistungs- und motivationshemmenden *Steuern* und *sozialpolitischen Regelungen* sowie in einem Netz staatlicher *Regulierungen* und Bevormundungen erkannt (vgl. dazu später M 60). Derartige Faktoren erweisen sich als Innovations- und Investitionshemmnisse. [...]

Verwiesen wird in diesem Zusammenhang auch auf *überhöhte Löhne*, die zu einer Verschlechterung der internationalen Wettbewerbsfähigkeit führen und damit den deutschen Standort für die Produzenten zunehmend unattraktiver machen. [...] Nach diesen Überlegungen ist Arbeitslosigkeit also die Folge zu hoher Löhne, man spricht daher auch von **„Hochlohnarbeitslosigkeit“**.

Zu beachten ist jedoch, dass bei diesem Ansatz nur der Kostencharakter der Löhne [Löhne stellen auch Nachfrage nach Konsumgütern dar] betont wird. [...] Außerdem sind Löhne nach unten hin nicht flexibel; die Existenz von Tarifverträgen zwischen Gewerkschaften und Arbeitgebern sorgt für *Mindestlöhne*, die nicht ohne Weiteres unterschritten werden können.

e) Demografische Arbeitslosigkeit

Arbeitsmarktprobleme können auch Folge einer **zu starken Ausdehnung des Arbeitskräfteangebots** sein (s. M 42, Z. 8 ff.). Auslöser dieses Effekts sind Faktoren wie:

- Eintritt *geburtenstarker Jahrgänge* auf dem Arbeitsmarkt,
- *Zuwanderungen* aus dem Ausland,
- Zunahme der *Erwerbstätigkeit von Frauen.*

Abb. 5: Erwerbsquoten von Frauen im Alter von 15 – 65 Jahren

	Jahr	insgesamt	ledig	verh.
West	1970	46,2	69,9	39,1
	1980	50,2	60,7	46,1
	1990	58,5	68,1	53,9
	2002	63,6	66,2	61,7
	2005	65,5		
Ost	1991	77,2	67,8	81,5
	2002	72,6	64,1	77,7
	2005	72,1	64,7	78,7
D	1995	62,6	65,6	60,8
	2002	65,3	65,8	64,5
	2006	68,4		

(© 2008, Hrsg. Institut der deutschen Wirtschaft Köln, Deutschland in Zahlen 2008; Deutscher Instituts-Verlag GmbH)

Steigt die Arbeitsnachfrage nicht im entsprechenden Ausmaß an, d.h., ist der Arbeitsmarkt nicht in der Lage, das zusätzliche Arbeitskräfteangebot zu absorbieren, so kommt es zu Unterbeschäftigung. Die Ursache für Arbeitslosigkeit liegt also in diesem Fall in der demografischen Entwicklung (Demografie ist die Bevölkerungswissenschaft). Man spricht daher von **„demografischer Arbeitslosigkeit"**. [...]

- Eine solche Erhöhung des Arbeitskräfteangebots ist in der Bundesrepublik Deutschland seit Ende der Siebzigerjahre beobachtbar. Folgt man den Schätzungen des Instituts für Arbeitsmarkt- und Berufsforschung, so hat sich das Arbeitskräfteangebot von 1977 bis 1989 um etwa 2,4 Mio. Personen erhöht (vgl. M 43). Das entspricht einem durchschnittlichen jährlichen Anstieg des Angebots an Arbeitskräften von über 200 000 Personen. Der Anstieg des Erwerbspersonenpotenzials seit 1978 war insbesondere Folge der Entwicklung der [hohen] **Geburtenraten** in den Sechzigerjahren sowie Folge der erheblich gestiegenen **Erwerbsbeteiligung von Frauen** (s. Abb. 5) sowie der **Zuwanderungen** aus dem Ausland. Soll ein derartiger demografisch bedingter Anstieg des Arbeitskräfteangebots nicht zu Arbeitslosigkeit führen, so müsste (unter sonst gleichen Umständen) die Zuwachsrate der gesamtwirtschaftlichen Produktion kräftig gesteigert werden. Das ist aber in den Achtzigerjahren nicht in ausreichendem Maße gelungen. Das Produktionswachstum reichte nicht nur nicht aus, um die durch Rationalisierung eingesparten Arbeitsplätze neu entstehen zu lassen; es war zudem auch „zu gering", um den demografisch bedingten Anstieg des Erwerbspersonenpotenzials zu kompensieren. Die Arbeitslosigkeit in der Bundesrepublik war insoweit zu einem erheblichen Teil auch demografischer Natur. [...]
- Mit dem Ende des ersten Jahrzehnts dieses Jahrhunderts durfte der **Höhepunkt** dieser Entwicklung erreicht sein. Nach allen vorliegenden Prognosen ist künftig mit einem ausgeprägten **Rückgang des Erwerbspersonenpotenzials** zu rechnen. Das Institut für Arbeitsmarkt- und Berufsforschung schätzt, dass das gegenwärtige Niveau des Erwerbspersonenpotenzials in Höhe von knapp 45 Mio. Arbeitskräften (2010) bis zum Jahr 2025 auf etwa 41 Mio. Personen sinken wird (s. Abb. 6). Der in den kommenden Jahrzehnten zu erwartende Rückgang des Arbeitskräfteangebots dürfte insoweit das Arbeitslosenproblem in Deutschland entschärfen, [...] die Wirtschaftspolitik [aber] vor neue Herausforderungen stellen (s. M 48 a).

(Gerhard Mussel/Jürgen Pätzold, Grundfragen der Wirtschaftspolitik, Verlag Franz Vahlen, München, 8. Aufl. 2012, S. 70 – 88)

Abb. 6

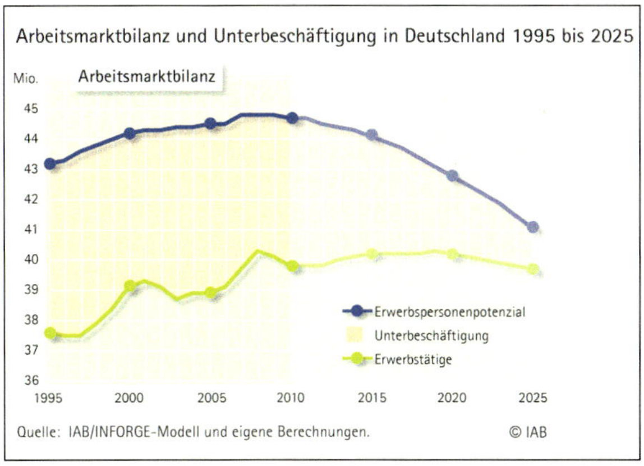

Erwerbspersonenpotenzial (s. M 39): 2010: 44,7 Mio.; 2025: 41,1 Mio.; **Arbeitskräftebedarf** (Erwerbstätige): 2010: 39,8 Mio.; 2025: 39,7 Mio.

„Die Bilanz aus Erwerbspersonenpotenzial und Erwerbstätigen zeigt, dass die gesamte Unterbeschäftigung (Arbeitslosigkeit plus Stille Reserve) rein rechnerisch deutlich kleiner wird und bis 2025 auf unter 1,5 Mio. Personen sinken könnte. Dies gilt allerdings nur, wenn der künftige Arbeitskräftebedarf auch qualifikatorisch gedeckt werden kann – sonst droht *Arbeitskräftemangel.*"

(Bundesagentur für Arbeit [Hg.], IAB-Kurzbericht 12/2010, S. 1 und 3 [Grafik]; http://doku.iab.de/kurzber/2010/kb1210.pdf)

Zur neuesten Prognose der Bundesagentur für Arbeit s. die Darstellung in M 48 a, Z. 71 ff.

M 48 Fachkräftemangel und atypische Beschäftigung – Problemzonen des Wandels der Arbeitswelt

M 48 a Demografischer Wandel und Fachkräftemangel

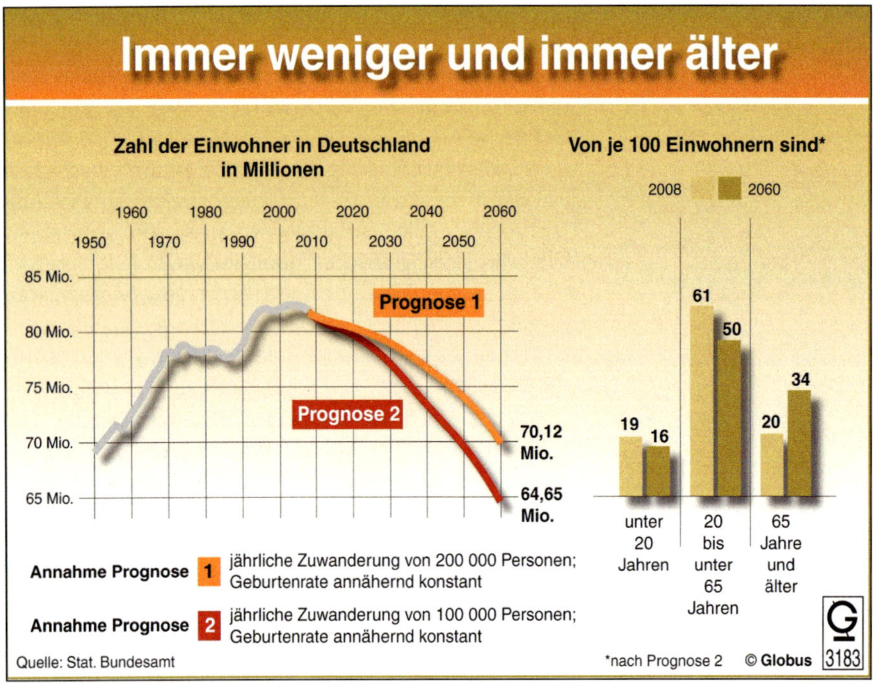

Abb. 1

• Der deutsche Arbeitsmarkt ist im Umbruch: Während die vergangenen Jahrzehnte von Strukturwandel und hohen Arbeitslosenquoten geprägt waren, erlebt die Nachfrage nach Arbeitskräften derzeit einen regelrechten Boom. Die Zahl der Erwerbstätigen erreichte im vierten Quartal 2010 den höchsten Stand seit der Wiedervereinigung, die Arbeitslosigkeit den niedrigsten Wert seit 1992 (s. M 43). In einigen Branchen und Regionen werden bereits heute die Fachkräfte – also Personen mit mindestens einer abgeschlossenen Berufsausbildung oder einem vergleichbaren Sekundärabschluss – knapp. Dies ist keineswegs nur ein Strohfeuer. Denn aufgrund der demografischen Entwicklung wird das sogenannte Erwerbspersonenpotenzial, also die Gesamtzahl von Personen in Deutschland, die theoretisch in der Lage sind, einer Arbeit nachzugehen, bis zum Jahr 2025 um rund 6,5 Millionen Personen sinken (s. Abb. 2) – und damit auch das Angebot an qualifizierten Fachkräften. Wenn nicht aktiv gegengesteuert wird, fehlt es in Zukunft also deutlich an jenen Fachkräften, die ein Motor für Wachstum und Wohlstand sind. So werden nach Berechnungen des Instituts zur Zukunft der Arbeit bis zum Jahr 2020 rund 240 000 Ingenieure fehlen (vgl. Abb. 2). […]

Abb. 2

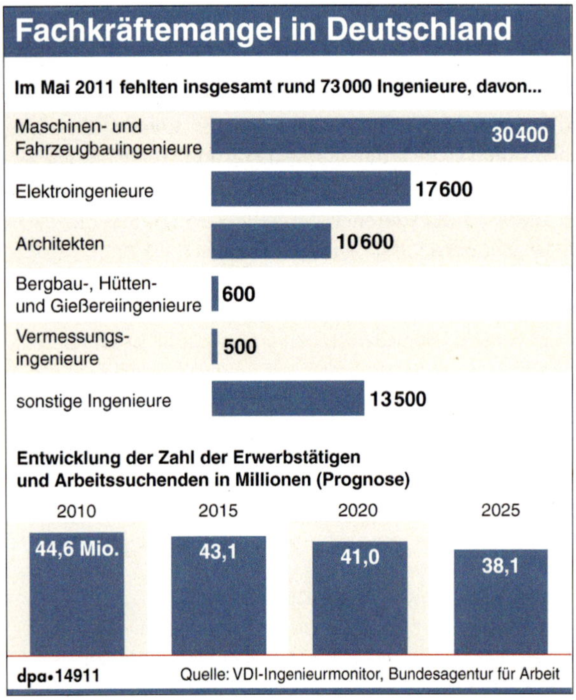

• Der Konjunkturaufschwung sorgt schon heute dafür, dass nicht alle Stellen für Fachkräfte kurzfristig besetzt werden können. Dies mag angesichts von rund 3 Millionen Arbeitslosen zunächst verwundern. Doch es lässt sich einfach erklären, denn Arbeit ist der Sammelbegriff für sehr verschiedenartige Tätigkeiten – die Qualifikation ist für die Einsatzmöglichkeit entscheidend. *Fachkräftemangel bei gleichzeitiger Arbeitslosigkeit* ist ein strukturelles Phänomen des Arbeitsmarktes, das im konjunkturellen Aufschwung zunimmt. In der Ökonomie wird von „Mismatch" gesprochen, wenn offene Stellen auch bei Arbeitslosigkeit nicht besetzt werden können. Mismatch ergibt sich einerseits durch Informations- und Suchdefizite, aber auch daraus, dass Arbeitsnachfrage und -angebot im Hinblick auf berufliche Qualifikationen, Regionen und Sektoren nicht zueinander passen. Vor allem qualifikatorische Lücken lassen sich häufig nicht kurzfristig schließen, weil sie von langfristigen Bildungs- und Investitionsentscheidungen abhängen.

Mismatch und Fachkräftemangel lassen sich allerdings

Abb. 3

schwer prognostizieren, weil sich in Marktwirtschaften Löhne und Preise, Arbeitsnachfrage und -angebot fortlaufend anpassen. Dauerhafte Lücken zwischen Nachfrage und Angebot lassen sich deshalb vor allem in Bereichen beobachten, in denen die Löhne nur bedingt durch den Markt gesteuert werden, etwa im Gesundheits- und Erziehungsbereich. Grundsätzlich gilt, dass Lücken zwischen Arbeitsnachfrage und -angebot aktuell eher in akademischen Berufen und hier vor allem in Berufen mit technischer Ausrichtung auftreten.

- Die gegenwärtige Situation mag zu einem guten Teil konjunkturell bedingt sein – doch auch unabhängig von konjunkturellen Einflüssen wird sich die Fachkräftesituation mittel- und langfristig verschärfen. Gemäß dem demografischen Szenario des IAB wird das sogenannte Erwerbspersonenpotenzial in Deutschland (EPP) ohne Zuwanderung und bei konstanter Erwerbsquote von heute knapp 45 Millionen Personen bis zum Jahr 2050 auf knapp 27 Millionen Personen sinken. Der Rückgang beginnt allmählich und beschleunigt sich ab dem Jahr 2020: Bis 2020 sinkt das EPP um 3,6 Millionen auf 41,0 Millionen Personen und bis zum Jahr 2025 um 6,5 Millionen auf dann nur noch 38,1 Millionen Personen.

Prognosen verschiedener Institute sagen daher für die Zukunft eine deutliche Zuspitzung des Fachkräfteengpasses voraus. Eine McKinsey-Studie rechnet mit 2 Millionen fehlenden Fachkräften bis zum Jahr 2020. Das Prognos-Institut veranschlagt bis zum Jahr 2030 eine sogenannte „Fachkräftelücke“ von 5,2 Millionen Personen, davon 2,4 Millionen Akademiker und 600 000 Geringqualifizierte. […]

- Als wissens- und innovationsstarkes Land mit solider industrieller Basis sollte Deutschland alles daransetzen, derartige aus dem Fachkräftemangel folgende Entwicklungen zu verhindern. Dies ist eine quantitative und qualitative Herausforderung. Zum einen gilt es, den demografisch bedingten EPP-Rückgang bestmöglich auszugleichen – dies nutzt langfristig auch den öffentlichen Haushalten und den sozialen Sicherungssystemen. Zum anderen erfordert die künftige Wissensgesellschaft vielfach neue und andere Qualifikationen der Arbeitnehmer auf allen Ebenen, damit sie an Wachstum und Wohlstand teilhaben können.

(www.arbeitsagentur.de/zentraler-Content/Veroeffentlichungen/Sonstiges/Perspektive-2025.pdf; Bundesagentur für Arbeit, Perspektive 2025. Fachkräfte für Deutschland, Januar 2011, S. 3, 6 ff.)

1. Erläutern Sie, was man unter dem Begriff der „demografischen Alterung“ versteht, und beschreiben Sie die Entwicklung der Einwohnerzahl, die das Statistische Bundesamt für die Zukunft prognostiziert (M 48, Abb. 1). Auf die wichtigsten Ursachen für diese Entwicklung, das sog. „Geburtendefizit“ und die steigende Lebenserwartung, können wir an dieser Stelle nicht näher eingehen.

2. Beschreiben Sie, welche Auswirkungen der demografische Wandel auf die Entwicklung des Erwerbspersonenpersonals (EPP; zum Begriff s. M 39) hat und in welchen Berufsbereichen sich daraus ein „Fachkräftemangel“ ergeben kann (Text und Abb. 2).

3. Erläutern Sie die einzelnen Maßnahmen, welche die Bundesagentur für Arbeit zur Bekämpfung des Fachkräftemangels vorschlägt. Beurteilen Sie sie aus Ihrer Sicht im Hinblick auf ihre Wirksamkeit und ggf. auf Schwierigkeiten und Probleme, die mit ihrer Durchführung verbunden sein könnten.

M 48 b „Problemzone" atypische Beschäftigung

Ein wesentliches Merkmal der neuen Arbeitsgesellschaften ist die *informationstechnologische Durchdringung des gesamten Produktionsapparates.* Dies betrifft nicht nur die Informations- und Kommunikationsindustrien im engeren Sinne. Nahezu jeder Produktionsarbeiter muss heute mit einem PC umgehen können. Bei den Kassen der Kassiererinnen im Supermarkt und der Waage in der Fleischerei handelt es sich um leistungsfähige, vernetzte Computer, die, statt nur den Preis eines Produkts anzuzeigen, zur Verwaltung von Lagerbeständen für Bestellungen genutzt werden. Entscheidend ist jedoch, dass die Informatisierung der Arbeit zu einer dramatischen Beschleunigung ökonomischer Prozesse und zu erhöhtem Innovationsdruck beigetragen hat.

(Klaus Dörre, Die neue Arbeitsgesellschaft: entgrenzt, flexibel, unsicher? In: Praxis Politik 1/2011, Westermann Verlag Braunschweig 2011, S. 6)

Der tief greifende Wandel im Wirtschafts- und Beschäftigungssystem ist durch verschiedene Faktoren ausgelöst worden. In erster Linie ist auf den technischen Fortschritt hinzuweisen, der sowohl die Arbeitsabläufe, die Produkte, die Produktivität, die Entlohnung sowie die Bildungs- und Qualifikationsanforderungen beeinflusst hat (s. Kasten). Besonders deutlich wird dies bei der Informations- und Telekommunikationstechnologie (ITK), die folgende Eigenschaften aufweist:

- *Konvergenz*: ITK lässt Märkte zusammenwachsen, indem der Austausch von Daten über Mobilfunk- und Festnetze erleichtert und verbilligt wird. Die unmittelbare Folge ist ein höherer Wettbewerbsdruck.
- *Ubiquität*: ITK wird allgegenwärtig. Im gewerblichen Bereich sind bereits durchgehend vernetzte Systeme verbreitet, die komplette Wertschöpfungsketten* abdecken; Prozess- und Produktinnovationen basieren zunehmend auf ITK, ebenso fast alle Produkte wie Werkzeugmaschinen, Autos, aber auch Konsumgüter enthalten unzählige IT-Komponenten.
- *Flexibilität*: ITK fördert die Anpassungsfähigkeit von Organisationen (Produzenten, Zulieferern, Vertrieb). Diese vernetzen sich zusehends global; es entstehen relativ lose Verbindungen von modularen Funktionen, die voneinander entkoppelt und neu kombiniert werden können.
- *Datennutzbarkeit*: ITK ermöglicht die effektive Nutzung von Informationen und digitalen Inhalten. Die Menge an weltweit gespeicherten Daten wächst exponentiell. Angeheizt wird die Entwicklung durch das Auftreten eines neuen Produzenten – nämlich des Nutzers selbst. Mittels Blogs, Wikis und Podcasts generiert der Konsument große Mengen von Inhalten, die er über Web-Plattformen anderen Nutzern zugänglich macht.

Das bringt *neue Güter und neue Berufsfelder* hervor. Die Bedeutung des „Humankapitals*" steigt in vielen Fällen, aber das Wissen verfällt auch schneller und zwingt die Menschen zur ständigen Weiterbildung. Das Institut der deutschen Wirtschaft Köln hat zusätzlich zur technologischen Entwicklung, Globalisierung und Tertiarisierung[1] weitere „Megatrends" identifiziert: Zum einen ist es die *Pluralisierung* und *Individualisierung* der Lebensentwürfe, die auf den steigenden Wohlstand, die Verkürzung der Arbeitszeit und das gestiegene Bildungsniveau zurückzuführen ist. Flexiblere Beschäftigungsformen wie Zeitarbeit und Teilzeitarbeit gewinnen an Gewicht, was vor allem Frauen neue Berufschancen eröffnet. Zum anderen spielt der demografische Wandel eine Rolle (s. dazu M 48 a). [...]

Der skizzierte Wandel von Wirtschaft und Beschäftigung erzeugt freilich auf individueller Ebene *Gewinner und Verlierer* [...], die Problemzonen in der neuen Arbeitswelt, die **Entwicklung der atypischen Beschäftigungsverhältnisse und des Niedriglohnsektors** [...]: Während dieser Bereich zu Beginn der 1990er-Jahre noch knapp 20 Prozent der arbeitenden Bevölkerung umfasste, sind es derzeit etwa 37 Prozent. [...].

[1] Tertiarisierung: Strukturwandel hin zum „tertiären" (dritten) Sektor der Volkswirtschaft, d.h., hin zur Dienstleistungsgesellschaft (s. M 47 a).

Abb. 1

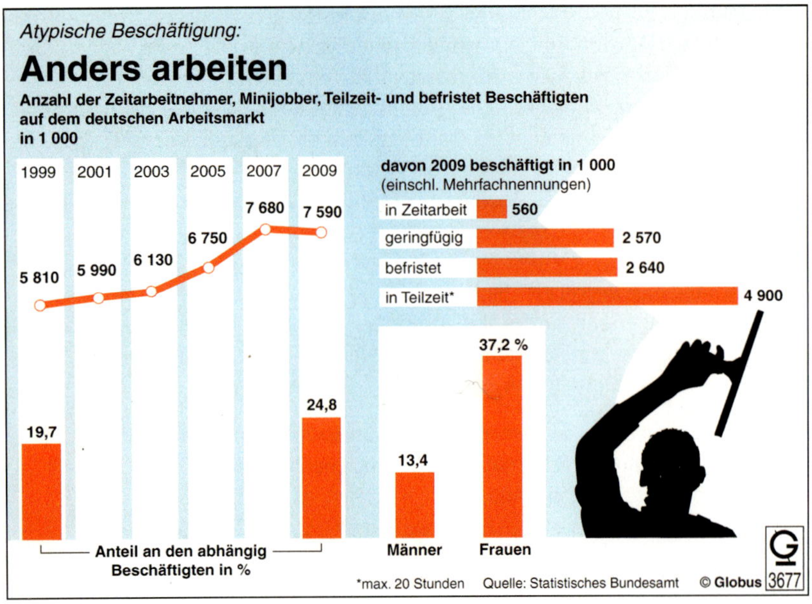

Ein NAV ist durch folgende Merkmale gekennzeichnet: a) unbefristete Dauer der Anstellung; b) Vollzeitbeschäftigung und (8-Stunden-)Tagesarbeit; c) Arbeitnehmer arbeiten unselbstständig und kontinuierlich für einen Arbeitgeber, sie unterliegen dabei seiner Weisungsgewalt und sind in die betrieblichen Strukturen integriert; d) Arbeitsplatz und Wohnung sind räumlich (bzw. Arbeit und Freizeit funktional) voneinander getrennt; e) durch die Sozialversicherungspflichtigkeit der Arbeit erfolgt ebenfalls die soziale Absicherung.

Atypische Beschäftigungsverhältnisse beziehen sich auf Arbeitsverträge, die von den im Kern des Arbeitsmarktes üblichen Standards (d. h. dem Normalarbeitsverhältnis, NAV; s. Kasten) deutlich abweichen. Dazu zählen

- zeitlich befristete Beschäftigungsverhältnisse, die nicht vom allgemeinen Kündigungsschutz erfasst sind;
- Erwerbstätigkeit im Rahmen der Arbeitnehmerüberlassung bzw. *Zeitarbeit*;
- Arbeit, die außerhalb des allgemein üblichen Sozialversicherungsschutzes ausgeübt wird, wie zum Beispiel Minijobs (s. Abb. 2);
- (schein-)selbstständige Arbeit, bei der es sich um ein Quasi-Beschäftigungsverhältnis handelt, ohne dass entsprechender arbeits- und sozialrechtlicher Schutz vorhanden ist;
- Beschäftigung mit einem geringen Monats- oder Stundenlohn.

Atypische Beschäftigung variiert nach Branche und Form, aber auch nach Betroffenheit (s. Grafik). So befanden sich 2007 rund 38 Prozent der abhängig beschäftigten Frauen in atypischer Beschäftigung, von den Männern nur 14 Prozent. Stark verbreitet ist das Phänomen auch unter jungen Menschen (15 bis 24 Jahre), unter *Personen mit keinem oder nur niedrigem Berufsabschluss* (42 %) und unter Nicht-EU-Ausländern.

Niedriglohnbeschäftigung bezieht sich speziell auf die Einkommensdimension dieser Arbeitsverhältnisse, was in Deutschland sechs bis sieben Millionen Menschen betrifft. Sie erhalten weniger als zwei Drittel des Medianeinkommens [mittleren Einkommens]; 2006 lag diese Schwelle bei einem Stundenlohn von 9,61 Euro in West- und 6,81 Euro in Ostdeutschland. [...] Unter allen abhängig Beschäftigten liegt der Anteil bei gut 22 Prozent (2006) – das heißt, mehr als jeder Fünfte ist gering bezahlt.

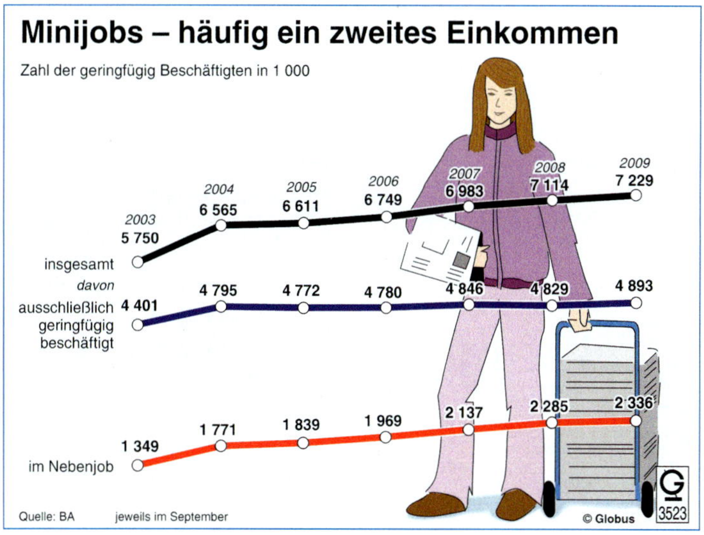

Problematisch ist dabei die geringe Aufstiegsdynamik, was eigentlich die Erwartung bei der [...] Verabschiedung der Hartz-Gesetze gewesen ist. Atypische Beschäftigung sollte als eine Art Sprungbrett aus der Arbeitslosigkeit in ein Normalarbeitsverhältnis dienen. Dieses hat sich jedoch nur bedingt erfüllt, denn nur etwa jeder achte Geringverdiener von 1998/1999 erreichte sechs Jahre später einen Lohn oberhalb der Geringverdienerschwelle. Jeder Dritte blieb als Vollzeitbeschäftigter im Niedriglohnbereich hängen.

(Josef Schmid, Zum Strukturwandel der Arbeitswelt. In: Aus Politik und Zeitgeschichte 48/2010 v. 29.11.2010, S. 5f., 6f.; http:// www.bpb.de/files/22BM4G.pdf)

1 Erläutern Sie mit eigenen Worten, inwiefern insbesondere die Informations- und Telekommunikationstechnologie einen „tief greifenden Wandel im Wirtschafts- und Beschäftigungssystem" ausgelöst hat und welche weiteren „Megatrends" dazu beigetragen haben (M 48 b).

2 Beschreiben Sie die viel diskutierte Zunahme „atypischer Beschäftigungsverhältnisse" in Deutschland in den letzten 10 Jahren und ihre problematischen Folgen für bestimmte Teile der Beschäftigten. Weitere Informationen zu dieser Problematik können Sie über die in der Quelle angegebene Internetadresse erhalten.
Achten Sie zu den Prozentangaben im Text darauf, dass hier – im Unterschied zu Abb. 2 und der Definition des Statistischen Bundesamtes (https://www.destatis.de/DE/Meta/AbisZ/AtypischeBeschaeftigung.html) – als Bezugsgröße der gesamte „Niedriglohnsektor" mit einbezogen wurde.

3 Beurteilen Sie kriterienorientiert die in M 48 b beschriebene Entwicklung.

5. Die Entwicklung des Außenhandels und die Bedeutung der Wechselkurse

Der Außenhandel in der Zahlungsbilanz

M 49 Deutschlands Exporte und Importe

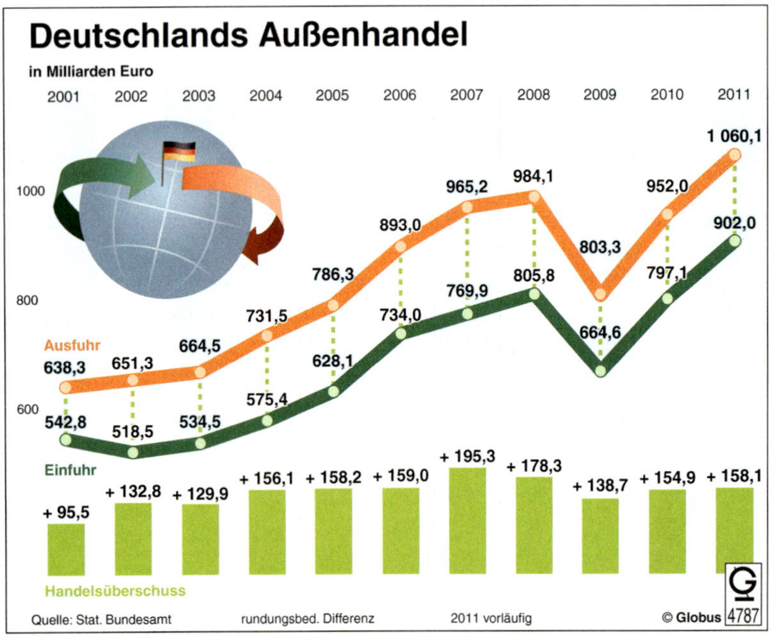

Abb. 1

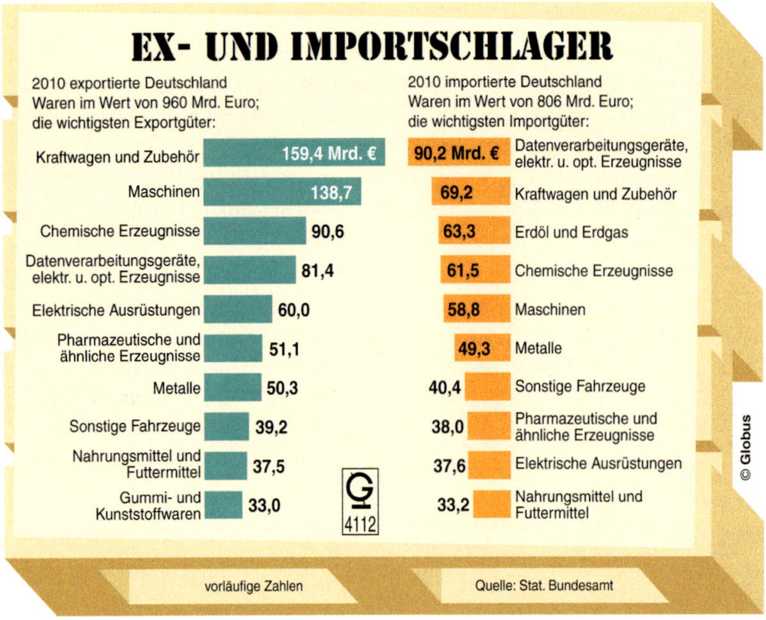

Abb. 2

Deutschland ist neben China und den USA die weltweit führende Handelsnation, was natürlich auch eine starke Abhängigkeit von der Weltwirtschaft bedeutet [seit 2009 ist China „Exportweltmeister“ vor Deutschland und den USA (fast gleichauf) sowie – mit Abstand – Japan]. Der Anteil der Exporte und der Importe von Waren und Dienstleistungen am deutschen Bruttoinlandsprodukt betrug 2008 rund 47 Prozent (Exportquote) bzw. 41 Prozent (Importquote). Die Grafik (Abb. 2) zeigt, mit welchen Gütern Deutschland heute internationalen Handel treibt.
Deutschland ist offenbar auf die Einfuhr von Energie und landwirtschaftlichen Gütern angewiesen. Das wird an den großen *Importüberschüssen* bei diesen Waren sichtbar. Mit der heutigen Produktions- und Konsumstruktur könnten wir uns nicht selber ernähren! Erhebliche Importüberhänge finden sich auch bei einzelnen Konsumgütern, insbesondere Bekleidung und Schuhen sowie im Reiseverkehr (die Deutschen sind Weltmeister im Urlaubmachen!).
Die größten *Exportüberschüsse* erzielt Deutschland mit Kraftwagen und Kraftwagenteilen, Maschinen und chemischen Erzeugnissen. Betrachtet man den Warenhandel nach Ländergruppen, so wird deutlich, dass der weit überwiegende Teil des deutschen Außenhandels mit den europäischen Ländern, insbesondere den EU-Ländern, stattfindet. (2009 gingen 73,7 % des deutschen Exports in europäische Länder [Asien und Pazifik: 11,6 %; USA: 7,9 %; Naher/Mittlerer Osten: 2,8 %; Afrika: 2,1 %; Lateinamerika: 1,7 %.]; vgl. M 52).

(Herbert Sperber, Wirtschaft verstehen, Schäffer-Poeschel Verlag, Stuttgart, 3. Aufl. 2009, S. 294)

1 Beschreiben Sie die Entwicklung (Abb. 1) und die große Bedeutung des Außenhandels für Deutschland anhand der Export- und Importquote und der Stellung Deutschlands als Handelsnation in der Welt. (M 49)

2 Machen Sie sich ein Bild von der Struktur der Export- und Importgüter (s. Abb. 2) und überprüfen Sie an einigen Beispielen die Angaben des Textes zu Export- und Importüberschüssen.

3 Gehen Sie gesondert auf die Fragen ein,
- worin der Grund für den riesigen Importüberschuss bei der Gütergruppe Energie/Erdöl/Erdgas liegt,
- wie sich erklären lässt, dass die übrigen Spitzenpositionen bei Export und Import zum großen Teil dieselben Gütergruppen betreffen, und
- wie (auf welche Länder bezogen) der Importüberschuss bei der Gütergruppe EDV/Elektronik/Optik erklärt werden kann (begründete Vermutung).

M 50 Der Außenhandel in der Zahlungsbilanz

Die wirtschaftlichen Beziehungen eines Landes mit der übrigen Welt schlagen sich in seiner Zahlungsbilanz nieder. Die Zahlungsbilanz ist die wertmäßige Gegenüberstellung aller wirtschaftlichen Transaktionen (= Vorgänge) eines Landes mit der übrigen Welt für einen bestimmten Zeitraum. Sie wird von der *Zentralbank* errechnet.
Welche Arten von Transaktionen kann man im Außenhandel unterscheiden? Wichtig für das Verständnis der wirtschaftlichen Wirkungen des Außenhandels auf ein Land ist zu wissen, ob bei einer bestimmten Transaktion ausländische Zahlungsmittel (= *Devisen*) in das Land hereinfließen oder aus dem Land abfließen. Wir wollen deshalb im Folgenden darauf unser besonderes Augenmerk richten.

Warenexport und Warenimport

Den Verkauf eines im Inland produzierten Gutes an das Ausland nennt man *Warenexport* (z. B. den Verkauf eines Fasses Münchner Bieres oder eines „Golfs“ an die USA), den Kauf eines im Ausland produzierten Gutes *Warenimport* (z. B. eines japanischen Toyota durch einen deutschen Autofahrer). Beim Warenexport fließen der Bundesrepublik ausländische Zahlungsmittel zu: Der deutsche Exporteur erhält für das gelieferte bayerische Bier oder den verkauften Golf amerikanische Dollars und tauscht diese bei seiner deutschen Bank in Euro um. Diese wiederum überweist die US-Dollars an die Zentralbank, die ihr dafür den entsprechenden Euro-Betrag gutschreibt. Man sagt, die Zahlungsbilanz hat sich *aktiviert*, weil der Bestand an Devisen bei der Zentralbank gestiegen ist.
Umgekehrt sagt man, die Zahlungsbilanz hat sich *passiviert*, wenn der Devisenbestand bei der Zentralbank schrumpft. Dies tritt ein, wenn ein deutscher Autofahrer sich einen japanischen Toyota kauft. Er bezahlt ihn zwar in Euro, der deutsche Importeur besorgt sich dafür bei seiner Geschäftsbank Japanische Yen, die diese wiederum bei der Zentralbank kauft. Oder: Der deutsche Importeur bezahlt seinen japanischen Geschäftspartner, bei dem er den Toyota einkauft, in Euro, dieser tauscht den Euro-Betrag bei einer japanischen Geschäftsbank in Japanische Yen, die ihrerseits der japanischen Zentralbank Euro zum Umtausch in Japanische Yen gibt. Die japanische Zentralbank wird diese Euro in eine Währung umtauschen wollen, die japanische Importeure benötigen, um Waren nach Japan einführen zu können, also z. B. amerikanische Dollar. Früher oder später landen die aus einem deutschen Import stammenden Euro wieder bei der Deutschen Zentralbank, und sie muss dann dafür ausländische Zahlungsmittel abgeben.
Die Gegenüberstellung aller Warenexporte und -importe nennt man **Handelsbilanz**.

Exporte und Importe von Dienstleistungen

Nicht nur Güter, sondern auch Dienstleistungen werden im internationalen Handel zwischen den Ländern ausgetauscht. Zwei Beispiele:
Eine Verkaufsdelegation japanischer Fotoartikel-Hersteller reist zur Photokina nach Köln. Die Damen und Herren mieten mehrere Zimmer in einem Kölner Hotel, nehmen Speisen und Getränke zu sich, führen zahlreiche Telefongespräche usw. Wirtschaftlich betrachtet importieren sie damit deutsche Dienstleistungen nach Japan oder anders ausgedrückt: Die Bundesrepublik exportiert Dienstleistungen. Dabei fließen ebenso wie beim Verkauf einer Ware, wie z. B. eines Autos nach Japan, ausländische Zahlungsmittel in die Bundesrepublik. Die Zahlungsbilanz aktiviert sich.

Abb.: Aufbau der Zahlungsbilanz

	I. Leistungsbilanz		
	Handelsbilanz		
	Warenexporte	Warenimporte	
	Dienstleistungsbilanz		
	Einnahmen aus geleisteten Diensten	Ausgaben für empfangene Dienste	
	Bilanz der Erwerbs- und Vermögenseinkommen		
	empfangene Erwerbs- und Vermögenseinkommen	geleistete Erwerbs- und Vermögenseinkommen	
	Bilanz der laufenden Übertragungen		
	empfangene Übertragungen	geleistete Übertragungen	
	II. Kapitalbilanz		
Kapitalimport	Abnahme der Forderungen*	Zunahme der Forderungen	Kapitalexport
	Zunahme der Verbindlichkeiten*	Abnahme der Verbindlichkeiten	

(Nach: Günter Ashauer, Grundwissen Wirtschaft, Ernst Klett Schulbuchverlag, Leipzig 2005, S. 181)

Anderer Fall: Eine deutsche Familie fliegt für drei Wochen nach Miami in Florida in Urlaub. Hier werden von den Deutschen Dienstleistungen des Auslands gekauft (Übernachtung, Verpflegung usw.), es handelt sich also um einen Import von Dienstleistungen durch die Bundesrepublik. Folglich fließen ausländische Zahlungsmittel aus der Bundesrepublik ab, die Zahlungsbilanz passiviert sich.
Die Gegenüberstellung von Dienstleistungsexporten und -importen nennt man **Dienstleistungsbilanz.**

Erwerbs- und Vermögenseinkommen

Zwischen Ausländern und Inländern fließen auch Einkommen, die im Wesentlichen aus zwei Quellen stammen:
Zum einen sind es die Löhne und Gehälter (Erwerbseinkommen) von sog. „Grenzgängern", d. h. von Personen, die im Inland (Ausland) ihren Wohnsitz haben, aber im Ausland (Inland) ihren Arbeitsplatz haben. Zum anderen sind es grenzüberschreitende Zinsen und Gewinne (Vermögenseinkommen, Kapitalerträge) aus Guthaben und Investitionen: Einkommen von Inländern (Ausländern), die im Ausland (Inland) Geld ausgeliehen oder Investitionen vorgenommen haben.

Übertragungen an das Ausland/des Auslands an uns

Nicht immer, wenn Gelder aus der Bundesrepublik abfließen oder ihr zufließen, müssen dem Verkäufe oder Käufe von Waren bzw. Dienstleistungen vorangegangen sein. Es kann sich vielmehr auch um unentgeltliche Übertragungen handeln. Beispielsweise erfährt die Bundesrepublik einen Devisenabfluss, wenn ein türkischer Arbeitnehmer einen Teil seines Einkommens an seine Familie in die Türkei überweist oder wenn die Bundesrepublik Beiträge an internationale Organisationen (EU, NATO usw.) leistet. Diese Zahlungen werden in der **Übertragungsbilanz** erfasst.

Kapitalanlagen im Ausland/des Auslands bei uns

Weitere für die Zahlungsbilanz sehr wichtige Transaktionen sind der Kapitalexport und -import [Wertpapiere*, Kredite, Direktinvestitionen[1]]. Wenn ein Inländer eine amerikanische Aktie kauft, importiert er aus dem Ausland ein Wertpapier, dafür fließt Geld aus der Bundesrepublik ab (= *Kapitalexport*). Die Zahlungsbilanz passiviert sich also.
Wenn umgekehrt ein Amerikaner Kapital in der Bundesrepublik anlegt und beispielsweise Daimler-Aktien kauft, fließt ausländisches Geld in die Bundesrepublik (= *Kapitalimport*). Es handelt sich dann um den Export eines Wertpapiers, die Zahlungsbilanz aktiviert sich.
Die Gegenüberstellung der Kapitalanlagen von Inländern im Ausland und der von Ausländern im Inland bezeichnet man als **Kapitalbilanz** oder *Kapitalverkehrsbilanz*. Der Leser sollte sich bei dieser Bilanz nicht durch die Ausdrücke Export und Import in Verbindung mit Kapital irritieren lassen. Kapitalexport, also die Anlage von Kapital im Ausland, wirkt passivierend auf die Zahlungsbilanz, weil Gelder aus dem Inland abfließen; Kapitalimport, also die Anlage ausländischen Kapitals in der Bundesrepublik, wirkt hingegen aktivierend auf die Zahlungsbilanz, denn hierbei fließt ausländisches Geld in die Bundesrepublik.
Wir sind nun in der Lage, die einzelnen Positionen der Zahlungsbilanz zu verstehen, die in der Abbildung (s. o.) dargestellt sind. Handelsbilanz, Dienstleistungsbilanz und Übertragungsbilanz zusammengenommen werden als *Leistungsbilanz* bezeichnet. Die *Kapitalbilanz* zeigt – wie bereits erwähnt – die erfolgten Kapitalanlagen von Inländern im Ausland und von Ausländern im Inland. [...]

(Hermann Adam, Bausteine der Wirtschaft, VS Verlag für Sozialwissenschaften, Wiesbaden, 15. Aufl. 2009, S. 81–85)

[1] Direktinvestitionen sind im Wesentlichen finanzielle Beteiligungen an einem ausländischen Unternehmen oder Gründungen von Tochterfirmen im Ausland (vgl. dazu auch M 103, Abb. 2). 2010 betrug der Wert deutscher Direktinvestitionen im Ausland 79 172 Mio. Euro, der ausländischer Direktinvestitionen in Deutschland 34 833 Mio. Euro. Das trug wesentlich zur negativen deutschen Kapitalbilanz (s. M 51 a) bei.

1 Beschreiben Sie die Funktion und den Aufbau der Zahlungsbilanz und fassen Sie mit eigenen Worten zusammen, worauf sich jeweils die einzelnen Teilbilanzen beziehen (M 40).

2 Überprüfen Sie Ihr Verständnis durch die Zuordnung der folgenden konkreten Transaktionen zu den Teilbilanzen:
- Kauf (Verkauf) von Kraftfahrzeugen aus dem (an das) Ausland;
- eine deutsche Reederei lässt ihre Schiffe bei einem englischen Versicherungsunternehmen versichern;
- Ausgaben amerikanischer Touristen für eine Reise nach Deutschland und umgekehrt;
- Einkommen grenznah wohnender, in Deutschland arbeitender Franzosen („Pendler");
- Katastrophenhilfe für ein von einem Erdbeben betroffenes Land;
- Entwicklungshilfekredit für ein Dritte-Welt-Land;
- Tilgung des Kredits durch das Entwicklungsland;
- Zinseinkünfte für im Ausland angelegtes Kapital.

M 51 Struktur und Entwicklung der deutschen Zahlungsbilanz

a) Wichtige Posten der Zahlungsbilanz der Bundesrepublik Deutschland 2007 – 2011

	Leistungsbilanz									
		Außenbeitrag zum BIP					Laufende Übertragungen			
		Handelsbilanz		Dienstleistungen				darunter		
Zeit	Saldo der Leistungsbilanz	Außenhandel	Ergänzungen zum Warenhandel	insgesamt	darunter Reiseverkehr	Erwerbs- und Vermögenseinkommen	insgesamt	Beitrag zum EU-Haushalt	Gastarbeiterüberweisungen	Kapitalbilanz
	Mio. Euro									
2007	+181 150	+195 348	−9 816	−14 852	−34 324	+43 310	−32 841	−17 548	−2 997	−210 151
2008	+154 833	+178 297	−14 058	−11 585	−34 718	+35 565	−33 386	−16 645	−3 079	−160 196
2009	+133 744	+138 697	−11 604	−10 437	−33 341	+50 105	−33 017	−16 603	−2 995	−145 427
2010	+141 495	+154 863	−11 415	−8 349	−32 778	+44 483	−38 086	−19 542	−3 035	−140 301
2011	+135 898	+158 122	−19 728	−7 761	−33 018	+40 859	−35 594	−19 162	−2 977	−139 346

(Deutsche Bundesbank, Monatsbericht Februar 2012, S. 69* und 71*) – Zur längerfristigen Entwicklung des Außenhandels s. Abb. 1 in M 49.

b)

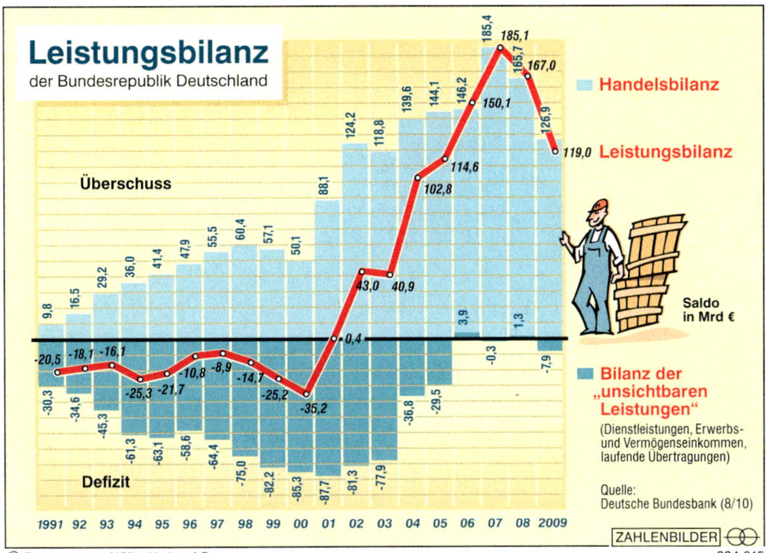

 394 015

Unterschiedliche Zahlenwerte in der Tabelle (a) und der Grafik (b) beruhen auf Nachberechnungen (die Grafik basiert auf dem Berechnungsstand von Anfang 2010, die Tabelle auf dem Stand von Februar 2012).

Während es nach dem Zweiten Weltkrieg* lange Jahre hindurch nur (zum Teil recht hohe) Leistungsbilanzüberschusse gegeben hat (**aktive** Leistungsbilanz), wies die Leistungsbilanz in den Jahren 1979–1981 erstmalig ein Defizit auf (**passive** Leistungsbilanz) – eine unmittelbare Folge der zweiten umfassenden Ölpreiserhöhung. Auch ab 1991 ergaben sich aufgrund der Wiedervereinigung hohe Leistungsbilanzdefizite (s. M 51 b): Der Importsog in den neuen Bundesländern löste eine entsprechende Verringerung des traditionellen Außenhandelsüberschusses aus. Da gleichzeitig erhebliche Übertragungen zu leisten waren – u. a. bedingt durch die Rückführung der sowjetischen Truppen und Nachzahlungen an den EU-Haushalt –, ergab sich ein kräftiges Leistungsbilanzdefizit auf anhaltend hohem, ungewohntem Niveau. [Erst ab 2001 ergaben sich aufgrund der aus M 51 b ersichtlichen stark ansteigenden Exportüberschüsse in der Handelsbilanz deutliche Leistungsbilanzüberschüsse.]

(Jörn Altmann, Wirtschaftspolitik, Lucius & Lucius Verlag, Stuttgart, 7. Aufl. 2000, S. 210)

1 Analysieren Sie anhand von M 51 a die besondere Struktur der deutschen Zahlungsbilanz und beachten Sie dabei auch folgende Fragen:
- Durch welche Teilbilanz wird der positive Saldo der Leistungsbilanz entscheidend bestimmt? Welches Verhältnis zwischen der Handelsbilanz einerseits und der Dienstleistungs- und Übertragungsbilanz andererseits muss dafür gegeben sein?
- Wie ist es zu erklären, dass die deutsche Dienstleistungs- und die Übertragungsbilanz i. d. R. deutlich negativ sind?
- Welche Kapitalbewegungen zwischen Deutschland und dem Ausland spiegeln sich in der negativen Kapitalbilanz wider (s. M 50, letzter Abschnitt)?

2 Beschreiben Sie den auffälligen Verlauf der deutschen Leistungsbilanz (M 51 b, Text und Grafik) und erläutern Sie die Erklärung für die Entwicklung nach 1991 (deutsche Wiedervereinigung) und ab 2001.

3 Wie spiegeln sich die Auswirkungen der internationalen Finanz- und Wirtschaftskrise* 2008/2009 in der Entwicklung der deutschen Leistungsbilanz wider (zum Außenhandel s. Abb. 1 in M 49)?

M 52 Vor- und Nachteile hoher Exportüberschüsse

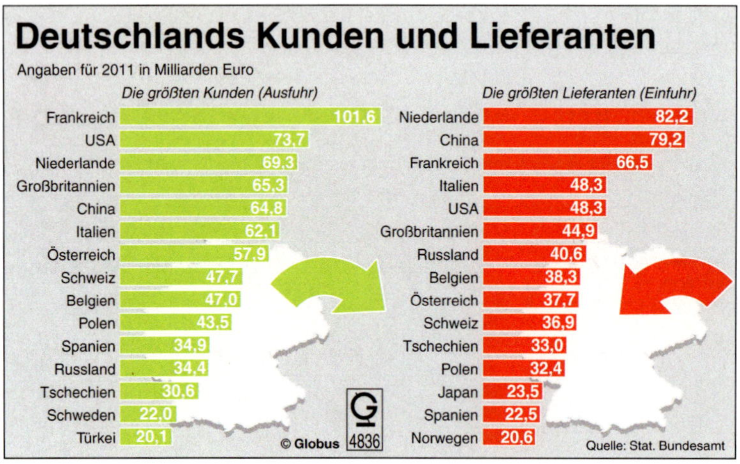

Aus **binnenwirtschaftlicher Sicht** bringt ein Exportüberschuss zunächst eine Reihe von (tatsächlichen oder vermeintlichen) **Vorteilen** für die exportstarke Volkswirtschaft:

- Exporte sichern Arbeitsplätze; dieser Tatbestand ist gerade für eine Exportnation wie die Bundesrepublik Deutschland von großer Bedeutung. Die Ausfuhren leisten damit einen wesentlichen Beitrag zur Erreichung und Sicherung eines **hohen Beschäftigungsstandes**;
- mit der Abwicklung von Exportaufträgen ist die Erzeugung von Gütern verbunden. Diese Mehrproduktion erhöht das Inlandsprodukt einer Volkswirtschaft und sorgt damit für **Wachstum**. Mit der Erzeugung von mehr Gütern ist untrennbar ein **Anstieg** des Einkommens verbunden. [...]

Zu den möglichen **Nachteilen** von Exportüberschüssen für das Inland [gehört vor allem]:

- Mit steigenden Exporten nimmt auch die Gefahr der **Abhängigkeit vom Ausland** zu. Die Erfahrungen in der Bundesrepublik zeigen, wie leicht eine Volkswirtschaft in das Schlepptau der nachlassenden Konjunktur wichtiger Abnehmerstaaten geraten kann [...].
- [Im Hinblick auf die Folgen für das Ausland] ist zu bedenken, dass dem Exportüberschuss des Inlandes immer ein Importüberschuss des Auslandes entgegensteht, der dort eine Reihe negativer Konsequenzen nach sich zieht:

- die Güter, welche das Ausland [z. B. Frankreich] im Inland [z. B. Deutschland] kauft, werden logischerweise nicht im Ausland nachgefragt. Die ausländischen Unternehmen erhalten also weniger Aufträge, als dies potenziell möglich wäre. Dadurch erreicht die Produktion im Ausland ein geringeres Volumen. Der Exportüberschuss des Inlandes wirkt sich somit für das Ausland **wachstumshemmend** aus.

(Gerhard Mussel/Jürgen Pätzold: Grundfragen der Wirtschaftspolitik, Verlag Franz Vahlen, München, 8. Aufl. 2012, S. 211–213)

1 Erläutern Sie die in M 52 aufgeführten Vor- und Nachteile hoher Exportüberschüsse für das „Überschussland" und die möglichen Folgen für das „Defizitland".

2 Beschreiben Sie anhand der Grafik die Handelsbilanz-Situation zwischen Deutschland und seinen wichtigsten Export-Partnerländern, insbesondere in Europa.

Hinweis: In den Jahren 2008 bis 2010 (Finanz- und Wirtschaftskrise*) zeigten sich für Deutschland sowohl der Nachteil als auch der Vorteil der hohen Exportorientierung: Ebenso schlagartig, wie die Konjunktur wegen des starken Rückgangs der Auslandsnachfrage 2008/2009 einbrach (BIP 2009: –5,1 %; s. M 19 b), so relativ schnell erholte sie sich (BIP 2010: 3,7 %) vor allem wegen des Wiederanstiegs der Exportnachfrage (vgl. M 49, Abb. 1).

Außenhandel und Wechselkurse

M 53 Der Wechselkurs: Preis für fremde Währungen

Das Geld, das in einem Land als gesetzliches Zahlungsmittel benutzt wird, bezeichnet man auch als Währung. Fast jedes Land hat eine eigene Währung; staatliche Grenzen und Währungsgrenzen sind in der überwiegenden Zahl der Fälle identisch. Mit der Europäischen Wirtschafts- und Währungsunion wurde dieser Zusammenhang erstmals in größerem Rahmen aufgegeben.
Bei Geschäften über die Grenzen hinweg wird also in aller Regel – wenn man von dem Gebiet der Europäischen Währungsunion absieht – zumindest einer der beiden Geschäftspartner mit einer für ihn ausländischen Währung konfrontiert, entweder als Zahlender oder als Zahlungsempfänger. Mit grenzüberschreitenden Geschäften ist damit in der Regel ein Tausch von Währungen verbunden.
Wenn beispielsweise ein deutscher Exporteur von seinem Geschäftspartner außerhalb des Eurogebiets eine fremde Währung erhält, muss er diese in Euro wechseln. Möchte der Exporteur von seinem Geschäftspartner allerdings Euro erhalten, muss der ausländische Importeur für seine Landeswährung Euro kaufen.
Solche Tauschgeschäfte von Währungen erfolgen zum jeweils gültigen **Wechselkurs**. Ein Wechselkurs ist das Austauschverhältnis zweier Währungen, das auf zwei verschiedene Arten dargestellt werden kann (Zahlenbeispiele frei gewählt):

Mengennotierung	Preisnotierung
1 Euro = 1,30 US-Dollar	1 US-Dollar = 0,77 Euro
1 Euro = 1,52 Schweizer Franken	Schweizer Franken = 0,66 Euro
1 Euro = 0,92 Britische Pfund	1 Britisches Pfund = 1,09 Euro

Die Mengennotierung zeigt an, wie viel Fremdwährung man für eine Einheit der eigenen Währung bekommt. Die Preisnotierung gibt an, wie viel eine Einheit der Fremdwährung kostet. Mathematisch sind die beiden Notierungen jeweils der Kehrwert der anderen. Im professionellen Devisenhandel ist es weithin üblich, den Euro stets in *Mengennotierung* anzugeben.
Häufig wird der Begriff Wechselkurs nur für die Mengennotierung gebraucht und die Preisnotierung als *Devisenkurs* bezeichnet. Vielfach werden diese beiden Begriffe gleichberechtigt nebeneinander benutzt.
Steigt der Devisenkurs einer Währung gegenüber einer anderen Währung, spricht man von *Aufwertung*, sinkt er, von *Abwertung* dieser Währung. Beispiel:

Devisenkurs des Dollar am **30. November 2005**: 0,8497 Euro

Devisenkurs des Dollar am **1. Juli 2009**: 0,70942 Euro

→ **Aufwertung** des Euro gegenüber dem Dollar um 19,7 %

→ **Abwertung** des Dollar gegenüber dem Euro um 16,5 %

Vom Wechsel- bzw. Devisenkurs ist der *Sortenkurs* zu unterscheiden. Sorten sind ausländische Banknoten und Münzen. Üblicherweise werden an den Bankschaltern aber nur ausländische Banknoten verkauft (wenn ein Kunde z. B. Geld für eine Reise in ein Land mit fremder Währung braucht).

(Bundesverband deutscher Banken [Hg.]: Wirtschaft. Materialien für den Unterricht, Schul/Bank, Berlin 2009, Teil 3.11, S. 120 und [Z. 10–19] Deutsche Bundesbank [Hg.], Geld und Geldpolitik, Frankfurt am Main 2009, S. 167)

1 Machen Sie deutlich, welcher Sachverhalt mit dem Begriff „Wechselkurs" bezeichnet wird (M 53).

2 Wann spricht man von Preis-, wann von Mengenorientierung? Vollziehen Sie an einem der aufgeführten Beispiele die einfachen Rechenoperationen nach, mit der man aus der Mengen- die Preisorientierung und umgekehrt feststellen kann.

3 Was versteht man unter der Aufwertung, was unter der Abwertung einer Währung gegenüber einer anderen? Vollziehen Sie auch hier die Rechenoperationen für die Beispiele nach.

M 54 Die Wirkungen von Wechselkursveränderungen auf den internationalen Handel

Veränderungen der Wechselkurse beeinflussen wiederum den internationalen Handel und den Kapitalverkehr. Kommt es zu einer Aufwertung des Euro – US-Bürger müssen nun mehr für den Euro, Europäer weniger für den Dollar zahlen –, bedeutet das aus deutscher Sicht, dass unsere Ausfuhrgüter, gerechnet in Auslandswährung, teurer werden. Dadurch wird der Export tendenziell gebremst. Andererseits wird das Einkaufen im Dollarraum günstiger, sodass Importe von dort tendenziell steigen und ausländische Produktionsstandorte wechselkursbedingte Kostenvorteile erlangen. Problematisch ist dies für Unternehmen, die ihre Belegschaft und Zulieferer größtenteils in Euro bezahlen und ihre Produkte in US-Dollar verkaufen, wie zum Beispiel der europäische Flugzeughersteller Airbus. In diesem Falle sind Produktionsverlagerungen in den Dollarraum ein Ansatz, diesem Problem zu begegnen. Eine Abwertung des Euro und damit gleichzeitig eine Aufwertung des Dollar führt umgekehrt tendenziell zu einer Verbesserung der Exportchancen des Inlands und zu einer Verteuerung der Einfuhren.

(Informationen zur politischen Bildung, Nr. 299, 2. Quartal 2008: Internationale Wirtschaftsbeziehungen, Bundeszentrale für politische Bildung, Bonn 2008, S. 44; Verf.: Klaus-Peter Kruber, Anna Lena Mees, Christian Meyer)

Die Wirkung von Wechselkursänderungen:

Sinkender Kurs gegenüber anderen Währungen: ↓	**Steigender Kurs** gegenüber anderen Währungen: ↑
Exporteinnahmen steigen. Konkurrenzfähigkeit auf dem Weltmarkt steigt.	Exporteinnahmen sinken. Konkurrenzfähigkeit auf dem Weltmarkt wird schlechter.
Für Importe muss mehr bezahlt werden.	Für Importe muss weniger bezahlt werden.

(Bundesverband deutscher Banken [Hg.], Wirtschaft auf einen Blick, Berlin 2009, S. 174; Autoren: Ulrich Fritsch, Karl Knappe)

Die Erhöhung des Außenwerts einer Währung führt aber *nicht zwangsläufig* zu einer Verringerung des Handelsbilanzüberschusses bzw. einer Erhöhung des Handelsbilanzdefizits des betreffenden Landes. Dies hängt davon ab, *wie elastisch Einfuhr und Ausfuhr auf Preisänderungen reagieren* bzw. inwieweit Wechselkursänderungen sich überhaupt im Preis der Produkte niederschlagen. In einer rezessiven Phase fällt es beispielsweise dem Exporteur sehr viel schwerer, die Aufwertung seiner Währung an seine ausländische Kundschaft weiterzugeben; er muss diesen Effekt unter Umständen über eine Senkung seines Gewinns auffangen. Senkt er die Preise nicht, ist mit einem Nachfragerückgang zu rechnen. Auf der anderen Seite gibt es Fälle, in denen Exporteure eine so starke Marktposition haben, dass ihre ausländischen Abnehmer die Höherbewertung der Währung mitbezahlen (müssen). Auch darf nicht vergessen werden, dass eine Aufwertung der eigenen Währung zu sinkenden Importpreisen für Vorprodukte führt, die damit den Produktionsprozess verbilligen und sich mäßigend auf den Preis des Endprodukts auswirken.

(Bundesverband deutscher Banken [= M 53], Teil 3.11, S. 128)

1 Klären Sie am Beispiel der Beziehung zwischen Euro und Dollar die *grundsätzliche* Bedeutung von Wechselkursveränderungen für den internationalen Handel (Export/Import zwischen den betr. Ländern) (M 54). Wie entwickeln sich z. B. bei einer Euro-Aufwertung tendenziell der Export aus dem Euro-Land in die USA und der Import aus den USA in das Euro-Land?

2 Der zweite Abschnitt von M 54 (Z. 13 ff.) gibt wichtige Hinweise darauf, inwiefern die Realität der Folgewirkungen von Wechselkursveränderungen von der grundsätzlichen Tendenz (s. Arbeitshinweis 1) abweichen kann.
- Welche Rolle spielt die „Preiselastizität*" der Nachfrage (d. h. das Ausmaß, in dem die Nachfrage bei steigenden/fallenden Preisen abnimmt/zunimmt)? Welche Entwicklung könnte z. B. in den USA dazu führen, dass die Nachfrage nach deutschen Gütern trotz einer Euro-Aufwertung gleich bleibt (die Elastizität der Nachfrage also gering ist)?
- Welche Überlegungen muss z. B. bei einer Euro-Aufwertung der Exporteur anstellen, wenn sich die USA in einer wirtschaftlichen Rezession befinden? Welche alternativen Entscheidungsmöglichkeiten mit welchen jeweiligen Konsequenzen ergeben sich für ihn?
- In der Produktion deutscher Exportgüter werden z. T. hohe Anteile von Vorprodukten verarbeitet, die die betr. Unternehmen von Zulieferern aus dem Dollarraum beziehen. Welche Bedeutung hat dies bei einer Euro-Aufwertung für die Kostensituation eines Unternehmens und damit für die Preisgestaltung seiner Exportgüter?

M 55 Die Entwicklung des Euro-Dollar-Kurses 1989 – 2009

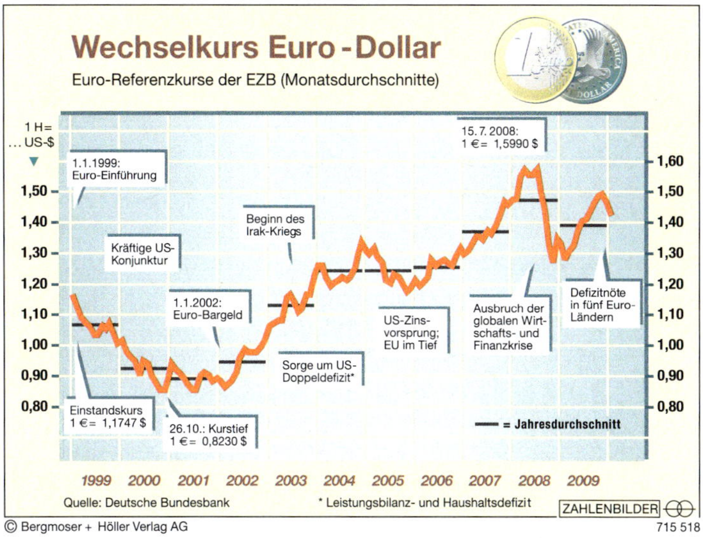

Euro-Wechselkurse im Juli 2010		**Veränderung in Prozent gegenüber ...**	
1 Euro sind ...		Juli 2009	Euro-Start 4.1.1999
Dollar (USA)	1,277	−9,4	8,3
Yen (J)	111,7	−16,0	−16,5
Franken (CH)	1,346	−11,5	−16,8
Pfund (UK)	0,836	−2,9	17,5
Kronen (S)	9,495	−12,3	0,3
Kronen (DK)	7,452	0,1	0,0

Zur Entwicklung im Jahr 2010 s. Abb. in M 57, S. 93. Anfang 2012 lag der Euro-Dollar-Kurs bei 1,32, am 31.5.2012 bei 1,24

M 56 Euro-Dollar-Kurs und Außenhandel in der Sicht von Karikaturisten

a)

b)

„Hallo, Nachbarn ..."

c)

Die Höhenangst fliegt mit

d)

Wieder Weltmeister

M 57 Beispiel: „Gebannter Blick auf den Dollar" – Deutsche Unternehmen angesichts der Euro-Schwäche im Sommer 2010

München – Die deutschen Unternehmen leben von den Ausfuhren – und damit hängen sie am Euro-Kurs. Im März sind die deutschen Exporte so stark gestiegen wie seit 18 Jahren nicht mehr. Ein schwacher Euro könnte das Geschäft stimulieren, aber die Nervosität steigt.

In der **Automobilindustrie** freut man sich über einen schwachen Euro. „Wie alle exportorientierten Unternehmen würden dauerhaft niedrigere Euro-Kurse auch für Daimler durchaus Vorteile bringen", heißt es aus Stuttgart. „Das Exportgeschäft läuft gut", teilt auch VW mit. Derzeit jedenfalls – was morgen ist, wissen die Hersteller nicht, und in vielen Konzernbüros geht die Angst um, der jüngste Aufschwung am Automarkt könnte in der nächsten Krise schon wieder ersticken. „Es ist nicht so, dass da jetzt vor Jubel sofort die Sektkorken knallen", sagt einer aus der Autoindustrie. Der Euro bewege sich hoch und runter – „Wissen wir schon, was in zwei Wochen ist?" Bei BMW setzt man daher Prioritäten: Sicherheit geht vor günstigem Euro-Kurs. „Die Stabilität des Euroraums ist aus unserer Sicht sehr wichtig", teilt der Autobauer mit. „Daher begrüßen wir

Anstrengungen, die Situation im Euroraum zu stabilisieren und den Unternehmen dadurch Planungssicherheit zu verschaffen."

Bei **Lufthansa** spielen gegenläufige Effekte eine Rolle. Zwar werden Leasingraten und Treibstoff mit steigendem Dollar-Kurs teurer, allerdings hat die Fluggesellschaft auch vergleichsweise hohen Anteil an Einnahmen in US-Dollar oder in Währungen, die an den Dollar gekoppelt sind. Dies kann die höheren Kosten zum Teil wieder ausgleichen. [...] Zudem hat sich die Lufthansa mit Währungs- und Treibstoffsicherungsgeschäften eingedeckt.

Beim deutschen **Maschinenbau** hält sich der Jubel über den schwächeren Euro noch in Grenzen. Und das, obwohl die Branche neben der Autoindustrie zu den größten Exporteuren der Nation gehört. „Für uns ist der Euro bei seinem derzeitigen Stand noch keineswegs schwach", sagt Olaf Wortmann, Konjunkturexperte des Verbandes Deutscher Maschinen- und Anlagenbauer (VDMA). Einen gemessen an der Kaufkraft fairen Wechselkurs zum Dollar sehen die Maschinenbauer bei einem Stand von etwa 1,20 Dollar. „Wir bewegen uns gerade erst langsam auf diesen fairen Kurs zu", sagt der VDMA-Mann.

Bei **BASF**, größter Chemiekonzern der Welt, sorgt die Talfahrt der europäischen Gemeinschaftswährung (s. Abb.) eher für Probleme. Der Grund ist, dass der starke Dollar die Rohstoffe verteuert, von denen ein Chemieunternehmen wie BASF besonders stark lebt. Der derzeit schwache Euro schaffe nur „einen Zufallsgewinn", der seinen Grund darin habe, dass es Griechenland schlecht gehe.

Gelassen gibt sich **Adidas**. Der weltweit zweitgrößte Sportartikelkonzern, der vorwiegend in Asien fertigen lässt, bezahlt Rohmaterial und Produkte durch Zulieferer fast ausschließlich in US-Dollar. Ein starker Euro bedeutet also günstige Beschaffungskosten. Umgekehrt werden alle im Dollarraum erwirtschafteten Umsätze negativ beeinflusst. „Da wir den Großteil unseres Umsatzes nicht im Dollarraum machen, profitieren wir grundsätzlich mehr von einem schwachen US-Dollar und einem entsprechend starken Euro", sagte eine Adidas-Sprecherin. Um sich gegen die Risiken aus Währungsschwankungen abzusichern, betreibt der Konzern ein Währungsmanagement über ein in der Regel längerfristig zwischen 12 und 24 Monate ausgerichtetes Hedging-System.

(Süddeutsche Zeitung v. 11.5.2010)

1. Beschreiben Sie die Entwicklung, die der Wert des Euro gegenüber dem Dollar (Wechselkurs/Mengennotierung) in den 10 Jahren seit seiner Einführung im internationalen Zahlungsverkehr und an den Börsen (1.1.1999) genommen hat (M 55). Welche Berechnungen liegen den Aussagen zugrunde, dass der Euro
   - vom 1.1.1999 bis zum 26.10.2000 fast ein Drittel (30 %) seines Wertes verloren hatte,
   - vom 26.10.2000 bis zum 15.7.2008 seinen Wert fast verdoppelt hatte?

2. Welche Entwicklung hat sich seit dem Herbst 2009 bzw. seit Jahresbeginn 2010 vollzogen (vgl. Abb. oben)? War sie für die Erholung der deutschen Export- und damit auch Gesamtwirtschaft grundsätzlich hilfreich oder erschwerend?

3. Interpretieren Sie die Darstellungen der Karikaturen in M 56 a – d.
   - Zu welchen verschiedenen Zeitpunkten (vgl. M 55) könnten M 56 a und M 56 b jeweils erschienen sein? Was wollen die Darstellungen jeweils zum Ausdruck bringen?
   - Die beiden Karikaturen M 56 c und d erschienen am 22.5.2003 (c) und am 5.12.2004 (d). Welche unterschiedlichen Sichtweisen bzw. Konsequenzen aus der Euro-Kursentwicklung dieser Phase (vgl. M 55) vermitteln sie?
   - Auf welche besondere Leistung ist der deutsche „Exportweltmeister" (bis 2009) so stolz (d)?

4. Analysieren Sie, wie sich die Euro-Dollar-Kursentwicklung von Januar bis Juni 2010 (s. Abb.) in den fünf dargestellten deutschen Unternehmen bzw. Branchen ausgewirkt hat und wie sie von den Unternehmensleitungen beurteilt wird (M 57). Gehen Sie dabei auch auf Unterschiede ein und erklären Sie die beschriebene Situation des jeweiligen Unternehmens vor dem Hintergrund Ihrer Kenntnisse aus M 54 bis M 56.

III Konzepte, Bereiche und Instrumente der Wirtschaftspolitik in Deutschland

1. Angebots- und Nachfrageorientierung als konkurrierende Konzepte der Wachstums- und Beschäftigungspolitik

Nachdem im vorausgehenden Kapitel die wirtschaftliche Entwicklung in vier wirtschaftspolitischen Zielbereichen in der Bundesrepublik beschrieben wurde, soll es in diesem Kapitel um eine nähere Erläuterung der Grundlagen der ***Wirtschaftspolitik*** *gehen. Unter dem Begriff Wirtschaftspolitik lässt sich nach einer Definition des Wirtschaftswissenschaftlers Herbert Giersch die „Gesamtheit aller Maßnahmen politischer Entscheidungsträger" verstehen, die „darauf abzielen, den Ablauf des wirtschaftlichen Geschehens zu ordnen, zu beeinflussen oder unmittelbar festzulegen".*
Da sich die praktische Wirtschaftspolitik in aller Regel an bestimmten ***theoretischen Vorstellungen*** *orientiert, sollen in diesem ersten Abschnitt die Grundzüge der Theorien und ordnungspolitischen Leitbilder vorgestellt werden, die den Hintergrund der praktischen Wirtschaftspolitik in der Bundesrepublik gebildet und die wirtschaftswissenschaftliche und wirtschaftspolitische Diskussion bestimmt haben und weiterhin bestimmen.*
Zur Kennzeichnung gegenwärtiger, auf bestimmten theoretischen Ansätzen beruhender wirtschaftspolitischer Grundkonzeptionen werden in der wirtschaftswissenschaftlichen Literatur und in der Publizistik unterschiedliche Klassifizierungen und Begriffsabgrenzungen verwandt, auf die wir hier nicht näher eingehen können. Wir halten uns im Folgenden an die begriffliche Abgrenzung von Jörn Altmann: „Im Zentrum der Diskussion stehen zwei sich weitgehend überlagernde Begriffspaare: ***Nachfrage- versus Angebotstheorie und Fiskalisten versus Monetaristen.****" (Volkswirtschaftslehre [s. M 61], S. 187)*
In beiden Konzepten wird eine zu geringe Investitionstätigkeit der Unternehmen als Hauptursache für Arbeitslosigkeit angesehen. Der Mangel an Investitionen wird aber unterschiedlich erklärt, und entspre-

chend unterscheiden sich die Therapievorschläge. Während die nachfrageorientierte Konzeption nach Keynes eine zu geringe Nachfrage auf den Konsumgütermärkten dafür verantwortlich macht, geht die angebotsorientierte Konzeption davon aus, dass die Bedingungen für unternehmerische Tätigkeiten ungünstig sind. Der Grund für die Meinungsunterschiede über Strategien zur Bekämpfung von Arbeitslosigkeit besteht also in einer unterschiedlichen Analyse ihrer Ursachen.

M 58 Nachfrageorientierte Wirtschaftspolitik

Die *nachfrageorientierte Wirtschaftspolitik* geht auf den englischen Ökonomen **John Maynard Keynes*** zurück (s. M 59). Kennzeichnend für die keynesianische Konzeption ist die Auffassung, dass die Marktwirtschaft von sich aus kein Gleichgewicht am Arbeitsmarkt herbeiführt, jedenfalls nicht in einer angemessenen Zeit. *Arbeitslosigkeit* wird darauf zurückgeführt, dass die Nachfrage auf den Gütermärkten in der Rezession zu niedrig ist, um Vollbeschäftigung zu erreichen. Daher lautet die Politikempfehlung, dass der Staat seinerseits durch **Beschäftigungsprogramme** für Nachfrage sorgt und damit Arbeitsplätze schafft. Dafür soll er sich in der Rezession durchaus auch verschulden. Das wesentliche Mittel der Konjunkturpolitik ist die **Fiskalpolitik**, bei welcher der Staatshaushalt (Fiskus) zur Stabilisierung der Wirtschaft eingesetzt wird (vgl. M 61).

(Ökonomische Grundbegriffe, Wochenschau Sonderausgabe Dezember 2006, S. 53; Verf.: Hans Jürgen Schlösser, Michael Schuhen)

- In seiner berühmten Theorie zeigte Keynes insbesondere, dass Angebot und Nachfrage auf den Märkten nicht automatisch zu einem gesamtwirtschaftlichen Gleichgewicht führen, bei dem auch Vollbeschäftigung herrscht. Danach gibt es also auch in marktwirtschaftlichen Wirtschaftsordnungen häufiger Arbeitslosigkeit, ohne dass die Marktkräfte allein einen Aufschwung bewirken können und z. B. über Lohnsenkungen die Arbeitslosigkeit beendet und Vollbeschäftigung erreicht wird. Nach Keynes liegt der Grund für konjunkturelle Einbrüche begleitet von Arbeitslosigkeit in einer *zu geringen Nachfrage nach Gütern*, vor allem nach *Investitionsgütern* (vgl. S. 41 o.). Die Investitionsgüternachfrage wiederum ist abhängig von den zukünftigen Gewinnerwartungen der Unternehmen. Die Unternehmen werden dabei nur so viele Arbeitnehmer beschäftigen, wie sie für die Herstellung ihrer Gütermengen benötigen. Sinkt die gesamtwirtschaftliche Nachfrage nach Gütern, wird weniger produziert und die Unternehmen entlassen einen Teil der Arbeitnehmer. Arbeitslosigkeit wiederum führt zu verringerten Einkommen, was die gesamtwirtschaftliche Nachfrage nach Konsumgütern weiter sinken lässt und noch höhere Arbeitslosigkeit bewirkt.
- Um nun wieder Vollbeschäftigung zu erreichen, muss die *gesamtwirtschaftliche Güternachfrage* steigen. Insbesondere die Investitionsgüternachfrage muss zunehmen, denn steigende Investitionen schaffen Arbeitsplätze und damit Einkommen, was wiederum die Nachfrage nach Konsumgütern ankurbelt und weitere Investitionen zur Folge hat. Die Investitionsneigung der Unternehmen hängt jedoch von der *Höhe der Zinsen* ab. Ist der Zins hoch, wird die Investitionsneigung der Unternehmen gering sein, was keine positiven Auswirkungen auf die konjunkturelle Lage hat. Ist der Zins für Kredite dagegen niedrig, haben die Unternehmen eine höhere Gewinnerwartung und damit einen größeren Anreiz zu investieren. Aber selbst bei sinkenden Zinsen kann die Investitionsneigung der Unternehmen gering sein, weil sie z. B. hoffen, dass die Zinsen noch weiter fallen.
- In dieser Situation ist nach Ansicht von Keynes der *Staat* gefragt, der dafür sorgen muss, dass die fehlende private Nachfrage durch staatliche Nachfrage ersetzt und so die Wirtschaft aus der Krise (Unterbeschäftigungsgleichgewicht) herausgeführt wird. Indem der Staat die gesamtwirtschaftliche Nachfrage direkt durch *Erhöhung seiner Ausgaben*, z. B. für öffentliche Aufträge wie den Bau von Straßen, Schienenwegen oder öffentlichen Gebäuden, oder indirekt, z. B. durch Steuervergünstigungen für Investitionen, steuert, trägt er zur Belebung der Wirtschaft bei. Das schafft neue Arbeitsplätze und Einkommen bei den privaten Haushalten, die wiederum mehr Konsumgüter nachfragen, was wieder Investitionen der Unternehmen bewirkt und weitere Arbeitsplätze schafft.
- Die staatliche Steuerung der Konjunktur im Sinne einer *Fiskalpolitik* (s. o.) erfolgt dabei je nach konjunktureller Lage, d. h., im Abschwung soll der Staat die gesamtwirtschaftliche Nachfrage beleben, indem er mehr ausgibt, als er einnimmt, und dadurch seine Schulden erhöht; man

spricht auch dadurch von Defizitfinanzierung **(„deficit spending")**. Im Aufschwung müssen die gesamtwirtschaftliche Nachfrage dagegen gebremst und die entstandenen Schulden durch Steuererhöhungen getilgt werden („antizyklische", d.h. den jeweiligen konjunkturellen Schwankungen entgegenwirkende Finanzpolitik).

(Das Lexikon der Wirtschaft, hg. von der Bundeszentrale für politische Bildung, Bonn 2009, S. 107 f.)

Stellen Sie anhand von M 58 die zentralen Merkmale der nachfrageorientierten Wirtschaftspolitik heraus (eine vertiefende Darstellung der Keynes'schen Theorie erfolgt in M 59):
- Worin liegt aus dieser Sicht die Ursache für das Entstehen von Rezessionen und sich daraus ergebender Arbeitslosigkeit?
- Welche Rolle wird dem Staat zugesprochen? Mit welchen Maßnahmen soll er diese Rolle wahrnehmen?
- Durch welche Abläufe und Zusammenhänge soll sich die „Nachfrageausweitung" entwickeln?
- An welche Bedingung wird die durch staatliche Kreditaufnahme („deficit spending") erfolgende Finanzierung von „Beschäftigungsprogrammen" gebunden?

M 59 Grundzüge der Keynes'schen Theorie

John Maynard Keynes (1883–1946)

Der britische Wirtschaftswissenschaftler (1883–1946) war von 1926 bis 1946 Professor am Kings College in Cambridge. Er vertrat die britische Regierung in verschiedenen Funktionen. Mit seinem Hauptwerk „Allgemeine Theorie der Beschäftigung, des Zinses und des Geldes" [1936] wurde er zum Begründer einer neuen Richtung der Ökonomie.

- Die Weltwirtschaftskrise* Anfang der 1930er-Jahre hatte in allen Industrieländern verheerende Arbeitslosigkeit und großes Elend zur Folge. Die traditionelle Wirtschaftstheorie stand diesen Tatsachen hilflos gegenüber, ihren Annahmen zufolge konnte Arbeitslosigkeit immer nur eine vorübergehende Erscheinung sein, keinesfalls ein Dauerzustand. Sollte es nämlich zu Arbeitslosigkeit kommen, dann müssten die Löhne sinken und niedrigere Lohnkosten würden für die Unternehmer wieder mehr Produktion und damit mehr Beschäftigung rentabel machen. Im Mittelpunkt der traditionellen (klassischen) Wirtschaftstheorie stand das einzelne Unternehmen und der einzelne Arbeiterhaushalt. Ein Unternehmer, so die Grundthese der klassischen Ökonomik, veranstaltet einen Produktionsprozess und bietet Arbeitsplätze an, wenn er seine Produktion a) absetzen und b) zu Preisen absetzen kann, die seine Produktionskosten – einschließlich eines „üblichen" Gewinns – decken. Nach dieser Theorie konnte Arbeitslosigkeit also nur entstehen, wenn zu hohe Lohnkosten die Produktion für den Unternehmer unrentabel machten. Wenn es zu Arbeitslosigkeit kommen sollte, dann würden die Arbeitswilligen verstärkt um die verfügbaren Arbeitsplätze konkurrieren und dadurch ihre Löhne wieder auf ein Niveau drücken, bei dem alle, die arbeiten wollten, auch Beschäftigung finden würden. Anhaltende hohe Arbeitslosigkeit war innerhalb dieses theoretischen Ansatzes also nicht möglich. Offensichtlich war sie jedoch in der Realität (der Weltwirtschaftskrise) möglich und deswegen machten sich Keynes und seine Kollegen daran, aus der Kritik der klassischen Wirtschaftstheorie, die offensichtlich an der Realität scheiterte, eine neue Theorie zu entwickeln, die in der Lage wäre, die anhaltende Millionenarbeitslosigkeit zu erklären.
- Wenn man nur ein einzelnes Unternehmen und den einzelnen Arbeiterhaushalt betrachte, schrieb Keynes, dann seien die Hypothesen der klassischen Theorie schon richtig. Man müsse sich aber fragen, was geschehen würde, wenn **alle** Unternehmen bei bestehender Arbeitslosigkeit die Löhne herabsetzen, wie es in der Krise ja tatsächlich geschehen sei. Dann würden auch die Einkommen der privaten Haushalte sinken – und damit die **gesamtwirtschaftliche Konsumnachfrage**. Das müsste die Krise aber noch weiter verschlimmern, denn ein Unternehmer, so Keynes, stelle auch bei sinkenden Löhnen so lange keine neuen Arbeitskräfte ein, wie die Nachfrage nach seinen Produkten unzureichend oder gar rückläufig sei. Gesamtwirtschaftlich, d.h. makroökonomisch* betrachtet, hänge die Beschäftigung vor allem von der Gesamtnachfrage und diese wiederum vom Volkseinkommen ab. Sinkende Löhne würden das Einkommen und die wirksame gesamtwirtschaftliche Nachfrage nur noch weiter drücken und dadurch den Abschwungsprozess kumulativ verstärken.

Dies beleuchtet die Bedeutung der wissenschaftlichen Methode: Aus seiner Kritik des **mikro**ökonomischen* Ansatzes der klassischen Ökonomik entwickelte Keynes seine **makro**ökonomische, gesamtwirtschaftliche Größen einbeziehende Theorie. Dieser Wechsel von der einzel- zur gesamtwirtschaftlichen Betrachtung lieferte Ergebnisse, die eine umwälzende Bedeutung für die Wirtschaftspolitik haben sollten. Der wichtigste Bestimmungsgrund der Beschäftigung war für Keynes die **gesamtwirtschaftliche Nachfrage**. Ein wirtschaftlicher Abschwung bedeutete für ihn nichts anderes als einen Produktionsrückgang, der auf eine unzureichende gesamtwirtschaftliche Nachfrage zurückzuführen war.

- Die **entscheidende Frage** lautete also: Wie kann man die gesamtwirtschaftliche Nachfrage wieder auf ein Niveau heben, bei dem ein hoher Beschäftigungsstand gesichert ist? Keynes analysierte die einzelnen Nachfragekomponenten (vgl. M 32): Die **Konsumnachfrage** der privaten Haushalte war zu niedrig, weil Arbeitslosigkeit vorherrschte und die Einkommen im Abschwung sanken. Sollte man also die Löhne erhöhen? Dann würden die Unternehmer nur noch mehr Arbeitskräfte auf die Straße setzen, denn für den einzelnen Unternehmer waren es ja auch die zu hohen Lohnkosten, welche die Produktion unrentabel machten. Die **Investitionsnachfrage** war zu niedrig, weil der Aufbau neuer Produktionskapazitäten bei zu hohen Kosten und ungenügender Konsumnachfrage nicht sehr aussichtsreich erschien. Wie konnte man die Investitionsnachfrage wieder anregen? Eine Senkung der Lohnkosten hätte die Konsumnachfrage noch weiter verringert; dieser Weg schied also aus. Welche Nachfragekomponenten blieben dann noch übrig? Die **Auslands-** und die **Staatsnachfrage**. Vom Ausland war nicht viel zu erwarten, denn dort herrschten auch Wirtschaftskrise und Arbeitslosigkeit vor; und der Staat hatte kaum das Geld, seine bestehenden Verpflichtungen, vor allem in der Sozialversicherung*, zu erfüllen, weil die Steuereinnahmen bei sinkender Produktion und fallenden Einkommen rückläufig waren. Woher sollte also zusätzliche Nachfrage kommen? Der zentrale wirtschaftspolitische Gedanke von Keynes war nun der, **dass der Staat zusätzliche Nachfrage schaffen muss**, weil nur er es „autonom" konnte. Wenn ihm die Mittel – wegen mangelnder Steuereinnahmen – für zusätzliche Staatsausgaben fehlten, dann konnte er – und deswegen musste er – sich **durch Kreditaufnahme verschulden.** Dies war ein aufsehenerregender Vorschlag, denn bisher hatte der Grundsatz gegolten, dass der Staatshaushalt ausgeglichen sein müsse. Wie ein ordentlicher privater Haushalt sollte auch der öffentliche Haushalt nur so viel ausgeben, wie er einnahm. Verschulden durfte sich der Staat allenfalls für Kriegszwecke – aber zur Bekämpfung der Arbeitslosigkeit? Das hatte es bisher nicht gegeben.

Genau darauf aber bestand Keynes. Wenn der Staat seine Nachfrage entsprechend seinen sinkenden Steuereinnahmen auch noch drosselt, dann wird der Abschwungsprozess noch verstärkt und die Krise wird noch auswegloser. Um das zu verhindern, muss der Staat also **vorübergehend Haushaltsdefizite in Kauf nehmen („deficit spending")**. Der Wirtschaftsprozess wird dadurch wieder in Schwung gebracht und die Steuereinnahmen steigen dann auch wieder, sodass die aufgelaufenen Schulden voraussichtlich auch wieder getilgt werden können.

- Fazit: Keynes erklärte die konjunkturellen Schwankungen als zyklische Schwankungen der gesamtwirtschaftlichen Nachfrage. Abschwung und anhaltende Arbeitslosigkeit sind die Folgen unzureichender privater Nachfrage. Ein Staat, der seine Verantwortung für das Wohl der Bürger ernst nimmt, muss die gesamtwirtschaftliche Nachfrage durch *zusätzliche Staatsausgaben* wieder auf ein Niveau heben, das einen hohen Beschäftigungsstand sichert – auch wenn dadurch Haushaltsdefizite entstehen.

(Gerhard Willke, Wirtschaft – Stabilisierungspolitik und Wirtschaftsordnung. In: Dimensionen der Politik 1, Cornelsen/CVK, Frankfurt/M. 1983, S. 2/54 f.).

Beschreiben Sie anhand von M 59 (vgl. auch M 58),
- vor welchem historisch-ökonomischen Hintergrund Keynes seine Theorie entwickelte,
- worin sich sein Ansatz von dem der klassischen* Theorie grundlegend unterscheidet,
- wie er ökonomische Krisen erklärt,
- welche Sonderstellung er dem Staat im Vergleich zu den übrigen Nachfragesektoren zuerkennt und
- welche Bedeutung dem staatlichen „deficit spending*" zukommt.

Weitere Informationen zur Person von Keynes und zu seiner Wirtschaftstheorie finden Sie in verschiedenen Artikeln der Internet-Enzyklopädie Wikipedia (http://de.wikipedia.org/wiki/Keynes und http://de.wikipedia.org/wiki/Keynesianismus).

M 60 Angebotsorientierte Wirtschaftspolitik

Die **Angebotspolitik** versteht sich als Alternative zur Nachfragesteuerung und als Gegenentwurf zum Keynesianismus. Während die nachfrageorientierte Konjunkturpolitik kurzfristig angelegt ist und darauf abzielt, die gesamtwirtschaftliche Nachfrage auf einem hohen Niveau zu halten, ist die Angebotspolitik mittelfristig ausgerichtet. Ihr Ziel ist es, die Angebotsbedingungen der Wirtschaft zu verbessern, also günstigere Voraussetzungen dafür zu schaffen, dass neue und bessere Güter angeboten werden; dadurch können Wachstum und Beschäftigung zunehmen. Zu den Angebots-

Deregulierung: Rücknahme staatlicher Eingriffe in einen Markt, Freigabe eines staatlich beherrschten Marktes. Ziel der Deregulierungspolitik ist eine *Zurückdrängung der Rolle des Staates in einer Volkswirtschaft* durch den weitgehenden Verzicht auf Vorschriften, Genehmigungen und Kontrollen. Auf den Arbeitsmarkt bezogen richtet sich die von den Arbeitgebern erhobene Forderung nach Deregulierung auf eine Reduzierung gesetzlicher Regelungen (z. B. für den Kündigungsschutz, die Teilzeitarbeit usw.), die als zu weitgehend und die Einstellung von Arbeitskräften behindernd betrachtet werden.
Flexibilisierung: Auf den Arbeitsmarkt bezogen: Lockerung starrer gesetzlicher Regelungen (z. B. Kündigungsschutz, Flächentarife, Mindestlöhne) und verstärkte Arbeitszeitflexibilisierung (Teilzeitarbeit, Schichtarbeit, Gleitzeitarbeit, befristete Arbeitsverträge). (Autorentext)

bedingungen, unter denen die Unternehmen ein Güterangebot auf den Markt bringen, gehören z. B. Löhne und Lohnnebenkosten, Steuern und Abgaben, sozialpolitische Auflagen und Umweltvorschriften, die für die Unternehmen mit Kosten verbunden sind (z. B. Arbeitsschutz, Kündigungsschutz, Umweltschutz, die Verpflichtung, Schwerbehinderte einzustellen, Genehmigungsverfahren bei Betriebserweiterungen usw.), ebenso das Ausbildungssystem und die Infrastruktur*. Diese Angebotsbedingungen sind im Kern gleichbedeutend mit den Produktionsbedingungen am Standort Deutschland.
Wenn die Angebotsbedingungen für die Unternehmen günstig sind, dann erhöht das ihre Rentabilität* und damit ihre Neigung zu investieren: Das ist Voraussetzung für mehr Wachstum und Beschäftigung. Zur Angebotspolitik gehören deswegen *Steuersenkungen, Verringerung der Lohnnebenkosten*, Deregulierung, Flexibilisierung* (s. Kasten), Modernisierung der Infrastruktur* und der Berufsausbildung sowie die allgemeine Verbesserung der Standortbedingungen.

(Gerhard Willke, Pocket Wirtschaft in Deutschland, Bundeszentrale für politische Bildung, Bonn 2003, S. 6)

Verlautbarung des Bundesverbandes der deutschen Industrie (BDI)
Wenn man die Ursachen unserer anhaltenden Wachstumsschwäche nüchtern analysiert, stellt man fest: Sie liegen ganz überwiegenden Teils auf der Angebotsseite. Schwächelnde Binnennachfrage ist häufig nur Ausfluss unzureichender Angebotsbedingungen: zu hohe Steuerbelastung, überbordende Sozialabgaben, überhöhte Arbeitskosten, gemessen an der Produktivität, erdrückendes Regulierungsniveau, insbesondere auf dem Arbeitsmarkt, um nur die wichtigsten zu nennen. Hier muss eine wertschöpfungs- und beschäftigungsorientierte Wirtschaftspolitik ansetzen, und dies heißt Angebotspolitik. Eine konsequente angebotsorientierte Strategie ist gleichzeitig die beste Antwort auf die Herausforderungen der Globalisierung. Gerade die Globalisierung legt die Schwächen einer nachfrageorientierten Politik offen. Denn die einzelnen Volkswirtschaften müssen sich heute mehr denn je dem internationalen Standortwettbewerb stellen. Und die Wettbewerbsparameter dieser Standortkonkurrenz sind nun einmal die Angebotsbedingungen.

(Quelle: BDI 2005: Investieren und Produzieren in Deutschland. Für mehr Wertschöpfung am Standort Deutschland, Berlin, S. 12 f.)

1. Stellen Sie heraus, worin – auch im Unterschied zur nachfrageorientierten Konzeption – die zentralen Merkmale der angebotsorientierten Wirtschaftspolitik bestehen:
   - Worin werden die Ursachen eines wirtschaftlichen Ungleichgewichts (Rezession, Arbeitslosigkeit) gesehen?
   - Worin soll dementsprechend die Rolle des Staates (nicht) bestehen?
   - Erläutern Sie im Einzelnen die angesprochenen „Angebotsbedingungen" (Z. 6 ff.) und die staatlichen Maßnahmen, die zu ihrer Verbesserung führen sollen (Z. 21 ff. und Kasten).
2. Vergleichen Sie dazu die Stellungnahme des Bundesverbandes der Deutschen Industrie zur wirtschaftlichen Situation im Jahre 2005 (vgl. M 17).

M 61 „Fiskalismus" und „Monetarismus" als wirtschaftspolitische Instrumentarien

Neben der Strategiedebatte gibt es auch im Hinblick auf das Instrumentarium [die konkreten Maßnahmen] der Wirtschaftspolitik einen grundsätzlichen Meinungsstreit, der sich mit der Angebots-Nachfrage-Debatte überschneidet.

- Auf der einen Seite stehen wiederum keynesianische **„Fiskalisten"**, da sie dem Staatshaushalt (Fiskus) eine zentrale instrumentelle Bedeutung beimessen. Sie setzen auf die **Fiskalpolitik**: alle Maßnahmen des Staates, die geeignet sind, die öffentlichen Einnahmen und die öffentlichen Ausgaben (öffentlicher Haushalt) gezielt zu gestalten und damit die volkswirtschaftliche Gesamtnachfrage zu beeinflussen. Die Gegenposition vertreten die **Monetaristen*** (von lat. monetum – Geld), nach deren Meinung die *Geldmenge* die entscheidende Steuerungsgröße der wirtschaftlichen Entwicklung ist („*Qualitätstheorie*"). Sie setzen folglich auf die **Geldpolitik** (s. S. 103 ff.): Gesamtheit der Maßnahmen zur Steuerung des Geldumlaufs und der Kreditversorgung in einer Volkswirtschaft. Wichtigster Träger der Geldpolitik ist die *Zentralbank** (s. Kasten). Laut Gesetz ist sie gehalten, zu einer ausreichenden Geldversorgung der Wirtschaft beizutragen, die Kreditversorgung der Wirtschaft zu regeln und insbesondere die Währung zu sichern.

• Angebotstheorie und Monetarismus auf der einen Seite und Nachfragetheorie und Fiskalismus auf der anderen überschneiden sich offensichtlich in der Einschätzung der **Rolle des Staates**. Monetaristen und Angebotstheoretiker betonen die „Selbstheilungskräfte des Marktes" und sehen im Staat eher einen Störfaktor als einen Stabilisator, während Keynesianer und Fiskalisten staatlichen Maßnahmen eine stabilisierende Funktion zusprechen. Die unterschiedlichen Positionen sind also weniger ein Streit um Zweck-Mittel-Relationen als eine ordnungspolitische **Auseinandersetzung über die Funktion des Staates im Wirtschaftsablauf** und somit um staatliche Wirtschaftspolitik.

(Jörn Altmann, Volkswirtschaftslehre, Lucius & Lucius Verlag, Stuttgart, 8. Aufl. 2007, S. 245, 248)

Milton Friedman*

Monetarismus ist eine auf den amerikanischen Volkswirtschaftler Milton Friedman (1912–2006) zurückgehende volkswirtschaftliche Lehrauffassung, nach der die **Geldmenge** der wichtigste Faktor zur Steuerung des Wirtschaftsablaufs ist. [...] Danach soll die Geldmenge durch die **Zentralbanken** so gesteuert werden, dass sie möglichst ohne Schwankungen mit dem Wachstum der volkswirtschaftlichen Produktion (reales Sozialprodukt) ausgeweitet wird. Ausschläge der Konjunktur sollen damit verhindert und eine stetige Wirtschaftsentwicklung gesichert werden. Staatliche Eingriffe in die Wirtschaft, z. B. *antizyklische* [den konjunkturellen Ausschlägen entgegenwirkende] Maßnahmen der Wirtschaftspolitik zur Steuerung der Konjunktur, wie vom Keynesianismus gefordert, lehnen die Monetaristen grundsätzlich ab. [...] Je weniger der Staat also zur Steuerung der Konjunktur in die Wirtschaft eingreift, desto besser. Die Grundlage für eine stetige Aufwärtsentwicklung der Wirtschaft sehen die Monetaristen somit in der *Selbstregelungskraft des Marktes* über Angebot und Nachfrage und in der an der volkswirtschaftlichen Produktion orientierten *Steuerung der Geldmenge durch die Zentralbank*.

(Das Lexikon der Wirtschaft, Bibliographisches Institut & Fa. Brockhaus AG, Mannheim, 2. Aufl. 2004, Lizenzausgabe für die Bundeszentrale für politische Bildung, Bonn 2004, S. 158)

1. Erläutern Sie die Unterschiede der beiden in M 61 beschriebenen Ansätze des „Fiskalismus" und des „Monetarismus" und der sich daraus ergebenden wirtschaftlichen Konzepte (Fiskalpolitik und Geldpolitik; vgl. Autorentext, S. 102).
2. Wie verhalten sich die beiden Ansätze zu den in M 60 beschriebenen (Nachfrage- und Angebotsorientierung)?
3. Erörtern Sie die Beurteilung, dass es sich bei dem Streit um die beiden Grundkonzeptionen hauptsächlich um eine „ordnungspolitische Auseinandersetzung über die Funktion des Staates im Wirtschaftsablauf" handele (letzter Satz).

M 62 a Kritikpunkte zur Nachfragetheorie

Eine aktive Nachfragepolitik des Staates zur Glättung der Konjunkturzyklen bzw. Bekämpfung einer Rezession birgt zahlreiche Schwierigkeiten in sich.

Erstens ist es für die staatlichen Entscheidungsträger schwer, im richtigen Moment und im korrekten Ausmaß die öffentliche Nachfrage auszudehnen bzw. einzuschränken. Normalerweise bestehen erhebliche *Verzögerungen zwischen dem Auftreten und dem Erkennen* eines konjunkturellen Einbruchs, zwischen dem *Erkennen und dem Veranlassen* der staatlichen Mehrnachfrage sowie zwischen der tatsächlichen Nachfrageausdehnung und der gewünschten Wirkung auf den Gütermärkten und dem Arbeitsmarkt.

Zweitens liegt ein Problem darin, dass öffentliche Haushalte sich offenbar leichter darin tun, Ausgaben zu erhöhen, als Ausgaben zu senken. Selbst in Zeiten konjunktureller Besserung erwies es sich als schwierig, öffentliche Ausgaben zurückzuschrauben, um derart entweder die Mehrausgaben vergangener Jahre zu kompensieren oder aber Rücklagen für den nächsten Abschwung zu bilden. Entsprechend schwer fällt es einer Regierung dann natürlich, in schlechteren Jahren zu sparen.

Drittens fällt es dem Staat schwer, mit Nachfragepolitik auf *Strukturveränderungen* zu reagieren. Absatzprobleme einzelner Industriezweige sind oft ein Indiz für sich wandelnde weltwirtschaftliche Strukturen. Neue Anbieter treten auf die Märkte und bedrängen etablierte Produzenten. Diese müssen in der Lage sein, flexibel auf die Herausforderung zu reagieren, indem die Unternehmen sich neue Produkte

oder die Arbeitnehmer neue Arbeitsplätze suchen. Wird der Staat allerdings aktiv, indem er die Nachfrage nach den Gütern der Branche, die unter Wettbewerbsdruck geraten ist, ausweitet, nimmt er den Anreiz zur Anpassung.
Die Überbetonung der Nachfrageseite verleitet obendrein dazu, die Angebotsbedingungen der Unternehmen zu vernachlässigen. Die sogenannte **Kaufkrafttheorie der Löhne** etwa, nach der eine Erhöhung der Löhne die Konsumnachfrage stärke und damit Arbeitsplätze schaffe, resultiert aus dieser einseitigen Betrachtungsweise, da sie die *Kostenseite der Unternehmen* vollkommen übersieht. In den meisten Fällen, vor allem bei unterausgelasteten Produktionskapazitäten, würden die von ihr empfohlenen Maßnahmen zum weiteren Abbau von Arbeitsplätzen beitragen und folglich kontraproduktiv wirken.

(Bundesverband Deutscher Banken [Hg.], Wirtschaft, Materialien für den Unterricht, Berlin 2006, S. 33)

M 62 b Kritikpunkte zur Angebotstheorie

- Eine Verbesserung der Gewinnsituation der Unternehmen erhöht zwar deren Investitionsfähigkeit, nicht jedoch zwangsläufig deren *Investitionsbereitschaft*. Investitionen werden nur bei genügend guten Ertragserwartungen vorgenommen.
- Entscheidend für den Ertrag von Investitionen ist das Preis-Kosten-Verhältnis. Die angebotsorientierte Wirtschaftspolitik betont bei der Investitionsbereitschaft einseitig die Kosten der Investitionen. Ein angemessener Preis für das Produkt ist aber nur zu erzielen, wenn eine entsprechend große Nachfrage vorhanden ist. Investitionen lohnen sich nur, wenn auch *Absatzchancen für die Produkte* vorhanden sind.
- Bei mangelnder Kapazitätsauslastung bzw. zu geringer Nachfrage ist die Neigung, Erweiterungsinvestitionen vorzunehmen, gering. Investitionsförderungen führen in dieser Situation dazu, dass die Unternehmen Rationalisierungs- statt Erweiterungsinvestitionen durchführen und dadurch die Arbeitsplätze nicht vermehren, sondern vermindern.
- *Löhne* sind nicht nur ein Kostenfaktor, sondern auch ein Nachfragefaktor. Steigende Löhne bewirken nicht nur steigende Kosten, sondern auch steigende Nachfrage.
- Bei vorhandener Unterbeschäftigung führt eine Reduzierung der Staatsausgaben nicht zu sinkender, sondern zu steigender Arbeitslosigkeit.

(Hans Jürgen Albers [Hrsg.], Volkswirtschaftslehre, Verlag Europa-Lehrmittel, Haan-Gruiten, 9. Aufl. 2011, S. 390)

1. Aufgrund Ihrer Erarbeitung der vorangehenden Materialien wird es Ihnen nicht schwerfallen, die jeweiligen Kritikpunkte an den beiden konkurrierenden wirtschaftspolitischen Konzepten zu verstehen und ggf. mit eigenen Worten zu verdeutlichen (M 62 a/b). Stellen Sie dabei vor allem die gegensätzlichen Einschätzungen zur Bedeutung staatlicher Ausgaben und Eingriffe, zu den Anreizen für Unternehmensinvestitionen und zur Bedeutung der Arbeitskosten, insbesondere der Löhne, heraus.

2. Wie erklären Sie sich die Tatsache, dass angesichts der Folgen der Finanz- und Wirtschaftskrise in den Jahren 2008/2009 die keynesianische Nachfragepolitik über Parteigrenzen hinweg eine „neue Renaissance" erlebt hat, nachdem sie zuvor parteipolitisch umstritten war bzw. die Kritik an ihr in Politik und Wissenschaft überwog? Vgl. dazu M 64.

3. Zur Ergebnissicherung Ihrer Erarbeitung der vorangehenden Materialien zu den wirtschaftspolitischen Konzeptionen schlagen wir Ihnen vor, einen **übersichtlichen Vergleich (Synopse)** zwischen den beiden Konzeptionen und zu Ihrer eigenen Urteilsbildung der Angebots- und Nachfragepolitik zu erstellen und sich dabei der methodischen Mittel der „Visualisierung" (M 63) zu bedienen (in diesem Fall könnte es sich um eine geordnete stichwortartige Gegenüberstellung handeln). Sie könnten dieses Produkt natürlich gemeinsam im Kursgespräch erarbeiten, vielleicht hat jedoch eine Erarbeitung in zwei oder drei **Gruppen** Vorteile: Die Kommunikation und Diskussion könnten intensiver erfolgen, die Entscheidungsfindung über die Gestaltungselemente usw. könnte leichter und schneller vonstattengehen und ein Vergleich mehrerer Ergebnisse (Welche Gruppe hat die beste Lösung gefunden?) wäre reizvoll.
   M 63 gibt Ihnen einige wichtige Hinweise darauf, was bei der Arbeit zu beachten ist. In diesem Fall wird es – diesen Tipp wollen wir Ihnen geben – zunächst vor allem darauf ankommen, die Gegenüberstellung nach einigen *übergeordneten Gesichtspunkten* (z. B. allgemeinen Grundannahmen, Ansatzpunkten [vgl. M 22], Bedeutung der Löhne, konkreten Maßnahmen und Problemen) *zu gliedern* und dann die einzelnen Merkmale dazu aus den Materialien M 58 – M 62 „herauszufiltern" und zuzuordnen.
   Überlegen Sie auch, ob es sinnvoll ist, sich über die Art der Präsentation (z. B. mit einer Folie o. Ä.) vorab – ggf. auch zwischen den Gruppen – zu einigen.

METHODE M 63 Visualisierung

Unter Visualisierung versteht man die Nutzung und Anwendung optischer Elemente aller Art mit dem Ziel, die Konzentration und Aufmerksamkeit einer Gruppe – z. B. bei einer Präsentation oder einem Vortrag (Referat) – zu steigern und die Merkfähigkeit zu stärken. Man geht davon aus, dass das, was man hört, bespricht oder – z. B. im Unterricht – erarbeitet hat, besser im Gedächtnis haften bleibt. In einer Veröffentlichung von Ilona Boettger heißt es dazu:

„*Ziele der Visualisierung:*

- Die Aufmerksamkeit der Teilnehmer/innen fokussieren,
- Informationen leichter erfassbar machen,
- Orientierung und Übersicht geben,
- Wesentliches herausstellen können,
- Transparenz herstellen,
- den Behaltensgrad steigern.

Vorteile der Visualisierung:

- Die Visualisierung zentraler Thesen, Gesprächsbeiträge und Ideen erhöht die Chance, alle Anwesenden auf einen gemeinsamen Punkt zu konzentrieren.
- Die Visualisierung zwingt die Darstellenden zu einer Selektion zwischen wesentlichen und unwesentlichen Informationen.
- Visualisierung macht Gedanken anderer nachvollziehbar.
- Durch Visualisierung bleiben zentrale Informationen stichwortartig präsent. Dadurch wird die Aufnahmebereitschaft und -kapazität einer Gruppe erhöht.

Die optische Darstellung soll die Sprache nicht ersetzen, sie soll diese lediglich ergänzen.

[...] Visualisierungen sind gut vorzubereiten. Es ist zu überlegen, welche Inhalte dargestellt werden sollen, welches Ziel mit der Darstellung verfolgt wird, welche Darstellungselemente verwendet werden sollen und welche Medien der Visualisierung genutzt werden sollen.

Bei der optischen Darstellung ist darauf zu achten, dass die Visualisierungselemente übersichtlich angeordnet werden. Die Inhalte sind auf zentrale Aspekte zu reduzieren und es sollte eine Strukturierung vorgenommen werden. So können beispielsweise Überschriften oder Oberbegriffe durch Farbe, Form und/oder Schriftgröße betont werden. Neben der Schrift können auch andere Visualisierungselemente genutzt werden, z. B. Karten in verschiedenen Farben und Formen, Linien, Pfeile oder Punkte."

(Ilona Boettger; http://www.sowi-online.de/methoden/lexikon/visualisierung-boettger.htm)

M 64 „Keynes wird neu entdeckt" – Konjunkturprogramme in der Krise

Die Welt entdeckt derzeit [April 2009] den Krisenökonomen John Maynard Keynes und seine Theorien im Eiltempo wieder. [...] Begonnen hat das „Revival der Nachfragepolitik" mit der Pleite der amerikanischen Investmentbank Lehman Brothers* im September 2008. Danach brach die Konjunktur zusammen – schlagartig und weltweit. Alle Industrienationen haben [...] gigantische Konjunkturprogramme aufgelegt. In Rekordzeit, in Rekordvolumen. [...]

Drei der vier Komponenten der gesamtwirtschaftlichen Nachfrage (s. M 22) – der private Konsum, die Investitionen und Exportüberschüsse – fallen (*in einer solchen Krisensituation*) als Wachstumsbringer aus (vgl. M 59, Z. 71 ff.). [...] Ökonomen sprechen von einer „keynesianischen Situation", in der direkte, schuldenfinanzierte Konjunkturprogramme (s. u.) gefragt sind. [...]

Aus Keynes' Theorie lassen sich zwei Verbote und drei Gebote für die Wirtschaftspolitik herausdestillieren, schreibt Gerhard Willke, Professor für Wirtschaftspolitik an der Fachhochschule Nürtingen: [...] Tabu sei in der Krise eine Senkung der Löhne und der Staatsausgaben. Geboten seien niedrige Zinsen. Zudem sollte der Staat versuchen, die Nachfrage zu stützen – einerseits direkt über schuldenfinanzierte Investitionen, andererseits indirekt durch die Umverteilung von Einkommen hin zu Verbrauchern mit wenig Geld und hoher Konsumneigung.

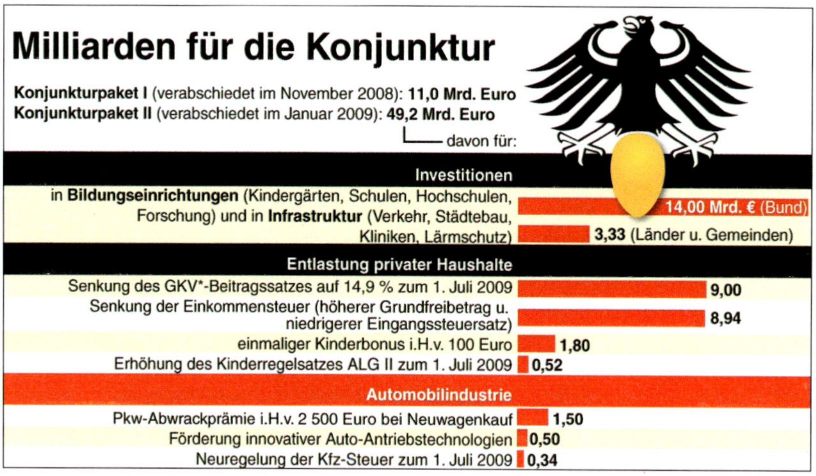

(Anja Müller, Im Rausch von Keynes, in: Handelsblatt vom 28.4.2009, S. 9)

Ohne ausschweifende ideologische Diskussionen wurden 2008 in vielen Ländern Konjunkturprogramme im Sinne einer keynesianischen antizyklischen Haushaltspolitik (vgl. M 58, Z. 36 ff.) auf den Weg gebracht, um von staatlicher Seite her die gesamtwirtschaftliche Nachfrage zu stützen (zu den deutschen „Konjunkturpaketen" s. Abb. S. 101 u.). Dabei wurde die zusätzliche Verschuldung des Staates („deficit spending") bewusst in Kauf genommen. [...]

(Egmont Hass, Stabilitätspolitik in der sozialen Marktwirtschaft. Eine ökonomische Einführung. Wochenschau Verlag, Schwalbach/Ts. 2010, S. 131 f.)

1 Erläutern Sie, inwiefern in der Folge der internationalen Finanz- und Wirtschaftskrise* 2008/2009 in den Industrieländern die Theorie von Keynes „wiederentdeckt" wurde (M 64, Z. 1 ff.). Ziehen Sie zur Erklärung der „keynesianischen Situation" und der dafür von Keynes empfohlenen Nachfragepolitik ggf. M 58 und M 59 (Z. 68 ff.) heran.

2 Untersuchen Sie anhand des Textes und der Abb. einzelne Maßnahmen der „Konjunkturpakete" im Hinblick auf ihre unterschiedlichen nachfragepolitischen Ansatzpunkte (vgl. M 22) und erklären Sie, inwiefern nach Keynes öffentliche (staatliche) Investitionen den größten „konjunkturstützenden Impuls" auslösen können. Welche Maßnahmen (vgl. Abb.) werden i. d. R. nur „indirekt" wirksam?

Nach der vorangehenden Darstellung theoretischer Konzepte und wirtschaftspolitischer Strategien geht es im Folgenden um die in der Praxis verfolgte ***Wirtschaftspolitik****.*
Nach einer bekannten allgemeinen Definition kann Wirtschaftspolitik verstanden werden als „die Gesamtheit der Maßnahmen politischer Entscheidungsträger, die darauf abzielen, den Ablauf des wirtschaftlichen Geschehens zu ordnen, zu beeinflussen oder unmittelbar festzulegen" (H. Giersch, Allgemeine Wirtschaftspolitik, Wiesbaden 1960, S. 17). Wir wollen diese Bestimmung nunmehr in drei Punkten konkretisieren:

- *„Politische Entscheidungsträger" (****„Akteure"****) – damit ist zunächst einmal und vor allem der Staat gemeint, und zwar der* ***Staat*** *auf allen drei Ebenen (des Bundes, der Länder und der Gemeinden). Aber auch die großen Interessenverbände, insbesondere die* ***Tarifparteien*** *(Gewerkschaften und Arbeitgeberverbände), nehmen durch ihre Lohn- und Preispolitik einen erheblichen Einfluss auf die wirtschaftliche Entwicklung, auch sie sind in diesem Sinne „politische Entscheidungsträger". Eine besondere Stellung in der Wirtschaftspolitik nahm in der Vergangenheit die Deutsche Bundesbank ein, die dem staatlichen Bereich zugeordnet werden kann, aber von Weisungen der Regierung unabhängig und daher in ihren Entscheidungen frei war. Diese Autonomie besitzt auch die* ***Europäische Zentralbank (EZB)****, die seit 1999 die geldpolitischen Entscheidungen für die an der Europäischen Währungsunion beteiligten Länder trifft.*
- *Die „Gesamtheit der Maßnahmen" – dieser Begriff umfasst das ganze Spektrum der* ***Bereiche****, in denen sich wirtschaftliche Entscheidungsprozesse vollziehen. Dazu gehören u. a. die hier nicht näher zu beschreibenden Bereiche der Wettbewerbs-, der Struktur-, der Außenwirtschafts- und der Währungspolitik. Im Mittelpunkt unserer Betrachtung sollen die Bereiche der Wirtschaftspolitik stehen, die unmittelbar auf die Erreichung der drei Ziele Wachstum, Beschäftigung und Preisniveaustabilität zielen: die* ***Finanzpolitik*** *und die* ***Geldpolitik*** *(der häufig allgemein gebrauchte Begriff* ***Konjunkturpolitik*** *bezieht sich streng genommen nur auf Maßnahmen, die die Vermeidung konjunktureller Schwankungen zum Ziel haben). Diese für den Laien ganz ähnlich klingenden Begriffe meinen etwas ganz Verschiedenes: Träger der Finanzpolitik ist der* ***Staat*** *(insbesondere also die Bundesregierung), insofern er die Mittel des Bundeshaushaltes einsetzt, um gesamtwirtschaftliche, vor allem konjunkturelle Zielsetzungen zu verfolgen. Insoweit dabei das Ziel nicht aus dem Auge verloren werden darf, den Staatshaushalt (Fiskus) in Einnahmen und Ausgaben auszugleichen, spricht man auch von* ***Fiskalpolitik*** *(vgl. M 61). Der Begriff Geldpolitik fasst die Instrumente zusammen, welche seit dem 1.1.1999 die* ***Europäische Zentralbank*** *einsetzt, um insbesondere das Ziel der Geldwertstabilität zu erreichen.*

Im folgenden Abschnitt geben wir zunächst einen knappen Überblick über die Ziele, die Instrumente und die wirtschaftspolitische Bedeutung der ***Geldpolitik*** *der Europäischen Zentralbank. Abschnitt 3. enthält dann die Darstellung der* ***Finanzpolitik*** *des Staates, bei der wir den Schwerpunkt auf die Steuerpolitik und die Haushaltspolitik legen, Bereiche, denen – nicht zuletzt im Hinblick auf die schwerwiegenden Probleme der Arbeitslosigkeit und der Staatsverschuldung – eine zentrale und aktuelle Bedeutung zukommt.*

2. Die Geldpolitik der Europäischen Zentralbank

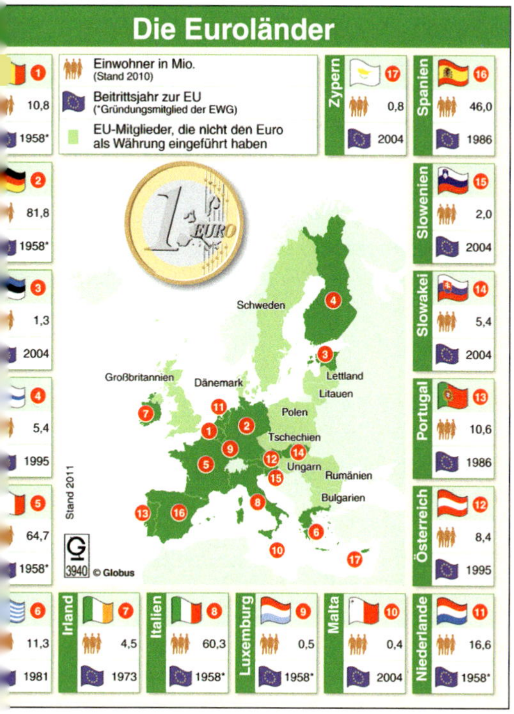

Seit Beginn der Europäischen Währungsunion (1.1.1999) ist für den Bereich des Euro-Gebietes die Europäische Zentralbank (EZB; Sitz: Frankfurt a. M., s. Foto) für die Geldpolitik zuständig. Bevor wir im Einzelnen darstellen, auf welche Weise die Zentralbank Einfluss auf die wirtschaftliche Entwicklung nimmt und mit welcher Strategie und mit welchen Instrumenten sie das Ziel der Geldwertstabilität zu erreichen versucht, wollen wir zunächst einige Grundbegriffe und Zusammenhänge kurz erläutern, die für das Verständnis der Geldpolitik wichtig sind.

M 65 Geldfunktionen, Geldarten und Geldschöpfung

Wenn wir uns mit Geldpolitik beschäftigen, müssen wir zuerst klären, was unter Geld zu verstehen ist. Üblicherweise wird Geld anhand seiner Funktionen definiert. Geld ist danach

- **Zahlungs- und Tauschmittel**, d. h., Geld muss geeignet sein, Tauschvorgänge unkompliziert, schnell und sicher durchführen zu können,
- **Wertaufbewahrungsmittel**, d. h., der Wert des Geldes, sprich die Kaufkraft, sollte auch langfristig im Wesentlichen erhalten bleiben, und
- **Rechenmittel**, d. h., Geld soll als allgemeiner Bewertungsmaßstab einen problemlosen Vergleich der verschiedensten Waren und Dienstleistungen ermöglichen.

Heute besteht in den entwickelten Industrieländern Geld aus Münzen, Banknoten und Buchgeld (= *Giralgeld*). Buchgeld hat keinerlei „stofflichen" Bezug mehr; es erscheint nur als abstrakter Rechtstitel, der aufseiten der Kreditinstitute eine Verbindlichkeit, aufseiten der Nichtbanken eine Forderung darstellt.

Zentralbankgeld

In modernen Volkswirtschaften kann Geld im Sinne von Zahlungsmitteln sowohl von der Zentralbank – im konkreten Fall der Europäischen Währungsunion von der EZB bzw. in ihrem Auftrag von den nationalen Zentralbanken – erschaffen werden. *Zentralbankgeld* entsteht immer dann, wenn die Zentralbank Finanzaktiva[1] (z. B. Wertpapiere* oder Devisen*) aufkauft oder Kredite gewährt, also Geld in den Wirtschaftskreislauf außerhalb des Zentralbanksystems abgibt. Umgekehrt wird Zentralbankgeld immer dann „vernichtet", wenn die Zentralbank (Finanz-)Aktiva verkauft oder ihre Kreditvergabe einschränkt und dadurch Geld aus dem Wirtschaftskreislauf „absaugt".

Zentralbankgeld kann die Form von **Bargeld** als auch von **Sichtguthaben*** (Buch- bzw. Giralgeld*) bei der Zentralbank annehmen. Die **Zentralbankgeldmenge** (Z) stellt sozusagen die Basis

[1] **Aktiva** (Plural): Summe der Vermögenswerte eines Unternehmens; Finanzaktiva sind die Aktiva einer Bank

der gesamtwirtschaftlichen Geldmenge dar. Auf ihrer Grundlage baut der Giralgeldschöpfungsprozess (s. u.) auf. Sie wird daher auch als **Geldbasis (monetary base)** bzw. **Basisgeld (high-powered money)** bezeichnet.

(Autorentext)

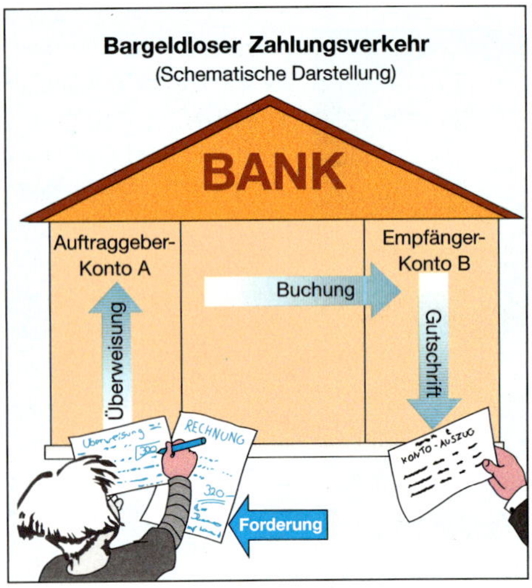

Geschäftsbankengeld

Unter **Geschäftsbankengeld** werden Sichteinlagen bei Geschäftsbanken verstanden, mit denen Nicht-Banken Zahlungen leisten können. Diese Sichteinlagen können auf zweierlei Art entstehen. Zahlt ein Kunde A z. B. 1000,– Euro bar bei seiner Geschäftsbank G ein, erhält er im Gegenzug als Gutschrift auf seinem Girokonto eine Forderung gegenüber der Bank, über die er jederzeit verfügen kann (**passive Geldschöpfung**). Zu beachten ist, dass sich in diesem Fall die Geldmenge, über die A verfügen kann, nicht verändert hat: Der Verringerung an Bargeld in Höhe von 1000,– Euro steht ein Anstieg der Sichtguthaben in derselben Höhe gegenüber. Es wurde lediglich Zentralbankgeld in Geschäftsbankengeld umgewandelt. Gleiches ist der Fall, wenn A diese 1000,– Euro von seinem Konto auf das Konto eines Kunden B – sei es bei der gleichen Bank G oder sei es bei einer anderen Bank H – überweist. Die gesamte Geldmenge des Nicht-Bankensektors (A und B) hat sich dadurch nicht verändert. Auch die Menge des Geschäftsbankengeldes blieb gleich. Es fand lediglich eine Umverteilung zugunsten von B statt.

Anders verhält es sich bei der **aktiven Geldschöpfung** durch die Geschäftsbanken. Aktiv können sie Geld schaffen, indem sie entweder (Finanz-)Aktiva von Nicht-Banken ankaufen oder diesen Kredit gewähren.

(Jörn Altmann, Wirtschaftspolitik, Lucius & Lucius Verlag, Stuttgart, 8. Aufl. 2007, S. 370 f.)

Aktive Geldschöpfung durch Kreditvergabe

Zentralbankgeld besteht aus dem Bargeldumlauf und den Sichtguthaben* bei der Zentralbank*. Als Bankengeld werden die Sichteinlagen bei Geschäftsbanken und anderen monetären Finanzinstituten bezeichnet. Der größte Teil der Geldschöpfung vollzieht sich in zwei Schritten: Die Zentralbank liefert Zentralbankgeld an die Geschäftsbanken, indem sie diesen ein Sichtguthaben bei sich einräumt. Das zugrunde liegende Geschäft kann darin bestehen, dass die Zentralbank einen Kredit an eine Geschäftsbank gewährt oder von ihr Devisen*, Wertpapiere* oder einen anderen Vermögenswert ankauft. In Höhe des Gegenwertes wird Zentralbankgeld geschaffen. Die Geschäftsbanken benötigen dieses Zentralbankgeld, um ihrerseits Kredite an ihre Kunden zu vergeben oder von diesen Devisen bzw. ein anderes Aktivum anzukaufen. Indem sie den Nichtbanken entsprechende Sichtguthaben bei sich einräumen, schaffen sie Bankengeld. Man nennt diesen Vorgang *aktive Giralgeldschöpfung*. [Dabei] fließt ein Strom von Zentralbankgeld von der Notenbank zu den Geschäftsbanken und ein Strom von Bankengeld wesentlich breiter. Dies hat seine Ursache darin, dass das gesamte Geschäftsbankensystem auf der Basis einer bestimmten Zentralbankgeldmenge ein Vielfaches an Bankengeld schöpfen kann. [...]

Kein Wunder – die multiple Geldschöpfung

Die Geldschaffung lässt sich mit einem Produktionsvorgang im güterwirtschaftlichen Bereich vergleichen, etwa mit der Herstellung von Brötchen: Der Müller (Zentralbank) liefert Mehl (Zentralbankgeld) an den Bäcker (Geschäftsbank), der damit Brötchen (Giralgeld) backt. Dieser Vergleich ist indes nur zulässig, wenn man einen einzelnen Bäcker (eine *einzelne* Bank) betrachtet. Denn wie ein Bäcker lediglich so viele Brötchen backen kann, wie ihm an Mehl zur Verfügung steht, so kann eine einzelne Bank nur so viele Kredite gewähren und damit Giralgeld schaffen, wie sie selbst an Zentralbankgeld besitzt. Anders stellt sich die Situation für das *Geschäftsbankensystem* als Ganzes dar. Die Geschäftsbanken insgesamt können nämlich, ausgehend von einer bestimmten Menge an freiem Zentralbankgeld, ein Vielfaches an Giralgeld* schaffen. Folgendes *Beispiel* verdeutlicht diese „wundersame Geldvermehrung" (siehe Tabelle):

– Eine Bank A besitze frei verfügbares Zentralbankgeld in Höhe von 1500 Geldeinheiten. Man spricht von der *Überschussreserve*. Dazu muss man wissen, dass Geschäftsbanken in der Europäischen Währungsunion verpflichtet sind, auf die Einlagen ihrer Kundschaft einen bestimmten

Prozentsatz als *Mindestreserve* bei der Europäischen Zentralbank stillzulegen. Dieses Zentralbankguthaben dient sozusagen als „Sicherheitspolster“ zur Vermeidung der Zahlungsunfähigkeit einer Bank. In dieser Höhe ist Zentralbankgeld gebunden. Nur der darüber hinausgehende Teil des Guthabens ist für die Kreditvergabe frei verfügbar – eben Überschussreserve. In unserem Beispiel gewährt die Bank einen Kredit in Höhe der Überschussreserve, sie räumt dem Kunden ein entsprechendes Sichtguthaben ein. Dieser hebt (annahmegemäß) ein Drittel des Betrages (also 500) in bar ab und überweist den Rest (1000) auf das Konto eines Geschäftspartners bei der Bank B. Bank B muss auf diese Einlage Mindestreserven halten. Angenommen, der Mindestreservesatz betrage 25 Prozent bzw. ein Viertel (in Wirklichkeit liegt er in der Europäischen Währungsunion lediglich bei 2 Prozent). Nach Abzug der Mindestreserve (250) verbleiben der B-Bank Überschussreserven von 750, die sie als Kredit ausreichen kann (was sie auch tut). Wir sehen, dass die Banken A und B, ausgehend von der ursprünglichen Überschussreserve von 1500, bereits 2 250 an neuem Giralgeld geschaffen haben. Dieser Prozess der Kreditvergabe setzt sich nun auch bei den Banken C, D etc. fort, wobei sich der jeweils ausleihbare Betrag durch Barabzüge und Mindestreserve immer weiter verkleinert.

Das Geschäftsbankensystem kann mehr Kredite gewähren, als es an freiem Zentralbankgeld besitzt. Die Kreditinstitute wären also keineswegs in der Lage, sämtliche Kundeneinlagen auszuzahlen. Bei einem „Sturm auf die Bankschalter“, wenn die Menschen aus Angst um ihr Geld zur Bank rennen und ihre Einlagen abheben wollen, müsste die Zentralbank den Geschäftsbanken das benötigte Bargeld kreditweise zur Verfügung stellen. Durch den Umtausch von Sichteinlagen in Bargeld ändert sich die Geldmenge der Höhe nach nicht, nur in ihrer Struktur. [...]

Tab.: Geldschöpfung – wie geht das?

	A	B	C	D ...	Summen
Sichteinlagen		1 000	500	250 ...	2 000
Zufluss an Zentralbankgeld		1 000	500	250 ...	500
Mindestreserve		250	125	62,5 ...	
Überschussreserve	1 500	750	375	187,5 ...	3 000
Kredite	1 500	750	375	187,5 ...	
Verlust an Zentralbankgeld	1 500	750	375	187,5 ...	
Barabzüge	**500**	**250**	**125**	**62,5 ...**	**1 000**

Der Geldschöpfungsprozess erreicht seine Grenze, wenn die ursprüngliche Überschussreserve von 1 500 vollständig durch die Bargeldabzüge (1 000) und die Mindestreserve (500) „verbraucht“ ist.

(Herbert Sperber, Wirtschaft verstehen, Schäffer-Poeschel Verlag, Stuttgart, 4. Aufl. 2012, S. 212, 216 f.)

1 Erläutern Sie anhand einiger für Sie selbst relevanter konkreter Beispiele die drei Funktionen des Geldes und den Unterschied zwischen „sichtbarem“ und „unsichtbarem“ Geld (M 65).

2 Wie entsteht Geld? Erläutern Sie zur Beschreibung des Geldschöpfungsprozesses zunächst die Unterscheidung zwischen Zentralbankgeld und Geschäftsbankengeld sowie den wichtigen Unterschied zwischen „passiver“ und „aktiver“ Geldschöpfung. Inwiefern wird nur im zweiten Fall zusätzliches Geld geschaffen? (M 65)

3 Beschreiben Sie die Möglichkeiten und Grenzen der „multiplen Geldschöpfung“ durch die Geschäftsbanken. Welche beiden Beschränkungen sorgen dafür, dass das Geschäftsbankengeld nicht ins Unendliche anwachsen kann? Analysieren Sie dazu das Beispiel und rechnen Sie einige Beträge in der Tabelle nach.

M 66 Geldmengen in der Abgrenzung der Europäischen Zentralbank

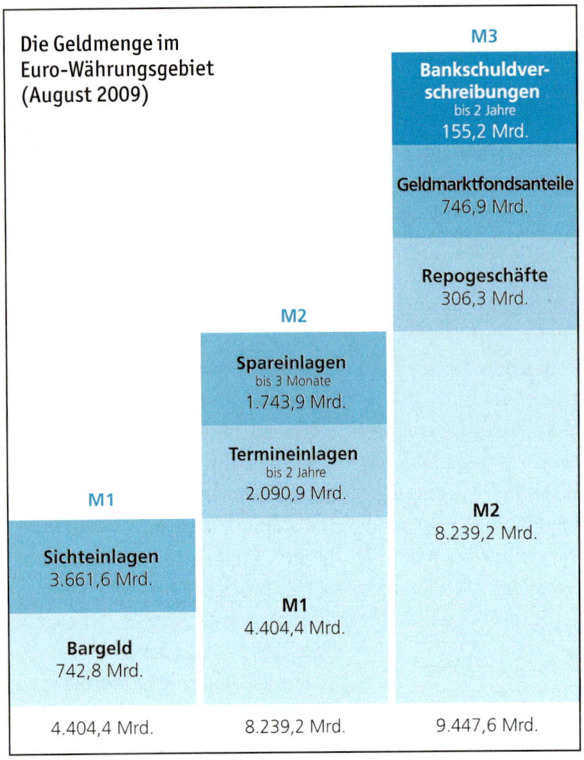

- Das, was wir alle im Portmonee haben oder zu Hause an einem sicheren Ort aufbewahren, ist der sog. *Bargeldumlauf.* Er besteht aus Münzen und Banknoten und ist das, woran wir alle als Erstes denken, wenn von Geld die Rede ist. Darüber hinaus verfügen heutzutage alle Erwachsenen über ein Girokonto. Das ist ein Konto, von dem der Inhaber jederzeit Bargeld abheben kann, sofern das Konto ein entsprechendes Guthaben aufweist. Beides zusammen, den gesamten Bargeldumlauf und die täglich fälligen Guthaben auf den Girokonten, nennen die Ökonomen **M 1**.
- Die meisten haben darüber hinaus noch weitere Guthaben bei ihrer Bank oder Sparkasse, z. B. ein Sparbuch, von dem man größere Beträge nur mit einer Kündigungsfrist von drei Monaten abheben kann. Andere haben Geld, das sie in einem überschaubaren Zeitraum nicht brauchen, für einen längeren Zeitraum als drei Monate bei ihrer Bank oder Sparkasse festgelegt. Zählt man die Einlagen mit einer Laufzeit bis zu zwei Jahren und die Spareinlagen mit gesetzlicher Kündigungsfrist (drei Monate) zu M 1 dazu, kommt man zur Geldmenge **M 2**.
- Schließlich verfügen Banken und Sparkassen noch über Einlagen, die sie jederzeit „zu Geld machen“, weil sie sie an andere Banken oder die Notenbank verkaufen können. Dazu zählen Schuldverschreibungen mit einer Laufzeit von bis zu zwei Jahren.

Eine *Schuldverschreibung* ist ein Wertpapier, das eine Bank oder Sparkasse oder auch ein großes Unternehmen ausstellt, wenn ihnen jemand, meist eine Privatperson, Geld für einen bestimmten Zeitraum verleiht (also anlegt). Für das Verleihen des Geldes werden dem Gläubiger (= Kreditgeber) im Allgemeinen vom Schuldner ein vorher vereinbarter, fester Zins pro Jahr gezahlt.
Ferner gehören dazu *Geldmarktpapiere,* das sind Wertpapiere, die für größere, meist sechsstellige Summen ausgestellt und kurzfristig bis zu zwei Jahren angelegt werden. Hier sind die Gläubiger (Anleger) nur noch im Ausnahmefall Privatpersonen, i. d. R. handelt es sich hier um Banken oder Unternehmen. Fonds [Kapitalsammelstellen], die sich darauf spezialisiert haben, kleinere Beträge (ab 50 000 Euro) von Privatpersonen als festverzinsliche Einlage entgegenzunehmen, ihrerseits jedoch viele kleinere Beträge von unterschiedlichen Anlegern bündeln, um sie in Geldmarktpapieren anzulegen, stellen ihren Gläubigern (Anlegern) Bestätigungen über ihre Anlage aus, die man *Zertifikate* nennt. Zweijährige Schuldverschreibungen, Geldmarktpapiere, Zertifikate von Geldmarktfonds sowie die liquiden Mittel, über die Banken und Sparkassen aufgrund ihrer Repogeschäfte[1] (Zwei-Wochen-Darlehen) verfügen, bilden zusammen mit M 2 die Geldmenge **M 3**.

(Hermann Adam, Bausteine der Wirtschaft, VS Verlag für Sozialwissenschaften, Wiesbaden, 15. Aufl. 2009, S. 111 f.)

[1] Repo-Geschäft (Repurchase Agreement), auch Pensionsgeschäft genannt; Verkauf eines Wertpapiers* mit gleichzeitiger Vereinbarung des Rückkaufs zu einem späteren Termin (z. B. nach zwei Wochen); das Wertpapier wird sozusagen von einer Bank „in Pension“ gegeben, die für die festgelegte Zeit dann über die entsprechende Menge Bargeld verfügt.

Beschreiben Sie die Abgrenzungen zwischen den drei Geldmengen und machen Sie deutlich, inwiefern die Bestandteile der Geldmengen M 2 und M 3 unterschiedlich leicht und schnell in „Geld“ (im Sinne von M 1) umgewandelt werden können. Warum legt die EZB ihrer Geldmengenpolitik nicht einfach nur die Geldmenge M 1 zugrunde?

Die geldpolitische Strategie

M 67 Stellung und Aufgaben der Europäischen Zentralbank

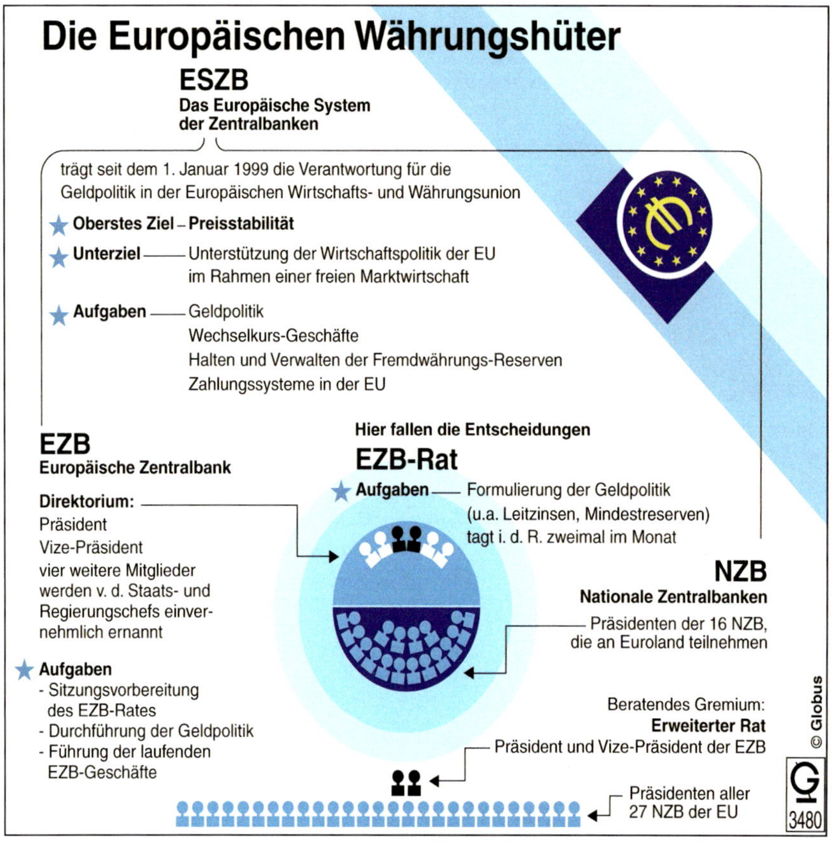

Integraler Bestandteil des Maastrichter Vertrages über die Europäische Union vom 7. Februar 1992 war die Schaffung einer **Europäischen Währungsunion.** Diese wurde mit Einführung des Euro zum 1. Januar 1999 (zunächst nur als Recheneinheit und Buchgeld, ab 1. Januar 2002 auch als offizielles Zahlungsmittel) erfolgreich vollzogen. Es entstand das Euro-Währungsgebiet, der zweitgrößte Wirtschaftsraum der Welt (s. Abb. S. 103 o. l.; seit dem 1.1.2015 gehören dem Euro-Raum 19 Länder an). Mit der Europäischen Währungsunion war auch der Übergang zu einer **einheitlichen europäischen Geldpolitik** verbunden. Der hiermit verbundene Verzicht auf nationalstaatliche Gestaltungsmöglichkeiten war in einigen Ländern und insbesondere in Deutschland heftig umstritten. Da eine Vielzahl an Staaten an der Währungsunion beteiligt war, verwundert es kaum, dass der Aufbau des europäischen Zentralbankwesens eine deutlich komplexere Gestalt annahm, als es bei den einzelnen nationalen Zentralbanken vorher der Fall war.

Das **Europäische System der Zentralbanken** *(ESZB)* besteht aus der *Europäischen Zentralbank (EZB)* und den nationalen Zentralbanken* *(NZBn)* aller EU-Mitgliedstaaten (Artikel 107 Absatz 1 des EG-Vertrages). Hiermit nicht identisch (zumindest gegenwärtig) ist das **Eurosystem.** Dieses umfasst die *EZB* und die *NZBn* aller Mitgliedstaaten, die den Euro eingeführt haben. Eine Unterscheidung zwischen *ESZB* und *Eurosystem* ist daher noch so lange nötig, bis alle Mitgliedstaaten den Euro eingeführt haben. Dennoch beziehen sich die wesentlichen Artikel des EG-Vertrages auf das *ESZB* und nicht auf das *Eurosystem,* da dem Vertrag die Annahme zugrunde liegt, dass letztendlich alle Mitgliedstaaten den Euro einführen werden.

„Das vorrangige Ziel des ESZB ist es, die **Preisstabilität** zu gewährleisten" (Artikel 105 Absatz 1 des EG-Vertrages [Hervorhebung nicht im Original]). *„Soweit dies ohne Beeinträchtigung des Ziels der Preisstabilität möglich ist, unterstützt das ESZB die allgemeine Wirtschaftspolitik in der Gemeinschaft, um zur Verwirklichung der in Artikel 2 festgelegten Ziele der Gemeinschaft beizutragen."* Artikel 2 nennt in diesem Zusammenhang u. a. „ein hohes Beschäftigungsniveau [...], ein beständiges, nicht inflationäres Wachstum, einen hohen Grad von Wettbewerbsfähigkeit und Konvergenz der Wirtschaftsleistungen". Die Priorität der Ziele des ESZB wird hierdurch deutlich aufgezeigt und der **Preisniveaustabilität eine herausragende Bedeutung** zugemessen. Ihr ist das ESZB in erster Linie verpflichtet und nur nachrangig den weiteren Zielen. Zusätzlich zu den genannten Zielen gibt es eine Reihe von grundlegenden Aufgaben, die das ESZB darüber hinaus zu erfüllen hat. Sie bestehen gemäß Artikel 105 Absatz 2 des EG-Vertrags darin,

- die Geldpolitik der Gemeinschaft festzulegen und auszuführen,
- Devisengeschäfte im Einklang mit Artikel 111 durchzuführen,

Das Direktorium der EZB; hintere Reihe (v. r. n. l.): Jörg Asmussen (Deutschland), Peter Prast (Belgien), Benoit Coeure (Frankreich); vordere Reihe (v. l. n. r.): Victor Constancio (Portugal, Vizepräsident), Mario Draghi (Italien, Präsident), José Manuel González-Páramo (Spanien)

- die offiziellen Währungsreserven der Mitgliedstaaten zu halten und zu verwalten und
- das reibungslose Funktionieren der Zahlungssysteme zu fördern.

Die *EZB* trägt die Verantwortung für das Erreichen dieser Ziele, wobei der *EZB-Rat* und das *EZB-Direktorium* für die Vorbereitung, Durchführung und Umsetzung einer einheitlichen Geldpolitik zuständig sind. Der **EZB-Rat** besteht aus den nationalen Zentralbanken, die durch ihre jeweiligen Präsidenten genau wie die sechs Mitglieder des *EZB-Direktoriums* je eine Stimme vertreten. Der *EZB-Rat* erlässt die Leitlinien und Entscheidungen, die notwendig sind, um die Erfüllung der genannten Aufgaben zu gewährleisten, und legt die Geldpolitik des Euro-Währungsgebietes fest. Die Leitung der EZB, die ihren Sitz in Frankfurt am Main hat, erfolgt durch das sechsköpfige **EZB-Direktorium** (s. Foto). Ihm gehören neben Präsident und Vizepräsident der EZB vier weitere Mitglieder an, die von allen beteiligten Staats- und Regierungschefs einstimmig gewählt werden müssen. Es hat die Aufgabe, die Geldpolitik gemäß der Entscheidungen des EZB-Rats auszuführen und die erforderlichen Weisungen an die nationalen Zentralbanken zu erteilen.

Die EZB ist bei ihren Entscheidungen von anderen Akteuren **politisch unabhängig**. Dies gilt auch für die nationalen Zentralbanken, die für die Durchführung der dezentralen Aspekte der EZB-Politik zuständig sind. „Bei der Wahrnehmung der ihr [...] übertragenen Befugnisse, Aufgaben und Pflichten darf weder die EZB noch eine nationale Zentralbank noch ein Mitglied ihrer Beschlussorgane Weisungen von Organen oder Einrichtungen der Gemeinschaft, Regierung der Mitgliedstaaten oder anderen Stellen einholen oder entgegennehmen“ (Artikel 108 des EG-Vertrages). Bei potenziellen Konflikten mit anderen Akteuren oder Zielen ist das ESZB allein auf sein Ziel der Preisniveaustabilität festgelegt.

(Jürgen Pätzold/Daniel Baade, Stabilisierungspolitik, Verlag Franz Vahlen, München, 7. Aufl. 2008, S. 107 f.)

1 Beschreiben Sie anhand von M 67 (mit Grafik) die Organisation und die Aufgabe der Europäischen Zentralbank (EZB). In welcher Weise sind die 19 „Euroland“-Staaten in der EZB vertreten?

2 Die Unabhängigkeit (Autonomie) der Europäischen Zentralbank ist auch im Vergleich zur Deutschen Bundesbank (mit ihrer bereits sehr hohen Autonomie) verstärkt worden. Erläutern Sie, inwiefern die Bank sowohl als Institution als auch in ihren Entscheidungen unabhängig ist und welche Gründe zu dieser gesetzlichen Festlegung (im EG-Vertrag) geführt haben.

3 Die Zielsetzungen der Geldpolitik sind, inbesondere auch unter Wirtschaftspolitikern, umstritten. Erläutern Sie unter Rückgriff auf M 14, mit welchen anderen Zielen der Wirtschaftspolitik das Ziel der Geldwertstabilität tendenziell in Konflikt geraten kann. Welche Entscheidung ist im EU-Vertrag in dieser Hinsicht getroffen worden? Wie ist die Formulierung zu verstehen, dass das Stabilitätsziel „vorrangig“ ist (Z. 39)?

M 68 Zielsetzung und Strategie der Geldpolitik

Sie sieht das Ziel Geldwertstabilität dann für erreicht an, wenn der für das gesamte Euro-Gebiet geltende **„harmonisierte Verbraucherpreisindex“** (HVPI; s. M 29, S. 50) jährlich um weniger als 2 Prozent ansteigt (s. Kasten, S. 109 o.). Diese Quantifizierung wird jedoch von der EZB ausdrücklich nicht als ein direktes Inflationsziel verstanden, das jederzeit und unter allen Umständen einzuhalten ist bzw. – insbesondere bei Abweichung „nach oben“ – automatisch zu geldpo-

Warum gerade 2 Prozent?

Noyer: Wir haben uns ganz bewusst für die 2 Prozent entschieden, weil bis zu diesem Wert der Inflationsrate die Bevölkerung den Eindruck stabiler Preise hat. Dementsprechend richten – ökonomisch gesehen – die Wirtschaftssubjekte ihre Handlungen an der Preisstabilität aus. Steigen die Preise um deutlich mehr als 2 Prozent, wähnen sich die Menschen in einem inflationären Umfeld. Das findet dann seinen Niederschlag in höheren Lohnabschlüssen oder im Investitionsverhalten. Aller Erfahrung nach beginnt die Bevölkerung bei Teuerungsraten von mehr als 2 Prozent, Inflation in ihre Verhaltensweisen einzuplanen.

(Auszug aus einem Interview mit dem [ehemaligen] Vizepräsidenten der EZB Christian Noyer, in: Frankfurter Allgemeine Zeitung v. 2.1.1999, S. 14)

litischen Gegenmaßnahmen der EZB führen muss. Zum einen weist die EZB darauf hin, dass keine Zentralbank die Inflationsrate direkt beeinflussen kann.
Möglich ist nur eine *indirekte Steuerung* über geldpolitische Wirkungsmechanismen, die ihrerseits nur mit einer gewissen Zeitverzögerung „greifen". Ein „Überschießen" der Inflationsrate über den anvisierten Grenzwert von 2 Prozent ist daher durchaus möglich. Zum anderen will sich die EZB durch die Veröffentlichung eines direkten Inflationsziels nicht selber unter unnötigen Handlungsdruck setzen. Dies gilt insbesondere für Situationen, in denen die Preissteigerungsrate – z. B. aufgrund außenwirtschaftlicher Einflüsse – kurzfristig und eventuell nur vorübergehend über die 2-Prozent-Richtschnur hinaus ansteigt.
Da die Inflationsrate nicht direkt gesteuert werden kann, benötigt jede Zentralbank eine „geldpolitische Strategie", d. h. eine *Zwischenzielgröße*, an der sie ihr geldpolitisches Vorgehen ausrichten kann. Die Zwischenzielgröße soll sowohl in einem engen Zusammenhang mit der Inflationsrate stehen als auch relativ unmittelbar von der Zentralbank beeinflusst werden können. Die EZB hat sich für eine **geldmengenorientierte Strategie** entschieden. [...] Hinter der geldmengenorientierten Strategie steht die „quantitätstheoretische" Auffassung, dass es – vor allem mittelfristig – einen engen *Zusammenhang zwischen Geldmengenentwicklung und Preisniveaustabilität* gibt (s. M 33). Ein (zu) hohes Geldmengenwachstum führt dieser Ansicht zufolge letztlich nur zu steigenden Inflationsraten.

(Jörn Altmann, Wirtschaftspolitik, Lucius & Lucius Verlag, Stuttgart, 8. Aufl. 2007, S. 377 ff.)

Zwei-Säulen-Strategie des Eurosystems

Das Eurosystem stützt sich bei seinen geldpolitischen Entscheidungen auf eine umfassende *Analyse von Indikatoren*, die auf Risiken für die Preisstabilität* hinweisen. Dieser Analyse liegen zwei einander ergänzende Ansätze zugrunde: Bei der „wirtschaftlichen Analyse" macht sich das Eurosystem anhand einer Fülle von gesamtwirtschaftlichen und finanziellen Indikatoren ein umfassendes Bild über die kurz- und mittelfristigen Inflationsaussichten. Bei der „monetären Analyse" steht die Entwicklung der Geldmenge und der Kredite im Mittelpunkt der Beobachtung. Sie basiert auf der Erkenntnis, dass Inflation längerfristig mit einer entsprechenden Ausweitung der Geldmenge einhergehen muss (s. u.).

Wirtschaftliche Analyse

Zu den Indikatoren*, die auf recht bald auftretende Preisgefahren schließen lassen, gehören Variablen, die die konjunkturelle Entwicklung (Nachfragedruck), die binnenwirtschaftliche Kostensituation (Löhne und Lohnverhandlungen) und die außenwirtschaftliche Lage (Wechselkurs, Rohstoff-, insbesondere Ölpreise) abbilden. Ferner liefern Finanzmarktpreise und Umfrageergebnisse Anhaltspunkte über die Inflationserwartungen der Wirtschaft. Eine wirtschaftliche „Projektion" [Vorausberechnung] liefert eine quantitative Einschätzung der Wachstums- und Preisperspektiven auf Basis einer Reihe von Annahmen, wie beispielsweise der vom Markt erwarteten zukünftigen Zentralbankzinsen, der Entwicklung des Wechselkurses und des Ölpreises. Die Projektionen werden zweimal jährlich aktualisiert, im März und September. Die Projektionen des Eurosystems sind, wie alle wirtschaftlichen Prognosen, mit beträchtlicher Unsicherheit behaftet, da sich viele der Grundannahmen – z. B. Ölpreise und Wechselkurse – rasch ändern können. Deshalb können die Projektionen keine alleinige Richtschnur für die Geldpolitik darstellen. Sie liefern jedoch wichtige Anhaltspunkte für die künftige Wirtschafts- und Preisentwicklung im Euroraum.

Monetäre Analyse

Auf mittel- bis langfristige Sicht gibt es zwischen Geldmengenwachstum und Inflation eine enge Beziehung. Auf Dauer kann es nur dann zu Inflation kommen, wenn der Anstieg der Preise durch eine entsprechende Geldvermehrung finanziert wird. Dieser Zusammenhang eröffnet der Geldpolitik Analysemöglichkeiten, die über den kurzfristigen Betrachtungszeitraum der wirtschaftlichen Analyse hinausgehen. Das Eurosystem beobachtet daher laufend den Zusammenhang zwischen der Geldmengen- und der Preisentwicklung im Euro-Währungsgebiet. Insbesondere die trendmäßige Entwicklung der Geldmenge M 3 (s. M 66) besitzt gute Prognoseeigenschaften, wenn man ihre längerfristige Entwicklung betrachtet. Die Ergebnisse der Analysen fließen beispielsweise in monetäre Inflationsprognosen ein.

Die Geldmengenentwicklung kann kurzfristig durch Faktoren beeinflusst werden, die ihre Aussagekraft als Indikator für die kommende Inflationsentwicklung beeinträchtigen. Beispielsweise können steuerliche Maßnahmen Veränderungen bei der Geldhaltung von privaten Haushalten oder Unternehmen verursachen [...]. Die dadurch hervorgerufenen Geldmengenbewegungen sagen dann nur wenig über die künftige Preisentwicklung aus. Das Eurosystem untersucht deshalb neben dem M 3-Wachstum auch die Entwicklung der Geldmengen M 1 und M 2 (s. M 66), ferner die Gegenposten der Geldmenge, dabei insbesondere die Entwicklung der Kredite, sowie weitere Faktoren, die Tendenzen zur Preissteigerung oder -senkung auslösen können.

Die eher längerfristig angelegte monetäre Analyse dient dem EZB-Rat auch zur Überprüfung der durch die wirtschaftliche Analyse gewonnenen Einschätzung über künftige Inflationsrisiken. Diese Gegenprüfung verringert die Gefahr, dass die Geldpolitik relevante Informationen für die Bewertung künftiger Preisgefahren übersieht.

(Deutsche Bundesbank, Geld und Geldpolitik. Ein Schülerbuch für die Sekundarstufe II, Frankfurt am Main 2009, S. 142 ff.; http://www.bundesbank.de/download/bildung/geld_sec2/geld2_06.pdf)

1. Erläutern Sie die Bedeutung des „Inflationsziels" von 2 %. Wie ist die EZB dazu gekommen? Wie will sie es (nicht) verstanden wissen? (M 68, S. 109 o.)

2. Auch nach einer gewissen Korrektur ihrer Strategie spielt die Beobachtung der Geldmenge („M 3", s. M 66) nach wie vor eine zentrale Rolle in der Strategie der EZB (das zeigen auch die in M 70 dargestellten Instrumente der Geldpolitik). Erläutern Sie, auf welchen theoretischen Voraussetzungen die „monetäre Analyse" beruht (Quantitätstheorie; s. M 61, S. 99).

3. Beschreiben Sie die sog. „Zwei-Säulen-Strategie", zu der die EZB seit 2003 übergegangen ist. Was soll die (inzwischen immer wichtiger gewordene) „wirtschaftliche Analyse" im Unterschied zur „monetären Analyse" leisten?

Instrumente der Geldpolitik

*Die Erarbeitung der Informationen zu den geldpolitischen Instrumenten der EZB (M 69 und M 70) können Sie ggf. in **Gruppenarbeit** vornehmen: Jede Gruppe beschäftigt sich intensiv mit einem der entsprechenden Textabschnitte zu den einzelnen Instrumenten und erläutert anschließend dem Plenum das betreffende Verfahren. In einer gemeinsam zu erstellenden Übersicht könnten Sie den einzelnen Geldgeschäften jeweils die Form zuordnen, in der die Liquidität (Versorgung mit „flüssigem Geld") der Banken beeinflusst wird, sowie die jeweiligen Laufzeiten und den Rhythmus, in dem die Geschäfte praktiziert werden. Ggf. sollten Sie auch eine Expertenbefragung (z. B. mit einem Vertreter einer örtlichen Geschäftsbank) in Erwägung ziehen. Auf einzelne Arbeitshinweise zu M 69 und M 70 haben wir verzichtet. Nähere Informationen zu allen Aspekten finden Sie ggf. in der für die Schule verfassten Bundesbank-Broschüre „Geld und Geldpolitik" (http://www.bundesbank.de/bildung/bildung_schuelerbuch_gg.php). Eine gut gegliederte, geraffte Darstellung („Geldpolitik in der Praxis") finden Sie unter http://www.bpb.de/politik/wirtschaft/wirtschaftspolitik/64288/geldpolitik.*

M 69 Der Grundgedanke: Steuerung der Zentralbankgeldmenge

Mithilfe der geldpolitischen Instrumente steuert die Zentralbank die Zufuhr von **Zentralbankgeld** in das Geschäftsbankensystem. Zentralbankgeld kann, wie der Name bereits sagt, nur von

der Zentralbank selbst hergestellt werden. Es ist hoheitliches Geld und alleiniges gesetzliches Zahlungsmittel. Seine Erscheinungsformen sind das *Bargeld* sowie *Guthaben auf Konten der Zentralbank* (Zentralbankeinlagen). Die entscheidende Bedeutung des Zentralbankgeldes (s. M 65) liegt für die Geschäftsbanken darin, dass sie dieses hoheitliche Geld im Zuge ihres Hauptgeschäfts, nämlich des Kreditgeschäfts, benötigen. Zum einen müssen die Banken Barauszahlungen an ihre Kunden tätigen. Zum anderen müssen die Kreditinstitute die Mindestreservepflicht erfüllen; das bedeutet, dass sie von Kundeneinlagen einen bestimmten Prozentsatz auf Zentralbankkonten hinterlegen müssen. Durch diese beiden Gegebenheiten entsteht für die Banken ein Zentralbankgeldbedarf. Genau an diesem Punkt setzt die Geldpolitik an. Indem die Zentralbank den Banken Zentralbankgeld zuführt bzw. entzieht, nimmt sie unmittelbaren Einfluss auf die Kreditvergabe der Geschäftsbanken. Da die Kreditgewährung aber die wichtigste Quelle für die Geldentstehung in der Volkswirtschaft ist (s. M 65, S. 104), steuert die Zentralbank somit die Geldmenge in der Wirtschaft. Auf der **wohldosierten Zufuhr von Zentralbankgeld in das Bankensystem** basiert die Ausgestaltung des Instrumentariums des Eurosystems.
Die Zufuhr von Zentralbankgeld in das Geschäftsbankensystem kann sowohl *mengenmäßig* als auch *preismäßig* gesteuert werden (s. S. 113). Im ersten Fall handelt es sich um den Einsatz *liquiditäts*politischer Instrumente; im zweiten Fall liegen *zins*politische (auf den **Preis**, den die Geschäftsbanken für den Erwerb von Zentralbankgeld zahlen müssen, bezogene) Instrumente vor. Damit sind die technischen Voraussetzungen geschaffen, um einen angestrebten Zuwachs der Geldmenge zu erreichen. Beide Instrumentenkategorien wurden in der Vergangenheit von der Deutschen Bundesbank eingesetzt und finden sich auch in der Geldpolitik des Eurosystems.

(Gerhard Mussel/Jürgen Pätzold, Grundfragen der Wirtschaftspolitik, Verlag Vahlen, München, 7. Aufl. 2008, S. 137 f.)

Die vielen Fachbegriffe (s. auch M 70) mögen den Anfänger zunächst verwirren. Letztlich geht es jedoch um zwei grundlegende Vorgänge. Der Leser sollte sich fragen:
1. „Pumpt" die Zentralbank über die Geschäftsbanken Geld in den Wirtschaftskreislauf, um das Zinsniveau zu senken und mehr Kreditvergaben zu ermöglichen?
2. Oder schöpft die Zentralbank Geld aus dem Wirtschaftskreislauf ab, um Kreditvergaben zu erschweren und das Zinsniveau zu erhöhen?
Beide Male will die Zentralbank Einfluss auf das Wirtschaftsgeschehen nehmen: Mit der Senkung des Zinsniveaus und der Krediterleichterung will die Zentralbank die Nachfrage von privaten Haushalten und Unternehmen anregen, also die Wirtschaft beleben. Man spricht in diesem Fall von einer **expansiven Geldpolitik** (expansiv = lat. ausdehnend, erweiternd). Mit der Erhöhung der Zinsen und der Verknappung von Krediten will die Zentralbank die Nachfrage der privaten Haushalte und Unternehmen dämpfen, also die Wirtschaft bremsen. Man spricht dann von einer **restriktiven Geldpolitik** (restriktiv = lat. einschränkend).

(Hermann Adam, Bausteine der Wirtschaft, VS Verlag für Sozialwissenschaften, Wiesbaden, 15. Aufl. 2009, S. 110 f.)

M 70 Die wichtigsten geldpolitischen Instrumente der Europäischen Zentralbank

Offenmarktpolitik

Üblicherweise kommt ein Kreditinstitut zu Zentralbankgeld durch den Verkauf oder die Verpfändung von Werten aus seinem eigenen Besitz an die Notenbank. Der Fachmann sagt zu diesem Vorgang: Das Kreditinstitut *refinanziert* sich. Heutzutage steht dabei die sogenannte **Offenmarktpolitik** in Form von „Wertpapierpensionsgeschäften" bzw. befristeten Geschäften im Vordergrund.
Bei einem befristeten Offenmarktgeschäft[1] übernimmt das Eurosystem Wertpapiere* für eine bestimmte Frist gegen Zentralbankgeld von den Banken. Danach muss sie die abgebende Bank wieder zurücknehmen. Das Eurosystem bietet solche Geschäfte in *zwei Formen* an: Zum einen schließt es wöchentlich ein *siebentägiges Geschäft* ab (das sogenannte **Hauptrefinanzierungsgeschäft**; „Wochentender"). Als Pfand nimmt es besonders sichere Wertpapiere herein. Zum anderen bietet das Eurosystem *einmal im Monat* ein Geschäft mit einer Befristung von drei Monaten (den sogenannten **Basistender**) an. Die Zinsen bei den kurzfristigen Offenmarktgeschäften werden entweder vom Eurosystem festgesetzt – dann spricht man vom *Mengentender* – oder sie ergeben sich aus den Zinsgeboten der Banken, d. h. aus einer „Versteigerung" von Zentralbankgeld – dann spricht man vom *Zinstender*.

[1] Offenmarktgeschäfte sind Geschäfte am „offenen", d. h. für alle Bankinstitute zugänglichen Markt (Geldmarkt)

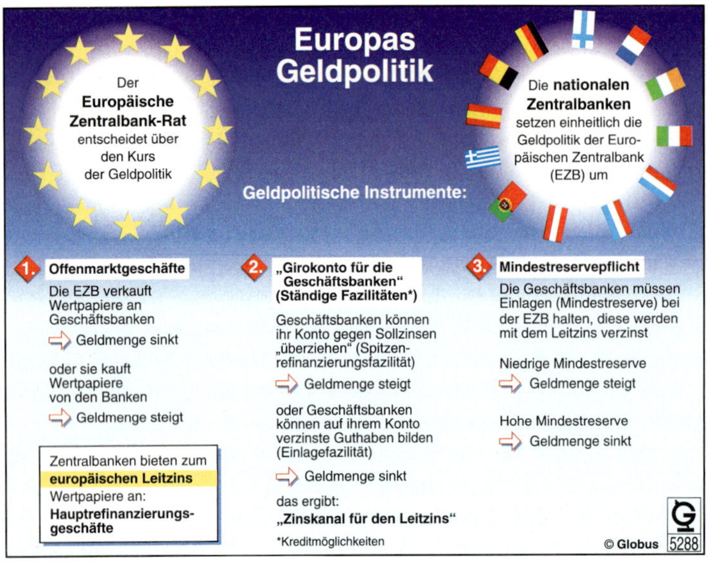

Abb. 1

Ansatzpunkt Geldmarkt

Zwar haben Banken die Möglichkeit, Zentralbankgeld bei anderen Kreditinstituten aufzunehmen, die überschüssige Liquidität* besitzen. Über alle Banken hinweg ist aber die Notenbank der einzige Akteur, der zusätzliches Zentralbankgeld bereitstellen kann. Man nennt den Markt, der dem kurzfristigen Ausgleich von Liquiditätsüberschüssen und -defiziten im Bankensystem dient, den Geldmarkt. Er wird nicht an einem bestimmten Ort abgehalten. Vielmehr werden Zentralbankguthaben telefonisch bzw. elektronisch zwischen den einzelnen Banken gehandelt. Je nach der Fristigkeit unterscheidet man Märkte für Tagesgeld, für Monatsgeld, für Dreimonatsgeld usw.

(Deutsche Bundesbank [Hg.], Geld und Geldpolitik, Frankfurt am Main 2007, S. 100)

Seit Mitte 2000 schreibt das Eurosystem seine Hauptrefinanzierungsgeschäfte als Zinstender aus. Ein sogenannter Mindestbietungssatz liefert allerdings den Banken eine Untergrenze für ihr Gebot. Er signalisiert außerdem dem Markt den zinspolitischen Kurs des EZB-Rats [**Leitzins**].
Mit der Offenmarktpolitik steuert das Eurosystem die Zinsen am **Geldmarkt**. Das ist der Markt, an dem die Banken Zentralbankguthaben untereinander handeln (s. Kasten). Übernimmt das Eurosystem Wertpapiere, so steigen die Zentralbankguthaben der Kreditinstitute. Der Geldmarkt wird dann bei sinkenden Zinsen flüssiger, also liquider. Die Banken können jetzt mehr (und billigere) Kredite vergeben. Gibt das Eurosystem aber Wertpapiere ab, so zieht es Geld aus dem Verkehr. Das Geld wird nun knapper und damit auch teurer. Folglich steigen sowohl die Zinsen am Geldmarkt als auch die Zinsen für Bankkredite und Bankeinlagen.

Ständige Fazilitäten* [Kreditmöglichkeiten]

Um Schwankungen des Geldmarktsatzes nach oben und unten einzugrenzen, hält das Eurosystem *zwei weitere Instrumente* der Geldmarktsteuerung bereit. Da ist zum einen die sogenannte **Spitzenrefinanzierungsfazilität**. Sie ermöglicht den Banken, über Nacht – das heißt für einen Tag – von sich aus und im Prinzip unbegrenzt Geld zu einem über dem Satz der Hauptrefinanzierungsfazilität liegenden Zins aufzunehmen. Umgekehrt können die Kreditinstitute überschüssige Liquidität zu einem darunter liegenden Zins beim Eurosystem anlegen. Dieses Instrument nennt man **Einlagefazilität**.

Mindestreserve

Zinsausschläge am Geldmarkt werden außerdem durch eine moderate Mindestreserve beschränkt: Das Eurosystem verlangt, dass die Banken in Höhe eines bestimmten Prozentsatzes ihrer Kundeneinlagen Guthaben bei der Notenbank unterhalten. Wie wir gesehen haben, stärkt diese Regelung die Bindung der Bankengeldschöpfung an die der Zentralbank (vgl. M 65, S. 104 f.).

Abb. 2

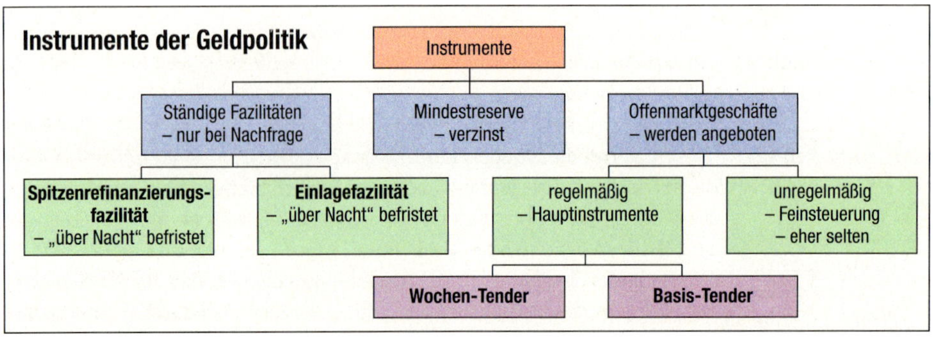

(Grafik aus: Wim Kösters/Martin Hebler, Geldpolitik. In: Klaus Schubert [Hg.], Handwörterbuch des ökonomischen Systems der Bundesrepublik Deutschland, VS Verlag für Sozialwissenschaften, Wiesbaden 2005, S. 176; with kind permission from VS Verlag für Sozialwissenschaften)

Vor allem aber wirken die Mindestreserveguthaben bei Liquiditätsschwankungen am Geldmarkt wie ein Puffer, weil die Banken diese Guthaben auch für ihren laufenden Zahlungsverkehr nutzen können und die Mindestreserve nur im Monatsdurchschnitt, nicht aber täglich erfüllen müssen.
Da die Mindestreserven beim Eurosystem marktmäßig verzinst werden, halten sich die mit ihnen verbundenen finanziellen Belastungen der Banken in engen Grenzen.

Einfluss auf Geldmenge und Preise

Durch Erhöhung oder Verminderung seiner Zinssätze verteuert oder verbilligt das Eurosystem die Refinanzierung der Kreditinstitute. Erhöht es seine Zinsen, so wird für die Banken die Geldbeschaffung teurer. Sie müssen ja nun mehr Geld bezahlen, um Zentralbankgeld zu erhalten.
Diese Verteuerung geben die Banken im Rahmen ihrer Wettbewerbssituation an ihre Kunden weiter, indem sie *höhere Zinsen* für *Bankkredite* verlangen. Das wiederum verteuert die Güterherstellung und die Dienstleistungen.
Manche Geschäfte, die sich bisher noch lohnten, werden nun uninteressant, weil die Geldbeschaffungskosten höher sind als der zu erwartende Gewinn. Deshalb geht auch die Nachfrage der Wirtschaft nach Krediten zurück. Ebenso verschiebt mancher Bauherr bei hohen Zinsen den geplanten Hausbau und mancher Autofahrer den Kauf eines neuen Pkw auf später. Wer liquide ist, legt nun sein Geld zu guten Zinsen langfristig an. Die Geldmenge wächst langsamer. Gleichzeitig lässt die Nachfrage nach Waren und Dienstleistungen in der Wirtschaft nach, was wiederum eine Verlangsamung des Preisanstiegs zur Folge hat.
Hohe Zinsen führen also nicht zu einer Verstärkung, sondern im Gegenteil zu einer *Abschwächung des Preisauftriebs*. Zwar verteuern steigende Zinsen zunächst die Güterherstellung. Ob und in welcher Höhe diese Kosten in erhöhten Preisen an den Käufer weitergegeben werden können, hängt aber von der Stärke der gesamtwirtschaftlichen Nachfrage und der Marktmacht der Anbieter ab. Da sich die Nachfrage aber bei einer Kreditverteuerung abschwächt, wird die Möglichkeit, höhere Preise zu erzielen, deutlich beschnitten.
Senkt das Eurosystem dagegen seine Zinsen, so sinken auch allgemein die Zinsen der Kreditinstitute. Dadurch werden Bankkredite wieder billiger, und manches Geschäft, das sich bisher wegen der hohen Zinslast nicht lohnte, wird nun wieder rentabel. Die Geldmenge und die Nachfrage wachsen wieder schneller.

(Unser Geld. Ein Heft für die Schule, Sek. I, Ausgabe 2005/2006, hg. im Auftrag der Arbeitsgemeinschaft zur Förderung der wirtschaftlichen und sozialen Bildung von Adalbert Kitsche und Heinz Markmann, Verlag Th. Mann, Gelsenkirchen 2005, S. 20 f.)

Abb. 3

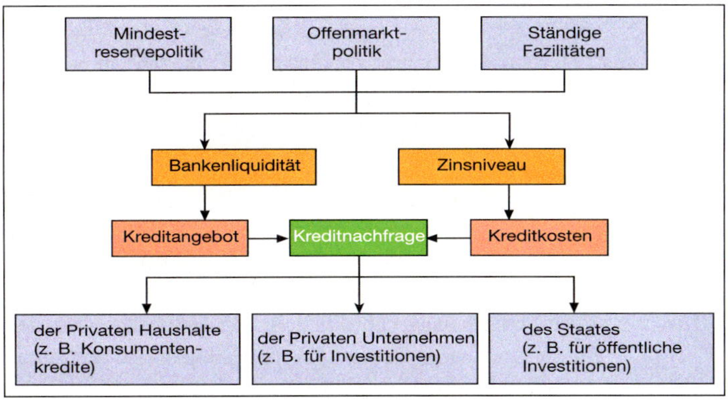

(Hermann Adam, Bausteine der Volkswirtschaftslehre, Bund Verlag, Köln 2000, S. 93)

M 71 Wovon der Erfolg abhängt

Die Zentralbank versucht mit ihrer Politik vor allem die Kreditpolitik des Bankensystems zu beeinflussen, die sich wiederum auf das Nachfrageverhalten der privaten Kreditnehmer auswirken soll. [...] Ob sie Erfolg hat, hängt einmal davon ab, ob das Bankensystem ihre Impulse aufnimmt. Verfügen die Kreditinstitute z. B. über reichlich Notenbankgeld, ist nicht sicher, dass sie die Signale der Notenbank auf Zinserhöhung und Kreditverknappung an ihre Kunden voll weitergeben. Der Notenbankimpuls könnte bereits durch den zwischengeschalteten Akteur Kreditinstitute gedämpft und verzögert werden. Aber auch wenn die Zentralbank ihre Dämpfungspolitik gegebenenfalls durch stärkeren Einsatz ihrer Instrumente beim Bankensystem durchsetzt, sind die Wirkungen bei den privaten Kreditnehmern unsicher. [...] Will ein Unternehmen z. B. eine Investition mit einem Kredit finanzieren und die Kreditkosten steigen, so wird es kaum auf die Investition verzichten oder sie aufschieben, wenn es damit rechnen kann, die zusätzlichen Kosten bei einer inflationären Entwicklung in die Preise zu überwälzen. Aber insgesamt gilt, dass die Zentralbank über eine konsequente restriktive Geldpolitik durchaus die Kreditnachfrage trifft, allerdings mit erheblicher und schwer prognostizierbarer Verzögerung und in asymmetrischer Verteilung, nämlich primär die Investitionen.

Asymmetrisch sind auch die Wirkungsmöglichkeiten der Geldpolitik bezüglich Dämpfung und Ankurbelung. Im Falle einer Rezession kann die Notenbank zwar durch großzügiges Geldangebot und niedrige Zinsen von der Kreditseite her günstige Rahmenbedingungen für vermehrte Investitionen schaffen, sie kann aber kein Unternehmen zwingen, seine möglicherweise aus übertrieben pessimistischer Einschätzung der zukünftigen Wirtschaftsentwicklung resultierende Zurückhaltung aufzugeben. Um ein bekanntes Bild zu gebrauchen: Man kann die Pferde zur Tränke führen, saufen müssen sie alleine.

(Uwe Andersen, Konjunktur und Beschäftigungspolitik. In: Der Staat in der Wirtschaft der Bundesrepublik, hrsg. von Dieter Grosser, Opladen 1985, S. 394 f.)

M 72 Beispiel: „Zinswende" – Erstmalig seit fast drei Jahren erhöht die EZB den Leitzins

Die Europäische Zentralbank (EZB) verabschiedet sich von der Politik des billigen Geldes. Erstmals seit fast drei Jahren hob sie am Donnerstag (7.4.2011) den Leitzins an. Damit reagiert sie auf die gute Konjunktur im Euro-Raum und auf Sorgen vor einer hohen Inflation. Experten erwarten, dass noch weitere Zinsschritte folgen.

Die EZB erhöhte den Leitzins* nur mäßig von 1,0 auf 1,25 Prozent. Zuletzt war der Zins im Juli 2008 gestiegen. Seit mehr als zwei Jahren verharrte er auf historischem Tiefstand, um zu verhindern, dass die Wirtschaft in der Finanzkrise noch weiter abrutschte (s. Grafik).

Präsident Jean-Claude Trichet[1] machte klar, die Zinsen seien auch nach diesem Schritt noch sehr niedrig und würden die Wirtschaft weiter stützen. Wichtiger als die desolate Situation einiger Euroländer sei eine auf Dauer stabile Währung. „Wir müssen Preisstabilität für 331 Millionen Menschen sicherstellen", sagte er. Mit ihrem Schritt will die Notenbank also den Geldwert für alle Beteiligten des Euro-Raums erhalten. Die Inflationsrate im Währungsgebiet beträgt derzeit 2,6 Prozent, mehr als die von der EZB angestrebte Zielgröße von knapp zwei Prozent. Vor allem Energie und Lebensmittel wurden deutlich teurer.

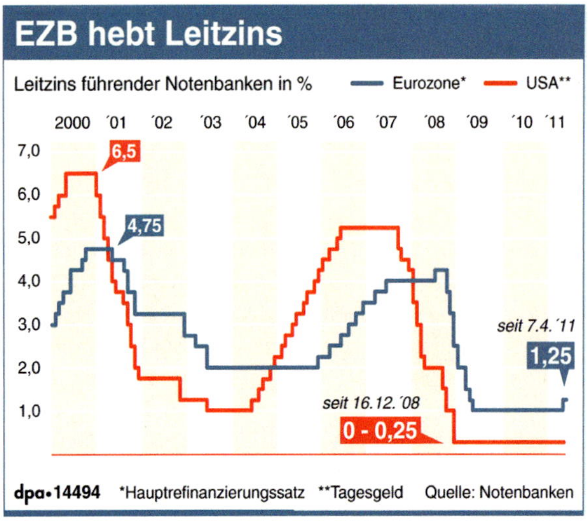

Hinweis: Seit dem 4.9.2014 liegt der Leitzins in der Eurozone bei 0,05 %.

Ökonomen halten die Zinswende in Europa für richtig. „Die Wirtschaft ist schon wieder so stark, dass ein Leitzins von 1,0 Prozent nicht mehr gerechtfertigt ist", sagt Jörg Krämer, Chefvolkswirt der Commerzbank. Er erwartet, dass die Leitzinsen bis Ende des Jahres auf 1,75 Prozent angehoben werden. [...]

Die deutsche Wirtschaft reagiert entspannt auf die steigenden Zinsen. Normalerweise verteuern höhere Preise für Geld die Kosten der Unternehmen, die ihre Investitionen häufig per Kredit finanzieren. Aber offenbar brummt die Konjunktur in Deutschland so stark, dass die Zinswende von Frankfurt die Firmen noch nicht besonders kratzt.

Patrick Adenauer spricht für die Familienunternehmen. Er sagt: „Nach der monatelangen spottbilligen Refinanzierung der Geschäftsbanken setzt damit die notwendige Normalisierung ein." [...]

Auch die Chefs der Metallindustrie zeigen Verständnis. „Die Risiken liegen eher in steigenden Preisen, vor allem für Energie und Rohstoffe", meint Michael Stahl, Chefvolkswirt des Arbeitgeberverbandes Gesamtmetall. Er empfindet den Zinsschritt der EZB als ein Signal zur Inflationsbekämpfung. [...]

Dagegen kommt vom Deutschen Gewerkschaftsbund scharfe Kritik. „Mit der Erhöhung des Leitzinssatzes befindet sich die EZB erneut auf einem geldpolitischen Holzweg", sagt Bundesvorstand Claus Matecki. [...] Das belaste Wachstum, Beschäftigung und Staatsfinanzen [...]. „Auch in Deutschland wird die Zinslast auf öffentliche Haushalte steigen", ergänzte er. Die zusätzlichen Steuereinnahmen durch das robuste Wachstum würden dann statt für Investitionen und Bereitstellung öffentlicher Dienstleistungen für Zinsen aufgebraucht.

(Süddeutsche Zeitung v. 8.4.2011, S. 1 und 17; Verf.: Helga Einecke)

[1] Jean-Claude Trichet: EZB-Präsident Nov. 2003 – 2011; seit Nov. 2011: Mario Draghi

M 73 Geldpolitik der EZB in der Karikatur[1]

a)

„Wie Sie sehen, tu ich wirklich mein Bestes!“

b)

c)

Motivationsschub

d)

„Zu großzügig! So viel hätte ich Ihnen gar nicht abknöpfen mögen!“

[1] Die Karikaturen stammen aus den Jahren 2000–2003, den Anfangsjahren des Euro.

1. M 71 beschreibt noch einmal zusammenfassend, wovon es abhängt, ob sich Maßnahmen der Geldpolitik im gewünschten Sinne auswirken. Welche Bedingungen auf der Ebene der Banken und auf der der Kreditnachfrager sind zu bedenken? Zeigen Sie, an welcher Stelle der Wirkungskette die erwünschten Wirkungen nicht automatisch eintreten bzw. verzögert werden können.

2. M 71 enthält auch den Hinweis, dass die Wirkung einer „restriktiven“ Geldpolitik höher einzuschätzen ist als die einer „expansiven“, dass also der „Gärtner“ (Karikatur M 73 b) erfolgreicher tätig sein kann als der „Segler“ (Karikatur M 63 a; vgl. auch Arbeitshinweis 5). Erläutern Sie diese Einschätzung.

3. Erläutern Sie, vor welchem wirtschaftlichen Hintergrund (zur Inflationsentwicklung 2010/2011 s. M 32, Abb. 2) und mit welcher Begründung die EZB am 7.4.2011 den Leitzins erhöhte (M 72).

4. Charakterisieren Sie die gegensätzlichen Reaktionen der deutschen Wirtschaft und des Deutschen Gewerkschaftsbundes auf die „Zinswende“ und erklären Sie die jeweiligen Begründungen. Nehmen Sie dazu Stellung.

5. Analysieren Sie die Karikaturen M 73 a – d und vergleichen Sie die jeweilige Aussageabsicht im Hinblick auf die allgemeinen Aussagen in M 72 zu den unterschiedlichen „Wirkungsmöglichkeiten der Geldpolitik bezüglich Dämpfung und Ankurbelung“ der Konjunktur. – Hinweis: In den Karikaturen ist Wim Duisenberg zu sehen, der bis 2003 Präsident der Europäischen Zentralbank war.

6. Informieren Sie sich über den aktuellen Stand der Leitzinspolitik der EZB. Wurde der Zinssatz inzwischen erhöht oder gesenkt? Wie wurde die betr. Maßnahme von der EZB begründet? Wie wurde sie in Politik und Wirtschaft beurteilt?

3. Die Finanzpolitik des Staates

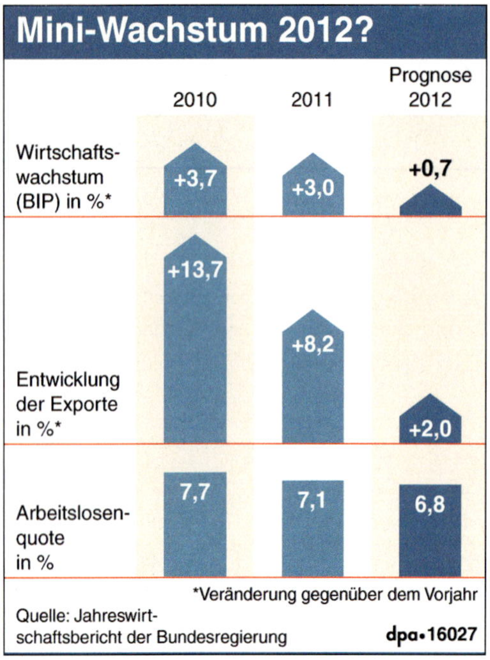

Wie die nebenstehende Grafik zeigt, beurteilte die Bundesregierung in ihrem **Jahreswirtschaftsbericht** 2012 (Januar 2012) die Konjunkturaussichten für das Jahr 2012 mit einiger Skepsis. In den Jahren 2010 und 2011 hatte sich die Wirtschaft erstaunlich schnell von dem (durch die internationale Finanzkrise 2007–2009 bedingten) Konjunktureinbruch des Jahres 2009 (–5,1%; vgl. M 19b) erholt. Der Grund für diese Skepsis lag sicherlich vor allem in der Euro-Schulden-Krise, die seit Mitte 2010 die öffentliche Diskussion in starkem Maße beherrscht und die Menschen in vielen Ländern der Europäischen Union beunruhigt (s. M 90). Entsprechend setzte die Bundesregierung in ihrem Bericht einen deutlichen Akzent auf eine Politik der Förderung des Wachstums und der Wiedergewinnung des Vertrauens durch eine Konsolidierung des Staatshaushalts und eine Rückführung der Staatsverschuldung (der Bericht steht im Internet zur Verfügung: http://www.bmwi.de/BMWi/Navigation/wirtschaft,did=470902.html).

Wir wollen daher im Folgenden die beiden Bereiche der **Steuerpolitik** und der **Staatsverschuldung** einer näheren Betrachtung unterziehen, zuvor aber auf einige allgemeine Aspekte hinweisen, die es für die Analyse und die Beurteilung wirtschaftspolitischer Maßnahmen zur Förderung von Wachstum und Beschäftigung zu bedenken gilt.

- Die Möglichkeiten des Staates, auf die Entwicklung von Wachstum und Beschäftigung direkt Einfluss zu nehmen, sind in einer marktwirtschaftlichen Ordnung naturgemäß beschränkt. Über Einstellungen und Entlassungen entscheiden die Unternehmen; wichtige Bedingungen für die Beschäftigung (Lohnhöhe, Arbeitszeiten) werden durch die **Tarifpartner** (Arbeitgeber und Gewerkschaften) ausgehandelt. Die zentrale Aufgabe staatlicher Beschäftigungspolitik liegt in der Schaffung günstiger **Rahmenbedingungen** für „beschäftigungsfreundliche" Entscheidungen der Wirtschaftssubjekte. Je nach wirtschaftspolitischer „Schule", bevorzugter Konzeption (Angebots- oder Nachfrageorientierung) und Interessenlage (z. B. Arbeitgeber/Gewerkschaften) gehen die Meinungen und Vorschläge hier allerdings auseinander. Selbst die ökonomische Wissenschaft ist sich durchaus nicht darüber einig, ob die Probleme – generell gesehen – z. B. eher auf der Seite der zu geringen privaten **Konsumnachfrage** oder eher auf der Seite ungünstiger **Produktionsbedingungen** der Unternehmen (Angebotsbedingungen) zu suchen sind und damit entsprechende Maßnahmen schwerpunktmäßig entweder angebots- oder nachfrageseitig angesetzt werden sollten. Können mehr Wachstum und damit mehr Beschäftigung eher durch **erleichterte Produktionsbedingungen** für die Unternehmen (z. B. Lohnzurückhaltung, Reduzierung von Steuern und Sozialversicherungsbeiträgen, gelockerter Kündigungsschutz, weniger Bürokratie) oder eher durch **mehr Staatsausgaben** (Investitionen, Konjunkturprogramme; s. M 64) und mehr **Nachfrage der privaten Haushalte** (Lohnsteigerungen, staatliche Transferleistungen) geschaffen werden? Und vor allem: Welche konkreten Maßnahmen sind praktikabel und politisch durchsetzbar? Denn:
- Konkrete Maßnahmen der Wirtschafts- und Beschäftigungspolitik sind immer eingebunden in vielfältige, **komplexe Zusammenhänge** ökonomischer und (sozial-)politischer Art. Will z. B. der Staat durch Steuersenkungen die Nachfrage der privaten Haushalte oder durch eigene Investitionen die staatliche Nachfrage steigern, wirkt sich das auf die angesichts der enormen **Staatsverschuldung** ohnehin schwierige Haushaltslage aus.

Muss bei den Staatsausgaben eher gespart oder müssen gar Steuererhöhungen ins Auge gefasst werden? Wie sollen die dadurch entstehenden Belastungen für die Bevölkerung „sozial gerecht" verteilt werden?

Mit Steuern steuern? Bereiche und Probleme der Steuerpolitik

Die Steuerpolitik hat in der wirtschaftspolitischen Diskussion in der Bundesrepublik immer eine zentrale Rolle gespielt. Wahlkämpfe standen nicht selten im Zeichen geplanter oder nicht geplanter Steuersenkungen oder -erhöhungen, Regierungskoalitionen mussten aufgrund internen Streites über die Steuerpolitik harte Zerreißproben bestehen. So hatte z. B. die FDP im Bundestagswahlkampf 2009 mit ihrer Forderung nach Steuererleichterungen geworben und tat sich nach der Regierungsbildung mit der CDU/CSU schwer, angesichts der Folgen der Finanzkrise und der sich daraus ergebenden Haushaltsbelastungen von dieser Forderung Abstand zu nehmen (der Streit darüber belastete die erste Phase der Regierungsarbeit der neuen Koalition erheblich).

*Die **Bedeutung der Steuerpolitik** wird verständlich, wenn man bedenkt, dass einerseits der Staat als wirtschaftspolitischer Handlungsträger abhängig ist von den auf Steuern und Abgaben beruhenden Haushaltsmitteln und dass andererseits Steuern und Abgaben unmittelbar die Höhe des verfügbaren Einkommens der privaten Wirtschaftssubjekte (private Haushalte und Unternehmen) mitbestimmen.*

M 74 Jeder zahlt Steuern – Steuerarten und Steueraufkommen

Egal, ob wir ein Auto kaufen oder in einer Kneipe ein Bier trinken, der Staat verdient mit. Das ist nicht neu. Seit jeher fordern Staaten von ihren Bürgern Abgaben. In Deutschland gibt es mehr als 30 verschiedene Steuern (s. Abb. 1). Sie sind die wichtigsten Einnahmequellen von Bund, Ländern und Gemeinden. In deren Kassen fließen daneben noch Gelder aus Gebühren, Beiträgen und Krediten. Während einzelne Steuern je einer der drei öffentlichen Ebenen zustehen, werden die sogenannten Gemeinschaftssteuern auf Bund, Länder und Gemeinden aufgeteilt (s. Abb. 2). Für unsere Steuerzahlungen haben wir Bürger keinen Anspruch auf bestimmte Gegenleistungen. Die Einnahmen ermöglichen dem Staat jedoch, seine öffentlichen Aufgaben im Interesse der Bürger zu erfüllen.

Abb. 1

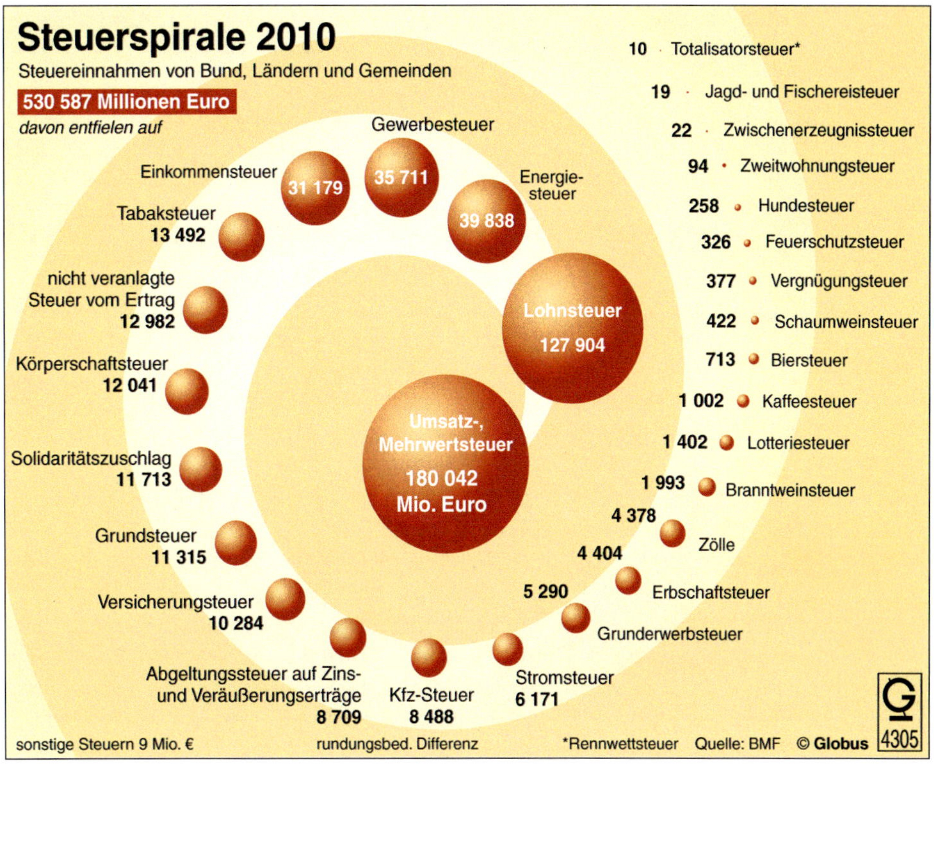

Am ergiebigsten sind die Umsatz- sowie die Lohn- und Einkommensteuer. Beide summieren sich auf mehr als 338 Milliarden Euro (s. Abb. 1). Werden noch die beiden nächstgrößeren Quellen (Mineralölsteuer und Gewerbesteuer) hinzugerechnet, so sind schon fast vier Fünftel der Steuereinnahmen eines Jahres beisammen. Die *direkten Steuern*, wie die Einkommen- oder die von den Kapitalgesellschaften (Aktiengesellschaft, GmbH) zu zahlende Körperschaftsteuer (s. M79) knüpfen an die Einkommensentstehung an. Sie richten sich somit nach der wirtschaftlichen Leistungsfähigkeit des Steuerpflichtigen: Bürger mit höherem Einkommen sollen auch mehr Steuern zahlen. [...] Die *indirekten Steuern* – auch Verbrauchsteuern genannt – werden beim Produzenten auf Güter und Dienstleistungen erhoben, also beim Hersteller oder Händler. Sie werden auf den Preis der Produkte und Dienstleistungen aufgeschlagen. Auf diesem Weg zahlen die Verbraucher die indirekten Steuern. Die persönliche Belastung jedes Einzelnen richtet sich dabei nach dem Verbrauch, nicht nach dem Einkommen. Wer viel konsumiert, zahlt mehr Steuern.

(Arbeitsgemeinschaft Jugend und Bildung e. V., Finanzen und Steuern, Info 2005, Universum Verlag, Wiesbaden 2005, S. 8; Verf.: Caspar Dohmen)

Übersicht: Aufgabenverteilung der Gebietskörperschaften

	Wichtige Aufgaben
Gemeinden	Müllabfuhr, Kanalisation, Sozialhilfe, Baugenehmigungen, Meldewesen, Kindergärten, Schulbau, Grünanlagen, öffentlicher Nahverkehr, Wasser- und Energieversorgung
Länder	Schulen, Universitäten, Polizei, Rechtspflege, Gesundheitswesen, Kultur, Wohnungsbauförderung, Steuerverwaltung
Bund	Soziale Sicherung (Schwerpunkt Renten- und Arbeitslosenversicherung), Verteidigung, auswärtige Angelegenheiten, Verkehrswesen, Geldwesen, Wirtschaftsförderung, Forschung (Großforschungseinrichtungen)

Abb. 2

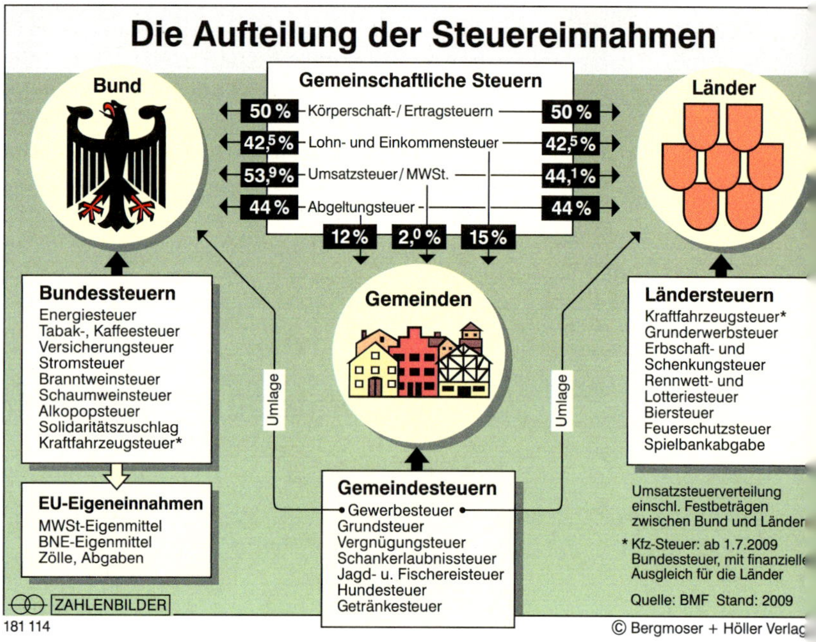

An der **Einkommen- und Körperschaftsteuer** sind Bund und Länder gleichgewichtig beteiligt. Die Körperschaftsteuer teilen sie sich zu jeweils 50 %. Von der Einkommensteuer erhalten sie je 42,5 %; die übrigen 15 % gehen an die Gemeinden, die im Gegenzug einen Teil ihres Gewerbesteueraufkommens* an den Bund und die Länder abgeben müssen. Die Einnahmen aus der 2009 eingeführten Abgeltungsteuer* auf Kapitalerträge werden im Verhältnis 44 : 44 : 12 auf Bund, Länder und Gemeinden aufgeschlüsselt.

Während die Aufteilung dieser Steuern längerfristig feststeht, wird die Zerlegung der **Umsatzsteuer** immer wieder den finanziellen Erfordernissen der Gebietskörperschaften (Bund, Länder, Gemeinden) angepasst. Im Steuerverteilungssystem dient sie damit als bewegliches Element zur Abstimmung des (vertikalen) bundesstaatlichen Finanzausgleichs.

(Zahlenbilder)

1 Machen Sie sich die Gesichtspunkte bzw. Begriffe klar, nach denen in M 74 die Steuern eingeteilt werden.

2 Die meisten der genannten Steuerarten werden Ihnen bekannt und für Sie leicht verständlich sein. Für die wirtschaftspolitische Diskussion sind neben der Einkommensteuer die Umsatz- oder Mehrwertsteuer, die Energiesteuer* und die Körperschaftsteuer (s. M 79) wichtig. Ordnen Sie diese und eine Reihe anderer Steuern den Kategorien „direkte" und „indirekte" Steuern zu.

3 Überprüfen Sie anhand der „Steuerspirale" (Abb. 1) die Richtigkeit der Aussage: „Nur zwei von ca. 40 Steuerarten erbringen fast zwei Drittel des gesamten Steueraufkommens" (Lohn- und Einkommensteuer rechnen als *eine* Steuer).

4 Untersuchen Sie die Aufgaben, für die der Staat (auf seinen drei Ebenen) die Steuereinnahmen verwendet (Übersicht, S. 118). An welchen staatlichen Leistungen haben Sie als Jugendliche und Schüler unmittelbar teil?

5 Machen Sie sich anhand der Abb. 2 das etwas komplizierte System der Aufteilung der Steuereinnahmen klar. Inwiefern ist es durch das bundesstaatliche System der Bundesrepublik bedingt? Welche Steuern werden zwei-, welche dreigeteilt? Welche besondere Rolle spielt die Umsatzsteuer? Wie kommt es zustande, dass der Bund nicht einmal über die Hälfte der Steuereinnahmen verfügt? (Vgl. dazu die Aufgabenverteilung zwischen Bund, Ländern und Gemeinden in der „Übersicht".)

Zu den Prinzipien, von denen der Staat bei der Besteuerung seiner Bürger ausgeht, gehören zunächst die Gesetzmäßigkeit (Steuern können nur aufgrund eines Gesetzes erhoben werden) und die Gleichmäßigkeit, d. h., dass alle Bürger ohne Ansehen der Person nach den gleichen Kriterien besteuert werden sollen. Als Hauptkriterium gilt dabei das der ***wirtschaftlichen Leistungsfähigkeit****, dessen Indikator* das am Markt erzielte Einkommen ist (dabei werden allerdings beruflich bedingte Ausgaben und unvermeidliche Privatausgaben von dieser Besteuerungsgrundlage abgezogen). Die Besteuerung muss aber auch dem Prinzip der* ***sozialen Gerechtigkeit*** *entsprechen (s. M 75). Dies verlangt das sog. Sozialstaatsprinzip des Grundgesetzes (Art. 20 (1) GG). Das heißt, dass die am Markt erzielten ungleichen Einkommen (Primärverteilung) vom Staat dadurch in Richtung größerer Gerechtigkeit „umverteilt" werden, dass „Arme" gar keine Steuern zahlen und „Reiche" mehr Steuern (einen höheren Prozentsatz) zahlen als solche, die weniger Einkommen haben. Im Folgenden wollen wir vor allem untersuchen, inwiefern und inwieweit die Struktur (der „Tarif") der Lohn-/Einkommensteuer diesem Erfordernis entspricht (M 76).*

M 75 Ziele der Steuerpolitik: soziale Gerechtigkeit und Wirtschaftsförderung

● Hinsichtlich der **sozialen Gerechtigkeit** im Steuersystem gilt das allgemein anerkannte Prinzip: Jeder sollte nach seiner relativen Belastbarkeit Abgaben leisten. Die Reichen sollen also mehr zahlen als die Armen. Eine gleiche „Kopfsteuer" würde die Armen ungleich härter treffen. Diese Auffassung wurde nicht erst von sozialistischen* Bestrebungen durchgesetzt, sondern ist bereits im frühen Liberalismus* (Adam Smith) zu finden. Auf dieser Vorstellung beruht die Entwicklung eines progressiven (d. h. wachsenden) Tarifs bei der Einkommensteuer (s. M 76). Wie diese Progression der Steuersätze jedoch ausfällt, ist Ergebnis von Interessenpolitik. Daher steht die *Tarifgestaltung* im Mittelpunkt jeder großen Steuerreform. Dabei geht es stets auch um die Frage, bis zu welchem Einkommen keine Steuern gezahlt werden sollen. Neben der Festlegung eines derartigen *Existenzminimums* ist der Progressionsverlauf und der Höchststeuersatz von großem Interesse (vgl. dazu M 76).
Zu den Vorstellungen von Gerechtigkeit gehört auch der Wunsch nach einem *einfachen, durchschaubaren Steuersystem*, dessen Handhabung nicht Vorteile für „Gerissene" bringt. Will man aber soziale Tatbestände entsprechend berücksichtigen, ist die Forderung nach Einfachheit nicht leicht zu verwirklichen.
Die Umverteilungswirkung der staatlichen Eingriffe in das Markteinkommen wäre jedoch unvollständig dargestellt, würde man nur die Steuern und Sozialabgaben* betrachten. Zu Recht wird gegen eine derartige Sicht vorgebracht, dass die vielen *Sozialleistungen* (Kindergeld, Arbeitslosengeld u. Ä. m.) gegengerechnet werden müssen, wenn man über Verteilungsgerechtigkeit diskutiert. Ähnliches gilt im Unternehmensbereich für die staatlichen *Subventionen**.

● Schon dieser Hinweis verdeutlicht, dass sich Vorstellungen über Verteilungsgerechtigkeit nicht von Konzeptionen steuerlicher **Wirtschaftsförderung** trennen lassen. Für die einen stehen dabei die Förderung von Eigenkapitalbildung der Unternehmen und *Stärkung der Gewinne* durch Steuerentlastung im Mittelpunkt einer Wachstumspolitik. Zusätzlich soll individuelle Leistungsbereitschaft durch eine Minderung der Steuerlast belohnt werden. In der Bundesrepublik Deutschland wird eine solche Diskussion stets mit verstärkten Hinweisen auf die *internationale Konkurrenzlage* der deutschen Wirtschaft verbunden.
Auf der anderen Seite wird die Entlastung der unteren Einkommensgruppen und die Sicherung staatlicher Beschäftigungsprogramme durch ein ausreichendes Steueraufkommen als wichtigster konjunktureller Beitrag gefordert. Dabei soll die Beschäftigung nicht so sehr durch vermehrte Investitionstätigkeit infolge von Gewinnstärkung als vielmehr durch *wachsende private und öffentliche Nachfrage* gesichert werden.

● Neben diesen zwei zentralen Zielen der Steuerpolitik (soziale Gerechtigkeit und Wirtschaftsförderung) verfolgt der Staat eine Vielzahl von *Nebenzielen*: Im Einzelnen geht es z. B. um die Förderung von Ehe und Familie, Einflussnahme auf das Verbraucherverhalten, Städtebauförderung, Eigentumsbildung.
Die Finanzminister erhalten in der Abwägung der konkurrierenden Zielsetzungen zusätzlich ein Eigengewicht, weil von ihnen verlangt wird, dass sie bei allen Reformvorhaben die *haushaltswirtschaftlichen* („fiskalischen") Aspekte nicht aus den Augen verlieren: Sie sollen sicherstellen, dass Reformansprüche und der politisch gewünschte Umfang der Staatstätigkeit auch durch Einnahmen gedeckt werden.

(Dieter Eißel, Steuerpolitik, soziale Gerechtigkeit und Konjunktur. In: Wochenschau Nr. 6, Sek. II, Schwalbach 1988, S. 211)

1 Untersuchen Sie zunächst den sozialen Umverteilungsaspekt der Steuerpolitik (M 75; zu den Strukturmerkmalen des Einkommensteuertarifs s. M 76):
- Inwieweit herrscht über das Ziel „soziale Gerechtigkeit" in diesem Bereich Konsens? Was ist umstritten und „Ergebnis von Interessenpolitik" (Z. 7 f.)?
- Inwiefern kann man die Umverteilungswirkung staatlicher Eingriffe nicht nur an den Steuern und Abgaben der Bürger beurteilen? Erläutern Sie zu dieser Frage den Begriff „Transferleistungen*".

2 Im Hinblick auf den zweiten Zielbereich der Steuerpolitik („Wirtschaftsförderung") werden zwei kontroverse Positionen beschrieben (Z. 22 – 32), die Sie aus der Erarbeitung von Kap. III schon kennen. Erläutern Sie sie unter den Begriffen Angebots- und Nachfrageorientierung (vgl. M 58, M 60) und ordnen Sie sie tendenziell bestimmten Parteien und gesellschaftlichen Gruppen zu.

3 Beschreiben Sie, in welcher spezifischen Situation sich der jeweilige Finanzminister bei jeder Diskussion um die Steuerpolitik befindet (Z. 37 ff.).

M 76 Die Gestaltung des Einkommensteuertarifs

In Deutschland erbringt die **Lohn- und Einkommensteuer** fast ein Drittel der gesamten Steuereinnahmen. Als Steuer, die sich nach der wirtschaftlichen Leistungsfähigkeit der Steuerpflichtigen richtet, erfüllt sie neben ihrem rein fiskalischen Zweck auch wichtige verteilungspolitische Aufgaben (s. M 75). Von Steuerentlastungen können zudem konjunkturpolitische Impulse ausgehen. Um der durch die Finanzkrise ausgelösten Rezession entgegenzuwirken, wurde deshalb der Einkommensteuertarif 2009 und 2010 in zwei Schritten abgemildert.

● Der allen Steuerpflichtigen zustehende jährliche **Grundfreibetrag** stieg 2010 auf 8 004 €. Auf Einkommen unterhalb dieser Schwelle ist keine Einkommensteuer zu zahlen. Das entspricht dem Gebot des Bundesverfassungsgerichts, das *Existenzminimum* der Bürgerinnen und Bürger steuerfrei zu stellen.

● Nur der Teil des Einkommens, der über den Grundfreibetrag hinausgeht, unterliegt der Einkommensteuer. Dabei steigt die sogenannte **Grenzbelastung** zunächst in zwei Etappen geradlinig-progressiv an. Die Einkommen werden in dieser *Progressionszone* des Steuertarifs nach und nach immer stärker belastet. Jeder Euro, der hinzuverdient wird, wächst in einen höheren Steuersatz hinein. Die Besteuerung beginnt oberhalb des Grundfreibetrags mit dem Eingangssteuer-

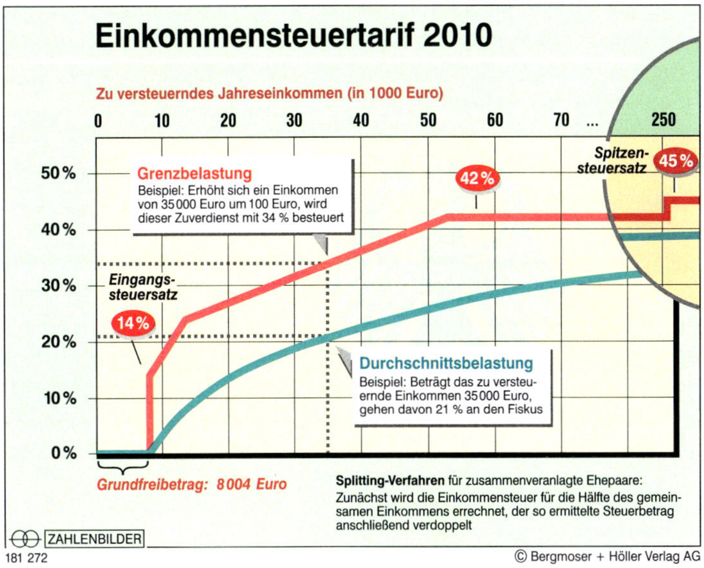

satz von 14 % und klettert rasch auf etwa 24 %. Ein lang gestreckter, nicht mehr ganz so steiler Anstieg schließt sich an. Um dem Effekt der „kalten Progression" zu begegnen, wurden die „Knicke" im Tarifverlauf 2009 und 2010 um insgesamt 730 € nach rechts verschoben. (Von „kalter Progression" spricht man, wenn inflationsbedingt steigende Einkommen progressiv höher besteuert werden, obwohl sich ihre Kaufkraft kaum verändert hat.)

- Diejenigen Teile des Einkommens, die den Betrag von 52 881 € übersteigen, sind in der anschließenden *Proportionalzone* dann einem gleichbleibenden Steuersatz von 42 % unterworfen.
- Für Einkommensteile über 250 000 € führte das Steueränderungsgesetz 2007 einen neuen **Spitzensteuersatz** von 45 % ein. Allerdings wurden Gewinneinkünfte mithilfe eines Entlastungsbetrags von dieser sogenannten *Reichensteuer* ausgenommen. Davon abgesehen liegt der Spitzensteuersatz auch nach dieser Erhöhung weit niedriger als vor der großen Steuerreform von 2000/2005. Zum Vergleich: 1999 belief er sich auf 53 %, der Eingangssteuersatz auf 23,9 %.
- Bezieht man die errechnete Steuer auf das zu versteuernde Gesamteinkommen, ergibt sich die steuerliche **Durchschnittsbelastung**. Diese beläuft sich 2010 für Ledige bei einem Einkommen von 15 000 € auf 9,4 %, bei 35 000 € auf 20,7 %, bei 80 000 € auf 31,8 % und bei 300 000 € auf 39,8 %.

(Zahlenbilder)

M 77 Der „Umverteilungseffekt" des Einkommensteuertarifs

Die Steuerpolitik hat über ihre rein fiskalischen Ziele hinaus auch immer einen gesellschaftspolitischen Bezug (vgl. M 75). Das gilt in besonderem Maß für die Einkommensteuer: Von ihr werden nicht nur Einnahmen zur Finanzierung des Staatshaushalts erwartet, sie ist auch der Hebel, mit dem der Staat eine sozial ausgewogene, gerechtere Verteilung der Steuerlasten erreichen will. Während bei der Mehrwertsteuer (Umsatzsteuer) alle Verbraucher den gleichen Steuersatz entrichten müssen, richtet sich die **Einkommensteuer** nach der Leistungsfähigkeit der Steuerpflichtigen. Wer wenig verdient, soll durch die Steuer gar nicht oder nur gering belastet werden. Bei höherem Verdienst steigt der Einkommensteuersatz hingegen bis zu einer gewissen Grenze progressiv an (s. M 76), sodass ein immer größerer prozentualer Anteil des Einkommens an den Fiskus abgeführt werden muss.

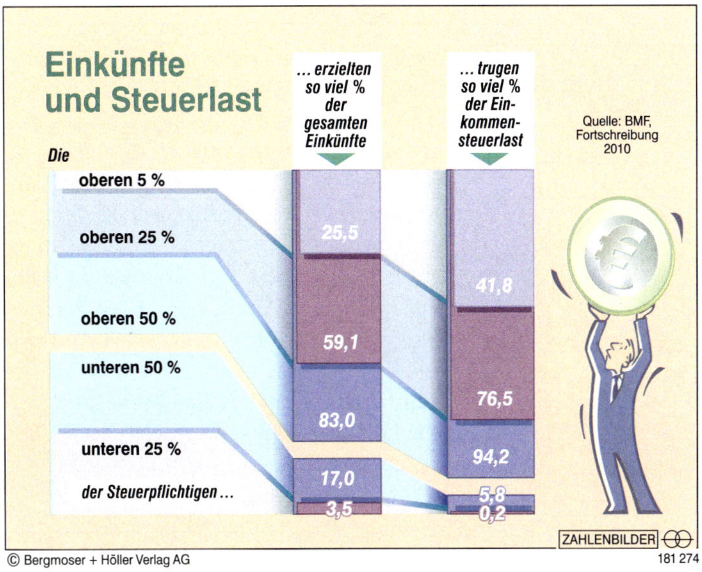

Welche *Auswirkungen* dieser Mechanismus hat, zeigt eine vom Bundesfinanzministerium veröffentlichte Berechnung für das Jahr 2010. Sie gibt zunächst Auskunft über die **Schichtung** der Steuerpflichtigen **nach der Höhe der Einkünfte**. Auf die besser verdienende Hälfte, d. h. die oberen 50 % der Steuerpflichtigen, entfallen danach 83,0 % aller Einkünfte; die untere Hälfte muss sich mit 17,0 % der Einkünfte begnügen. Die oberen 5 % der Steuerpflichtigen, also die Spitzenverdiener, vereinigen allein mehr als ein Viertel (25,5 %) der gesamten Einkünfte auf sich. (Bei diesen Berechnungen zählen zusammenveranlagte Ehepaare jeweils als ein Steuerpflichtiger.) Bei den **Einkünften** handelt es sich insbesondere um Gewinne aus einem Gewerbebetrieb oder aus selbstständiger Arbeit, um die Löhne und Gehälter der Arbeitnehmer nach Abzug der Werbungskosten, um Mieteinkünfte sowie Renten. (Kapitaleinkünfte unterliegen in der Regel der separaten Abgeltungsteuer*.

Aus der Summe der Einkünfte ergibt sich nach Berücksichtigung von Sonderausgaben, außergewöhnlichen Belastungen und Kinderfreibeträgen das **zu versteuernde Einkommen**, auf dessen Grundlage schließlich die Einkommensteuer festgesetzt wird.

Da der Fiskus bei der Einkommensteuer desto kräftiger zulangt, je höher das Einkommen ist, werden die Besserverdienenden entsprechend stärker belastet, die Geringverdiener dagegen entlastet. So tragen die unteren 50 % der Steuerpflichtigen zusammen lediglich 5,8 % der gesamten **Einkommensteuerlast**, die oberen 50 % dagegen 94,2 %. Die 5 % an der Spitze bringen allein 41,8 % der Einkommensteuer auf – wesentlich mehr als ihrem Anteil an den Einkünften entspräche. Dieser steuerliche **Umverteilungseffekt** hat zur Folge, dass sich die Aufteilung der *verfügbaren Einkommen* – nach Abzug der Einkommensteuer – *zugunsten der unteren Einkommensklassen* verschiebt.

(Zahlenbilder)

1. Beschreiben Sie die charakteristischen Strukturmerkmale der Gestaltung des Einkommensteuertarifs und erläutern Sie insbesondere den Sinn des „Grundfreibetrags" und der beiden „Progressionszonen" sowie den Unterschied zwischen Grenz- und Durchschnittsbelastung.

2. Erläutern Sie die beiden (geringfügigen) Änderungen des Tarifs 2009/2010 („kleine Steuerreform"). Welchem Ziel sollten sie dienen?

3. Analysieren Sie anhand des Textes die Grafik in M 77 zum einen im Hinblick auf die ungleiche Verteilung der Einkommen, zum anderen bezüglich der „Umverteilung" durch die ungleiche steuerliche Belastung (vgl. dazu M 75).

4. Wie beurteilen Sie die dargestellte soziale Umverteilung der Einkommen durch die Steuer unter dem Gesichtspunkt der sozialen Gerechtigkeit?

M 78 Der Kunde zahlt – Mehrwertsteuer und Verbrauchsteuern

- Die Umsatzsteuer ist für viele ein Buch mit sieben Siegeln. Dabei kommt jeder Bürger mit der Umsatzsteuer – besser bekannt als Mehrwertsteuer – zwangsläufig in Kontakt, ob bei der Tankquittung, beim Einkauf im Supermarkt oder bei der Handwerkerrechnung. Der Grundgedanke dahinter ist, dass jeder noch so kleine Umsatz besteuert werden soll; die Umsatzsteuer begleitet jedes Produkt vom Rohstoff über die Fertigware bis in die Hand des Verbrauchers. Deswegen wird die Umsatzsteuer auch Mehrwertsteuer genannt. Der Endabnehmer, sprich der Verbraucher, soll die Umsatzsteuer wirtschaftlich tragen – und die Unternehmen sind dabei gewissermaßen Erfüllungsgehilfen des Staates. Denn sie nehmen die Umsatzsteuer ein und leiten sie an den Fiskus weiter. Das bedeutet umgekehrt: Die Umsatzsteuer bleibt am Endverbraucher hängen, das Unternehmen hat im Normalfall keine Mehrkosten. Denn die Umsatzsteuer ist für die meisten Unternehmer ein durchlaufender Posten: Sie erhalten die Steuer mit der Einnahme in ihre Kasse oder mit der Rechnung auf

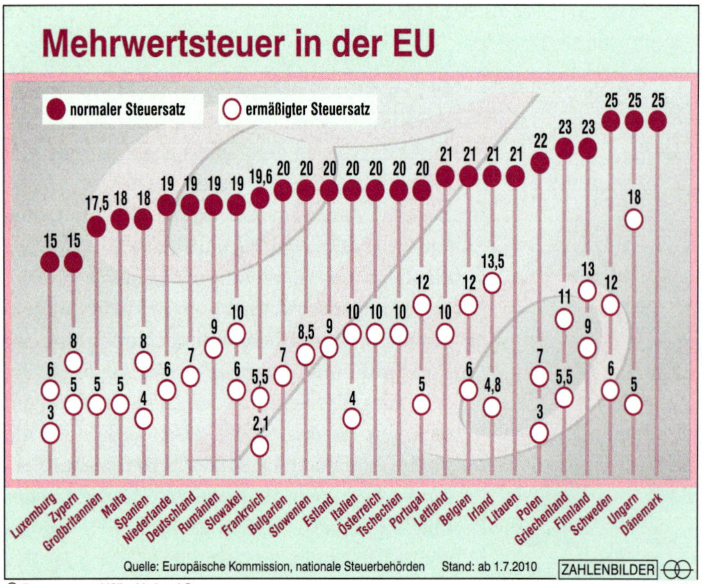

725 270

ihr Geschäftskonto und leiten sie an den Staat weiter. Der Verbraucher jedoch muss den um die Mehrwertsteuer erhöhten Endpreis letztlich zahlen.

- Grundsätzlich muss in Deutschland jeder Unternehmer auf seine Waren oder Dienstleistungen Umsatzsteuer erheben. Dabei gilt derjenige als Unternehmer, der eine gewerbliche oder freiberufliche Tätigkeit selbstständig ausübt. Der Steuersatz beläuft sich seit 2007 auf 19 %. [...] Für bestimmte Umsätze verlangt der Fiskus nur einen *ermäßigten Steuersatz*, der gegenwärtig bei sieben Prozent liegt. Dieser gilt im Grunde für die wichtigsten Güter des alltäglichen Lebens, nämlich für
- Lebensmittel,
- Bücher, Broschüren und Zeitungen sowie
- landwirtschaftliche Erzeugnisse, aber auch für
- orthopädische Hilfsmittel,
- Kunstgegenstände und die
- Übertragung von Urheberrechten (zum Beispiel bei Schriftstellern, Wissenschaftlern, Grafikern, Designern oder auch Journalisten).

Ausnahmen gibt es auch hier: So sind Säfte, Getränke sowie der Verzehr an Ort und Stelle – also zum Beispiel in einem Restaurant – nicht begünstigt.

(Informationen zur politischen Bildung Nr. 288, 3. Quartal 2005: Steuern und Finanzen, Bundeszentrale für politische Bildung, Bonn 2005, S. 22; Verf.: Constanze Hacke)

1. Machen Sie die Funktionsweise der Umsatzsteuer/Mehrwertsteuer deutlich und stellen Sie heraus, worin sich die Umsatzsteuer im Hinblick auf die soziale Umverteilung grundsätzlich von der Einkommensteuer (vgl. M 77) unterscheidet – man spricht in dieser Hinsicht bei der Mehrwertsteuer von einem „regressiven“ (die Umverteilung verringernden) Effekt (statt von einem „progressiven“, wie bei der Einkommensteuer). Inwieweit wird die „Regressivität“ durch den verminderten Steuersatz abgemildert?

2. Die Auswahl der Güter mit ermäßigtem Mehrwertsteuersatz ist sehr umstritten, eine Reform ist aber bisher noch nicht ernsthaft in Angriff genommen worden. Nähere Informationen finden Sie ggf. im Internet. Untersuchen Sie ggf., inwieweit es sich Ihrer Beurteilung nach um die „wichtigsten Güter des alltäglichen Lebens“ handelt.

M 79 Welche Steuern zahlen Unternehmen?

Wie hoch die Steuerbelastung eines Unternehmens letztlich ist, hängt auch von der Unternehmensform ab. Die **Kapitalgesellschaften***, etwa Aktiengesellschaften (**AG**) und sogenannte Gesellschaften mit beschränkter Haftung (**GmbH**), werden als Unternehmen besteuert und unterliegen der **Körperschaftsteuer**. Dabei gilt ein einheitlicher Steuersatz, das heißt, für jeden Euro Gewinn muss der gleiche Anteil Steuern gezahlt werden. Bei den Einzelunternehmen und **Personengesellschaften***, etwa die „offene Handelsgesellschaft“ (OHG) oder die „Kommanditgesellschaft“, zahlen die unternehmerisch handelnden Personen **Einkommensteuer**: Je höher der Gewinn ist, desto höher ist der fällige Steuersatz genau wie bei Arbeitnehmern mit höherem Lohn.

Einkommensteuer: In Deutschland sind neun von zehn Unternehmen **Personengesellschaften**. Deren Inhaber zahlen auf ihre Gewinne Einkommensteuer.
Körperschaftsteuer: Juristische Personen wie Aktiengesellschaften (AG) oder Gesellschaften mit beschränkter Haftung (GmbH) zahlen Körperschaftsteuer.
Gewerbesteuer: Diese Steuer zahlen nur Gewerbebetriebe. Dazu gehören Industrie-, Handwerks- und Handelsbetriebe. Freiberufler wie Ärzte oder Anwälte sind ebenso wenig wie Landwirte gewerbesteuerpflichtig.

Der Mittelstand

Das Rückgrat der deutschen Wirtschaft sind **kleine und mittlere Unternehmen**. Sie schaffen rund 70 Prozent der Arbeitsplätze, stellen gut 80 Prozent der Ausbildungsplätze und erwirtschaften mehr als 40 Prozent des **Bruttoinlandsprodukts**. In Deutschland sind Mittelständler traditionell als *Personengesellschaften** organisiert. Damit die mittelständischen Unternehmen genug Eigenkapital und finanzielle Rücklagen bilden können, hat die Bundesregierung den Einkommensteuertarif in den letzten zehn Jahren deutlich gesenkt (vgl. M 76). Zudem können sie staatlich geförderte Kredite erhalten. Dies ist für viele kleine und mittlere Unternehmen oft die einzige Möglichkeit, an Kapital zu kommen, das sie in Wachstum und Beschäftigung investieren können.

Die Unternehmenssteuerreform

Die Höhe der Steuerbelastung spielt eine wichtige Rolle dabei, ob Unternehmen Arbeitsplätze in Deutschland erhalten oder sogar neue schaffen. Denn der internationale Wettbewerb um Investitionen und Arbeitsplätze hat dazu geführt, dass andere europäische Staaten ihre Unternehmenssteuersätze zum Teil drastisch gesenkt haben.
Bislang gibt es keine einheitliche Methode in Europa, um die Unternehmensgewinne zu ermitteln. Dennoch spielen die *steuerlichen Rahmenbedingungen* neben dem Lohnfaktor eine wichtige Rolle für Unternehmen, wenn sie sich für Standorte entscheiden (vgl. M 100).
Um die Wettbewerbsfähigkeit und damit das Wirtschaftswachstum zu stärken, wurden die Unternehmen steuerlich entlastet. Mit der Unternehmenssteuerreform, die im Jahr 2008 in Kraft trat, wurde deshalb der Körperschaftsteuersatz von 25 auf 15 Prozent gesenkt. Dadurch sinkt die durchschnittliche Steuerbelastung von **Kapitalgesellschaften** von früher 38,7 Prozent auf 29,8 Prozent (inklusive Gewerbesteuer und Solidaritätszuschlag*).

(http://www.jugend-und-bildung.de/files/163/Finanzen_u_Steuern_Schuelerheft_2007-2008.pdf, S. 14 f.)

Grafik: Unternehmensbesteuerung 2009 im internationalen Vergleich
Tarifliche Belastung des Gewinns von Kapitalgesellschaften 2009 (nominal) in Prozent (Körperschaftsteuern, Gewerbeertragsteuern und vergleichbare andere Steuern des Zentralstaats und der Gebietskörperschaften)

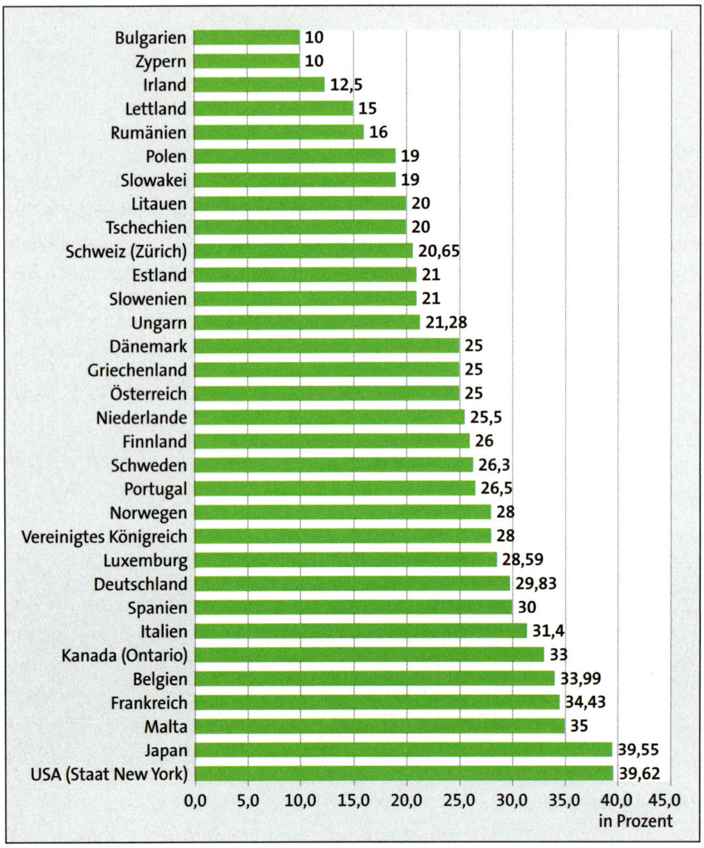

Im Jahreswirtschaftsbericht 2008 der Bundesregierung heißt es zur Unternehmenssteuerreform:
„Um die Investitionskraft der Unternehmen zu stärken, neue Arbeitsplätze zu schaffen und bestehende zu sichern sowie die Attraktivität des Standorts Deutschland (s. M 105) zu erhöhen, hat die Bundesregierung die Unternehmensbesteuerung reformiert. Mit einer durchschnittlichen Gesamtsteuerbelastung von knapp unter 30 Prozent bietet Deutschland verbesserte steuerliche Rahmenbedingungen und unterstreicht damit auch auf diesem Gebiet seine internationale Wettbewerbsfähigkeit. Dies wird es deutschen Unternehmen erleichtern, ihre Eigenkapitalausstattung zu verbessern. Außerdem trägt die Reform dazu bei, dass in Deutschland erzielte Gewinne auch in Deutschland besteuert werden.“ Gewerkschaften, Linkspartei, Teile der SPD und einige Wirtschaftswissenschaftler hielten die Reform für eine Fortsetzung ungerechter Verteilungspolitik. Es handele sich um Steuergeschenke an die Gewinnwirtschaft, während die Steuerbelastung der großen Mehrheit der Bevölkerung gestiegen sei. (Autorentext)

1. Das System der Unternehmenssteuern ist in Deutschland einigermaßen komplex. Stellen Sie den Unterschied zwischen Kapital- und Personengesellschaften und die damit verbundene unterschiedliche Form der Besteuerung heraus (M 79). Genaueres über die einzelnen Unternehmensformen können Sie ggf. in der Enzyklopädie Wikipedia (http://de.wikipedia.org) nachschlagen. Dort finden Sie auch weitergehende Informationen zu den Stichworten „Körperschaftsteuer“ und „Gewerbesteuer“.

2. Stellen Sie fest, wie sich die steuerliche Belastung der deutschen Unternehmen (Kapitalgesellschaften) im internationalen Vergleich (Grafik) darstellt (vor der Reform 2007/2008 betrug sie 38,65 %).

3. Erläutern Sie die Gründe, welche die Bundesregierung zu dieser Reform geführt haben, und die Kritik, die daran geübt wurde (M 79, letzter Abschnitt). Heben Sie die unterschiedlichen Perspektiven hervor, die darin zum Ausdruck kommen, und nehmen Sie aus Ihrer Sicht dazu Stellung.

M 80 Können Steuererleichterungen Wachstum und Beschäftigung stärken?

Im Unterschied zur Besteuerung des privaten Einkommens, bei dem sich die Entlastungseffekte und die Verteilungswirkungen relativ klar einschätzen lassen, lässt sich die Frage, welche Effekte Steuerreformmaßnahmen für die Konjunkturentwicklung tatsächlich bewirken, nicht mit ausreichender Sicherheit beantworten. Die folgende Darstellung zeigt die Gründe für diese Unsicherheit auf.

Ein **expansiver Effekt** von Steuererleichterungen mit dem Ziel, das Produktionspotenzial mehr auszulasten, um Wachstumsschwäche und Unterbeschäftigung zu vermeiden, wird umso eher gegeben sein, je mehr die *Haushalte* auf Steuersenkungen mit einer *Erhöhung ihrer Konsumausgaben, Unternehmen* mit einer *Erhöhung ihrer Investitionsausgaben* reagieren und je mehr dies noch weiter gehende Multiplikatoreffekte (s. M 24) auslöst. Antworten die Haushalte mit einer *Erhöhung ihrer Sparquote* bzw. die Unternehmen mit einer Erhöhung ihrer Liquiditätsquote, weil skeptische Einkommens-, Beschäftigungs- oder Absatzerwartungen dominieren, ist der expansive Effekt relativ gering zu veranschlagen. Dies gilt auch für den Fall, dass die Steuersenkungen so vorsichtig dimensioniert sind, dass die Haushalte oder Unternehmen weitere Steuersenkungen erwarten und sich zunächst zurückhalten.

(Werner Glastetter, Konjunkturpolitik, Bund-Verlag, Köln 1987, S. 295 f.)

M 81 Pro und kontra hohe und niedrige Steuern

Reicher Staat, gerechter Staat: der Vorteil hoher Steuern

Wer einen aktiven Staat will, muss ihm auch die Mittel für eine aktive Politik zugestehen. Innere und äußere Sicherheit, Bildungssystem, Verkehrsinfrastruktur, Gesundheitsschutz, Grundlagenforschung – all das sind öffentliche Güter, die der Staat seinen Bürgern zur Verfügung stellen soll. Und im Fall der Bundesrepublik kommt auch noch die Finanzierung der deutschen Einheit dazu. Solche historischen Aufgaben können nicht privat finanziert werden.

- Die Folgen geringer Staatseinnahmen zeigen sich in Deutschland vielerorts. Das Straßennetz veraltet; Bäder, Bibliotheken und Sportstätten werden geschlossen; Schulgebäude verkommen; Unis sind überfüllt; Wissenschaft und Forschung werden weniger unterstützt als in den konkurrierenden Ländern Europas und Asiens. Rund 40 Prozent des Bundeshaushaltes fließen heute in die Finanzierung sozialer Ausgaben, 20 Prozent (2011: 12 %) sind Zinszahlungen für die Bundesschuld (s. M 87, Abb. 2).

Der Staat darf sich nicht „selber das Wasser abgraben, bis er seinen Aufgaben nicht mehr nachkommen kann", definiert Achim Truger vom gewerkschaftsnahen Institut für Makroökonomie und Konjunkturforschung die Untergrenze. […]

- Ein weiteres Argument für auskömmliche Steuern lautet: Der Staat braucht die Möglichkeit, den wirtschaftlichen Wohlstand gleichmäßiger zu verteilen. Wer besonders wohlhabend ist, soll entsprechend zur Finanzierung öffentlicher Aufgaben beitragen. Aus ökonomischer Sicht ist es kein Schaden, wenn Spitzeneinkommen, große Vermögen oder beträchtliche Erbschaften höher besteuert werden als zurzeit. Allerdings fördern hohe Steuersätze auch die Kapitalflucht ins Ausland. Oder die Betroffenen verlegen gleich ihren Wohnsitz jenseits der Grenzen.
- Eine Alternative für klamme Finanzminister ist die Erhöhung indirekter Steuern. Politisch lässt sich etwa eine höhere Tabak- oder Mineralölsteuer leichter durchsetzen als eine Steuer auf Einkommen oder Vermögen, da sich der Widerstand der Betroffenen weniger stark artikuliert. Besonders ergiebig ist dabei die Mehrwertsteuer als generelle Verbrauchsteuer. […] [Eine Zweckbindung erhöhter Steuereinnahmen dämpft] nicht nur den Widerstand der Steuerzahler, sondern entlastet auch die Unternehmen von Lohnzusatzkosten[1]. Kein Wunder, dass diskutiert wird, die Einnahmen aus einer höheren Mehrwertsteuer für die sozialen Sicherungssysteme zu verwenden, um die Lohnzusatzkosten zu senken.
- Ob direkte oder indirekte Steuern – eine Erhöhung birgt immer ökonomische Risiken. Nimmt die Steuerflucht überhand, hat der Finanzminister das Nachsehen. Höhere indirekte Steuern können im Extremfall den Verbrauch und damit die Basis der Besteuerung reduzieren – wie im Fall der Tabaksteuer.

[1] **Lohnzusatzkosten** sind vor allem die Beiträge der Unternehmen zur Sozialversicherung*, daneben Sonderzahlungen wie z. B. Urlaubsgeld, Weihnachtsgeld.

Dass eine höhere Mehrwertsteuer unsozial sein muss, stimmt allerdings nicht. Wer ein bescheidenes Einkommen bezieht, gibt zwar den größten Teil davon für den Konsum aus, profitiert aber auch überproportional vom ermäßigten Steuersatz für Lebensmittel. Den muss man ja nicht mit erhöhen.

Niedrige Steuern: mehr Geld für den Konsum und für Investitionen

Das hat es in der Geschichte der Bundesrepublik noch nicht gegeben: Von 2001 bis 2005 sanken die Steuern für Unternehmen und private Haushalte um mehr als 50 Milliarden Euro. [...]
Die Idee dahinter: Bürger und Unternehmen können sich umso besser entfalten, je weniger der Staat ihnen in die Tasche greift. Die Bürger konsumieren dann mehr, und die Unternehmen investieren wieder. Beides führt zu neuen Jobs und zu mehr Wachstum.

- So sah es die Bundesregierung, als sie 2000 ihre große Steuerreform verkündete. Und so sehen es auch die großen Wirtschaftsverbände. „Steuerentlastungen werden zu mehr Investitionen und Arbeitsplätzen führen", sagt Jürgen Thumann, der Präsident des Bundesverbandes der Deutschen Industrie (BDI). „Sie sind als Starthilfe für den Wachstumsmotor und für den Standort Deutschland dringend notwendig."

Letzteres Argument hat besonders seit dem EU-Beitritt osteuropäischer Länder an Prominenz gewonnen: Viele von ihnen besteuern die Unternehmensgewinne nämlich nur minimal (s. M 79, Abb. S. 124). Für deutsche Unternehmen wirkt das wie eine Einladung, Arbeitsplätze über die Grenzen zu verlagern. Gleichzeitig halten die deutschen Steuersätze – mehr als die im Einzelfall tatsächlich anfallende Steuerlast – ausländische Investoren davon ab, sich in Deutschland zu engagieren.

- So geht es bei der Frage, welche Steuern man denn senken sollte, damit vorrangig neue Arbeitsplätze entstehen, vor allem um die Abgabenlast der Unternehmen, also vornehmlich um die Körperschaftsteuer. Allerdings gibt es keine Garantie dafür, dass sinkende Unternehmensteuern zu steigenden Investitionen führen. Trotz beträchtlicher Steuersenkungen – und gleichzeitig steigender Unternehmensgewinne – hält die Stagnation der deutschen Wirtschaft (2005) seit bald fünf Jahren an, und erst jetzt zeigen sich die Hoffnungsschimmer. „Steuersenkungen sind keine hinreichende Bedingung für Wachstum", sagt Dieter Vesper vom Deutschen Institut für Wirtschaftsforschung in Berlin.

So reagierte auch der Konsum der privaten Haushalte auf die umfangreichen Steuersenkungen nicht wie erhofft. Die unverändert schwache Binnennachfrage verhindert seit Jahren einen stabilen Aufschwung in Deutschland. Gegenläufige Kräfte machten die Steuerentlastungen wieder wett: Die Reallöhne stagnierten, das Gesundheitswesen wurde für die einzelnen Bürger teurer, die zudem mit der beständig vorgetragenen Forderung nach mehr Altersvorsorge konfrontiert sind. Angesichts der verbreiteten Krisenangst verlegten sich ohnehin viele Steuerzahler aufs Sparen und legten eine finanzielle Reserve an.

- Vorschläge für Steuersenkungen provozieren gerade in Zeiten knapper Kassen die Frage nach der Finanzierung. Sinkende Einnahmen erhöhen die Gefahr, dass die ohnehin schon defizitären öffentlichen Haushalte weiter in die Verschuldung getrieben werden. [...]

(DIE ZEIT Nr. 32 v. 11.8.2005, S. 20; Verf.: Klaus-Peter Schmid)

1 Erläutern Sie möglichst mit eigenen Worten die knappe Darstellung M 80 und machen Sie deutlich, von welchen Bedingungen es abhängt, ob z. B. Steuersenkungen den gewünschten „expansiven" Effekt haben (d. h. sich in erhöhte Nachfrage nach Konsum- und Investitionsgütern und damit in mehr Beschäftigung umsetzen).

2 Die Darstellung M 81 stammt aus dem Jahre 2005, ist aber in vielen Aspekten von genereller, auch für die gegenwärtige wirtschaftliche Situation von Bedeutung. Sie nimmt in vielfacher Hinsicht Bezug auf die in den vorangehenden Materialien enthaltenen Begriffe, Aspekte und Zusammenhänge. Für die Erarbeitung bietet sich **Gruppenarbeit** an, bei der alle Gruppen den ganzen Text lesen, danach aber eine Aufteilung nach den Abschnitten a) und b) erfolgt: Die Argumente für und gegen hohe Steuern können dann von Vertretern der jeweiligen Gruppe in einer **Pro-und-Kontra-Diskussion** ausgetauscht werden. Eine Diskussion im Plenum könnte sich anschließen.

Der Staat in der „Schuldenfalle"? Dimensionen und Folgen der Staatsverschuldung

a)

M 82 Die Entwicklung der Staatsverschuldung

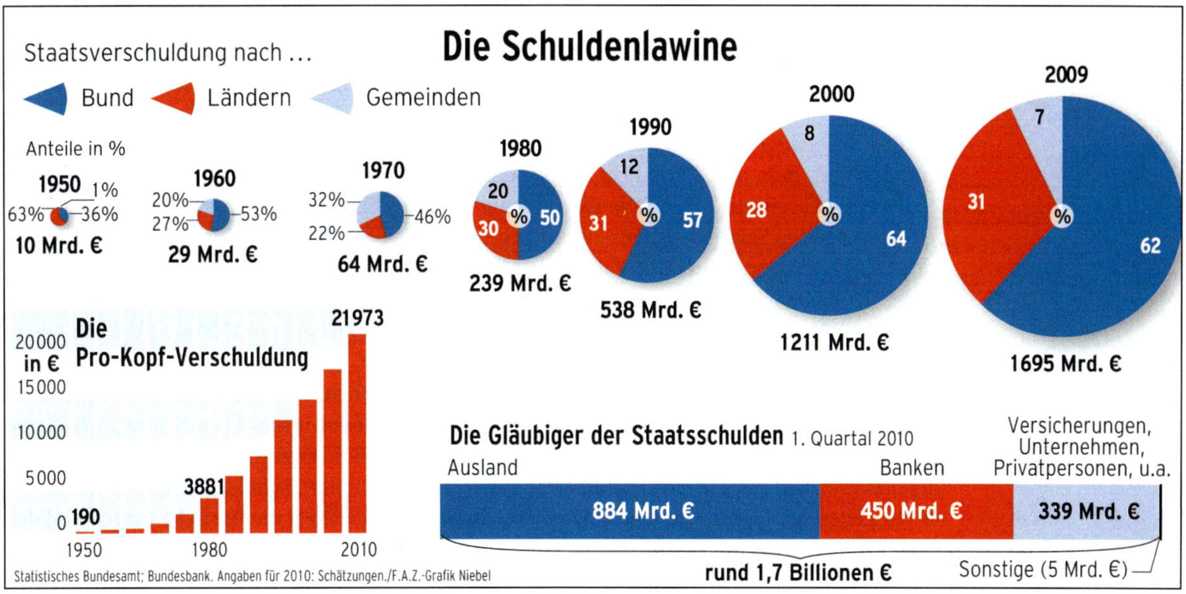

b)

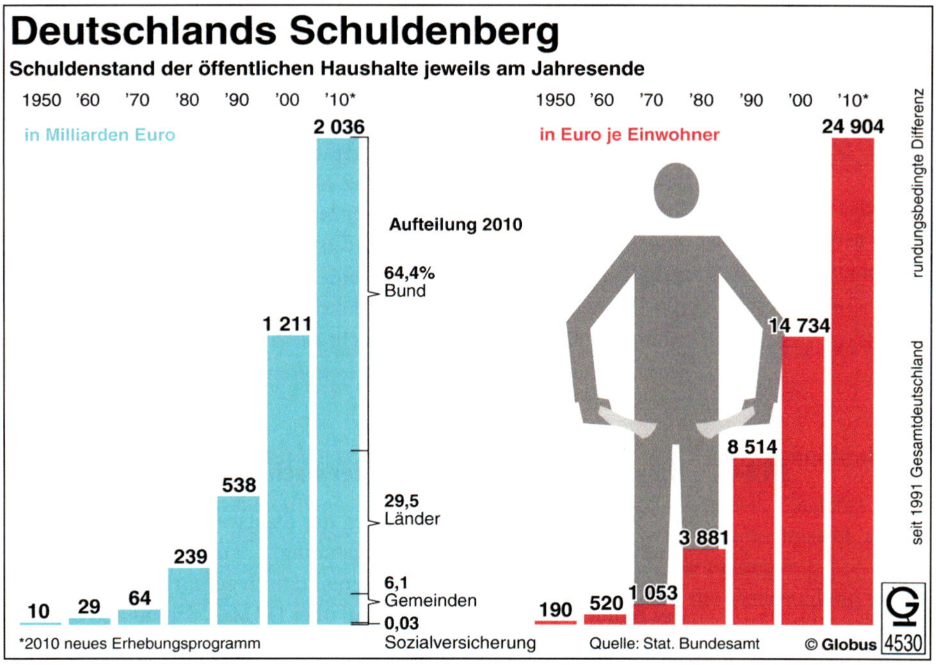

Am Ende des Jahres **2011** betrug der deutsche Schuldenstand 2021 Mrd. Euro (Bund: 1277; Länder: 613; Gemeinden: 129). Näheres dazu finden Sie in der folgenden Pressemitteilung des Statistischen Bundesamtes: https://www.destatis.de/DE/PresseService/Presse/Pressemitteilungen/2012/03/PD12_110_713.html

Der sprunghafte Anstieg der Staatsschulden 2010 beruht im Wesentlichen darauf, dass das Statistische Bundesamt die umfangreichen Stützungs- und Rettungsmaßnahmen für Banken, die durch die Finanzmarktkrise in Schwierigkeiten geraten waren, in die offizielle Schuldenstatistik übernahm. Diese Beträge werden in eigens dazu gegründeten Instituten („Abwicklungsanstalten", „Bad Banks") bei Bund und Ländern geführt (allein auf die Verwaltung der „Risikopapiere" der Investmentbank Hypo Real Estate und der Westdeutschen Landesbank entfielen zusammen 232 Mrd. Euro).
Näheres dazu enthält die Pressemitteilung des Statistischen Bundesamtes vom 21.2.2011 (http://www.staatsverschuldung.de/destatis2011-02-21.pdf).

Abb. 1: Nettokreditaufnahme

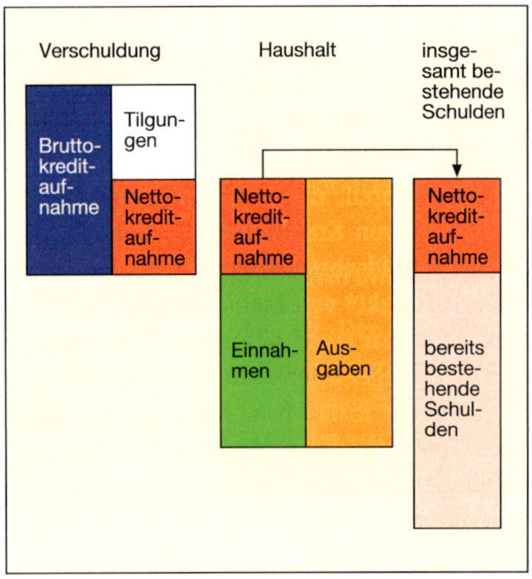

Abb. 2

Die öffentliche Verschuldung ist wegen möglicher negativer Effekte (vgl. M 87) – nicht immer zu Recht – der Kritik ausgesetzt.
Daher ist es verständlich, dass gelegentlich zu beschönigenden Ausdrucksweisen gegriffen wird, um das Problem abzuschwächen. Die Aussage „Die Wachstumsrate der Nettoneuverschuldung hat abgenommen" klingt zwar sehr kompliziert und für die meisten unverständlich, aber nach Beruhigung und Schuldenkonsolidierung (Schuldenabbau). Tatsächlich sagt dies aber nur aus, dass die „Zunahme" abgeschwächt ist; dies bezieht sich jedoch nur auf die Wachstumsrate, also auf die „Geschwindigkeit". Tatsächlich steigen die Schulden jedoch weiter an.

(Jörn Altmann, Wirtschaftspolitik, Lucius & Lucius, Stuttgart, 8. Aufl. 2007, S. 339 f.)

1. Klären Sie anhand von M 85 die im Zusammenhang mit der Staatsverschuldung immer wieder verwendeten Begriffe Schuldenstand, Staatsdefizit, Bruttokreditaufnahme, Nettokreditaufnahme (= Neuverschuldung). Erklären Sie dazu folgende Aussage: Nur dann, wenn die in einem Jahr geleisteten Tilgungen die Summe der Bruttokreditaufnahme übersteigen (und damit die Nettokreditaufnahme negativ ist), wird der Schuldenstand verringert. Wenn die Nettokreditaufnahme = 0 ist, bleibt der Schuldenstand gleich.

2. Stellen Sie fest, was es mit der „Schuldenuhr" (Abb. 2) auf sich hat, die über dem Eingang des Hauptsitzes des „Bundes der Steuerzahler" (www.steuerzahler.de) in Berlin angebracht ist (s. M 86, Z. 1 ff.). Den Lauf der Uhr (die Abb. zeigt den Stand vom 27.9.2011) können Sie auf der Internetseite www.staatsverschuldung.de/schuldenuhr.htm verfolgen.

M 86 Bewertungsmaßstäbe: Ist die Verschuldung zu hoch?

Die Gesamtverschuldung und die Pro-Kopf-Verschuldung werden auf sogenannten Schuldenuhren angezeigt, um auf die als zu hoch empfundene Steuerbelastung der Bürger aufmerksam zu machen. Die absoluten Zahlen der Verschuldung sind aber weniger aussagekräftig als ihr **Verhältnis zum Bruttoinlandsprodukt**. Besonders bei langfristigen Vergleichen ist zu berücksichtigen, dass sich die Wirtschaftsleistung erheblich gesteigert hat. Auch der öffentliche Sektor ist aufgrund eines veränderten Staatsverständnisses deutlich gewachsen. Für die Bewertung entscheidend sind deshalb *relative Quoten*, die die Schuldenlast ins Verhältnis zur Größe der Volkswirtschaft und des Staatshaushalts setzen.

(Themenblätter im Unterricht [= M 82], Lehrerblatt 02)

- Mit der **„Schuldenstandsquote"** (eigentlich eine Relation) wird das Verhältnis der Schulden des Gesamtstaates (Gebietskörperschaften und Sozialversicherungen) im Verhältnis zum BIP ausgedrückt (s. Abb. 1). Besondere Bedeutung hat die Schuldenstandsquote als eines der Kriterien des

Abb. 1: Staatsschuldenquoten im internationalen Vergleich

Land	in % des BIP										
	1980	1985	1990	1995	2000	2005	2008	2009	2010	2011	2012
Deutschland	**30,3**	**39,5**	**41,3**	**55,6**	**60,2**	**68,5**	**66,7**	**74,4**	**83,2**	**89,7**	**81,2**
Frankreich	20,7	30,6	35,2	55,5	57,4	66,7	68,2	79,0	82,3	85,4	89,2
Vereinigtes Königreich	52,7	51,8	33,3	51,2	41,0	42,5	54,8	63,6	79,9	84,0	88,6
EU	–	–	–	69,7	61,9	62,8	62,5	74,7	80,3	82,5	84,9
Japan	48,4	69,4	63,9	86,2	135,4	175,3	174,1	194,1	197,6	206,2	210,0
USA	42,4	59,9	63,6	71,2	54,8	61,8	71,8	85,8	95,2	101,0	105,6

Quellen:
Für die Jahre 1980 bis 2000; EU-Kommisson, „Europäische Wirtschaft“, Statistischer Anhang, November 2010; für die USA und Japan alle Jahre.
Für die Jahre ab 2005: EU-Kommission, Herbstprognose, November 2011.
Stand: November 2011.

(Bundesfinanzministerium, Monatsbericht Februar 2011, Tabelle 14)

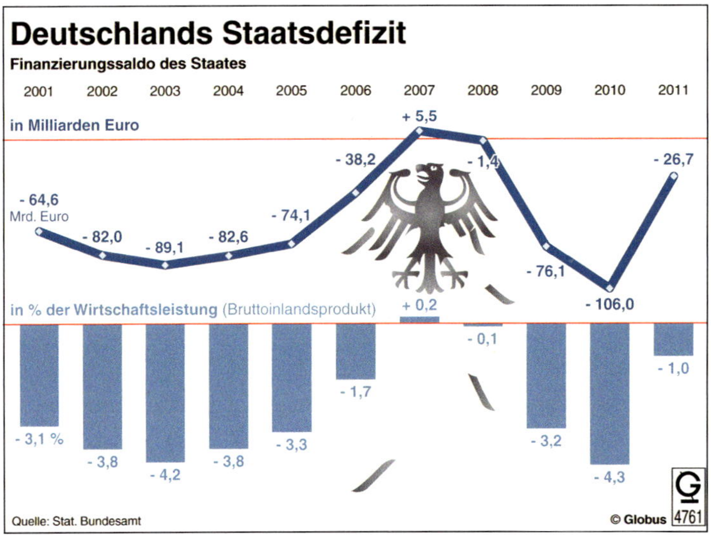

Abb. 2

Maastricht-Vertrages (s. u.), was auch zu einheitlichen Kriterien zumindest in den Euro-Staaten für die Bemessung dieser Größe geführt hat.

- Ebenfalls im Zusammenhang mit den **Maastricht-Kriterien** (s. u.) hat die Beobachtung der Entwicklung der Finanzierungssalden der öffentlichen Haushalte im Verhältnis zum BIP an Bedeutung gewonnen. Der Ausdruck **„Defizitquote“** ist dabei eigentlich zu kurz gefasst, da prinzipiell nicht nur Defizite, sondern auch Überschüsse mit dieser Verhältniszahl erfasst werden können (s. Abb. 2).
- Der „Schuldenstandsquote“ und insbesondere der „Defizitquote“ kommt im Hinblick auf die Einbindung Deutschlands in die Europäische Wirtschafts- und Währungsunion (EWWU, „Euro-Zone“) besondere Bedeutung zu. Für den Beitritt zur EWWU waren im *Vertrag von Maastricht** als Bedingungen (*Konvergenzkriterien**) u. a. festgelegt, dass der gesamte **Schuldenstand** eines Staates die Grenze von **60 % des Bruttoinlandsprodukts** (Schuldenstandsquote) nicht überschreiten dürfe und das jährliche **Haushaltsdefizit** höchstens **3 % des Bruttoinlandsprodukts** (Defizitquote) betragen dürfe.

Abb. 3: Zins-Steuer-Quote

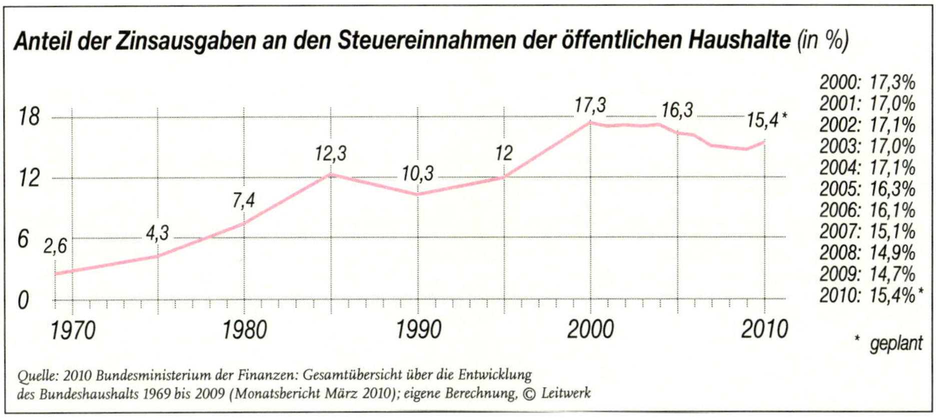

- Mit der **Zins-Steuer-Quote** wird das Verhältnis der Zinsausgaben des *Bundes* zu den gesamten Steuereinnahmen des Bundes beschrieben (s. Abb. 3). Während der Anteil der vom Bund für Zinszahlungen aufgewandten Steuereinnahmen zu Beginn der 1960er-Jahre mit 1,7 % noch sehr niedrig lag, stieg dieser Anteil in der Folgezeit

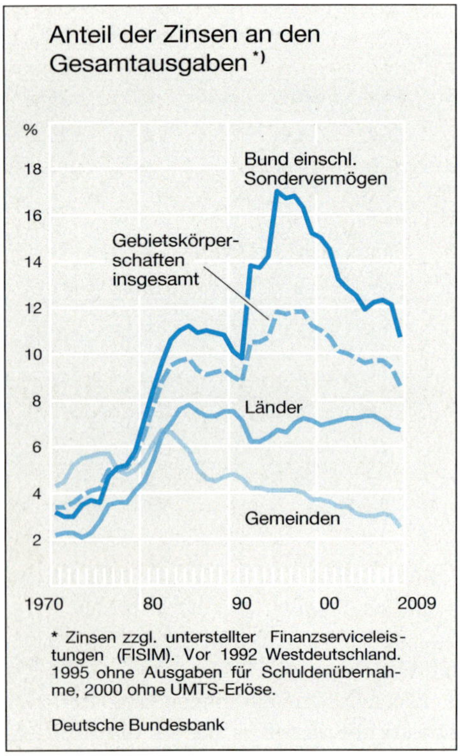

Abb. 4

kontinuierlich an und erreichte in den 1980er-Jahren 12%. Seit dem Höchstwert von 17,3% in 2000 lässt sich ein Rückgang auf 15,4% in 2010 beobachten. Die Zins-Steuer-Quote wird wesentlich beeinflusst durch den Schuldenstand insgesamt, das Zinsniveau und die Höhe der Steuereinnahmen.

(Autorentext)

- Die stark gestiegene Staatsverschuldung schlägt sich in den **Zinsausgaben** [ihrem *Anteil an den Gesamtausgaben*] nieder.

[...] Ausgehend von gut 3% im Jahr 1970 wuchs die Belastung nahezu kontinuierlich bis auf beinahe 10% zur Mitte der Achtzigerjahre. Nach einem vorübergehenden Rückgang kam es im Gefolge der deutschen Vereinigung zu einem erneuten markanten Anstieg auf beinahe 12% zur Mitte der Neunzigerjahre. Im Anschluss an eine Stabilisierung setzte 1999 ein spürbarer Rückgang ein, der sich im letzten Jahr noch einmal beschleunigte. Mit gut 8,5% ist der Anteil der Zinsen an den Gesamtausgaben sogar wieder etwas unter das Niveau der späten Achtzigerjahre gesunken.

Bei *Bund, Ländern und Gemeinden* schlägt sich die unterschiedliche Verschuldungsentwicklung auch in den *jeweiligen Zinsausgaben* nieder (s. Abb. 4). So ist die Belastung im Gefolge der deutschen Vereinigung besonders im *Bundeshaushalt* und seinen Sondervermögen abzulesen. Der Anteil der Zinsausgaben hat sich hier aber nach dem Höhepunkt von 17% im Jahr 1995 nahezu kontinuierlich verringert und zuletzt mit gut 10,5% wieder den Stand vom Ende der Achtzigerjahre erreicht. Nach der mittelfristigen Finanzplanung vom Sommer 2009 soll die Zinsbelastung in haushaltsmäßiger Abgrenzung bei hohen Defiziten bis 2013 aber wieder sehr stark auf 16,5% zunehmen.

(Deutsche Bundesbank, Monatsbericht April 2010, S. 26f.; http://www.bundesbank.de/download/volkswirtschaft/mba/2010/201004mba_verschuldung.pdf)

1. Erklären Sie, aus welchen Gründen die absolute Höhe des Schuldenstandes allein nicht ausschlaggebend sein kann für die Beurteilung, ob die Verschuldung „zu hoch" ist (M 85).
2. Klären Sie die Bedeutung der vier in M 86 dargestellten „Quoten" als relative Indikatoren* für eine „zu hohe" Staatsverschuldung und analysieren Sie die Entwicklung der jeweiligen Quote.
3. Erläutern Sie die für die Euro-Zone seit dem Vertrag von Maastricht geltenden beiden „Schuldengrenzen" für die „Schuldenstandsquote" und die „Defizitquote" („Maastricht-Kriterien"). Inwieweit hat Deutschland die Grenzen in den letzten Jahren überschritten (s. Abb. 1 und 2)?
4. Erörtern Sie im Unterrichtsgespräch, welche der vier Quoten aus Ihrer Sicht am aussagekräftigsten im Hinblick auf die Bewertung einer „zu hohen" Staatsverschuldung ist. Begründen Sie Ihre Beurteilung.

M 87 Folgen der Staatsverschuldung

(1) Zunächst einmal bedeutet eine zunehmende Verschuldung, dass ein ständig wachsender Teil der **Staatseinnahmen** bereits **blockiert** wird für den Schuldendienst (d.h. für Verzinsung und Tilgung); dies engt den finanzpolitischen Spielraum der öffentlichen Hand ein (s. Abb. 1 und Abb. 2 zur Höhe der „Bundesschuld"). [...]

Wenn der Schuldendienst nicht aus den laufenden Einnahmen geleistet werden kann, sind neue Kredite allein zur Verzinsung alter Schulden erforderlich – von Tilgung ist nicht die Rede –, woraus sich eine Schraube ohne Ende ergibt: die sog. **Schuldenfalle**. [...]

(2) Staatsverschuldung in größerem Umfang kann den heimischen Geld- und Kapitalmarkt so beanspruchen, dass die *Kreditzinsen* steigen. Der Zusammenhang mit der kreditinduzierten **Inflation** ist das Hauptargument gegen exzessive Staatsverschuldung. [...] In der jüngeren Vergangenheit lag der Anteil der staatlichen Kreditaufnahme an der gesamten Kreditaufnahme bei

Abb. 1

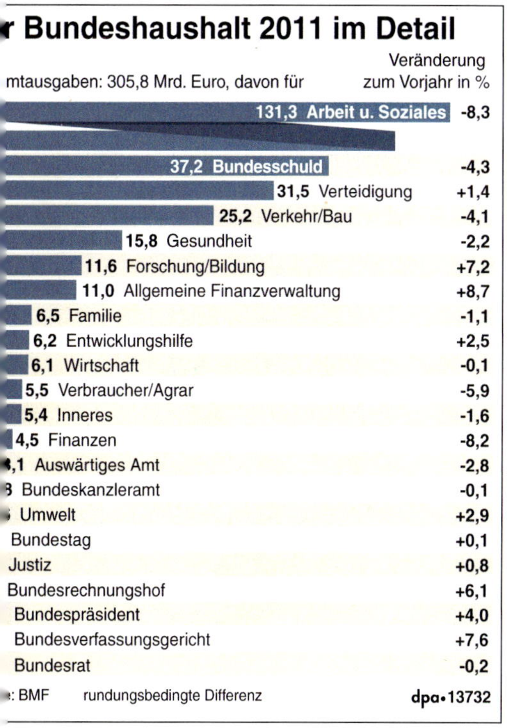

Abb. 2

durchschnittlich 25 %. Dabei ist aber zu beachten, dass am Kreditmarkt nicht der Staat als riesiger Kreditnehmer auftritt, sondern eine Vielzahl von einzelnen Kreditnehmern in Gestalt von Bund, Ländern und Gemeinden. Eine nachhaltige Beeinflussung des Zinsniveaus ist daher nur dann zu erwarten, wenn eine plötzliche und massive Erhöhung der staatlichen Kreditnachfrage insgesamt eintritt, welche die Ausdehnungsmöglichkeiten des Kreditangebots überfordert.

(3) In diesem Zusammenhang wird oft der sog. **„crowding out"-Effekt** angeführt, d. h., dass der Staat private (Kredit-)Nachfrage verdrängt (s. Abb. 3), was – neben zinssteigernden Effekten – zu Wachstumsverlusten führen könne. [...]

Ein *Anstieg der Zinsen* aufgrund steigender staatlicher Kreditnachfrage ist nur vorstellbar bei unelastischem Kreditangebot. Dies wird als **„Quellentheorie"** bezeichnet, da die Menge des aus einer Quelle ausströmenden Wassers pro Zeiteinheit konstant ist, sodass sich ein zusätzlicher Nachfrager nur auf Kosten eines anderen durchsetzen kann.[1] Dem finanziellen „crowding out"-Argument im Sinne der Quellentheorie wird entgegengehalten, dass der Staat zwar dem Geld- und Kapitalmarkt Mittel entzieht, diese aber meist auch umgehend wieder verausgabt, sodass sie letztlich den Finanzmärkten über das Bankensystem wieder zufließen. Das Grundprinzip dieser **„Fontänentheorie"** (die Fontäne nährt sich aus dem zurückfließenden Wasser[2]) ist einleuchtend, jedoch empirisch nicht zwingend nachzuweisen und daher umstritten. [...]

(4) Ob durch „Verdrängung" nun ein Wachstumsverlust eintritt oder nicht, lässt sich nur spekulativ beantworten, würde aber voraussetzen, dass bei privater Verwendung der Mittel ein größerer Multiplikatoreffekt

---

[1] Der Teil des Wassers aus der Quelle (Ersparnis), der vom Staat für seine Zwecke abgezweigt wird, steht damit für andere Verwendungen – insbesondere für private Investitionen – nicht mehr zur Verfügung.

[2] Der Staat saugt aus dem Teich (Kreditmarkt) Wasser an, um es über den Springbrunnen (höheres Defizit, höhere Produktion, höhere Einkommen und infolgedessen höhere Ersparnis) wieder dem Teich zuzuführen. Eine Verminderung der Wassermenge (Kreditvolumen für die private Verwendung) tritt nicht ein.

Kurzfristig kann eine Verschuldung des Staates unter bestimmten Voraussetzungen sinnvoll sein. Die Voraussetzung ist eine Situation, die durch unausgelastete Kapazitäten und Arbeitslosigkeit gekennzeichnet ist und als deren Ursache ein allgemeiner Nachfragemangel zu diagnostizieren ist (und nicht z. B. ein zu hoher Reallohn, zu hohe Realzinsen oder mangelnde internationale Wettbewerbsfähigkeit). In einer solchen Situation, die also eine genaue Ursachendiagnose voraussetzt, führt eine kreditfinanzierte Erhöhung der Staatsausgaben zu einer Erhöhung von Produktion und Beschäftigung; private Investitionen werden in einer solchen Situation nicht verdrängt und die Gefahren für die Preisstabilität sind gering. Es muss aber gewährleistet sein, dass in Perioden der Prosperität [Hochkonjunktur] die Staatsschulden wieder zurückgezahlt werden. Das ist die *Grundidee der keynesianischen antizyklischen Fiskalpolitik* (vgl. M 58).

(Ulrich Baßeler/Jürgen Heinrich/Burkhard Utecht, Grundlagen und Probleme der Volkswirtschaft, Schäffer-Poeschel, Stuttgart, 18. Aufl. 2006, S. 424)

Abb. 3: Besetzt

Abb. 4

(s. M 24) zu erwarten wäre als bei staatlicher Verwendung (vgl. Kasten, S. 133 u.). Wie bereits angesprochen, hängen entsprechende Berechnungen davon ab, wie weit man Folge- und Nebenwirkungen erfassen und messen kann. Staatliche Maßnahmen erstrecken sich in großem Maße auf Infrastrukturinvestitionen*, die im engeren Sinne nicht rentabel sind, aber – aufgrund ihrer Ergänzungs- und Anregungsfunktion für private Investitionen – gesamtwirtschaftlich anders beurteilt werden müssen als betriebswirtschaftlich. Der Einfluss staatlicher Vorleistungen auf die private Wertschöpfung ist insgesamt jedoch nur ungenau abzuschätzen, sodass in dieser Hinsicht das Verdrängungsargument weder stringent untermauert noch widerlegt werden kann. Auch lässt sich argumentieren, dass die am Kapitalmarkt verfügbaren Mittel zu großen Teilen für reine Finanzgeschäfte verwendet werden, ohne güterwirtschaftlich nachfragewirksam zu werden. In diesem Fall aber würde die staatliche Kreditaufnahme zur Finanzierung von Staatsausgaben zusätzliche Nachfrage bedeuten und Beschäftigungseffekte bzw. im Sinne der Nachfragesogtheorie (s. M 33) einen inflationären Impuls bewirken können. Das Verdrängungsargument träfe in jedem Fall dann nicht zu, wenn die staatliche Kreditaufnahme nicht auf dem inländischen Kapitalmarkt, sondern im Ausland erfolgte. Dann aber käme das Inflationsargument stärker zum Tragen, da zwar kein zinsbedingter Kostendruck, wohl aber Nachfragesog- und Geldmengeneffekte (vgl. M 33) auftreten können.

(5) Schließlich hat die öffentliche Kreditaufnahme auch **Umverteilungseffekte**, da die Teilmenge der (meist) besser verdienenden privaten **Kreditgläubiger** von der Gesamtmenge der **Steuerzahler** refinanziert wird.

Dem ist entgegenzuhalten, dass dieser Effekt durch ein progressives Besteuerungssystem (vgl. M 76) zumindest abgemildert wird, d.h., derjenige, der dem Staat Mittel zur Verfügung stellen kann, wird tendenziell auch stärker besteuert als andere. Verteilungswirkungen – gleich welcher Maßnahme – sollten nicht als unbedeutende Nebenwirkungen abgetan werden.

(6) Auch eine **Verteilungswirkung im längerfristigen Zeitablauf** ist zu berücksichtigen. Kreditfinanzierung heute zu tätigender Ausgaben kommt den heutigen Bürgern ohne Belastungen so zugute. Verzinsung und Tilgung dieser Schulden muss aber in der Zukunft geleistet werden, sodass möglicherweise die **nächste Generation noch die Schulden abzutragen hat**, die heute gemacht wurden, ohne in gleichem Maße Nutznießer dieser Ausgaben zu sein (vgl. Abb. 4).

(Jörn Altmann, Wirtschaftspolitik, Lucius & Lucius, Stuttgart 2007, S. 350–354)

Gefahren der Staatsverschuldung
Staatsverschuldung
Möglich sind: • Blockierung des Haushalts (Zinsen) • Belastung des Kapitalmarktes – Verdrängung („crowding out") – Zinsanstieg • Inflation durch – Nachfragesog – Kostendruck (Zinsen) – Geldmengenerhöhung • Wachstumsverluste • Umverteilung – viele Steuerzahler → weniger Gläubiger – zwischen den Generationen

1. Die Einengung des finanzpolitischen Spielraums durch wachsende Staatsverschuldung und den dadurch steigenden Anteil des Schuldendienstes im Haushalt (s. Abb. 2) ist eines der wichtigsten Probleme der Staatsverschuldung. Erläutern Sie diesen Aspekt genauer (M 87, 1. Abschnitt, vgl. Abb. 1).

2. Beschreiben Sie den möglichen Zusammenhang zwischen Staatsverschuldung, Zinsentwicklung und Inflation (M 87, 2. Abschnitt).

3. Fassen Sie den Grundgedanken des „crowding out"-Argumentes kurz zusammen und erläutern Sie, was – zunächst im Hinblick auf die Zinsentwicklung – dafür („Quellentheorie") und was dagegen („Fontänentheorie") spricht (3. Abschnitt).

4. Untersuchen Sie dann die „crowding out"-Theorie im Hinblick auf mögliche Wachstumsverluste. Wie kommt der Autor zu seiner Auffassung, dass „das Verdrängungsargument weder stringent untermauert noch widerlegt werden kann" (4. Abschnitt)?

5 Erläutern Sie die möglichen Umverteilungseffekte der Staatsverschuldung (Abschnitte 5 und 6). Was bedeutet der oft gehörte Hinweis, dass die Staatsverschuldung „auf Kosten unserer Kinder" erfolge?

6 Betrachten Sie die Plaßmann-Karikatur (Abb. 4) genau. Aus welchem Jahr (ungefähr) kann sie stammen (vgl. M 82 a)?

M 88 Die „Schuldenbremse" des Grundgesetzes

Die bisher bestehende Schuldenregelung des Grundgesetzes schreibt vor, dass die öffentliche Kreditaufnahme nicht größer sein darf als „die Summe der im Haushaltsplan veranschlagten Ausgaben für Investitionen" (Art. 115 GG). Ausnahmen sind nur zulässig zur Abwehr einer Störung des gesamtwirtschaftlichen Gleichgewichts. Das relative Schuldenverbot nach Art. 115 GG konnte aber einen Anstieg der Staatsverschuldung nicht verhindern. Seit seiner Einführung ist die Schuldenstandsquote der öffentlichen Haushalte von rund 20 auf über 80 Prozent gestiegen (vgl. Abb. 1, S. 131). Im Rahmen der Föderalismusreform wurde die sogenannte „Schuldenbremse" im Jahr 2009 im Grundgesetz verankert. Zum Ausgleich der öffentlichen Haushalte dürfen fortan keine Kredite mehr aufgenommen werden. Das Schuldenverbot gilt aber nicht absolut. Ausnahmen sind in **Art. 115,2 und 109,3 GG** geregelt:

– Der *Bund* darf sich ohne weitere Begründung bis zu einer Höhe von *0,35 Prozent des nominalen BIP* verschulden. Den *Ländern* ist eine Neuverschuldung *gänzlich untersagt.*

– Eine Verschuldung zur Stabilisierung der konjunkturellen Entwicklung ist weiterhin möglich.

– Kredite können auch aufgenommen werden im Falle von „Naturkatastrophen oder außergewöhnlichen Notsituationen, die sich der Kontrolle des Staates entziehen und die staatliche Finanzlage erheblich beeinträchtigen".

Die neuen Vorschriften gelten nach einer Übergangszeit für den Bundeshaushalt ab 2016, für die Länderhaushalte ab 2020.

(Themenblätter im Unterricht [= M 83], Lehrerblatt 03)

Abb.: Haushaltsplanung der Bundesregierung (2011)

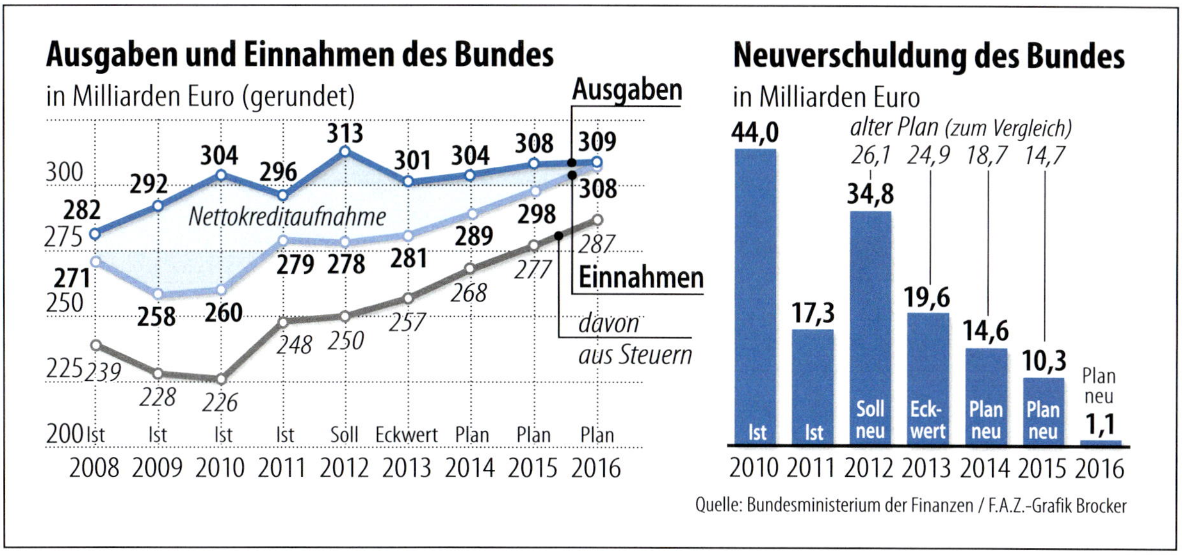

M 89 Was ist zu tun? – Möglichkeiten des Umgangs mit der Staatsverschuldung

- **Weiter wie bisher:** Wie in den letzten Jahrzehnten wird die Gesamtverschuldung laufend erhöht.

Wenn wir diesen Weg gehen, ist es nur eine Frage der Zeit, bis wir ernste Finanzkrisen, dann den partiellen Zusammenbruch der staatlichen Ordnung erleben. Das Beispiel Russland zeigt uns, dass das Unvorstellbare Wirklichkeit werden kann.

Ab welcher Schuldenhöhe solche für alle spürbaren schweren Folgen eintreten, kann indessen niemand vorhersagen. Der maßgebliche Faktor ist das Vertrauen der Gläubiger, denn von diesen haben wir uns abhängig gemacht: Wenn die Gläubiger nicht mehr darauf vertrauen, dass sie ihr Geld pünktlich und vollständig zurückerhalten, werden sie die für die Umschuldung laufend nötigen frischen Kredite nur noch zu wesentlich höherem Zins oder gar nicht mehr gewähren.

- **Totaler Kreditstopp:** Es wird ab sofort kein weiterer Kredit aufgenommen.

Leider haben wir diese Möglichkeit nicht. Denn es werden laufend Kredite zur Rückzahlung fällig. Sie werden immer dadurch zurückgezahlt, dass neue Kredite aufgenommen werden (Umschuldung). Dabei geht es jährlich um mehr als 300 Mrd. EUR. Wenn wir die Umschuldung abbrechen, hat dies innerhalb von Tagen den Finanzkollaps des Staates zur Folge: Schlagartig können die Gehälter im öffentlichen Dienst nicht mehr gezahlt und die Sozialleistungen nicht mehr erbracht werden. Die Umschuldung muss also weitergehen.

- **Schlagartig Neuverschuldung Null:** Es wird nur noch umgeschuldet, aber kein Kredit darüber hinaus aufgenommen.

Auch dies ist keine realistische Alternative. Die Steuern lassen sich nicht mehr im dazu erforderlichen Maße erhöhen. Umgekehrt haben wir in den vergangenen Jahren mehrfach erlebt, wie schwer eine Kürzung der Staatsausgaben um nur 5 Mrd. EUR durchzusetzen war. Eine Regierung, die von einem Jahr auf das andere keine neuen Schulden mehr macht, wird aus dem Amt gefegt. Es käme zu öffentlichen Unruhen sowie einem Ausfall an Nachfrage, der zu schwersten Störungen in der gesamten Volkswirtschaft führt.

- **Neuverschuldung in Höhe des Wirtschaftswachstums:** Die Schulden dürfen weiter steigen, aber nicht schneller, als die Wirtschaft wächst. Dies ist der Kern der Maastricht-Regeln (s. M 86). Das Schuldenproblem wird damit eingefroren, aber nicht gelöst. Dieser Weg ist mit zwei schweren Nachteilen verbunden: Erstens muss die Regierung sich in Zukunft prozyklisch verhalten: Ausgerechnet wenn die Wirtschaft schwach wächst oder gar schrumpft, muss sie den schärfsten Sparkurs fahren. Und zweitens bleiben die Zinslasten unerträglich hoch.

- **Neuverschuldung Null innerhalb einer festgelegten Periode:** Es wird weiter umgeschuldet, der Schuldenberg wird weiter erhöht, aber von Jahr zu Jahr weniger, bis nach einer definierten Frist (1 Wahlperiode?) die Gesamtverschuldung auf der dann erreichten Höhe **eingefroren** wird. Dies ist die **einzige brauchbare Alternative**. Tilgen können wir die Schulden nicht, aber wir müssen versuchen, die Zinslast einzufrieren. Nach sehr langer Zeit wird sie dann durch Wirtschaftswachstum und allgemeine Preissteigerungen erträglich. Nach einer Modellrechnung von Dieter Meyer würden sich die Schulden gemessen am Bruttoinlandsprodukt innerhalb von 25 Jahren halbieren, wenn die Neuverschuldung innerhalb von 4 Jahren auf null zurückgeführt wird.

(http://www.staatsverschuldung.de/ausweg1.htm)

1. Erläutern Sie Zielsetzung und Ausgestaltung der sog. „Schuldenbremse", die 2009 beschlossen wurde (M 88).
   - Was bedeutet es, dass sie ins Grundgesetz aufgenommen wurde?
   - Welche Ausnahmeregelungen enthält sie?
   - Welche unterschiedlichen Regelungen gelten für Bund und Länder?

2. Die Schuldenbremse wurde vor allem vonseiten der Gewerkschaften scharf kritisiert, u. a. wegen der Befürchtung, dass sie zu einer Kürzung der Sozialausgaben führen könne. Informieren Sie sich ggf. darüber auf der Wikipedia-Seite http://de.wikipedia.org/wiki/Schuldenbremse_(Deutschland) und setzen Sie sich mit dieser Kritik auseinander.

3 Beschreiben Sie, in welchen Schritten der Bundesfinanzminister mit seiner Haushaltsplanung die Nettokreditaufnahme begrenzen will (Grafik in M 88).

4 Berechnen Sie: 2011 betrug der Wert des Bruttoinlandprodukts 2 570 Mio. Euro. Wie hoch war der Prozentsatz der Neuverschuldung in diesem Jahr, wie hoch im Jahr 2010 (BIP: 2 490 Mio. Euro)?

5 Setzen Sie sich mit den in M 89 beschriebenen Möglichkeiten des Umgangs mit der Staatsverschuldung und ihrer Bewertung auseinander. Welche Möglichkeiten halten Sie selbst für sinnvoll bzw. für realistisch?

M 90 Entstehung und Entwicklung der Euro-Schuldenkrise 2010

Optimaler Währungsraum oder bestmögliche Integration?

Als 1992 mit dem Vertrag von Maastricht, der 1993 in Kraft trat, die gemeinsame Währung „Euro" beschlossen wurde, wurden ihr *zwei Funktionen* zugewiesen, die durchaus in einem gewissen Widerspruch miteinander standen und stehen. Zum einen sollte der Euro als gemeinsames Geld den Wirtschafts- und Finanzplatz Europa stärken, zum anderen sollte er die Staaten der Europäischen Union zusammenhalten und den durch die Deutsche Einheit gewachsenen deutschen Einfluss in den gemeinsamen Währungsraum einbringen.

Aus währungspolitischen Gründen wäre es sinnvoll gewesen, nur die Staaten mit gemeinsamem Geld zu versehen, deren wirtschaftliche Daten ähnlich und deren Herangehensweise gleich sind – man spricht in diesem Zusammenhang vom „optimalen Währungsraum". Aus integrationspolitischen Gründen war es jedoch notwendig, möglichst alle EU-Staaten in den Währungsverbund zu integrieren. Tatsächlich schreiben die Europäischen Verträge allen Staaten der EU vor, früher oder später den Euro als Währung zu übernehmen. Lediglich Großbritannien und Dänemark hatten sich schon bei Vertragsabschluss das Recht ausbedungen, mitmachen zu dürfen, aber nicht zu müssen – mit einer sogenannten opt-out-Klausel.

Stabilitäts- und Wachstumspakt

Um möglichst alle EU-Länder in dieses Währungssystem einzubinden und miteinander zu versöhnen sowie eine nur währungspolitisch ähnliche Struktur der Staaten zu schaffen, wurden im *Stabilitäts- und Wachstumspakt*, der mit dem Euro beschlossen wurde, klare *Kriterien für die Teilnahme am Euro-Raum* festgelegt. Diese **Kriterien** sollten die Eintrittskarte in den Euro-Raum sein, aber weiterhin erfüllt werden. Dabei handelt es sich um eine niedrige *Inflationsrate* (nicht mehr als 1,5 Prozent über den drei niedrigsten Inflationsraten der anderen EU-Länder) [...] und **begrenzte Schulden** (nicht mehr als *3 Prozent des Bruttoinlandsprodukts* (BIP)* als *Neuverschuldung* pro Jahr und nicht mehr als *60 Prozent des BIP Gesamtverschuldung [Schuldenstand]*).

Die Einführung des Euro als Buchgeld erfolgte 1999, als Bargeld 2002. Anfangs gehörten der Euro-Zone 12 Mitgliedsländer an, zum 1.1.2011 sind es, nach dem Beitritt Estlands, 17. Gut zehn Jahre nach Einführung des gemeinsamen Geldes ließ sich feststellen, dass die meisten Euro-Staaten, einschließlich Deutschland (s. Abb. 1), Verschuldungsgrenzen nicht beachtet hatten. Als besonders gravierend stellte sich dies im Jahr 2010 bei Griechenland heraus,

Abb. 1

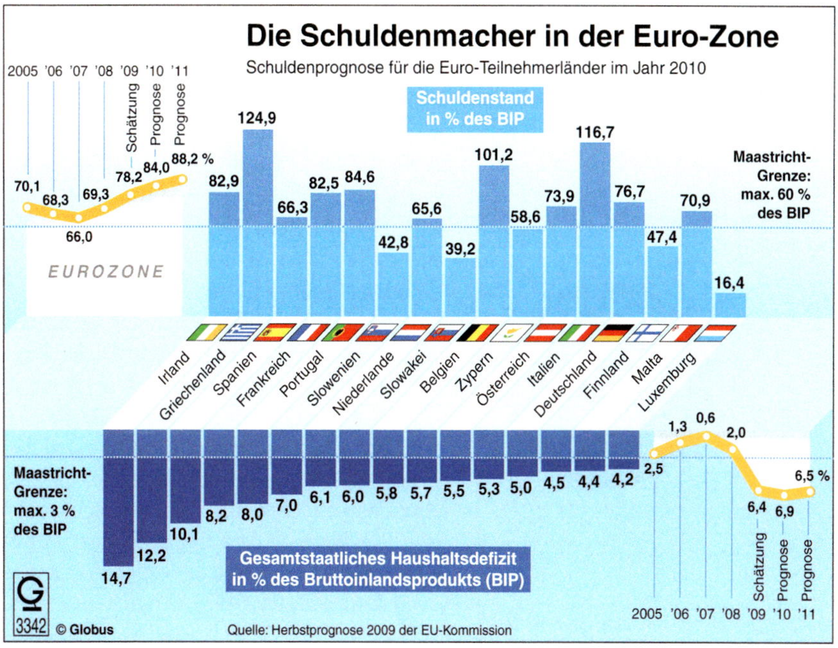

Abb. 2

Abb. 3

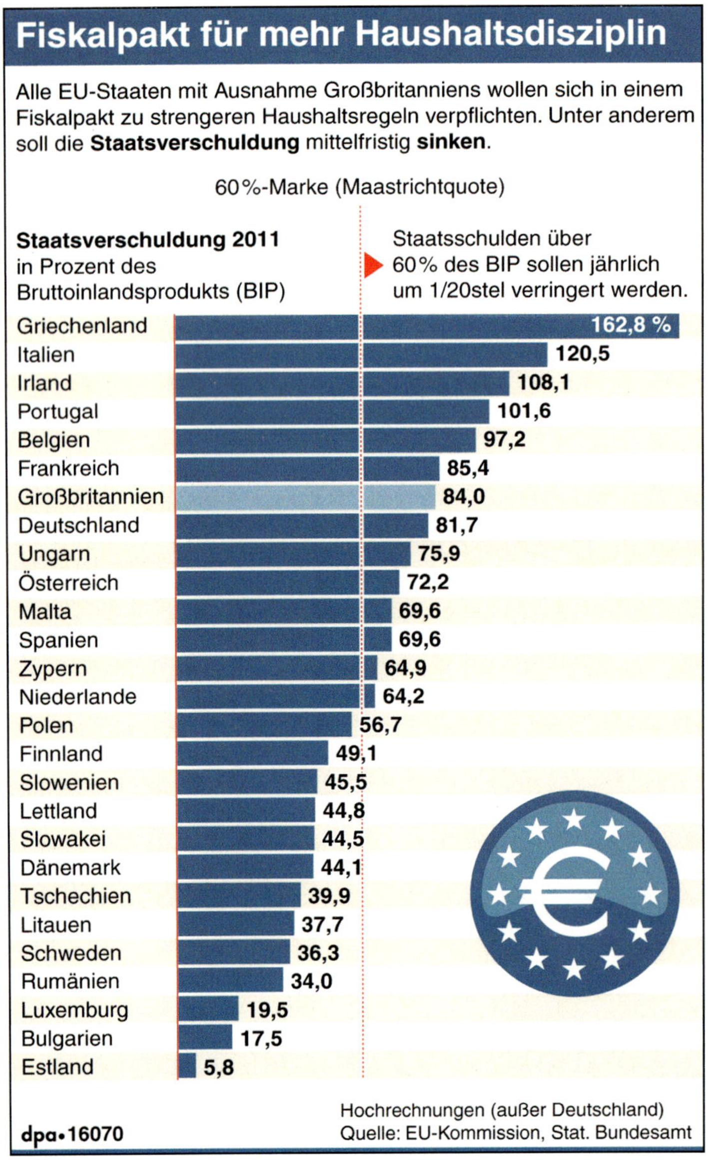

das schon 2009 eine Gesamtverschuldung von über 112 Prozent des BIP aufwies.

Griechenlands Kreditkrise

Das Vertrauen der internationalen Finanzinstitute, bei denen sich Griechenland durch Kredite refinanziert hat, sank so weit, dass Griechenland keine neuen Kredite mehr bekam bzw. sie mit einem hohen Risikoaufschlag [Erhöhung des Zinssatzes für Kredite] hätte bezahlen müssen, der das Land immer weiter in die Krise geführt hätte. Während die EU-Staaten noch darüber berieten, wie man Griechenland helfen könnte, gerieten auch andere Euro-Staaten in Diskussionen, ob sie – im Verhältnis zu ihrer Produktivität* – noch gute Schuldner seien (s. Abb. 2). Dadurch drohte die gesamte Gemeinschaftswährung ins Rutschen zu kommen. [...] Die Euro-Staaten beschlossen daraufhin ein *Rettungspaket für Griechenland*, in dessen Rahmen dem hoch verschuldeten Staat gemeinsam mit dem Internationalen Währungsfonds* (IWF) für 2010 bis zu 30 Mrd. Euro als Kredite zur Verfügung gestellt werden. Deutschland trägt davon 8,4 Mrd. Euro. Auch für die beiden nächsten Jahre wurden Griechenland Kredithilfen zugesagt. Insgesamt beläuft sich das Paket auf 110 Mrd. Euro. Griechenland erhält das Geld allerdings nicht geschenkt, sondern zu fünf Prozent Zinsen – was mehr ist, als Deutschland dafür bezahlen muss, wenn es das Geld auf dem internationalen Kapitalmarkt aufnimmt. Außerdem *muss Griechenland ein drastisches wirtschaftliches und finanzielles Reformprogramm durchführen.*

Euro-Rettungsschirm

Um zu verhindern, dass nach Griechenland auch andere Euro-Staaten durch internationale Spekulationen* auf den Zinsanstieg von Staatsanleihen[1] unter Druck geraten, beschloss die EU mittlerweile einen *Rettungsschirm für alle Euro-Staaten*. Dieser „Schirm“ könnte über maximal 750 Mrd. Euro verfügen. 250 Mrd. kämen vom IWF*, 60 Mrd. würde die Europäische Kommission als Soforthilfe gewähren können und die anderen 440 Mrd. kämen als Kredite von den Euro-Staaten. Deutschland wäre schlimmstenfalls mit 118 Mrd. Euro belastet. Die Maßnahme ist auf drei Jahre befristet. Allerdings ist der [...] Eindruck, Deutschland hätte tatsächlich eine große Summe gezahlt, falsch. Es handelt sich um eine Absichtserklärung für den Fall, dass ein Euro-Staat in Not gerät – wobei man durch diese Garantie gerade verhindern will, dass dies wirklich geschieht. [...]

Maßnahmen zur Krisen-Abwehr

Allen Beteiligten in Europa ist jedoch klar, dass diese beschlossenen Notmaßnahmen zur Abwehr einer Krise nicht ausreichen, sondern vielmehr verhindert werden muss, dass eine solche Krise überhaupt entsteht. Dies wird nur durch zwei Maßnahmen möglich sein: Einige Euro-Staaten, wie z. B. Griechenland, Portugal, Spanien und Italien, müssen ihre *Produktivität deutlich steigern*, um international konkurrenzfähiger zu werden, und alle Euro-Staaten müssen ihre *Schulden deutlich reduzieren.*

(http://www.bpb.de/popup/popup_druckversion.html?guid=JY6UWQ; Verf.: Eckart D. Stratenschulte)

Im Verlauf des Jahres 2011 entwickelte sich die Euro-Schuldenkrise in immer neuen, z. T. dramatischen Schritten, die schließlich u. a. dazu führten, dass die EU im Juli 2011 einen neuen *dauerhaften „Rettungsschirm"*, den **„Europäischen Stabilitätsmechanismus" (ESM)**, beschloss, der im Sommer 2012 einsatzfähig ist. Unter dem Druck zur Sparpolitik, den die EU auf die Krisenländer ausübte, kam es im November in Griechenland und Italien zum Rücktritt der Regierungen und zur Bildung neuer, überwiegend nicht mehr aus Berufspolitikern, sondern aus Fachleuten, d. h. Finanz- und Wirtschaftsexperten bestehender Regierungen.
Als ein wesentlicher Schritt wurde im März 2012 die Einigung von 25 der 27 EU-Staaten (alle außer Tschechien und Großbritannien) auf einen **„Europäischen Fiskalpakt"** gewertet, der u. a. eine Selbstverpflichtung zum Sparen, eine „Schuldenbremse" nach deutschem Vorbild (s. M 88) enthält und strenge Strafen für Länder vorsieht, die bestimmte Obergrenzen für die Staatsverschuldung missachten (s. Abb. 3). Ende Mai 2012 drehte sich die öffentliche Diskussion um die Möglichkeit der Zahlungsunfähigkeit Griechenlands („Staatspleite") und eines Ausscheidens des Landes aus der Euro-Währungsunion. (Autorentext)

Bei Ihrer Gruppenarbeit zu M 90, deren Ziel eine stichwortartige Übersicht als Grundlage für einen Gruppenbericht sein kann, sollten Sie folgende Hinweise und Fragen beachten:

1. Erläutern Sie, inwiefern sich die EU bei der Einführung des Euro vor einem Zwiespalt zwischen „Währungspolitik" und „Integrationspolitik" gestellt sah und die Entscheidung für den Aspekt der Integration im Kern mögliche Probleme der Währungsentwicklung beinhaltete (1. Abschnitt).

2. Inwiefern sollte der – auf Anregung Deutschlands hin zustande gekommene – „Stabilitäts- und Wachstumspakt" der Entstehung solcher Probleme vorbeugen? Erläutern Sie dazu die wirtschafts- und währungspolitische Bedeutung der einzelnen Kriterien („Konvergenzkriterien"; Z. 20 ff.; vgl. M 86).

3. Welches Verhalten der Euro-Staaten, an dem schon 2003/2004 auch Deutschland beteiligt war, führte – auch in der Folge der internationalen Finanzkrise – zu Griechenlands Schulden- und Kreditkrise sowie im Weiteren zur allgemeinen „Euro-Krise"? Analysieren Sie dazu die Situation, in der sich im Jahr 2010 die einzelnen Euro-Länder im Hinblick auf die beiden Schuldengrenzen des Stabilitätspaktes („Maastricht-Kriterin") befanden, und die Gesamtentwicklung der Euro-Zone 2005 bis 2011 (Abb. 1).

4. Welchen Zusammenhang zwischen der Euro-Krise und der EU insgesamt will die Karikatur (Abb. 2) aufzeigen?

5. Beschreiben Sie die Funktion, den Umfang und die Zusammensetzung des sog. „Euro-Rettungsschirms", den die EU – nach einem ersten Hilfsprogramm für Griechenland (März 2010; Z. 62 ff.) – im Mai 2010 beschloss (Z. 80 ff.). Näheres zum dauerhaften „Europäischen Stabilitätsmechanismus" (ESM) finden Sie ggf. unter der Internetadresse http://www.bundesfinanzministerium.de/Content/DE/Standardartikel/Themen/Europa/Stabilisierung_des_Euro/Zahlen_und_Fakten/europaeische-finanzhilfen-esm.html

6. Erläutern Sie die besondere Bedeutung des „Europäischen Fiskalpakts". Was unterscheidet ihn grundsätzlich von den verschiedenen „Rettungsschirmen"? Näheres dazu finden Sie ggf. unter der Internetadresse http://www.bundesregierung.de/Content/DE/Magazine/02MagazinWirtschaftArbeit/2012/02/02.html?context=WeitereThemen%2C0.

7. Informieren Sie sich aus den Medien oder über die Wikipedia-Seite http://de.wikipedia.org/wiki/Griechische_Finanzkrise über die aktuelle Entwicklung der Euro-Schuldenkrise.

[1] Kredite, die der Staat als Schuldner von Gläubigern (z. B. Banken, vgl. M 82) erhält mit der Verpflichtung, die geliehene Geldsumme nach Ende der Laufzeit zurückzuzahlen und während der Laufzeit Zinsen an den Gläubiger zu zahlen. Je weniger Vertrauen der Gläubiger in die Zahlungsfähigkeit des Schuldners hat, umso höher ist der Zinssatz für den Kredit.

IV Die deutsche Wirtschaft im Zeichen der Globalisierung

1. Globalisierung – Ursachen, Antriebskräfte, Erscheinungsformen

M 91 Was heißt „Globalisierung“?

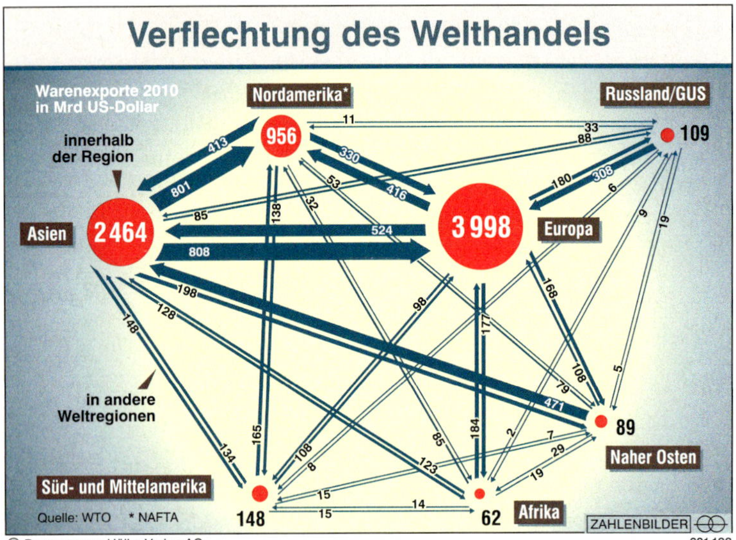

© Bergmoser + Höller Verlag AG 681 133

- „Globalisierung“ ist ein schillernder Begriff – jeder Wirtschaftschef führt ihn im Munde, kaum eine politische Rede kommt ohne ihn aus. Gemeint ist die *weltweite Verflechtung von Staaten, Märkten, Gütern, Kapital, Informationen und Menschen.* [...] Globale Einflüsse erreichen uns von allen Seiten: Kapital, Waren, Ideen, Nachrichten und auch Menschen sind in immer kürzerer Zeit rund um den Globus unterwegs.

- Global tätige Unternehmen prägen die Lebens- und Konsumgewohnheiten der Menschen hier wie in fernen Regionen. Die Medien heben mit ihrer aktuellen Berichterstattung die räumlichen Distanzen auf, sie lassen uns gleichzeitig hier und weit entfernt vor Ort sein. Wir leben in einer Epoche, in der das, was in Südamerika, in Afrika oder in Südostasien passiert – von demokratischen Fort- oder Rückschritten bis zu Waldrodungen oder dem Kampf gegen AIDS –, auch das Leben in Deutschland beeinflusst. Entscheidungen, Handlungen und auch Unterlassungen an einer Ecke der Erde wirken sich auf alltägliches Handeln und Leben am anderen Ende der Erde aus. Globalisierung ermöglicht es den Individuen, Unternehmen und Staaten, schneller, weiter, durchdringender und zu geringeren Kosten rund um den Globus aktiv zu werden.

- Alle reden von Globalisierung – und verbinden damit nur in den seltensten Fällen dasselbe: Mal erscheint sie als Schreckbild, mal als Zauberformel, mal als Inbegriff aller Chancen oder als Ausdruck allen Übels. Die Globalisierung bringt *Veränderungen und Ungewissheiten* mit sich, vor denen viele Angst haben. Sie birgt aber auch vielfältige Chancen für die Gestaltung einer friedlicheren und gerechteren Welt. Denn kein Nationalstaat ist mehr in der Lage, das globale Geschehen allein zu ordnen oder gar zu kontrollieren – oder auch nur abseitszustehen. In einer ökologisch, wirtschaftlich und kulturell immer dichter verflochtenen Welt decken sich nationale politische Entscheidungen in ihrem sozialen und territorialen Umfang immer seltener mit den Personen und Gebieten, die von den Folgen dieser Entscheidungen potenziell betroffen sind.

- Globalisierung ist nicht nur ein wirtschaftlich und politisch prägendes Phänomen, sondern längst Teil unseres Alltags: Wir essen gerne Sushi aus Japan oder Steaks aus Argentinien, wir hören die Musik der US-Charts und World-Musik vom Balkan und aus Afrika. Für Freizeit und Sport sind uns die billigen Textilien aus Asien höchst willkommen. Wir freuen uns über unser Motorrad aus Japan, die wärmende Wolle aus Peru und die Kaffeebohnen aus Kenia. Weit weniger erfreut sind wir, wenn uns Flüchtlinge und Asylsuchende daran erinnern, wie sehr die Ent-

Hinweise auf weiterführende Informationen werden zu den einzelnen Abschnitten und Materialien gegeben. Besonders hingewiesen sei auf das im Internet zur Verfügung stehende „Dossier Globalisierung“ der Bundeszentrale für politische Bildung, das umfassende Informationen zu zahlreichen Aspekten der Globalisierung enthält (http://www.bpb.de/nachschlagen/zahlen-und-fakten/globalisierung/).

fernungen auf unserem Planeten geschrumpft und die Barrieren gefallen sind, die einst Arm und Reich, Fremdes und Vertrautes, Nahes und Fernes auseinandergehalten haben. [...]

(Einführung zum Themenmodul „Globalisierung"; www.fes-online.akademie.de/modul.php?md=7&c=texte&id=179; Verf.: Anna Wolf und Peter Hurrelbrink)

Der den Abschnitt einleitende Text (M 91) soll Ihnen einen Überblick über wichtige Aspekte und Probleme vermitteln, die sich mit dem Thema „Globalisierung" verbinden, und Ihnen dazu dienen, Ihr eigenes Vorverständnis zur „Globalisierung" und Ihre Einstellung dazu in den Unterricht einzubringen.

1 Fassen Sie die Aussagen abschnittsweise zusammen und benennen Sie dazu nach Möglichkeit jeweils konkrete Beispiele aus Ihrem eigenen Kenntnis- und Erfahrungsbereich.

2 Erläutern Sie die Darstellung zur Verflechtung des Welthandels (s. Abb.) und achten Sie dabei auch auf folgende Gesichtspunkte:
- Was fällt im Hinblick auf die Einbeziehung der einzelnen Erdteile/Regionen in den internationalen Handel besonders auf?
- Welche Unterschiede lassen sich für einzelne Regionen im Hinblick auf das Verhältnis zwischen Exporten und Importen erkennen? Welche Erklärungen lassen sich dafür finden?
- Welches (unterschiedliche) Gewicht hat der Handel *innerhalb* der drei großen Regionen (Angaben in den Kreisen)?

3 Machen Sie sich klar, dass „Globalisierung" auch insofern ein „schillernder" Begriff ist, als er sich nicht nur auf den wirtschaftlichen, sondern auch auf den politischen und den kulturellen Bereich (Musik, Konsum, Kleidung, Alltagsleben usw.) bezieht. Ordnen Sie entsprechende Aussagen des Textes diesen Bereichen zu. Vielfältige, anschaulich aufbereitete Informationen dazu finden Sie unter der Internetadresse http://www.bpb.de/nachschlagen/zahlen-und-fakten/globalisierung/52773/kulturelle-globalisierung.

Ursachen und Antriebskräfte des ökonomischen Globalisierungsprozesses

Worauf ist der aktuelle Globalisierungsprozess zurückzuführen? In der Literatur werden verschiedene ***Ursachen*** *diskutiert, von denen im Folgenden die drei aus unserer Sicht wichtigsten vorgestellt werden. Sicherlich handelt es sich bei diesen Faktoren nicht um die einzigen denkbaren Erklärungsgrößen der Globalisierung, jedoch scheinen sie im Rahmen einer ökonomischen Analyse die signifikantesten zu sein.*
Man könnte sagen, dass der ökonomische Globalisierungsprozess
- *durch* ***wirtschaftspolitische Entscheidungen*** *vorangetrieben wurde, die die* ***„Liberalisierung"*** *(Befreiung von Beschränkungen) des Welthandels betreffen;*
- *durch* ***technologische Neuerungen*** *und Entwicklungen ermöglicht und beschleunigt wurde;*
- *durch* ***weltpolitische Veränderungen*** *erweitert und gefördert wurde.*

Diese drei Komplexe wollen wir im Folgenden etwas näher beschreiben (zur Erarbeitung der Materialien M 92 – M 94 s. die Hinweise auf S. 145).

M 92 Die Liberalisierung des Welthandels und der Finanzmärkte

Globalisierung im Sinne internationaler Handelsbeziehungen ist ein weit zurückreichender Prozess, der sich bereits in den Jahren 1850 bis 1914 beobachten ließ, als sich der internationale Güterhandel (zwischen den Ländern Nordamerikas, Westeuropas und ihren Kolonien) jährlich um 25 % ausweitete. Neu an der Globalisierung im heute gebräuchlichen Sinn ist zum einen die enorme *Beschleunigung und Intensivierung* dieses Prozesses seit den 1990er-Jahren und zum anderen seine (tendenzielle) *Ausdehnung* auf den „Globus", die gesamte Welt.
Eine wichtige Ursache der beschleunigten Globalisierung beruht auf frei getroffenen **politischen Entscheidungen**. Zahlreiche Länder entschlossen sich seit 1948 im Rahmen der Welthandelsorganisation (WTO*) in einer ganzen Reihe von Konferenzen („Welthandelsrunden") dazu, die „Handelsschranken" (Handelsbarrieren, Handelshemmnisse) zwischen den einzelnen Ländern

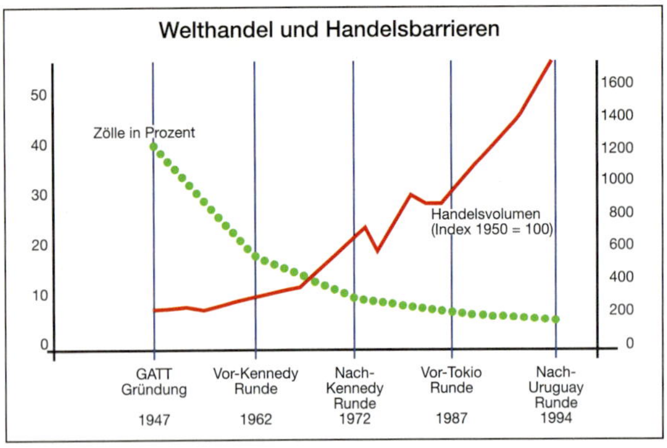

(Quelle: DIE ZEIT v. 14.5.1998, S. 32)

nach und nach abzubauen und damit den Austausch von Waren entscheidend zu erleichtern („Liberalisierung*" des Welthandels). Mit den „Handelsschranken" sind vor allem die Zölle gemeint, die die einzelnen Länder bei der Einfuhr und Ausfuhr von Waren erheben. Sie machten 1947 durchschnittlich ein Drittel des gesamten Güterwertes im Welthandel aus und lagen 2004 bei durchschnittlich 3 %. Dadurch ist es zu einer enormen Ausdehnung des weltweiten Güteraustausches gekommen (vgl. Abb.). (Autorentext)

Weitere wichtige Globalisierungsimpulse stellen die zunehmende Abschaffung von Devisenbewirtschaftungsmaßnahmen und die **Liberalisierung der Finanzmärkte*** in vielen Ländern dar. Der weltweite Trend zum *staatlich unreglementierten Zahlungsverkehr* sowie die schrittweise Liberalisierung und Sicherung der *Konvertibilität* [der freien Austauschbarkeit in unbegrenzter Höhe] der Währungen seit dem Zweiten Weltkrieg* haben die internationale Tauschwirtschaft um eine internationale Zahlungsgemeinschaft ergänzt. Der *Abbau von Kapitalverkehrskontrollen* [staatliche Maßnahmen, die einen unerwünschten Geldabfluss ins Ausland oder Geldzufluss aus dem Ausland einschränken oder verhindern sollen], die Abschaffung staatlich festgelegter Zinshöchstgrenzen sowie die Freigabe des Bankensektors für die inländische und ausländische Privatwirtschaft in vielen Ländern haben wesentlich dazu beigetragen, dass ein zunehmend *ungehinderter weltweiter Marktzugang zu den Finanzmärkten* und somit ein freier Kapitalverkehr über Ländergrenzen hinweg realisiert wird.

(Hans-Rimbert Hemmer/K. Bubl/R. Krüger/H. Marienburg, Die Entwicklungsländer im Globalisierungsprozess – Opfer oder Nutznießer?, Literaturstudie im Auftrag der Konrad-Adenauer-Stiftung, St. Augustin, 2. Aufl. 2003, S. 4)

M 93 Technische Entwicklungen als Antriebskräfte und Beschleuniger des Globalisierungsprozesses

Ein typisches Merkmal aller Globalisierungsepochen ist, dass sie von technologischen Innovationen* vorangetrieben wurden. Jede dieser Erfindungen setzte für ihre Zeit neue Maßstäbe. Für die Globalisierung von besonderer Bedeutung waren jene Technologien, die zu einer Senkung der Kosten für die Überwindung von zeitlichen und räumlichen Distanzen führten. Gehörten hierzu in früheren Epochen z. B. der Verbrennungsmotor, das Dampfschiff, das Telefon und der Telegraf, so ist die „neue" Globalisierungswelle durch Informations- und Kommunikations-(IuK-)Technologien in einzigartiger Weise geprägt (Telekommunikation, Computer, Internet). Obwohl auch hier z. T. jahrzehntelange Vorarbeiten für die Entwicklung erforderlich waren, hat sich der Zeitraum zwischen der Einführung dieser IuK-Technologien und ihrer Anwendung durch 50 Millionen Nutzer extrem verkürzt: Betrug er beim Radio noch 38 Jahre, beim Personal Computer 16 und beim Fernsehen 13 Jahre, so lag dieser Zeitraum beim Internet nur noch bei 4 Jahren. Der kommerzielle Durchbruch der neuen IuK-Technologien auf breiter Front erfolgte erst Anfang der 1980er- bzw. 1990er-Jahre. Einige Beispiele:

- Die Kosten eines dreiminütigen *Telefongesprächs* von New York nach London sind von 1980 (US-$ 6,32) bis zum Jahr 2000 (US-$ 0,40) um 94 % gesunken (von 1960 bis 1980 um 90 %).
- Der *Preis für Computer* einschl. Peripherie verbilligte sich von 1980 bis 2000 um rd. 94 % (in ähnlicher Größenordnung auch in den zwei Jahrzehnten zuvor).
- Die Anzahl der weltweiten *Internetanschlüsse* stieg von 1990 bis 1996 von 0,5 auf 9,5 Mio. und danach bis zum Jahr 2000 auf der Basis „Internetanschlüsse je 1000 Personen" nochmals um das 9-Fache, dies allerdings mit riesigen Unterschieden in der weltweiten Internet-„Versorgung" („digitale Kluft"; s. Kästen, S. 143 oben und unten).

Abb. 1

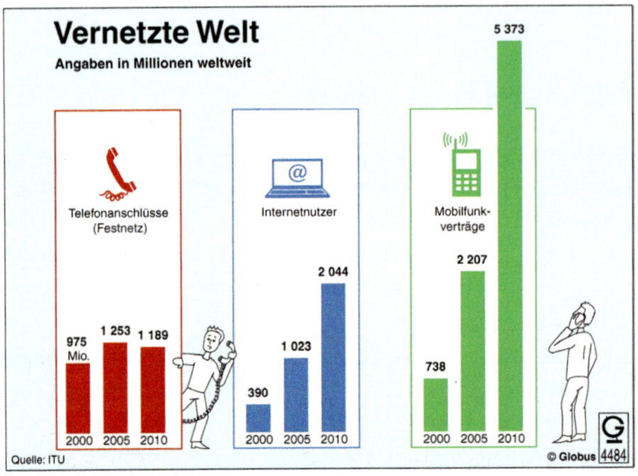

Kein Markt wächst so schnell wie der für Internet-Soft- und -Hardware, die sowohl von individuellen Verbrauchern nachgefragt werden als auch auf industrieller Ebene mit Serverzentren und der dazugehörigen Software eine große Rolle spielen. Mit interkontinentaler Online-Datenverarbeitung und Auftragsabwicklung über das Internet sind ganz neue Wirtschaftszweige entstanden. Doch die **digitale Kluft** ist tief.

In Afrika haben lediglich 5,3 Prozent der Bevölkerung Zugang zum Internet. Hier wirkten insbesondere die Monopole für Telefon- und Netzanbieter verheerend. All das verschärft die ohnehin bestehenden Probleme des Kontinents – schließlich ist ohne funktionierende Internet-Kommunikation kaum noch ein Zugang zu den internationalen Märkten möglich. Auch zwischen den asiatischen Ländern bestehen große Gefälle: In Japan und Südkorea nutzen 70 Prozent der Bevölkerung das Internet. Seit Juni 2008 ist China mit 19 Prozent das Land mit den meisten Nutzern. In Indien mit seiner starken IT-Industrie steigt die Zahl der User ähnlich stark. Die Internet-Durchdringung liegt trotzdem bei nur 5,2 Prozent, und damit knapp unter dem afrikanischen Wert. Der Vergleich mit Russland (23 Prozent), Brasilien (24 Prozent), Südafrika (10 Prozent) oder Nigeria (20 Prozent) zeigt die Unterschiede zwischen den Schwellenländern*.

(Le Monde diplomatique, Atlas der Globalisierung, Berlin 2009, S. 35)

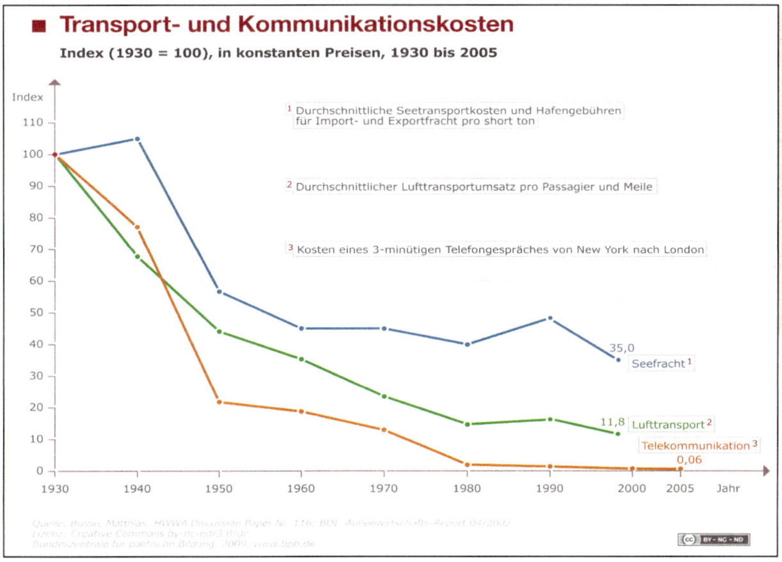

Die grafische Darstellung beruht auf Indexzahlen*. In absoluten Zahlen kostete das *Telefongespräch* 1930 245 Dollar und 2005 0,30 Dollar. Der *Seefrachtpreis* lag 1930 bei 60 Dollar, 2000 bei 21 Dollar, der Preis für den *Lufttransport* verringerte sich von 0,68 Dollar (1930) auf 0,08 Dollar (2000).

(http://www.bpb.de/wissen/5TRK99,0,0, Transport_und_Kommunikationskosten.html; Zugriff vom 27.11.2007)

Abb. 2

Die technische Plattform liefert das **Internet**. Dank zunehmender Leistungsfähigkeit von Übertragungsnetzen und Computern rasen selbst große Datenmengen in Sekunden rund um den Globus. So können ganze Arbeitsprozesse digitalisiert, zerlegt und über den Globus verteilt werden. Computergestützte Konstruktionsarbeiten etwa, in San Francisco begonnen, werden einige Stunden später in Bangalore fortgesetzt, um wieder um einige Stunden später in London beendet zu werden. In diesen globalen Wertschöpfungsketten kooperieren die Menschen über Kontinente hinweg – und stehen zugleich in Konkurrenz zueinander.

Outsourcing, das Ausgliedern von Arbeitsprozessen und Unternehmenseinheiten an kostengünstigere Standorte, gibt es zwar schon länger. Doch erst der Siegeszug der modernen Informations- und Kommunikationstechnik hat daraus ein massenhaftes Phänomen gemacht. „Das Internet hat Dienstleistungen, die früher nicht handelbar waren, dem internationalen Wettbewerb ausgesetzt", erklärt Rolf Langhammer, Handelsexperte des Instituts für Weltwirtschaft (IfW) in Kiel.

(Wirtschaftswoche Nr. 48 v. 29.11.2006, S. 287)

- Die *Schiffs- und Flugtransportkosten* sowie die Satellitennutzungsgebühren verzeichneten dagegen – nach z. T. dramatischen Rückgängen von 1950 bis 1980 – im Betrachtungszeitraum nur noch geringfügige Änderungen (s. Abb. 2).

So kann der Fortschritt der neuen IuK-Technologien und ihre weltweite Verbreitung und Vernetzung als prägendes Merkmal der jüngsten Globalisierungsepoche festgehalten werden. Der damit verbundene Rückgang der IuK-Kosten hat auch den internationalen Handel mit Dienstleistungen enorm beschleunigt, speziell den Austausch von Wissen, Know-how und Informationen. [...]

Diese neuen Technologien sind zu den zentralen Nervensträngen für praktisch jegliche Art von Globalisierungsaktivitäten geworden. Sie haben zu einer „Hochgeschwindigkeits-Ökonomie" geführt und die Welt in einem bislang nicht gekannten Maße mit Wertschöpfungsketten* und internationaler Arbeitsteilung überzogen. Die weltweite Mobilität und Flexibilität der Unternehmen hat sich dadurch drastisch erhöht und eine rasche sowie kostengünstige Steuerung der internationalen Transaktionen ermöglicht.

(Dieter Duwendag, Globalisierung im Kreuzfeuer der Kritik, Nomos Verlagsgesellschaft, Baden-Baden 2006, S. 20 f.)

Die modernen **Transporttechnologien** haben nach einem ersten großen Entwicklungssprung im 19. Jahrhundert (Eisenbahn, Dampfschiff) in den Jahrzehnten nach dem Zweiten Weltkrieg eine neue Qualitätsstufe erreicht. Von besonderer Bedeutung waren dabei die Einführung regelmäßiger interkontinentaler Flugverbindungen sowohl für den Personen- als auch für den Güterverkehr, die Entwicklung von riesigen Massenguttransportschiffen (Stichwort „Supertanker") und die Durchsetzung der **Containertechnologie**, die das Umladen von Gütern von einem Transportmedium (z. B. Schiff) auf ein anderes (z. B. Bahn) deutlich vereinfachte (vgl. Abb. 3 und 4). Diese dynamische Entwicklung hat die Kosten der Raumüberwindung substanziell gesenkt und dadurch den Mobilitätsgrad von Rohstoffen und Zwischenprodukten spürbar erhöht. [...]

(Hans-Rimbert Hemmer/K. Bubl/R. Krüger/H. Marienburg, Die Entwicklungsländer im Globalisierungsprozess – Opfer oder Nutznießer?, Literaturstudie im Auftrag der Konrad-Adenauer-Stiftung, St. Augustin, 2. Aufl. 2003, S. 4)

Abb. 3

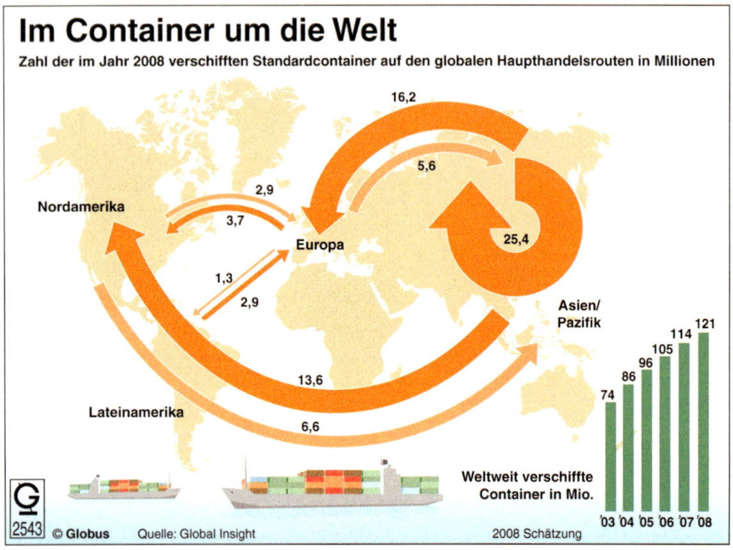

Die zunehmende Globalisierung hat vor allem dem **Containerhandel** zum Siegeszug verholfen. Sofern die Standard-Abmessungen nicht überschritten werden, geht heute fast alles in den stählernen Kisten auf die Reise übers Meer. Rund 120 Millionen Container wurden im Jahr 2008 weltweit verschifft (s. Abb. 3). Davon entfällt allein ein Viertel auf den Containerverkehr aus dem asiatisch-pazifischen Raum zu europäischen und nordamerikanischen Häfen. Rund 20 Prozent aller Container werden innerhalb der asiatisch-pazifischen Region verschifft. Aber genauso sensibel reagiert die Containerschifffahrt auf die konjunkturelle Abkühlung. (Globus 2543)

Abb. 4

M 94 Politische Entwicklungen befördern den Globalisierungsprozess – das Ende des Ost-West-Konflikts, der Übergang ehemaliger Planwirtschaften zur Marktwirtschaft und die Marktöffnung der Entwicklungsländer

● Die Globalisierung im Sinne der Entstehung eines echten „Weltmarktes“ hat nicht nur technische Ursachen, sie hat sich in den Jahren nach 1990 entscheidend auch dadurch verstärkt, dass der bis dahin über fast 45 Jahre hin bestehende West-Ost-Gegensatz (der sog. „Kalte Krieg*“), der zwei große Teile der Welt voneinander abschottete, sich auflöste.

● Damit konnte sich das *System der Marktwirtschaft* auch in den Ländern entfalten, deren Wirtschaft zuvor durch staatliche Planung gelenkt wurde. In Europa führte das Ende des Ost-West-Konflikts* dazu, dass die Europäische Union sich von 12 auf inzwischen 27 Mitgliedstaaten erweiterte; 13 der neuen Mitglieder sind ehemals zum „Ostblock*“ gehörige osteuropäische Länder.

(Autorentext)

Schuldenkrise. Extreme Auslandsverschuldung vieler Entwicklungsländer in den 1980er- und 1990er-Jahren, bedingt durch den Preisverfall wichtiger Rohstoffe, Zinsanstieg und unwirtschaftliche Verwendung von Kreditmitteln. Die Krise führte zu verschiedenen „Schuldeninitiativen“ der Industrieländer, die u. a. den Schuldenerlass für die am stärksten verschuldeten Entwicklungsländer vorsahen.

(Autorentext)

● In etwa zeitgleich mit der Transformation [Umwandlung, Übergang zu Demokratie und Marktwirtschaft] der Ostblockstaaten* öffneten sich auch für die **Entwicklungsländer** neue Globalisierungsperspektiven. Aufgrund der tief greifenden Folgen der Schuldenkrise (s. Kasten) der Dritten Welt hatten sich die 1980er-Jahre als „verlorene Dekade“ [Jahrzehnt] für viele Entwicklungsländer erwiesen. Damit einher ging für zahlreiche Entwicklungsländer eine Politik der Marktabschottung, die sie von den Weltmärkten zunehmend isolierte. Mit der weitgehenden Überwindung der Folgen dieser Krisen kehrten die Entwicklungsländer insbesondere in Lateinamerika ab Anfang der 1990er-Jahre mit einer „neuen“ Strategie wieder verstärkt in den weltwirtschaftlichen Verbund zurück: Sie *öffneten ihre Märkte*, besannen sich auf ihre spezifischen Kostenvorteile und forcierten die Produktion arbeitsintensiver, exportfähiger Erzeugnisse. Bis zum Jahr 2000 hatten die Entwicklungsländer ihre vor dem Ausbruch der Schuldenkrise erreichten Anteile an der weltweiten Handels-, Investitions- und Finanzmarktglobalisierung deutlich überrundet und waren – neben den Reformstaaten [des früheren „Ostblocks*“] – zu einem weiteren Schrittmacher der „neuen“ Globalisierungswelle geworden.

(Dieter Duwendag, Globalisierung im Kreuzfeuer der Kritik, Nomos Verlagsgesellschaft, Baden-Baden 2006, S. 19 f.)

Die klare Gliederung der Materialien M 92 – M 94 (vgl. auch Einleitungstext zu M 92) kann Ihnen die Erarbeitung erleichtern (ggf. in **Partner- oder Gruppenarbeit**). Stellen Sie dabei insbesondere folgende Gesichtspunkte heraus:

1. Inwiefern lässt sich im Hinblick auf die Ursachen der Globalisierung zwischen bewussten wirtschaftspolitischen Entscheidungen, technologischen Entwicklungen und weltpolitischen Veränderungen unterscheiden? (Einleitung zu M 92)
2. Was bedeutet der Begriff der „Liberalisierung“ (manchmal wird auch von „Deregulierung“ gesprochen)?
3. Stellen Sie in einer kurzen *Übersicht* stichwortartig die wichtigsten technischen Entwicklungen zusammen, die den Globalisierungsprozess entscheidend beschleunigt haben (M 93). Welche Bedeutung hatte die Entwicklung der Internet-Kommunikation?
4. Machen Sie sich ein Bild von der Bedeutung der Containertechnologie für den internationalen Güteraustausch (M 93).
5. Erläutern Sie möglichst mit eigenen Worten die drei weltpolitischen Entwicklungen, die in den beiden letzten Jahrzehnten maßgeblich zur Globalisierung beigetragen haben (M 94).

Merkmale des Globalisierungsprozesses – Ausweitung des Welthandels, der ausländischen Direktinvestitionen und der internationalen Finanzmärkte

METHODE M 95 Gruppenarbeit zur Indikatoren-Analyse

• Die ökonomische Globalisierung ist ein fortlaufender *Prozess*, kein einmal erreichter Zustand. Um das Ausmaß und das Tempo dieses Prozesses **empirisch** (an in der Wirklichkeit nachweisbaren und überprüfbaren Daten) nachzuweisen und genauer zu beschreiben, braucht man **Indikatoren**, d.h. zahlenmäßig erfassbare und messbare „Kennziffern", Merkmale, an denen sich das Ausmaß und die zeitliche Entwicklung der Globalisierung ablesen lässt. Als wichtigste Indikatoren werden im Allgemeinen hervorgehoben:

- das Wachstum des **Welthandels** (vgl. dazu schon M 92),
- das Wachstum der internationalen **Direktinvestitionen** und der **Unternehmenskooperationen** sowie
- das Wachstum des internationalen **Kapitalverkehrs** (die Globalisierung der „Finanzmärkte").

Diese Indikatoren werden im Folgenden anhand von Texten und statistischen Daten näher beschrieben (M 96 – M 98).

• Wir schlagen Ihnen vor, die Erarbeitung dieser Materialien in einer etwas umfangreicheren **Gruppenarbeit** vorzunehmen, die *arbeitsteilig* organisiert werden könnte: Für jede der drei Indikatoren-Beschreibungen (Welthandel: M 96; Direktinvestitionen und multinationale Konzerne: M 97 a/b; Finanzmärkte: M 98 a/b) bildet sich jeweils eine Gruppe (je nach Größe des Kurses auch zwei Gruppen), deren Aufgabe darin besteht, die entsprechenden Materialien zu analysieren und als Ergebnis dieser Analyse z. B. eine ***Übersicht*** zu erstellen, in der jeweils die wichtigsten Punkte (Sach- und Problemaspekte einschließlich der Ergebnisse der Statistik-Analysen) stichwortartig festgehalten werden.

• Zu empfehlen ist, diese Übersicht auf *Folien* zu übertragen. Sie können als Grundlagen für die *Gruppenberichte* dienen, mit denen nach Abschluss der eigentlichen Gruppenarbeit die Arbeitsergebnisse dem Kurs präsentiert werden sollten. Für die Berichte kommt es darauf an, dass die Stichworte der Übersicht *verständlich erläutert* werden. Daran können sich je ggf. auch zwei oder mehr Mitglieder der jeweiligen Arbeitsgruppe beteiligen.

• Nähere allgemeine Hinweise zur *Analyse von Statistiken* können Sie ggf. dem Anhang (S. 168 ff.) entnehmen. Je nachdem, wie weit Sie mit dieser Methode vertraut sind und Erfahrungen gesammelt haben, sollten Sie diese Hinweise noch einmal durchlesen.

Für die Gruppenarbeitsphase müssen etwa drei Unterrichtsstunden angesetzt werden. Auf besondere Arbeitshinweise zu den einzelnen Materialien haben wir bewusst verzichtet.

(Autorentext)

M 96 Die Ausweitung des Welthandels

Die Entwicklung des Welthandels zeigt sehr deutlich die fortschreitende Globalisierung der Wirtschaft. Während in den 1980er- und 1990er-Jahren das Exportvolumen ungefähr in gleichem Maße oder nur leicht stärker anstieg als das Weltwirtschaftsergebnis, liegt die Zunahme des Welthandels in den letzten Jahren sehr deutlich über dem Wachstum der Weltwirtschaft.

(Der Fischer Weltalmanach 2009, © Fischer Taschenbuch Verlag in der S. Fischer Verlag GmbH, Frankfurt am Main 2008, S. 693, Verf.: Marco Pütz)

• Der Gesamtumfang des Welthandels mit Waren stieg in der Zeit von 1948 (59 Milliarden US-Dollar) bis 2006 (11783 Milliarden US-Dollar nominal, ausgedrückt in den Preisen des jeweiligen Jahres) auf das knapp 200-Fache. Insbesondere seit 2000 hat der Welthandel noch einmal stark zugenommen. Wuchs das Exportvolumen in den 1980er- und 1990er-Jahren ungefähr in dem gleichen Maß oder nur leicht stärker als die weltweite Warenproduktion insgesamt, hat es sie seither deutlich hinter sich gelassen. Auch wenn man zur realen Berechnung übergeht und die im Wachstum steckenden Preissteigerungen von den nominalen Werten abzieht, bleibt dieses Verhältnis bestehen. So nahm von 2000 bis 2006 der weltweite Warenhandel jahresdurchschnittlich um circa sechs Prozent zu, während das Weltwirtschaftsergebnis („Welt-Bruttosozialprodukt") insgesamt um nur circa drei Prozent anstieg (vgl. Abb. 1). Dieser Sachverhalt kann als Indiz für die fortschreitende Internationalisierung der Wirtschaft gedeutet werden. [...]

• Besonders spektakulär ist die Expansion des internationalen **Tourismus** seit den 1960er-Jahren (vgl. Abb. 2). Zwar führten die anhaltende Kriegs- und Terrorfurcht seit den Anschlägen vom 11. Sep-

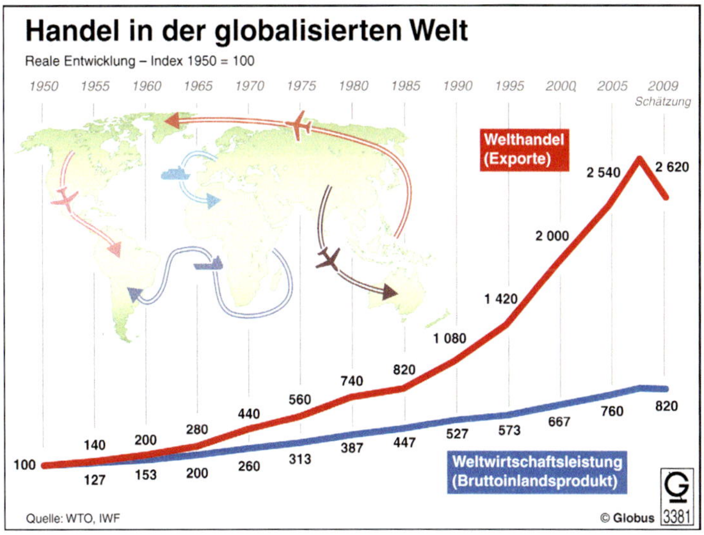

Abb. 1

Hinweis: Die Darstellung der Grafik beruht auf **Indexzahlen***: Die Werte der beiden Größen „Welthandel" (Exporte) und „Weltwirtschaftsleistung" (Welt-Bruttosozialprodukt) werden für das Jahr 1950 nicht in absoluten Zahlen angegeben, sondern beide = 100 gesetzt. Auf diese Weise lässt sich die *Entwicklung* beider Werte im *Zeitverlauf* und im *Vergleich* zueinander übersichtlich darstellen und leicht beschreiben. (Beispiel: Die Zahl 200 zum Welthandel des Jahres 1960 bedeutet, dass sich der Weltexport gegenüber 1950 verdoppelt hatte.)

tember 2001 auf die USA und die schlechte Konjunkturlage vieler Industrieländer im Zeitraum von 2001 bis 2003 zu einer Stagnation des internationalen Reiseverkehrs. Doch bis 2005 erholte er sich wieder vollständig, und im Jahr 2006 wurden weltweit 693 Milliarden US-Dollar für Auslandsreisen ausgegeben. Eine besonders große Bedeutung haben Ausgaben für Tourismusdienstleistungen in Deutschland. So zahlten die Deutschen im Jahr 2006 nach Angaben der International Trade Statistics der WTO* von 2007 rund 75 Milliarden US-Dollar für Auslandsreisen. Ausländer ließen 33 Milliarden US-Dollar in der Bundesrepublik.

- Ein weiterer relativ junger Wachstumsmarkt sind internationale **Kommunikationsdienstleistungen**. Die moderne Telekommunikation hat die Welt zu einem globalen Markt vernetzt (vgl. Abb. 3). Multimedia und Internet haben einen Entwicklungssprung auf den internationalen Telekommunikationsmärkten bewirkt. International gehandelt werden Informationen (Nutzung von Datenbanken) und Dienstleistungen der Werbungs- und Unterhaltungsbranche (Vermarktung von Sport- und Popveranstaltungen, Film- und TV-Rechte) sowie Lizenzen für die Nutzung von Patenten. Für die USA ist mittlerweile die Film- und TV-Branche die zweitgrößte Einnahmequelle im Außenhandel geworden. Für die Nutzungsrechte an Spielfilmen oder Fernsehserien werden Hunderte Millionen US-Dollar in die USA überwiesen.

(Informationen zur politischen Bildung, Nr. 299, 2. Quartal 2008: Internationale Wirtschaftsbeziehungen, Bundeszentrale für politische Bildung, Bonn 2008, S. 7–9; Verf.: Klaus-Peter Kruber, Anna Lena Mees, Christian Meyer)

Abb. 2

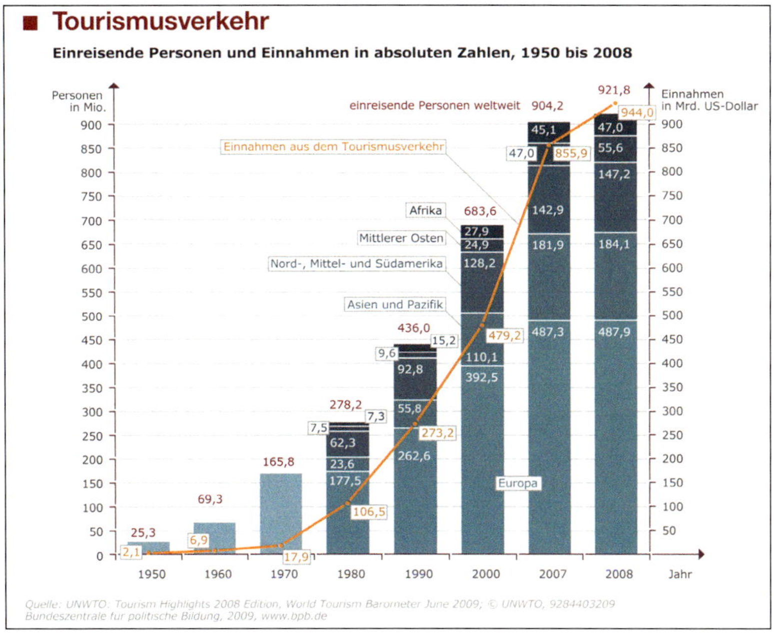

Abb. 3

M 97 a Das Wachstum der ausländischen Direktinvestitionen

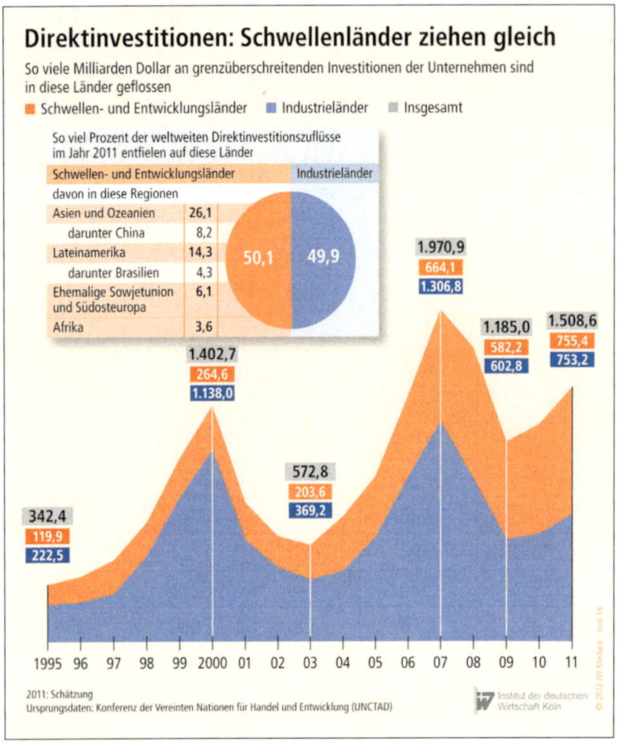

Abb. 1

Als wichtiges Kennzeichen und zugleich Motor der Globalisierung wird oft das rasante Ansteigen der ausländischen Direktinvesitionen (FDI – Foreign Direct Investment) seit Mitte der 1980er-Jahre bezeichnet. Sie sind seit dieser Zeit etwa sechsmal so schnell angestiegen wie das Welthandelsvolumen und haben zu intensiven globalen Finanzverflechtungen geführt. Von ausländischen Direktinvestitionen spricht man, wenn Unternehmen im Ausland neue Betriebsstätten errichten, Tochterfirmen gründen, ein Unternehmen kaufen oder eine Beteiligung erwerben, die einen entscheidenden Einfluss auf die betr. Firmenpolitik hat. Den Großteil machen grenzüberschreitende Firmenkäufe und -zusammenschlüsse aus, an denen vor allem die großen multinationalen Konzerne („Global Player*") beteiligt sind (vgl. Abb. 2 und M 97 b); ihre globalen Aktivitäten ergeben Umsätze, die mit der Wirtschaftsleistung ganzer Volkswirtschaften vergleichbar sind.
Allerdings gab es – nach der Weltrezession 2003 – in der Folge der internationalen Finanz- und Wirtschaftskrise* 2008/2009 erneut einen deutlichen Einbruch (s. Abb. 1). Der Wert der FDI des Jahres 2011 liegt noch deutlich unter dem Spitzenwert des Jahres 2007.
Bemerkenswert ist der wachsende Zustrom des Firmenkapitals in die Entwicklungs- und besonders die Schwellenländer* (China, Brasilien, Russland, Indien), die ihrerseits auch vermehrt im Ausland investieren (vgl. Abb. 1 und 3). In diesen Ländern haben sich die Standortbedingungen (insbesondere die Infrastruktur* und die Rechtssicherheit) in den letzten Jahren z. T. deutlich verbessert.
(Autorentext)

Abb. 2

Die Übernahme der europäischen Stahlfirma Arcelor durch den weltweit größten Stahlproduzenten Mittal Steel (ein ursprünglich indisches Unternehmen in Rotterdam) im Jahr 2006 war die größte je erfolgte Übernahme eines Unternehmens in einem Industrieland durch ein Unternehmen mit Wurzeln in einem Entwicklungsland. Das neue Unternehmen, der mit Abstand größte Stahlproduzent der Welt und eines der größten multinationalen Unternehmen, verfügt über 60 Werke in rd. 25 Ländern und beschäftigt 310000 Mitarbeiter. Foto: der frühere Arcelor-Chef Josef Knisch (r.) und der Inder Lakshmi Mittal (l.) nach Vertragsabschluss

Abb. 3

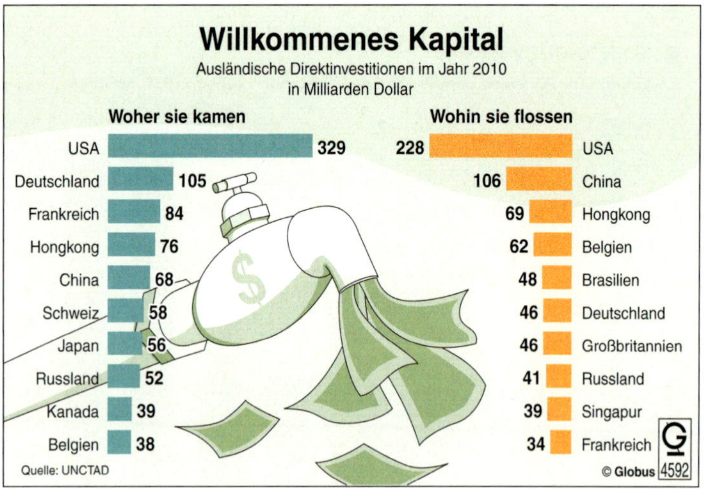

M 97 b Die Expansion der multinationalen Unternehmen

Multinationales Unternehmen (transnationales Unternehmen): international tätiges Unternehmen, das durch Tochtergesellschaften oder Betriebsstätten sowie Niederlassungen in mehreren Staaten präsent ist. Sein Absatzmarkt ist auf mehrere Länder verteilt; es steuert seine Aktivitäten von einer Zentrale im Heimatland aus.

(Autorentext)

Ohne die in M 92 – M 94 beschriebenen Globalisierungskräfte wäre auch das immense Wachstum der trans- bzw. multinationalen Unternehmen („Multis", „Global Player*") nicht möglich gewesen, wurden dadurch doch erst die Voraussetzungen für ihre verstärkten Globalisierungsaktivitäten geschaffen. Andererseits sind die Multis die hauptsächlichen Akteure im Globalisierungsprozess, wodurch sie wiederum ihrerseits die weltwirtschaftliche Integration vorangetrieben haben. Nach Erhebungen der UNCTAD (UN-Konferenz für Handel und Entwicklung)

- hat sich die Anzahl der Multis von Anfang der 1990er-Jahre mit 37 500 Mutter- und 207 000 ausländischen Tochtergesellschaften bis Anfang der 2000er-Jahre auf 61 600 bzw. 927 000 erhöht (+ 64 % bzw. + 348 %),
- wickeln die Multis heute etwa ein Drittel des gesamten Welthandels untereinander ab und
- leisteten allein die ausländischen Töchter im Jahr 2001 einen Beitrag zur Entstehung des Weltsozialprodukts in Höhe von etwa 11 % (1990: 7 %).

Die Aktivitäten der Multis erstrecken sich auf praktisch alle Bereiche der internationalen Produktion, des Außenhandels und der Weltfinanzen. Für die Außenhandels-Multis steht im Vordergrund die weltweite Erschließung neuer kostengünstiger Beschaffungsmärkte (Import) und wachstumsstarker Absatzmärkte (Export). Im Fokus der **Industrie-Multis** steht die Errichtung kostengünstiger Produktionsstandorte durch Direktinvestitionen, Betriebs- und Arbeitsplatzverlagerungen ins Ausland. Dabei gehen die Markterschließung und die Verlagerung von Produktions-, Service- und Vertriebsstätten zunehmend Hand in Hand, d. h., sie sind weitgehend komplementär und ergänzen sich.

(Dieter Duwendag, Globalisierung im Kreuzfeuer der Kritik, Nomos Verlagsgesellschaft, Baden-Baden 2006, S. 21 f.)

Die Geschäfte der multinationalen Unternehmen sind heute aus dem Welthandel nicht mehr wegzudenken: Unter anderem Nahrungsmittelkonzerne wie Unilever, Nestlé oder Coca Cola sind mit ihren im In- oder Ausland erzeugten Markenprodukten Teil unseres Alltags. Multinationale Banken wickeln den größten Teil des internationalen Kapitalverkehrs ab. Entscheidungen in den Führungsspitzen großer multinationaler Unternehmen, zum Beispiel über Produktionsstätten, Innovationen* und Marktstrategien, spielen eine wichtige Rolle für die wirtschaftliche, soziale und politische Entwicklung von betroffenen Staaten.

Bis zum Ende der 1960er-Jahre kamen fast alle multinationalen Unternehmen aus den USA. Seit Mitte der 1970er-Jahre geht ihr Wachstum jedoch nicht mehr nur von den Vereinigten Staaten aus (s. Abb. 1), und es sind auch nicht mehr nur Großunternehmen, die international tätig werden. Besonders europäische und japanische Unternehmen entwickelten sich zu multinationalen Unternehmen und dehnten ihre Aktivitäten auch auf den US-amerikanischen Markt aus.

(Informationen zur politischen Bildung [= M 96], S. 16 f.)

Abb. 1

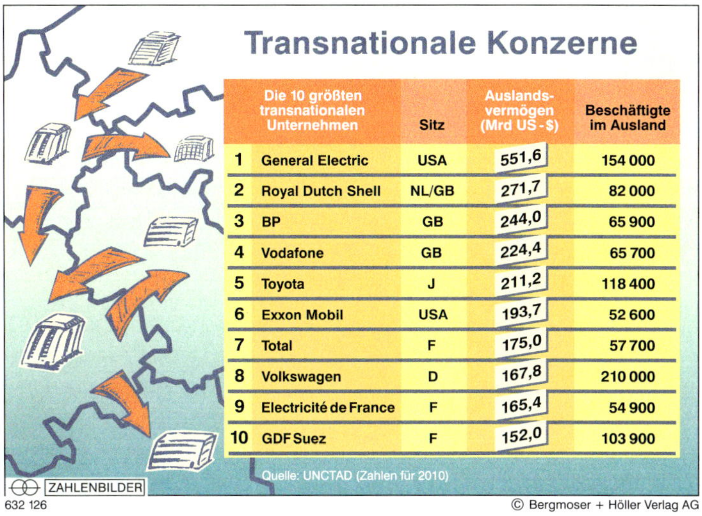

Transnationale Konzerne

Die 10 größten transnationalen Unternehmen		Sitz	Auslandsvermögen (Mrd US-$)	Beschäftigte im Ausland
1	General Electric	USA	551,6	154 000
2	Royal Dutch Shell	NL/GB	271,7	82 000
3	BP	GB	244,0	65 900
4	Vodafone	GB	224,4	65 700
5	Toyota	J	211,2	118 400
6	Exxon Mobil	USA	193,7	52 600
7	Total	F	175,0	57 700
8	Volkswagen	D	167,8	210 000
9	Electricité de France	F	165,4	54 900
10	GDF Suez	F	152,0	103 900

Quelle: UNCTAD (Zahlen für 2010)

ZAHLENBILDER 632 126

Die Grafik ordnet die Unternehmen (2010) nach der Höhe des Auslandsvermögens. Gemessen am *Umsatz* und der *Zahl der Mitarbeiter* war 2009 die amerikanische Einzelhandelskette Wal-Mart das größte Unternehmen (Umsatz: 408 Mrd. €; Mitarbeiter: 2,1 Mio.). Die größten deutschen Unternehmen unter den größten Dreißig waren *Volkswagen* (Platz 16, Umsatz: 151 Mrd., Beschäftigte: 368 Tsd.; s. Abb. 2), *E.ON* (Platz 20, Umsatz: 117 Mrd., Beschäftigte: 88 Tsd.), *Daimler* (Platz 23, Umsatz: 113 Mrd., Beschäftigte: 256 Tsd.), *Siemens* (Platz 25, Umsatz: 112 Mrd., Beschäftigte: 405 Tsd.).

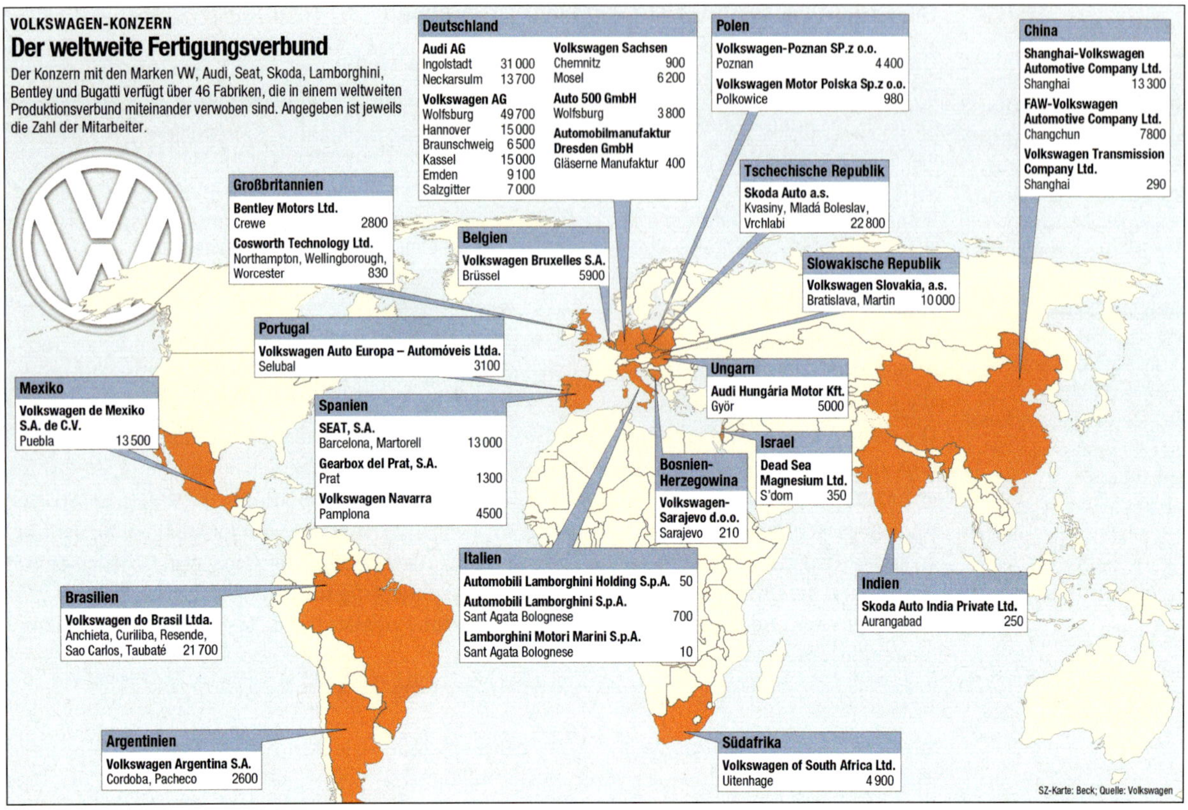

Abb. 2 (Eine aktuelle Darstellung der Verteilung der Produktionsstandorte findet sich auf der Internetseite www.volkswagenag.com/content/vwcorp/content/de/the_group/production_plants.html)

M 98 Die Globalisierung der Finanzmärkte – „Täglich 3 000 Mrd. Dollar"

Der dritte, seit den 1970er-Jahren am schnellsten wachsende Teilbereich der internationalen Wirtschaftsbeziehungen – noch vor dem Waren- und dem Dienstleistungshandel – ist der internationale Kapitalverkehr, auf den sich die Globalisierung der Wirtschaft in besonders starkem Maß auswirkte: Als Folge der Liberalisierung der Finanzmärkte (s. M 92) und der wachsenden Bedeutung multinationaler Unternehmen (s. M 97 b) häufte sich die Zahl der Finanztransaktionen [Kauf und Verkauf von Finanzierungsmitteln] und die internationalen Kapitalströme schwollen an.

(Informationen zur politischen Bildung [= M 96], S. 9 f.)

Die internationalen Finanzmärkte* lassen sich unter den gegebenen technischen und organisatorischen Bedingungen nicht mehr kontrollieren (vgl. Kasten) und sind daher zunehmend krisenanfällig. Wächst der Welthandel schneller als die Weltproduktion, so wächst das Volumen der

[Ohne den rapiden technischen Fortschritt] wäre die Globalisierung der Finanzmärkte in den letzten Jahrzehnten undenkbar gewesen. Die intensive Nutzung der elektronischen Datenverarbeitung macht es möglich, komplizierte Finanzgeschäfte einfach „per Knopfdruck" auszuführen. Dabei ist es unerheblich, ob das Computerterminal in Frankfurt, New York oder Tokio steht. Die so gestiegene Leistungsfähigkeit der Finanzsysteme hat neben dem Tempo auch das Volumen der Transaktionen massiv ansteigen lassen. [...]
Das internationale Finanzsystem ist heute hochgradig vernetzt. Die Globalisierung der Finanzströme und das Entstehen neuer Teilmärkte haben dazu beigetragen, dass sich die internationalen Kapitalströme zunehmend vom internationalen Warenaustausch, also den Güterströmen, abgekoppelt haben. [...]
Das steigende Gewicht und die Verflechtung nationaler Finanzsysteme haben im Falle von Krisen die gegenseitige Ansteckungsgefahr erhöht. Schwierigkeiten von einzelnen Instituten, Ländern oder nationalen Finanzmärkten können sich schnell übertragen und ausbreiten. Risiken und Schwierigkeiten können nicht mehr nur national, sondern müssen in einem internationalen Zusammenhang gesehen werden.

(Deutsche Bundesbank [Hg.], Geld und Geldpolitik, Frankfurt am Main 2009, S. 185 f.)

Finanztransfers nochmals um ein Vielfaches schneller als der Welthandel (vgl. Kasten S. 150 u.). Daraus folgt, dass sich die Finanzmärkte zunehmend von der realwirtschaftlichen Entwicklung entkoppeln. So sind von den rd. 3 000 Mrd. US-Dollar, die täglich weitgehend computergesteuert an den Devisenmärkten bewegt werden, weniger als 15 Prozent für den Welthandel notwendig. Diese Entwicklung zu einem „Kasino-Kapitalismus" kann als grundlegendes Kennzeichen der Globalisierung der Finanzmärkte gelten. So werden an den Börsen in San Francisco, New York, London, Frankfurt, Bahrain, Singapur, Hongkong und Tokio täglich und rund um die Uhr Summen bewegt, die mehr als doppelt so hoch sind wie die Währungsreserven aller Zentralbanken der Welt. Den Hauptanteil halten dabei kurzfristige Kapitalanlagen der rein spekulativen Art, sog. Derivate (s. M 99).

(Wichard Woyke [Hrsg.], Handwörterbuch Internationale Politik, Verlag Barbara Budrich, Opladen, 12. Aufl. 2011, S. 180; Verf.: Johannes Varwick)

- Die Ausweitung des internationalen Kapitalverkehrs ist auch auf das Auftreten *neuer Akteure* auf dem internationalen Kapitalmarkt zurückzuführen. Neben Banken, Versicherungen und „klassischen" *Investmentfonds* geraten neuerdings die sogenannten *Hedgefonds* (s. Kasten) als bedeutende Investoren auf den internationalen Kapitalmärkten in den Blick der Öffentlichkeit.

(Informationen zur politischen Bildung [= M 96], S. 9 f.)

Fonds* sind gewissermaßen Kapitalsammelstellen, in die Menschen Geld einzahlen, um es gewinnbringend anzulegen (zu investieren).
„**Investmentfonds**" kaufen von dem eingezahlten Geld der Anleger Wertpapiere* verschiedener Art, z. B. Aktien* verschiedener Unternehmen. Aus diesem „Korb" von Wertpapieren geben die Fonds an ihre Anleger „Zertifikate" (Bescheinigungen, Anteilsscheine) aus, die also einen Teil des Fondsvermögens („Korbes") repräsentieren. Auf diese Weise wird das Risiko, dass z. B. die Aktienkurse fallen, auf mehrere Aktien (oder andere Wertpapiere) verteilt. Durch Spezialisierung auf bestimmte Wirtschaftsbranchen oder Länder bieten Investmentfonds den Anlegern Wahlmöglichkeiten mit unterschiedlichen Gewinnchancen und Risiken.
Hedgefonds sind solche Investmentfonds, die eine äußerst flexible, radikal am Gewinn orientierte, aber damit auch äußerst *risikoreiche Anlagestrategie* verfolgen. Dazu gehören u. a. „Termingeschäfte", mit denen z. B. auf eine Entwicklung von Aktienkursen spekuliert („gewettet") wird: Sie leihen sich (gegen eine Leihgebühr) z. B. Aktien, die sie sofort weiterverkaufen, aber erst zu einem späteren Zeitpunkt zurückkaufen und dann an ihre Leihgeber zurückgeben. Ist der Wert der Aktien gegenüber dem Preis, zu dem man die Aktien verkauft hat, in der Zwischenzeit (bis zum Rückkauf) gefallen, hat man ein gutes Geschäft, anderenfalls Verlust gemacht (Näheres dazu: http://de.wikipedia.org/wiki/Leerverkauf; zu Termingeschäften s. M 99). Hinzu kommt, dass Hedgefonds nicht nur das eigene Geld („Eigenkapital") in solche und andere Geschäfte investieren, sondern dazu in hohem Maße kurzfristig geliehene Finanzmittel (Kredite, „Fremdkapital") verwenden („Hebel"), wobei sie davon ausgehen, dass sie diese Kredite aus den zu erzielenden hohen Gewinnen zurückzahlen können. Wegen ihrer *riskanten Geschäftspraktiken* und ihrer *Undurchsichtigkeit* stehen Hedgefonds seit einiger Zeit in der Kritik. Gefordert wird z. B., dass sich die Fondsmanager einer strengeren Kontrolle ihrer Geschäftspraktiken unterziehen und für mehr Transparenz (Durchsichtigkeit) sorgen müssen.
(Autorentext)

M 99 Neue Finanzinstrumente: Handel mit „Derivaten"

„Finanzmarkt ist der Oberbegriff für drei Teilmärkte: die *Kreditmärkte*, die *Devisenmärkte* und die *Wertpapiermärkte*. Die Bedeutung der Wertpapiermärkte für das internationale Finanzsystem hat im Vergleich zum Kredit- und Devisenmarkt stark zugenommen. Ein Großteil der Kapitalflüsse ist auf den Handel mit Wertpapieren zurückzuführen. Deren wichtigste Formen sind

- *Anleihen* (Staatsanleihen, Schuldverschreibungen [s. Kasten S. 129 oben] u. Ä.),
- *Aktien** und
- die verschiedenen Formen von **Derivaten**, die zu den *Termingeschäften* gehören (s. Kasten S. 152). Terminmärkte sind die größten und wachstumsstärksten Finanzmärkte der Welt.

In **Termingeschäften** wird heute vereinbart, zu einem in der Zukunft liegenden Zeitpunkt einen bestimmten ‚Basiswert' (etwa eine Aktie) zu einem bestimmten Preis abzunehmen bzw. zu liefern. Da sich Termingeschäfte immer auf einen zugrunde liegenden (originären) Basiswert beziehen, nennt man sie ‚derivative', das heißt abgeleitete Finanzprodukte oder schlicht *Derivate*. Sie lassen sich nach verschiedenen Kriterien einteilen: Zum einen kann man diese Instrumente danach systematisieren, auf welche Marktpreise (Basiswerte) sie sich beziehen. Hier kommen insbesondere Zinssätze, Wechselkurse (Devisenkurse), Aktienkurse oder Warenpreise in Betracht. Ein weiteres Unterscheidungsmerkmal betrifft die Frage, ob die Verträge für beide Vertragspartner verpflichtend sind (*unbedingte Terminkontrakte*) oder ob eine Seite ein Wahlrecht hat (*Optio-*

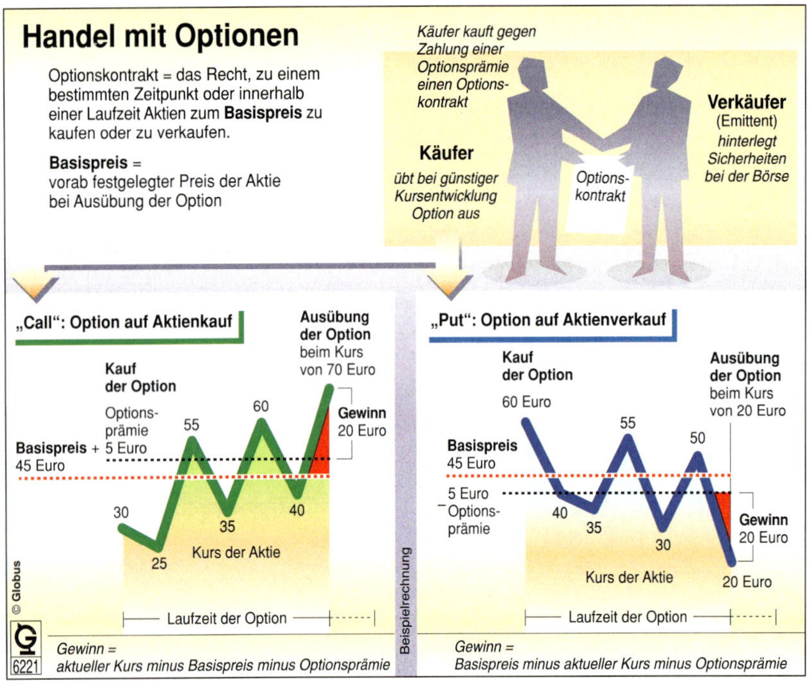

Derivate: Spekulative Finanzinstrumente, deren Preise sich von der Wertentwicklung von Aktien, Devisen, Zinsen oder Rohstoffen ableiten (lateinisch: *derivare*). Wenn Anleger darauf wetten, dass Automobilaktien fallen, dass ein Euro bald nur noch einen Dollar wert ist, dass sich der Preis für Kakao und Kupfer verdoppelt, wie das Wetter wird in Vietnam oder der Ölpreis im Februar, dann kaufen sie zu diesem Zweck Derivate. Vor allem seit den Neunzigerjahren übernahmen die Mathematiker die Macht in diesem Marktsegment und entwickelten Finanzprodukte, die außer ihnen niemand kapiert. Hunderttausende solcher Investments werden angeboten.

(Uwe Buse u. a.: Finanzkrise – Wenn die Bazooka ruft [Auszug], in: DER SPIEGEL Nr. 2 v. 9.1.2012, S. 54)

nen).“ (Herbert Sperber, Wirtschaft verstehen, Schäffer-Poeschel Verlag, Stuttgart 2009, S. 271) Derivate dienen an sich dazu, sich gegen Risiken von Preis- und Kursschwankungen (zwischen Vertragsabschluss und Ausführung des Geschäfts) abzusichern, werden aber zunehmend zur **Spekulation*** genutzt.

- Unter Spekulation versteht man Geschäfte, die eine *günstige Entwicklung zwischen zwei Zeitpunkten* ausnutzen wollen (z. B. der Kauf von Devisen* mit der Absicht, sie zu einem späteren Zeitpunkt, wenn ihr Kurs gestiegen ist, wieder zu verkaufen). Jede Spekulation enthält das Risiko, dass die erwartete Preis- oder Kursentwicklung* nicht eintritt. Im Unterschied zu Spekulationen spricht man von *Arbitrage*, wenn (geringe) Kursunterschiede ausgenutzt werden, die *zum selben Zeitpunkt* bestehen (jemand kauft Dollars in New York und verkauft sie sofort wieder in Frankfurt, wo der Preis etwas höher liegt).
- Verbreitete Arten von Derivativgeschäften sind **Futures** und **Optionen** (s. Grafik). Bei einer **Option** („bedingtes Termingeschäft“) erwirbt ein Käufer das Recht, vom Verkäufer (Stillhalter) innerhalb einer festgelegten Frist zu einem bei Vertragsabschluss vereinbarten Preis (Kurs) die Lieferung (Kaufoption) oder die Abnahme (Verkaufsoption) einer bestimmten Leistung zu fordern. Für diese *Möglichkeit* (für den Erwerber des Rechts keine Verpflichtung) zahlt der Erwerber dem Verkäufer die sogenannte Optionsprämie.

Der Käufer einer Kaufoption rechnet damit, dass z. B. der Kurs einer Aktie nach oben gehen wird; seine Rechnung geht auf, wenn der Kurs über die Summe von „Basispreis“ (Kurswert bei Vertragsabschluss) und gezahlter Optionsprämie steigt. Tritt das nicht ein, wird er sein Recht nicht ausüben und verliert höchstens die Optionsprämie. Der Verkäufer der Kaufoption gewinnt in diesem Fall wenigstens die Optionsprämie. Wenn der Käufer sein Recht ausübt, weil die erhoffte Kurssteigerung eingetreten ist, entgeht dem Verkäufer die Chance, die betreffenden Aktien am Markt zu verkaufen. Beim Erwerb einer Verkaufsoption ergeben sich spiegelbildlich entsprechende Konsequenzen (s. Grafik).

Futures sind echte („unbedingte“) Termingeschäfte (Terminkontrakte); sie unterscheiden sich von Optionen vor allem dadurch, dass beide Seiten die **Verpflichtung** zur Erfüllung des Geschäftes eingehen. Der Preis wird bei Abschluss des Vertrags festgelegt.

(Autorentext)

Im folgenden Abschnitt geht es um die Konsequenzen, die Chancen und Risiken, die sich für die deutsche Wirtschaft aus dem Globalisierungsprozess ergeben. Die wichtigste Herausforderung ist der ***internationale Wettbewerb****, der sich nicht nur für die Unternehmen, sondern auch für den „Wirtschaftsstandort“ Deutschland, d. h. für die politische Gestaltung der Rahmenbedingungen ergibt, die für die wirtschaftlichen Akteure in Deutschland gelten.*

2. Die deutsche Wirtschaft im globalen Wettbewerb

M 100 Globaler Wettbewerb auf drei Ebenen

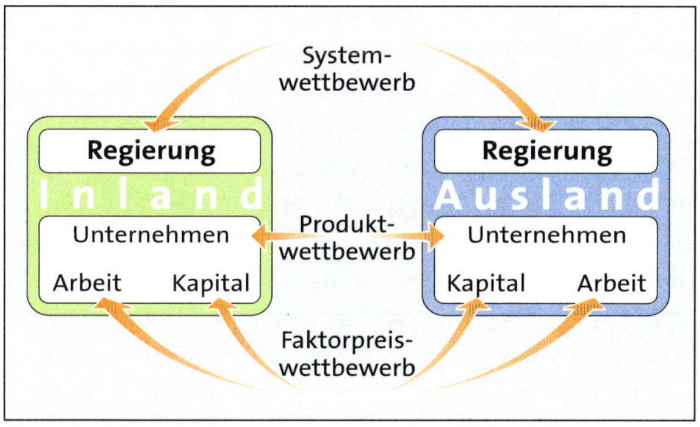

Abb. 1: Dimensionen des globalen Wettbewerbs

Welche **Konsequenzen** die Globalisierung für die verschiedenen wirtschaftspolitischen Akteure hat, ist im Schaubild (Abb. 1) schematisch illustriert. Dargestellt sind zwei Länder, die als Inland und Ausland bezeichnet werden. In jedem dieser Länder gibt es *Unternehmen*, die Kapital* und Arbeit als *Produktionsfaktoren** einsetzen. Daneben gibt es die gesellschaftlichen und politischen Kräfte, die hier vereinfachend als *Regierung* bezeichnet werden. Die Pfeile zwischen den Länderblöcken zeigen an, auf welche Weise die verschiedenen Akteure im grenzüberschreitenden Wettbewerb zueinander stehen.

- Auf den *Gütermärkten* treffen die Unternehmen des In- und Auslandes in einem internationalen **Produktwettbewerb** aufeinander. Er ist umso intensiver, je geringer die Handelsschranken sind – seien es natürliche Handelsschranken in Form von Transportkosten oder künstliche Handelsschranken in Form von Zöllen und anderen Importbehinderungen. Dieser Wettbewerb über den internationalen Handel stellt keine neue Entwicklung dar, sondern war auch in früheren Jahrzehnten schon sehr ausgeprägt.
- Neu hinzugekommen ist durch die erhöhte Kapitalmobilität ein *Wettbewerb zwischen verschiedenen Investitionsstandorten*, wobei der Produktionsfaktor Kapital* an jene Standorte streben wird, an denen die Renditen* am höchsten sind (vgl. M 98). Diese Form des Wettbewerbs kann als **Faktorpreiswettbewerb** bezeichnet werden [...]. Da die Kapitalrenditen aber auch davon beeinflusst werden, wie hoch das *Produktivitäts- und das Lohnniveau* an den verschiedenen Investitionsstandorten ist, geraten auf indirekte Weise durch den Wettbewerb um international mobile Investoren auch die *Arbeitskräfte* an den inländischen und ausländischen Standorten in einen Faktorpreiswettbewerb (Produktionsfaktor Arbeit), bei dem jene Standorte am besten abschneiden, an denen die Relation zwischen Lohn und Produktivität* besonders günstig ist.
- Die **Regierungen** in den beiden Ländern sind in dem einfachen Modell des Schaubilds verantwortlich dafür, wie die *Rahmenbedingungen für wirtschaftliches Handeln* ausgestaltet sind. Dazu gehören nicht nur die *Steuersätze*, die von den Unternehmen zu entrichten sind, sondern vor allem die öffentlich bereitgestellte *Infrastruktur** im weitesten Sinne. Zu dieser Infrastruktur zählen etwa die Transport- und Kommunikationsnetzwerke, die Schwerfälligkeit oder Flexibilität der Bürokratie, die Innovationsimpulse* aus Forschung und Technologie und nicht zuletzt „weiche" Faktoren wie die kulturelle Vielfalt, Rechtssicherheit, sozialer Friede und andere Komponenten der Lebensqualität. Je intensiver der oben geschilderte Faktorpreiswettbewerb wird, desto stärker geraten auch die Regierungen des In- und Auslandes mit ihrer institutionellen Ausgestaltung der Rahmenbedingungen in einen Wettbewerb – den Systemwettbewerb, der auch als **Standortwettbewerb** bezeichnet wird. [...]
- *Bildlich erläutern* lässt sich das Konzept des Standortwettbewerbs mit der *Situation von Gastwirten*, deren Gasthöfe an einer Straße entlang aufgereiht sind und die von den Reisenden im Hinblick auf das von ihnen gebotene

Abb. 2

Preis-Leistungs-Verhältnis inspiziert werden (vgl. Abb. 2). Wenn mehrere Gasthöfe zur Auswahl stehen und der Wechsel von einem zum anderen relativ leicht möglich ist, werden nur jene von ihnen bestehen können, die ein wettbewerbsfähiges Preis-Leistungs-Verhältnis bieten. Mit der internationalen Mobilität von Investoren ergeht es den Regierungen ähnlich wie den Gastwirten. Nur jene Länder, die *attraktive Rahmenbedingungen für wirtschaftliches Handeln* bieten, werden Investoren anlocken können. Wer vergleichsweise schlechte Rahmenbedingungen bietet, wird sich im Standortwettbewerb nur durchsetzen können, wenn die Preise entsprechend niedrig sind, und dazu gehören aus Sicht der Investoren dann nicht nur die **Steuern**, sondern auch die an jenen Standorten zu zahlenden **Löhne**.

• Diese Form des Wettbewerbs zwischen verschiedenen wirtschaftspolitischen Systemen ist tatsächlich relativ neu und stellt eine der wichtigsten Konsequenzen der Globalisierung dar. Natürlich geht es hier nicht um eine Unterscheidung zwischen 0 und 1, denn eine gewisse Form des internationalen Standortwettbewerbs gab es schon immer – genau wie es schon immer ein gewisses Ausmaß an Globalisierung gab. In dem Maße aber, in dem die Globalisierung Fahrt aufnahm, hat sich auch der internationale Standortwettbewerb verschärft und eine historisch neue Dimension erreicht.

(Henning Klodt, Einkommens- und Beschäftigungseffekte der Globalisierung; http://www.fes-online-akademie.de/download.php?d=henning_klodt.pdf, S. 2 ff.)

Die Darstellung in M 100 ist von zentraler Bedeutung für das Verständnis der Konsequenzen, die sich aus dem Globalisierungsprozess für die Wirtschafts- und Sozialpolitik besonders in einem Industrieland wie Deutschland ergeben. Erläutern Sie mit eigenen Worten die drei Dimensionen des globalen Wettbewerbs als entscheidende Folge des Globalisierungsprozesses.

- Inwiefern stellt der Produktwettbewerb nicht das eigentlich Neue an der Globalisierungsentwicklung dar? (Z. 12 – 17)
- Auf welche Weise treten die Produktionsfaktoren Kapital (direkt) und Arbeit (indirekt) in verschärften Preiswettbewerb? Welche Bedeutung kommt der „Arbeitsproduktivität" zu ? Worauf kommt es den Investoren hauptsächlich an? (Z. 18 – 26)
- Inwiefern geraten durch den zunehmenden „Faktorpreiswettbewerb" auch die Regierungen der Länder im Hinblick auf die Schaffung günstiger Rahmenbedingungen in Konkurrenz zueinander? Was ist mit der vom Staat zu schaffenden günstigen „Infrastruktur" im Einzelnen gemeint? (Z. 27 – 43)
- Inwiefern befinden sich die Staaten aufgrund des Standortwettbewerbs „in der Situation von Gastwirten" (Z. 44 ff.)? Was müssen sie anbieten und garantieren, wenn sie „Gäste anlocken" wollen?

M 101 Deutsche Unternehmen unter Globalisierungsdruck – Beispiel: Stiebel Eltron passt sich an

Jeder Fall hat zwei Seiten, sagt man, dieser hier hat noch eine dritte. Klaus Hanl sitzt am Besprechungstisch in seinem Büro, ein großer, schwerer Mann von 48 Jahren, der seit 15 Jahren bei der Firma ist und noch genau weiß, wie er von einem Kollegen bewundert wurde, als er dem damals von seinem Wechsel erzählte: „Zu Stiebel Eltron gehst du? Tolle Firma." Von der hatte der Kollege einen Warmwasserspeicher zu Hause, ein Gerät, das nun schon 25 Jahre lang funktionierte. Klaus Hanl erzählt die Anekdote mit dem Stolz des Mannes, der heute selber diesen Speicher bauen darf. Er leitet inzwischen das Werk der Firma in Eschwege, eine gute halbe Autostunde östlich von Kassel.[1] Dass er die Geräte immer noch bauen darf, liegt aber nicht nur an seinen Fähigkeiten als Ingenieur.

[1] Stand: Frühjahr 2007; Klaus Hanl ist seit November 2007 nicht mehr bei Stiebel Eltron tätig.

Kosten sparen durch Rationalisierungsmaßnahmen*

Klaus Hanl hat in Eschwege wegrationalisiert, was wegzurationalisieren war. In der Halle unten rollen Gabelstapler, die keine Fahrer mehr brauchen. Das Kantinenpersonal ist abgeschafft, stattdessen schickt eine Metzgerei jeden Morgen eine Mitarbeiterin, die vom Schnitzel bis zur Bild-Zeitung alles bringt, was die Arbeiter brauchen. Den Rasen lässt Hanl von Rentnern mähen, die das auf 400-Euro-Basis machen. Stiebel Eltron gehört zur Metallindustrie, die billigste Arbeitsstunde in der Branche kostet ein Unternehmen 20 Euro, alles in allem; fünfmal mehr als in dem Werk in der Slowakei, das die Firma vor drei Jahren erworben hat, von den beiden Fabriken in Thailand und China gar nicht zu reden.

Um sich gegen die zu behaupten, muss Klaus Hanl zusehen, dass er so viele Kosten wie möglich spart. Er sagt: „Wir

STIEBEL ELTRON Werk in Eschwege

haben die einfache Arbeit in Deutschland so stark verteuert, dass sie nicht mehr bezahlbar ist.“ Er hat auch den Pförtner abgeschafft. Die Arbeit wird von einer Schäferhündin erledigt. Tagsüber ist sie in ihrem Gehege, nachts und am Sonntag streicht sie übers Gelände; schlechter als ein Mensch macht sie es auch nicht.

Verlagerungen ins Ausland, aber auch zurück nach Deutschland

Das ist die eine Seite dieses Falls: Wie die Öffnung der Grenzen dazu geführt hat, dass eine Firma nun auch Geschäfte in Ländern machen kann, die ihr früher verschlossen waren, und wie sie so zu Fabriken gekommen ist, die nun den Fabriken zu Hause Konkurrenz machen. Und wie zahlreiche Arbeitsplätze hier nicht mehr zu halten sind.

Stiebel Eltron wurde im Jahr 1924 von dem Maschinenbauer Theodor Stiebel gegründet, der ihr zunächst den Kunstnamen Eltron gab; als er merkte, dass das Geschäft mit den elektrischen Tauchsiedern funktionierte, setzte er noch seinen Nachnamen davor. Acht Jahrzehnte später ist Stiebel Eltron weiterhin im Familienbesitz, mit Geräten wie Wärmepumpen, Händetrocknern, Durchlauferhitzern oder Warmwasserspeichern macht die Firma einen Umsatz von 417 Millionen Euro. In Deutschland betreibt sie zwei Standorte: Eschwege mit seinen 150 Beschäftigten ist das Zweigwerk; der Firmensitz liegt hundert Kilometer weiter nordwestlich, in Holzminden an der Weser. 1500 Menschen arbeiten dort, und wenn am Freitag kommender Woche die neue Wärmepumpenfabrik eröffnet wird, nach Angaben der Firma die größte und modernste in Europa, wird dies noch einmal 200 Arbeitsplätze schaffen.

Es ist ja keineswegs so, dass die teuren deutschen Standorte irgendwann gar keine Chance mehr haben, nur weil im Ausland auf den ersten Blick alles billiger ist. Das ist bloß das Klischee, gern auch das Kampfargument von Managern, denen keine neuen Produkte mehr einfallen und die dann versuchen, sich an der Belegschaft schadlos zu halten. Träfe das Argument zu, wäre ja jeder schlecht beraten, der nicht längst mit Sack und Pack in irgendeine Sonderwirtschaftszone in China gezogen ist.

Rudolf Sonnemann, 54, der Vorsitzende der Geschäftsführung von Stiebel Eltron, hat aber bereits vor Jahren das Gegenteil gemacht: nämlich das Solarwerk der Firma in Griechenland geschlossen und nach Holzminden verlegt. Das griechische Werk war nur für die Endmontage ausgelegt; Glas, Rahmen, Blechstreifen – alles wurde jeweils in anderen Fabriken hergestellt und musste anschließend angeliefert werden. In Holzminden hingegen lassen sich sämt-

Fertigungsplatz der DHE (Durchlauferhitzer)-Produktion

liche Arbeiten auf einem Gelände erledigen, letztlich ist es dadurch hier sogar billiger.
Rudolf Sonnemann erzählt aber auch von den Akquisitionen und Neugründungen in der Slowakei, in Thailand und in China; er war die treibende Kraft dabei. Wäre er im Export nicht vorangekommen, betrüge der Umsatz heute nicht 417 Millionen Euro, sondern er wäre bei 217 Millionen stehen geblieben. Sonnemann sagt: „Das kann man zwar machen, wäre aber keine Zukunftsstory." Also hat er den Prozess ausgelöst, im Zuge dessen in Eschwege der Pförtner keine Zukunft mehr hatte, in dem aber auch im Ausland nicht alles so lief, wie man es aus Deutschland gewohnt war. „Manchmal standen wir vor Qualitätsproblemen, an die man hier nicht einmal denkt", sagt Sonnemann. Mit der Folge, dass er die Kunststoffproduktion aus der Slowakei abgezogen und nach Nordhessen verlagert hat. Hin zu den deutschen Ingenieuren und ihren ultramodernen Spritzgießmaschinen, den Gasinnendruckformen und dem Erodierzentrum, das sich schon allein vom Wort her so imposant anhört, nach Hightech und deutscher Wertarbeit. In Eschwege wird nun auch der Kunststoff hergestellt, den das slowakische Werk benötigt. Im Hightech-Teil des Werkes sind die Arbeitsplätze entstanden, die bei den Pförtnern und den Gabelstaplerfahrern weggefallen sind. Das ist die zweite Seite des Falls.
Von der dritten erfährt man, wenn man mit Kurt Hauffe und Hartmut Meine spricht; dies allerdings getrennt, denn es handelt sich bei ihnen um zwei Männer, die einander nichts mehr zu sagen haben. Hauffe war 50 Jahre im Unternehmen, in Holzminden, fast die Hälfte davon als Vorsitzender des Betriebsrats, Ende April ist er in den Ruhestand getreten. Hauffe erzählt, wie das Unternehmen vor zwölf Jahren mal am Abgrund stand, durch falsche Geschäftspolitik, und er sagt, bevor er in Rente ging, wollte er sicherstellen, dass seine Kollegen nicht ein zweites Mal in diese Lage gerieten; es war ja schon kein gutes Zeichen, dass Stellen in Holzminden seit Jahren nicht wieder besetzt wurden. Und dann stellte die Firmenleitung auf einmal Investitionspläne vor, für die Wärmepumpenfabrik und die Kunststoffproduktion. Sie sprach aber auch von den Kostenunterschieden zur Slowakei und auch zu Schweden, wo sie über einen Zukauf nachdachte. Was die Belegschaft zu bieten habe?

Für den Erhalt der Arbeitsplätze: Verlängerung der Wochenarbeitszeit

Hauffe stand noch unter dem Eindruck eines Besuchs in dem slowakischen Werk. „Ich habe gesehen, wie heiß die Leute dort sind", sagt er. „Dass die wirklich weit nach vorne wollen." Der Betriebsrat antwortete, solange es nicht ans Geld gehe, könne man über alles reden. Am Ende bestand der Deal darin, dass die Beschäftigten in Holzminden täglich eine halbe Stunde länger arbeiten, in Eschwege sogar eine ganze.
Man kann das so bewerten, wie es die IG Metall bewerten musste, in Person von Hartmut Meine, ihres Bezirksleiters in Hannover: Da kämpft man seit Jahren gegen Bosse, die Errungenschaften streichen wollen, weil die Kosten dafür angeblich die Firma erdrücken. Und dann gibt in Holzminden der Betriebsrat mal eben die 35-Stunden-Woche her – bei einem schuldenfreien Marktführer. „Unsolidarisch", sagt Meine. Sind wir inzwischen so weit, dass nur noch investiert wird, wenn die Beschäftigten dafür zahlen? Meine sagt, Stiebel Eltron sei lange eine seriöse Firma gewesen. „Aber jetzt ist das für die IG Metall keine gute Adresse mehr."
Das ist die eine Sicht, die andere ist: Wie gut müssen wir es in Deutschland noch haben, solange hier nicht mehr auf dem Spiel steht, als erst um 16.30 Uhr anstatt um 16 Uhr nach Hause gehen zu dürfen? Kurt Hauffe, der Betriebsrat, fragt, warum es immer erst zur Krise kommen solle, bevor man sich für die Zukunft wappne. Aus der Gewerkschaft ist er ausgetreten, und als im April Betriebsversammlung war, zeigten die Beschäftigten von Stiebel Eltron auf ihre Weise, was sie von welchem Arbeiterführer halten: Als der Gewerkschaftssekretär der IG Metall ans Rednerpult trat, stand die Hälfte auf und ging.

(Süddeutsche Zeitung v. 18.5.2007, S. 10; Verf.: Detlef Esslinger)

Analysieren Sie vor dem Hintergrund Ihrer Erarbeitung von M 101 die Situation von „Stiebel Eltron":

- Um welche Produkte geht es in diesem Fall? Welche Produktionsfaktoren spielen für die Produktion eine wichtige Rolle?
- Was hat das Familienunternehmen dazu veranlasst, in anderen Ländern zu investieren? Wie stellt sich der „Faktorpreiswettbewerb" zwischen diesen Standorten (vgl. M 100, Z. 19 ff.) dar? Wie kommt es, dass das Unternehmen in Holzminden manches „sogar billiger" produziert als in Griechenland?
- Welche Maßnahmen hat das Unternehmen als Konsequenzen aus der internationalen Wettbewerbsposition getroffen? Wie werden sie von der Belegschaft einerseits, von der Gewerkschaft IG Metall andererseits bewertet?
- Wie beurteilen Sie selbst die beschriebene Situation und die unternehmerischen Entscheidungen von „Stiebel Eltron"? Näheres über das Unternehmen finden Sie unter den Internetadressen www.stiebel-eltron.de/unternehmen/ueber-stiebel-eltron und http://de.wikipedia.org./wiki/Stiebel_Eltron.

METHODE M 102 Erkundung eines international tätigen Unternehmens

Vielleicht gibt es in Ihrer Stadt oder in der näheren Umgebung ein Wirtschaftsunternehmen, das in irgendeiner Form auch im Ausland tätig ist. Für diesen Fall schlagen wir Ihnen vor, vor dem Hintergrund Ihrer Analyse des Beispiels (M 101) und vielleicht auch nach Erarbeitung der etwas umfangreicheren Darstellung M 103 eine Erkundung durchzuführen. Dabei könnten Sie sozusagen „am lebenden Objekt" feststellen, welche in den Materialien angesprochenen Gesichtspunkte im Einzelfall eine Rolle spielen können.
Eine Erkundung heißt, etwas auszukundschaften, was Ihnen bis dahin unbekannt war. Sie findet außerhalb des Schulbetriebs statt und bedarf einer sorgfältigen organisatorischen und inhaltlichen Planung.

Auswahl des Unternehmens und Kontaktaufnahme: Es kommt nicht vornehmlich darauf an, ein möglichst großes internationales Unternehmen zu finden; auch „mittelständische" Unternehmen (oft Familienunternehmen) eignen sich gut, wenn sie ihre Produkte nicht nur im Ausland verkaufen, sondern auch eigene Standbeine im Ausland haben. Die meisten Unternehmen sind gern bereit, sich „erkunden" zu lassen. Der *erste Kontakt* sollte vielleicht mithilfe der Schulleitung hergestellt werden. Fachlehrer(in) und/oder Kurssprecher(in) sollten sodann in einem *Gespräch* (ggf. bei einem Besuch im Unternehmen) den Termin, den zeitlichen Rahmen, das Erkundungsinteresse, gewünschte Gesprächspartner (Unternehmensleitung, Betriebsrat) usw. absprechen.

Vorbereitung der Erkundung: Entscheidend ist, dass Sie sich darüber klar werden, was Sie bei Ihrer Erkundung gerne erfahren möchten. Folgende Informationen sind im Zusammenhang unseres Themas wichtig:

- *Grundlegende Daten* (vielleicht auch der Internetseite des Unternehmens zuvor schon zu entnehmen): Sitz, Unternehmensform, Produkte/Dienstleistungen, Zahl der Mitarbeiter im In- und Ausland, Jahresumsatz
- *Engagement im Ausland:* Länder, Städte, Formen (z. B. eigene Zweigwerke, Auslagerung bestimmter Leistungen, Kooperationen); Gründe und Motive für das Engagement im Ausland (vgl. Abb. 5 in M 103)
- *Veränderungen in den letzten Jahren* (ggf. durch das Auslandsengagement bedingt): Zahl der Mitarbeiter, Kostensituation, betriebsinterne Vereinbarungen (ggf. zu Arbeitszeit und/oder Lohnentwicklung)
- *Planung, Zielsetzung für die Zukunft:* Erfolgsbilanz des bisherigen Engagements im Ausland, kurz- und mittelfristige Vorhaben, für die weitere Strategie wichtige Entscheidungsfaktoren

Durchführung: Aufgabenverteilung: Wer ist für welche Fragenkomplexe, Interviews, Aufzeichnungen, Fotos usw. zuständig? Wer übernimmt die Dankesworte?

Auswertung und Präsentation: Sammeln und Sichten der erhaltenen Informationen, Auswahl und Schwerpunktsetzung für eine Wandzeitung, ein Unternehmensporträt (kleine Broschüre) o. Ä., ggf. Bericht in der Schülerzeitung und/oder der Lokalpresse

(Autorentext)

3. Deutsche Unternehmen im Ausland – Motive und Arbeitsplatzverlagerungen

M 103 „Going global" – Warum sich deutsche Unternehmen im Ausland engagieren

Abb. 1

Heutzutage haben die meisten Unternehmen [in Deutschland] internationale Geschäftskontakte; **„going global"** ist für viele Unternehmen das strategische Gebot der Stunde; für sehr viele Unternehmen ist das internationale Geschäft die Existenzgrundlage geworden. Märkte sichern, Kosten sparen, Kapazitäten auslasten, Renditen* sichern – das sind die Ziele. Etwas überspitzt wird schon vom großen „Weltdorf" („global village") gesprochen: Die Kundenbedürfnisse werden weltweit immer ähnlicher, die Produktstandards immer stärker harmonisiert. Unabhängig davon gibt es viele kleinere und mittlere Unternehmen, insbesondere Handwerksbetriebe, die sich nur im heimischen Binnenmarkt und dabei oft nur regional orientieren und gar kein Auslandsengagement eingehen wollen – teils aus Risikoscheu, teils weil sie nicht weiter wachsen wollen, teils aus Mangel an Informationen über die Chancen des Auslandsgeschäfts.

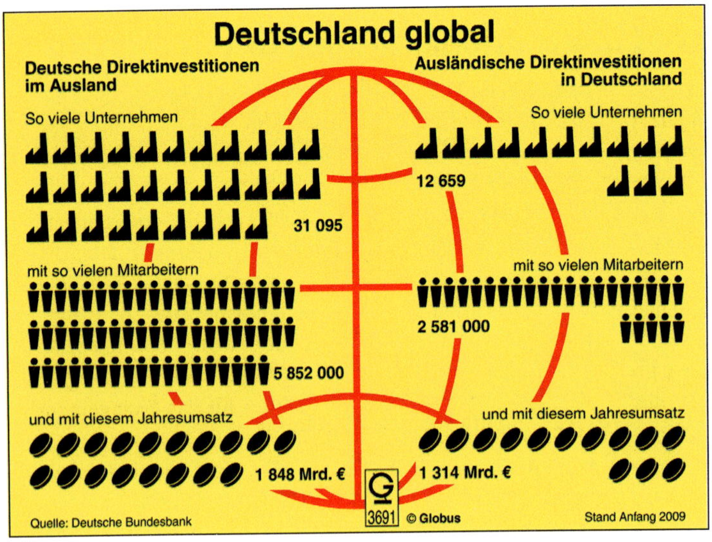

Abb. 2

• Es ist für jedes Unternehmen wichtig, seine *Strategie* zu definieren, die sich aus einer Vision ableiten sollte: Wo steht man heute, wo will man morgen stehen, und wie gelangt man dahin? [...] Einige Unternehmen verkaufen ihre Produkte nur so nebenbei ins Ausland, andere sind in hohem Maße vom Auslandsgeschäft abhängig und müssen sich daher sehr viel intensiver auf die Auslandsmärkte und die Anforderungen einstellen, die sich aus dem Auslandsgeschäft ergeben. Einige Unternehmen verkaufen oder produzieren weltweit überall, wo sich Marktchancen bieten (*global selling*), und kaufen weltweit dort ein, wo es am günstigsten ist (*global sourcing*), andere selektieren geografisch und beschränken sich auf ausgewählte Länder oder Ländergruppen. Die Absatzchancen großer neuer Märkte wie z. B. in Indien, China und anderen asiatischen Ländern sowie zunehmend in Lateinamerika sind oft verlockend. Ein Hersteller von Schuhsohlen schwärmte: „Es gibt eine Milliarde Chinesen, und jeder hat zwei Füße ...“ Das Motto *going global* bezieht sich nicht nur auf Großkonzerne und Megafusionen, sondern vor allem auf die unzähligen Unternehmen, die sich international betätigen. Die internationale Perspektive ermöglicht es einem Unternehmen, bezüglich Steuern, Arbeitskosten, Sozial- und Umweltnormen und anderen Standortkriterien nach den besten Rahmenbedingungen zu suchen und eventuell Begrenzungen des heimischen nationalen Rechts zu umgehen. [...]

• Die Frage, weshalb sich Unternehmer im Ausland engagieren, lässt sich relativ schnell beantworten: Sie wollen Geld verdienen und den Bestand des Unternehmens sichern. Das *betriebswirtschaftliche* Interesse ist eindeutig: Ohne Exportmärkte ließen sich Umsatz, Gewinne und Beschäftigung nicht sichern; ohne Importe ausländischer Güter wären viele inländische Produktionsleistungen unmöglich; ohne eigene Präsenz in ausländischen Märkten könnten viele Unternehmen ihre Positionen auch im Inland nicht halten; ohne Kooperation und oft Zusammenschluss mit ausländischen Partnern könnten viele Unternehmen nicht im internationalen Wettbewerb bestehen. Den Schlüssel zum Erfolg hat ein Unternehmer knapp formuliert: „Man braucht eine Spezialisierung, gutes Marketing* und gute Leute.“ So einfach ist das.

Die volkswirtschaftlich notwendige *Sicherung der heimischen Arbeitsplätze* allerdings – dies muss deutlich gesagt werden – steht aus betriebswirtschaftlicher Sicht als Unternehmensziel nur selten im Vordergrund. Arbeitskräfte sind notwendige Produktionsfaktoren*, die zur Verfolgung des unternehmerischen Gewinnziels benötigt werden. Unabhängig von sozialpolitischen Überlegungen, die sicherlich bei vielen Unternehmern auch eine Rolle spielen, muss gesehen werden, dass ein Unternehmen auf Dauer nur bestehen kann, wenn es eine Verzinsung des eingesetzten Kapitals erwirtschaftet (Rendite*), die deutlich über der alternativen Anlagerendite* auf dem Kapitalmarkt* liegt: Andernfalls könnte der Unternehmer sein Geld mit geringerem Risiko und eher mühelos in Wertpapieren* anlegen. Wenn die Gewinne ausbleiben, ist das Ende eines Unternehmens schnell nahe.

Unternehmen, die sich nicht international engagieren, verlieren leicht auch ihre inländische

Abb. 3

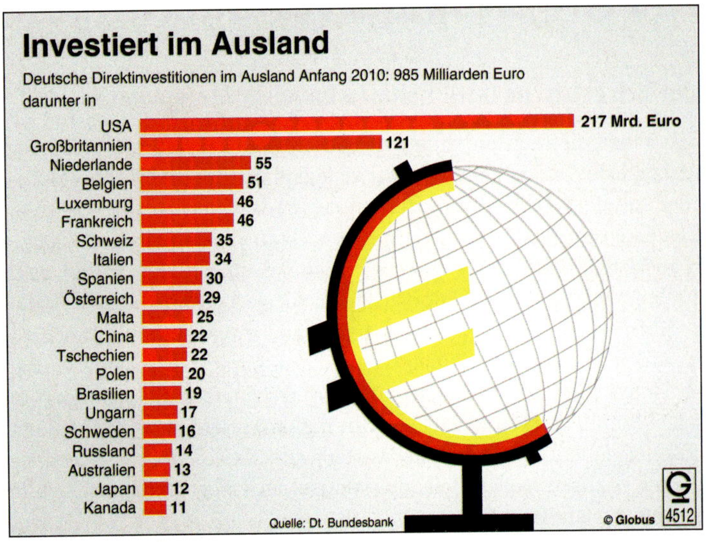

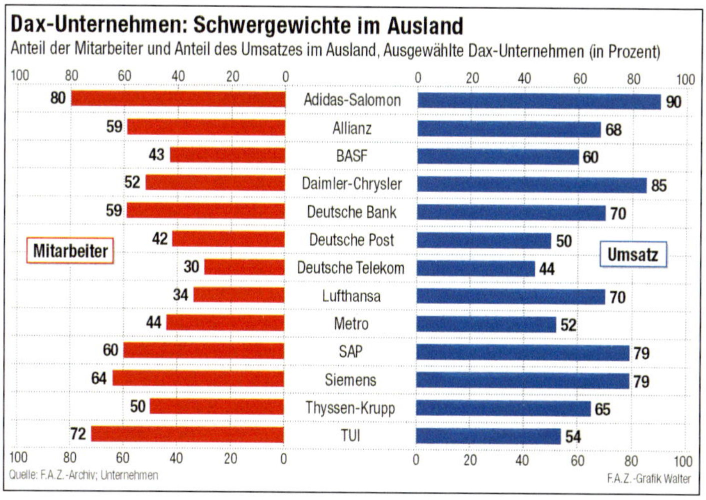

Abb. 4

ökonomische Basis: Viele retten sich vor den kostenmäßigen Nachteilen des Standortes Deutschland ins Ausland. Einige machen sich freiwillig und von sich aus auf ins Ausland, wollen expandieren oder „kundennäher" operieren, andere reagieren eher unfreiwillig, passiv und meist auch zögerlich auf externe Impulse und sehen dabei vor allem die Risiken des internationalen Wettbewerbs und ausländischer Engagements. Nicht wenige Unternehmen halten sich fälschlicherweise für zu klein für Auslandsgeschäfte. [...]

- Beim Drang ins Ausland kann man **Schub-** und **Sogfaktoren** unterscheiden (Push- und Pull-Faktoren), wobei es auf die Betrachtungsweise ankommt: Vergleichsweise hohe Lohnkosten bei gleichzeitig zunehmender (billiger) Importkonkurrenz in bestimmten Branchen drängen Unternehmen ins Ausland, umgekehrt sind niedrige Lohnkosten in Osteuropa oder Südostasien attraktive Sogfaktoren. Dann bietet sich oft eine Verlagerung von Produktionskapazitäten in **„Billiglohnländer"** an: Deutsche Nordseekrabben („Granat") werden mit Kühllastern z. B. nach Ungarn gebracht, dort „gepult" und wieder nach Deutschland zum Verkauf zurückgebracht; Stoff wird in Deutschland gewebt und daraus in Hongkong T-Shirts gefertigt; Wäsche wird von Deutschland nach Polen gebracht und dort gewaschen usw. [...] Solche *Auslagerungen von Produktionen oder Produktionsschritten* sind in der Textil-, Leder- oder Elektroindustrie und vielen anderen Branchen zu beobachten und in steigendem Maße auch bei Computersoftware, wo sich beispielsweise Indien einen Namen gemacht hat. [...]

Schubfaktoren sind sicherlich das Wegsacken von Inlandsmärkten durch Sättigung der Nachfrage oder Konkurrenz aus dem Ausland. „In Deutschland wächst nichts mehr; wir müssen in die Welt gehen", sagte unlängst ein Unternehmenschef. Daher können viele Unternehmen ihre Kapazitäten nur durch Aufträge aus dem Ausland auslasten; [...] nicht wenige Branchen – u. a. Bau-, Chemie- oder Autoindustrie, Maschinen- und Anlagenbau – sind in ihrer Existenz in starkem Maße von Auslandsaufträgen abhängig. Ein wichtiger Aspekt ist sicherlich auch das Streben nach Risikostreuung.

Als **Sogfaktor** ist auch anzusehen, wenn Zulieferer mit wichtigen Kunden mitgehen (müssen), u. a. in der Autoindustrie, wo sie den Herstellern beispielsweise in die USA oder nach Brasilien gefolgt sind, oder Unternehmen müssen ihren Konkurrenten ins Ausland folgen („*me too!*"), um nicht „überholt" und „abgehängt" zu werden und ins Hintertreffen zu geraten, durch Ausnutzen von Kostenvorteilen und Besetzen von Marktpositionen (*outpacing*). Auch ungarische Kunden kaufen eher Konsum- oder Investitionsgüter, wenn die Firma durch Fabriken, Geschäfte oder Büros im eigenen Lande vertreten ist. Insgesamt entsteht für viele Unternehmen ein zunehmender *Zwang zur Teilnahme am internationalen Geschäft*. Auch Unternehmen, die noch vor wenigen Jahren nicht daran gedacht haben, erkennen heute eine Notwendigkeit, internationale

Abb. 5: Motive für Verlagerungen ins Ausland zwischen 2001 und 2006
Unternehmen mit 100 und mehr Beschäftigten

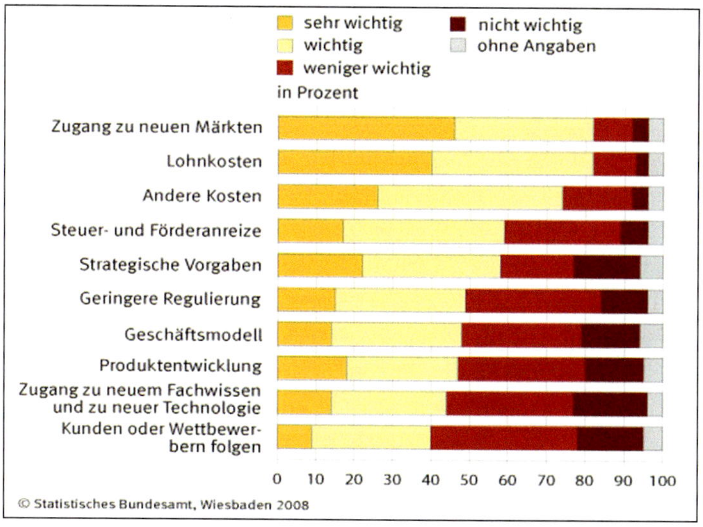

Die Darstellung beruht auf einer Untersuchung, deren Ergebnisse das Statistische Bundesamt unter dem Titel „Engagement deutscher Unternehmen im Ausland" veröffentlicht hat. (www.destatis.de/DE/Publikationen/STATmagazin/UnternehmenGewerbeInsolvenzen/2008_04/Unternehmen2008_4.html; vgl. auch www.bpb.de/files/3T3PVO.pdf).

Beziehungen aufzunehmen. In nicht wenigen Fällen ergeben sich die ersten Auslandskontakte eines Unternehmens „passiv", indem ein Exportauftrag von einem bislang unbekannten ausländischen Kunden eingeht, der von sich aus den Kontakt herstellt. Schon aktiver wird ein Unternehmen, wenn es sich auf einer Fachmesse oder – heute in zunehmendem Maße – im Internet präsentiert bzw. Kontakte sucht, um Auslandsaufträge einzuwerben.

(Jörn Altmann, Außenwirtschaft für Unternehmen, Lucius & Lucius Verlag, Stuttgart, 2. Aufl. 2001, S. 3 ff.)

1 Beschreiben Sie das gesamte Ausmaß (M 103, Abb. 2) und die regionale Verteilung (Abb. 3) des Bestandes deutscher Direktinvestitionen im Ausland.

2 M 103 gibt einen orientierenden Überblick über wichtige Aspekte zum Thema Produktionsverlagerung.
- Worin besteht das „betriebswirtschaftliche" Interesse von Unternehmern? Inwiefern kann es in Widerspruch zum „volkswirtschaftlichen" Interesse eines Landes geraten? (Z. 41 ff.)
- Inwiefern müssen die Folgen von Direktinvestitionen im Ausland (im Vergleich zur inländischen Export-Produktion) für die Arbeitsplätze im Inland differenziert gesehen werden? (Z. 68 ff.)
- Stellen Sie stichwortartig die Faktoren zusammen, die für den „Drang ins Ausland" genannt werden. Welche Vorteile des Auslands ziehen Unternehmen an (Sogfaktoren), welche Defizite im Inland schieben sie an (Schubfaktoren)? (Z. 82 ff.)

3 Analysieren Sie das Befragungsergebnis zu den Motiven deutscher Unternehmer für ihr Engagement im Ausland (Abb. 5). Erläutern Sie näher, worin der Unterschied zwischen „Marktnähe" und „Markterschließung" liegt. Vergleichen Sie das Befragungsergebnis mit den Aussagen des Textes.

M 104 Wie viele Arbeitsplätze kostet die Globalisierung?

Die Verlagerung wirtschaftlicher Aktivitäten deutscher Unternehmen ins Ausland ist ein Aspekt, der häufig im Zusammenhang mit der Globalisierung diskutiert wird (vgl. Abb. 1). Nach Angaben einer vom Statistischen Bundesamt veröffentlichten Erhebung, die in Deutschland bei 20 000 Unternehmen mit 100 und mehr Beschäftigten des nicht finanziellen Sektors der gewerblichen Wirtschaft durchgeführt wurde, verlagerten rund 14 Prozent der Unternehmen zwischen 2001 und 2006 Aktivitäten vom heimischen Standort ins Ausland. Vor allem bei Industrieunternehmen ist dieses Globalisierungsphänomen überdurchschnittlich stark ausgeprägt: 20 Prozent verlagerten Aktivitäten ins Ausland. In der übrigen Wirtschaft waren 7 Prozent der Unternehmen an Verlagerungen ins Ausland beteiligt.

Die beiden wichtigsten Verlagerungsmotive sind die Senkung der Lohnkosten und der Zugang zu neuen Absatzmärkten (vgl. M 103, Abb. 5). [...]

Die Ergebnisse der Erhebung zeigen weiter, dass tendenziell größere Unternehmen Verlagerungen ins Ausland vornehmen. So betrug der Anteil der Unternehmen mit 1000 und mehr Beschäftigten an allen Unternehmen lediglich 5 Prozent, der Anteil an den Auslandsverlagerungen war jedoch mit 9 Prozent beinahe doppelt so hoch. Auf der anderen Seite stammten aus der Gruppe der Unternehmen mit 100 bis unter 250 Beschäftigten, die in Bezug auf die Anzahl 67 Prozent aller Unternehmen ausmachten, lediglich 56 Prozent der auslandsverlagernden Firmen.

(http://www.bpb.de/files/3T3PVO.pdf; Verf.: Christian Hartmann)

Arbeitsplätze: Qualifikation entscheidet

● Eine Verlagerung von Unternehmensfunktionen bedeutet in der Regel auch eine Abwanderung von Arbeitsplätzen. Insgesamt haben die größeren Unternehmen in den letzten Jahren durch Verlagerungen 188 600 Stellen in Deutschland abgebaut. Ebenfalls verlagerungsbedingt wurden jedoch gleichzeitig 105 500 neue Arbeitsplätze am hei-

Abb. 1:
„Exportspezialisten"

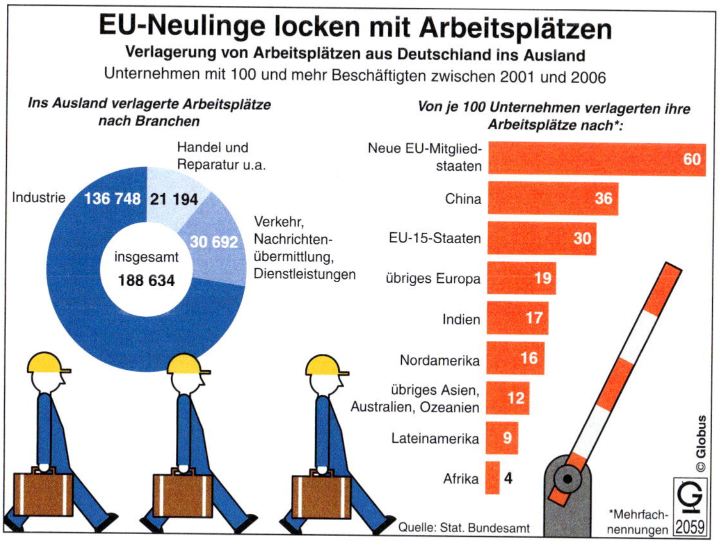

Abb. 2

mischen Standort geschaffen, also rund 56 % der verlagerten Arbeitsplätze.

● Allerdings ergeben sich große Unterschiede, wenn das *Qualifikationsniveau* der verlagerten und geschaffenen Arbeitsplätze berücksichtigt wird (vgl. Abb. 3). Erstens war die absolute Zahl der verlagerten Arbeitsplätze mit höherer Qualifikation mit 63 300 nur etwa halb so hoch wie die Zahl der verlagerten Arbeitsplätze mit geringerer Qualifikation (125 400). Zweitens wurden in den Unternehmen parallel zu der Verlagerung relativ und absolut mehr Arbeitsplätze mit höherer als mit geringerer Qualifikation geschaffen: Bei den Arbeitsplätzen mit höherer Qualifikation entsprachen die 59 300 geschaffenen Arbeitsplätze 94 Prozent der verlagerten Stellen. Die 46 200 geschaffenen Arbeitsplätze mit geringerer Qualifikation kompensierten lediglich 37 Prozent der verlagerten Stellen (s. Abb. 3).

Bei den Arbeitsplätzen mit höherer Qualifikation lag die „Ersatzrate" im Hochtechnologiebereich bei 94 Prozent. Zu diesem „technologieintensiven Verarbeitenden Gewerbe" gehören unter anderem die Chemische Industrie, der Maschinenbau, die Automobilindustrie, die Elektrizitätserzeugung sowie die Feintechnologie (Büromaschinen und DV-Geräte, Rundfunk- und Nachrichtentechnik, Medizintechnik).

Im Dienstleistungsbereich wurden mehr hoch qualifizierte Arbeitsplätze neu geschaffen als verlagert – auf 100 verlagerte Arbeitsplätze entfielen 102 geschaffene. Bei den wissensintensiven Dienstleistungen lag die „Ersatzrate" sogar bei 121 Prozent. Zu diesem Bereich gehören unter anderem die Softwareentwicklung, die Rechts-, Steuer- und Unternehmensberatung, Architektur- und Ingenieurleistungen sowie Forschung und Entwicklung.

● Zusammenfassend ist festzustellen, dass erstens die Unternehmen, die in einen Unternehmensverbund mit Hauptsitz im Ausland integriert sind, den größten Anteil an den zwischen 2001 und 2006 verlagerten Arbeitsplätzen hatten. Gleichzeitig hatten diese Unternehmen auch die niedrigste „Ersatzrate", es wurden also vergleichsweise wenig verlagerungsbedingte Stellen geschaffen. Zweitens wurden bei allen Unternehmensgruppen absolut mehr Arbeitsplätze mit geringerer Qualifikation verlagert als Arbeitsplätze mit höherer Qualifikation. Dabei gilt für alle Unternehmensgruppen, dass der Anteil der Stellen, der ersatzlos wegfiel, bei den verlagerten Arbeitsplätzen mit geringerer Qualifikation deutlich höher ist als bei den verlagerten Arbeitsplätzen mit höherer Qualifikation. Bei den Arbeitsplätzen mit höherer Qualifikation ist sogar vielfach eine positive Arbeitsplatzbilanz festzustellen.

Abb. 3:
Arbeitsplatzeffekte durch Verlagerung von Aktivitäten ins Ausland[1]; am alten Standort neu geschaffene Arbeitsplätze in % der verlagerten Arbeitsplätze

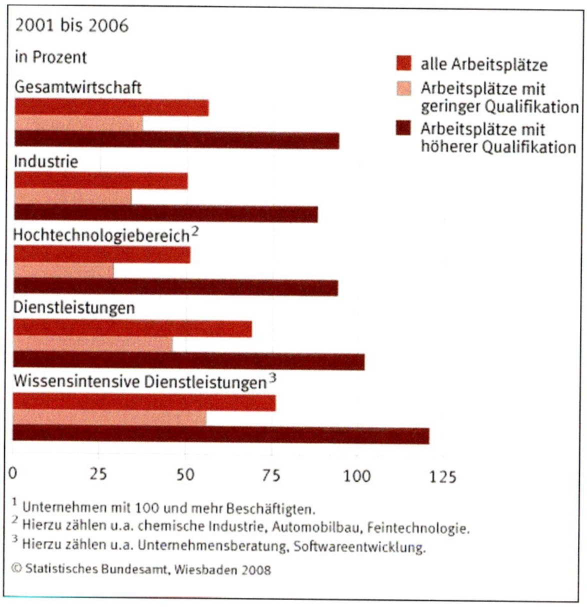

Bei der Beurteilung des Arbeitsplatzeffekts durch die Verlagerung wirtschaftlicher Aktivitäten ist generell zu beachten, dass Unternehmen, die ihre Wettbewerbsposition nicht durch Verlagerung verbessern, Marktanteile an die internationale Konkurrenz verlieren können. Auch in diesem Fall kann es zu Arbeitsplatzverlusten kommen.

(http://www.bpb.de/files/5FV2LU.pdf; Verf.: Christian Hartmann)

Nicht alle Erwartungen werden erfüllt

Insgesamt erfüllten sich bei mehr als der Hälfte der befragten Unternehmen die Erwartungen an ein Engagement im Ausland. Das Ziel, einen besseren Zugang zu neuen Märkten zu erhalten, erreichte laut eigenen Angaben mehr als die Hälfte aller Unternehmen. Rund zwei Drittel der Un-

ternehmen verzeichneten positive Auswirkungen auf die Lohnkosten. Und die Hälfte der Unternehmen stellte infolge einer Verlagerung auch eine Senkung der übrigen Kosten fest. Fast drei Viertel aller Unternehmen konnten ihre Position im Wettbewerb durch eine Verlagerung ins Ausland stärken. Wesentliche unternehmerische Nachteile werden hingegen kaum gesehen. Allenfalls war die Neuausrichtung der Logistik mit einem höheren Aufwand verbunden.
In einer vom Verein Deutscher Ingenieure (VDI) in Auftrag gegebenen Studie des Fraunhofer Instituts für System- und Innovationsforschung wird allerdings darauf hingewiesen, dass nicht jede Verlagerung die erhoffte Kostensenkung bringt. Dies auch deshalb, weil viele Unternehmen die Kosten für Anlaufzeiten, Betreuung, Koordination, Qualitätssicherung und betriebliche Kontrolle unterschätzen oder gar nicht erst berücksichtigen. Auch kulturelle Unterschiede können zum Beispiel durch verschiedene Kommunikationsstile oder Arbeitsweisen die Kosten erhöhen.

(http://www.bpb.de/files/3T3PVO.pdf; Verf.: Christian Hartmann)

Abb. 4

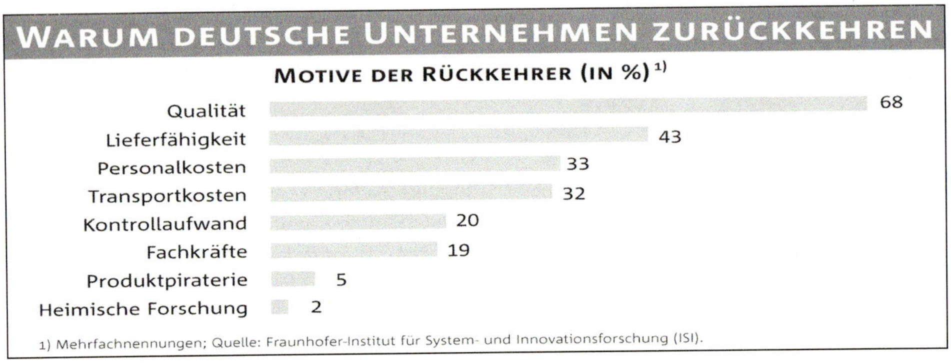

Dies wird gegenwärtig auch daran deutlich, dass die Zahl derjenigen Industriebetriebe, die Teile ihrer Produktion ins Ausland verlegen, gesunken ist, während zugleich die Zahl der Unternehmen zugenommen hat, die in die Heimat zurückkehren. So ist die Verlagerungsquote zwischen 2004/2006 und 2007/2009 um 40 Prozent gefallen. Und erstmals überhaupt gingen die Verlagerungen während einer Wirtschaftskrise zurück. [...] Inzwischen kommt auf ein verlagerndes Unternehmen ein Rückkehrer. Hauptmotiv für die Rückkehr in die Heimat sind Qualitätsmangel der im Ausland hergestellten Produkte, die auch ein Ergebnis der meist niedrigeren Qualifikation des Personals an den Produktionsstandorten sind. Lieferprobleme der ausländischen Fabriken, hohe Transportkosten sowie steigende Löhne mindern zusätzlich die Attraktivität so mancher ausländischer Standorte und machen in vielen Fällen eine Rückkehr nach Deutschland lohnenswert (s. Abb. 4).

(Bundesverband deutscher Banken, SchulBank 02/2010, S. 1)

1. Die Verlagerung von Arbeitsplätzen ins Ausland ist vielleicht das am häufigsten diskutierte Problem, wenn es um die Folgen der Globalisierung geht (vgl. die Darstellung der Karikatur, Abb. 1 in M 104). Überlegen Sie: Warum ist die Frage, ob und ggf. in welchem Ausmaß das „going global" deutscher Unternehmen mehr Arbeitsplätze kostet als neue schafft, schwer zu untersuchen und zu beantworten?

2. Beschreiben Sie die Anlage der Untersuchung, über deren Ergebnisse in M 104 berichtet wird (zeitlicher Rahmen, erfasste Unternehmen, Freiwilligkeit), und fassen Sie die Untersuchungsergebnisse (Z. 22–75) in einer stichwortartigen Übersicht zusammen. Berücksichtigen Sie dabei auch die Informationen aus den zugeordneten Statistiken (Abb. 2–3).

3. Wie erklären Sie die Tatsache, dass von Arbeitsplatzverlagerungen und sich daraus ergebenden Arbeitsplatzverlusten vor allem gering qualifizierte Arbeitsplätze betroffen sind? Welche Folgerungen müssen daraus gezogen werden im Hinblick auf politische Maßnahmen? Hinweis: Die Arbeitslosenquote von Erwerbspersonen ohne Berufsabschluss lag 2009 in Westdeutschland bei 20 % (Ost: 34,0 %), die von Personen mit Hoch- und Fachschulabschluss bei 2 % (West; Ost: 4,2 %).

4. Beschreiben Sie auch, inwiefern sich nicht alle Erwartungen, die Unternehmen an Auslandsverlagerungen knüpfen, erfüllen und welche Entwicklung sich u. a. in dieser Hinsicht in den Jahren der Wirtschaftskrise (2007–2009) vollzogen hat (letzter Textabschnitt, Z. 76ff.).

5. Erläutern Sie die Gründe, die Unternehmen zur Rückkehr ins Inland veranlassen (vgl. Abb. 4).

4. „Standort Deutschland" im internationalen Vergleich

M 105 Was heißt „Standort-Qualität"?

Standorte werden von Staaten (allgemeiner von Gebietskörperschaften) angeboten und von Unternehmen als Produktionsstandorte nachgefragt. Die Staaten als Anbieter von Standorten stehen im Wettbewerb um die Ansiedlung von Unternehmen, sie stehen im Wettbewerb um den Zustrom der mobilen Produktionsfaktoren* Kapital* und technisches Wissen, weil Standorte im Prinzip reichlicher sind als ansiedlungswillige Unternehmen.
Unternehmen bieten Einkommen in Form von Löhnen, Gehältern, Mieten und Zinsen, sie bieten Steuereinnahmen und ihre Ansiedlung bietet Wachstums- und Entwicklungsimpulse für den Standort. Daher sind Unternehmensansiedlungen begehrt.
Standorte müssen für Unternehmensansiedlungen auch etwas bieten. Ihre Leistungen bestehen im Prinzip aus einem großen Bündel von sogenannten **Standortfaktoren**. Dies sind vor allem:

- Bedingungen der Beschaffung von Produktionsfaktoren*
(Kosten und Qualifikation des Faktors Arbeit, Kosten und Qualität von Grund und Boden, Energiekosten, Transportkosten, Kapitalkosten usw.);
- Bedingungen des Absatzes
(Marktgröße und Absatzpotenziale, Art und Anspruchsniveau der Nachfrage, Absatztransportkosten usw.) und
- Rahmenbedingungen staatlicher Wirtschaftspolitik
(Steuern und Subventionen, das Angebot öffentlicher Güter wie Bildung, Sicherheit, Verkehrsleistungen und die Gesamtheit der institutionellen Regelungen wie Lohnfindungsregeln, Wettbewerbsregeln, Umweltschutzvorschriften oder Systeme zur Finanzierung der sozialen Sicherheit).

Entscheidend für die Standortwahl von Unternehmen ist das Niveau der Standortqualität im Verhältnis zu ihren Kosten. Es kommt nicht darauf an, dass ein Standort wenig Steuern kostet oder eine großzügige Infrastruktur anbietet, sondern dass das Verhältnis von Kosten und Nutzen des Standortes attraktiv ist. Dafür zu sorgen ist dann die Aufgabe der staatlichen Standortpolitik. Staaten im Standortwettbewerb müssen also ein attraktives Preis-Leistungs-Verhältnis des Standortes anbieten.
Instrumente im Standortwettbewerb, die staatliche Wirtschaftspolitik gestalten kann, sind

- das Angebot an öffentlichen Gütern*
- der Umfang und die Struktur der Besteuerung einschließlich möglicher Subventionen* und
- die institutionellen Regeln des Wirtschaftsprozesses.

Ursache des Standortwettbewerbs ist die Mobilität der Produktionsfaktoren*, vor allem die Mobilität des Faktors Kapital* einschließlich der Mobilität des technischen Wissens, ergänzend auch die Mobilität des Faktors Arbeit. Diese Mobilität hat im Zuge der Globalisierung der Weltwirtschaft deutlich zugenommen (vgl. M 100).

(Ulrich Baßeler/Jürgen Heinrich/Burkhard Utecht, Grundlagen und Probleme der Volkswirtschaft, Schäffer-Poeschel Verlag, Stuttgart, 19. Aufl. 2010, S. 592 f.)

1. Der „Standort Deutschland" ist seit vielen Jahren ein zentrales Thema in der gesamten wirtschaftspolitischen Diskussion zwischen Unternehmen, Gewerkschaften und Regierung. Beschreiben Sie anhand von M 105, was mit dem Begriff gemeint ist und welche „Standortfaktoren" sich unterscheiden lassen.

2. Erläutern Sie,
   - worin die Ursachen des Standortwettbewerbs (vgl. M 100) liegen,
   - woraus sich das Niveau der „Standortqualität" ergibt und
   - was mit den drei aufgeführten Maßnahmen der staatlichen Wirtschaftspolitik zur Gestaltung des Standorts konkret gemeint ist (Z. 28 ff.).

Die vorangehenden Materialien enthielten wiederholt Hinweise darauf, dass die Höhe der ***Arbeitskosten*** *zwar nicht die alleinige, aber doch eine entscheidende Rolle spielen, wenn es um die Verlagerung von Arbeitsplätzen ins Ausland geht. Wir wollen daher im Folgenden etwas genauer untersuchen,*

- *was der Begriff „Arbeitskosten" beinhaltet (M 106 a),*
- *welche Bedeutung den „Lohnstückkosten" zukommt und wie sich die Höhe und die Entwicklung der Lohnstückkosten in Deutschland darstellen (M 106 b) und*
- *wie insgesamt die Stellung des „Standorts Deutschland" eingeschätzt wird (M 107).*

M 106 a Welche Rolle spielen die Arbeitskosten?

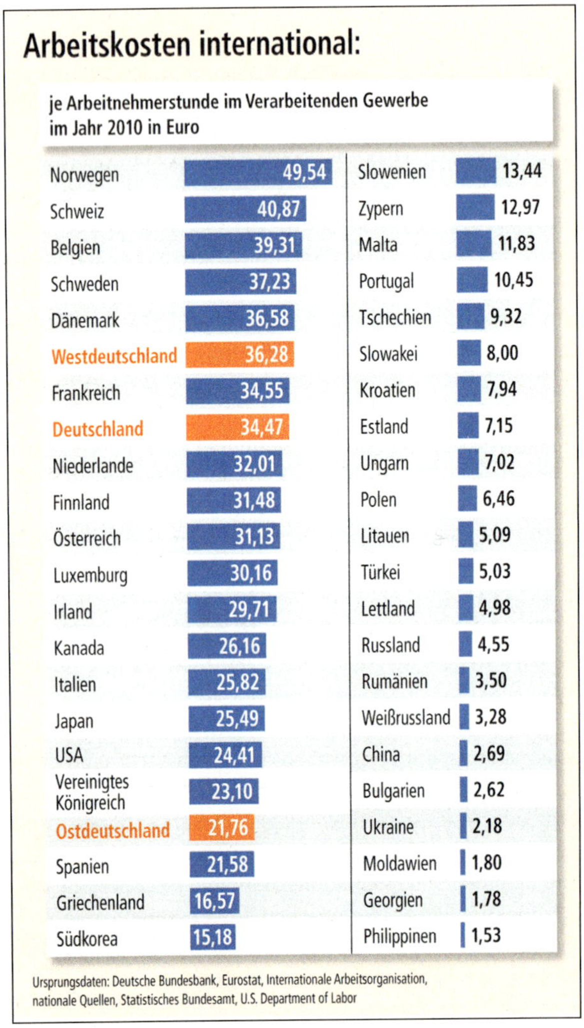

Ein Motiv für Auslandsinvestitionen ist die Ausnutzung von Standortvorteilen, insbesondere von unterschiedlichen Arbeitskosten (durchschnittlicher Stundenlohn plus Lohnzusatzkosten*). Deutschland ist seit vielen Jahren ein Hochlohnland und lag im Jahr 2006 mit Arbeitskosten von 32 Euro pro Stunde im verarbeitenden Gewerbe im europäischen Vergleich auf Rang vier (vgl. Abb. zum Stand 2010). Die Arbeitskosten sind in Ostdeutschland rund 40 Prozent niedriger als in Westdeutschland. Entscheidender Faktor bei der Standortwahl von Unternehmen ist aber nicht die absolute Höhe der Arbeitskosten, sondern die Höhe der **Lohnstückkosten**, das heißt das Verhältnis von Arbeitskosten und Arbeitsproduktivität (s. Kasten). Da auch die Arbeitsproduktivität in Deutschland dank moderner Technologien, effizienter Infrastruktur* und hoch qualifizierter Arbeitskräfte internationale Spitzenwerte erreicht, kann diese bei anspruchsvollen Produkten den Nachteil hoher Arbeitskosten teilweise kompensieren. Im Falle von arbeitsintensiven Vorprodukten gelingt dieser Ausgleich häufig nicht. In diesem Fall kann die teilweise Verlagerung der Produktion ins kostengünstigere Ausland die Wettbewerbsfähigkeit auch der inländischen Standorte verbessern.

(Informationen zur politischen Bildung, Nr. 299, 2. Quartal 2008: Internationale Wirtschaftsbeziehungen, Bundeszentrale für politische Bildung, Bonn 2008, S. 18 f.; Verf.: Klaus-Peter Kruber, Anna Lena Mees, Christian Meyer)

In die Arbeitskosten rechnen die Statistiker alles hinein, was ein Arbeitgeber zur Beschäftigung eines Arbeitnehmers aufwenden muss: *Bruttolöhne und -gehälter, Sozialbeiträge* sowie Kosten für berufliche Fortbildung.*

2011 stiegen die Arbeitskosten (je geleistete Arbeitsstunde) in Deutschland um 3,2 % gegenüber dem Vorjahr an, im Verarbeitenden Gewerbe (Industrie) sogar um 4,3 %; das war der höchste Anstieg seit 15 Jahren, verursacht v. a. durch hohe Tarifabschlüsse und höhere Lohnnebenkosten*.

Für die Beurteilung der Wettbewerbsfähigkeit (unter dem Gesichtspunkt der Arbeitskosten) ist von zentraler Bedeutung, in welchem *Verhältnis die Lohnkosten zur Arbeitsproduktivität* stehen. Die **Arbeitsproduktivität** gibt an, wie hoch das Produktionsergebnis je Erwerbstätigen bzw. je Erwerbstätigenstunde ist (wie viele Einheiten eines bestimmten Produkts in einer Arbeitsstunde erstellt werden bzw. wie hoch die Lohnkosten je produzierter Einheit sind). Dieses Verhältnis von Lohnkosten zur Produktivität wird mit dem Indikator **Lohnstückkosten** erfasst. Die Lohnstückkosten bleiben konstant, wenn einerseits zwar die durchschnittlichen Lohnkosten steigen, andererseits aber auch die Produktivität* entsprechend zunimmt. Dann steigen Zähler und Nenner des Bruchs gleichermaßen, das Verhältnis bleibt unverändert. Steigen indessen die Lohnkosten infolge hoher Tarifabschlüsse und/oder steigender Lohnzusatzkosten schneller an als die Arbeitsproduktivität, dann erhöhen sich die Lohnstückkosten.

(Autorentext)

M 106b Lohnstückkosten in Deutschland: günstige Entwicklung auf hohem Niveau

Seit der Jahrtausendwende sind in der *Industrie* die sogenannten Lohnstückkosten hierzulande immerhin um jahresdurchschnittlich 2 Prozent zurückgegangen (zur Entwicklung in der deutschen *Gesamtwirtschaft* s. Abb. 1). Lediglich Taiwan und Japan verzeichneten ein deutlicheres Minus.

Zu diesem erfreulichen Ergebnis haben beide Komponenten der Lohnstückkosten beigetragen:

- Die Lohnzurückhaltung sowie die dank der arbeitsmarktpolitischen Reformen zuletzt gesunkenen Sozialbeiträge* machten es möglich, dass die *Arbeitskosten je Stunde* in der hiesigen Industrie seit der Jahrtausendwende im jährlichen Schnitt um 2,2 Prozent stiegen, während sich im Ausland die Arbeitsstunde in heimischer Währung um durchschnittlich 3,6 Prozent verteuerte. Nur Taiwan und Japan traten stärker als Deutschland auf die Kostenbremse.
- Die *Produktivitätsdynamik* zwischen Rügen und Schwarzwald konnte sich sehen lassen – seit dem Jahr 2000 wurden je Arbeitsstunde jahresdurchschnittlich 4,3 Prozent mehr Güter hergestellt. Zwar schnitten in dieser Disziplin immerhin fünf Länder besser ab, im Mittel erreichte das Ausland aber nur einen Zuwachs von jährlich 3,5 Prozent. Es gibt allerdings keinen Grund, sich auf den jüngsten Lorbeeren auszuruhen. Denn meist produziert die Konkurrenz immer noch billiger (s. Abb. 2).

(iwd – Informationsdienst des Instituts der deutschen Wirtschaft Köln, Nr. 46/2008; © Deutscher Instituts-Verlag, Köln)

Ursache für den deutlichen **Anstieg der Lohnstückkosten 2008/2009** (s. Abb. 3) – nicht nur in Deutschland – ist der massive Rückgang des Bruttoinlandsproduktes im vierten Quartal 2008 und im ersten Quartal 2009. Da die Lohnstückkosten [...] das Verhältnis von Arbeitnehmerentgelten zum realen Bruttoinlandsprodukt messen, führt ein Rückgang des Bruttoinlandsproduktes, der nicht von einem entspre-

Abb. 1

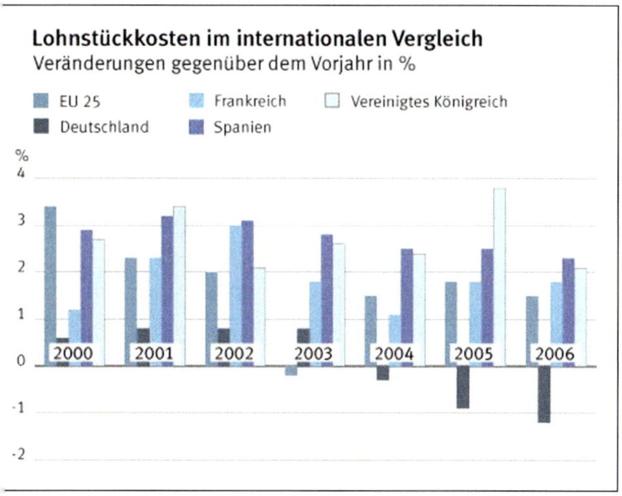

Abb. 2

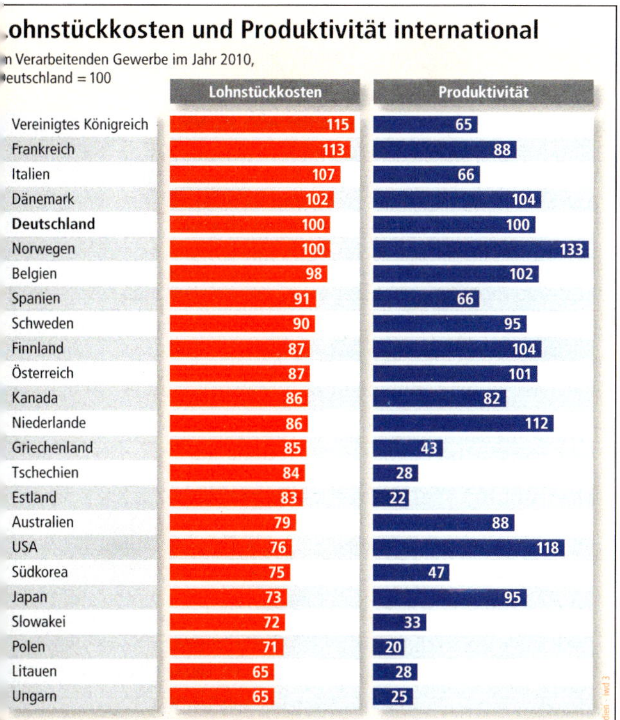

Lohnstückkosten: Verhältnis von Arbeitskosten je Beschäftigtenstunde in Preisen und Wechselkursen von 2010 zur Produktivität; Produktivität: Bruttowertschöpfung je geleistete Stunde in Preisen und Wechselkursen von 2010; Ursprungsdaten: Deutsche Bundesbank, Eurostat, nationale Quellen, OECD, Statistisches Bundesamt, U. S. Department of Labor

Abb. 3

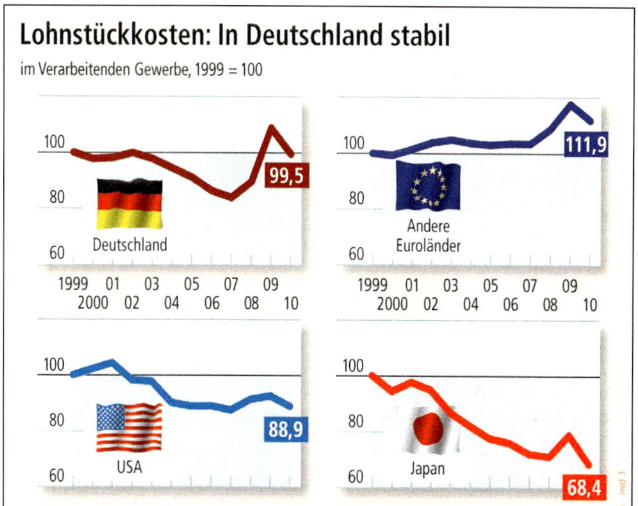

Lohnstückkosten: Verhältnis von Arbeitskosten je Beschäftigtenstunde zur Bruttowertschöpfung je geleistete Stunde, in nationaler Währung; Andere Euroländer: Durchschnitt der aktuellen Mitgliedsländer der Europäischen Währungsunion ohne Deutschland, Irland, Malta und Zypern, gewichtet mit dem Anteil der Länder am Weltexport im Zeitraum von 2008 bis 2010
Ursprungsdaten: Eurostat, nationale Quellen, OECD, Statistisches Bundesamt, U. S. Department of Labor

chenden Rückgang der Arbeitnehmerentgelte begleitet wird, zu einem Zuwachs dieses Verhältnisses. Der hohe Anstieg in Deutschland erklärt sich somit durch den überdurchschnittlich starken Einbruch des Wachstums bei gleichzeitig stabiler Entwicklung der Erwerbstätigkeit in den Quartalen seit der Krise. Die Arbeitnehmerentgelte für die Gesamtwirtschaft wiesen dadurch laut Eurostat seit Jahresbeginn in Deutschland insgesamt höhere Wachstumsraten auf als in Frankreich, Italien und Spanien.
Die vergleichsweise stabile Entwicklung der deutschen Erwerbstätigkeit ist vor allem dem massiven Einsatz von Instrumenten der internen Flexibilität zu verdanken, wie dem Abbau von Überstunden und Guthaben auf Arbeitszeitkonten, [...] der Nutzung von speziellen tariflichen Arbeitszeitregelungen für Krisenzeiten und der **Kurzarbeit***. Zudem wurden manche Arbeitskräfte wegen eines befürchteten Mangels an Facharbeitern gehalten.

(Institut für Makroökonomie und Konjunkturforschung [IMK] in der Hans-Böckler-Stiftung [Hg.], IMK Report Nr. 44, Düsseldorf, Dezember 2009, S. 12; http://www.boeckler.de/pdf/p_imk_report_44_2009.pdf)

1 Verschaffen Sie sich anhand von M 106a (Text und Grafik) zunächst Klarheit über die Bestandteile der Arbeitskosten. Was umfasst der Begriff „Sozialbeiträge*"?

2 Stellen Sie fest, wie sich die Position Deutschlands bzw. Westdeutschlands im internationalen Vergleich der Arbeitskosten in der Industrie darstellt. (M 106 a, Grafik)

3 Erklären Sie die Bedeutung des Begriffs der Arbeitsproduktivität und im Zusammenhang damit die Bedeutung der Lohnstückkosten (M 106 a, mit Kasten). Warum kommt es bei der Beurteilung des Kostenwettbewerbs letztlich auf die Lohnstückkosten an?

4 Wie sich die Lohnstückkosten in der *Gesamtwirtschaft* in Deutschland und im EU-Vergleich seit 2000 (bis 2006) entwickelt haben, können Sie anhand der Abb. 1 in M 106 b beschreiben. Vergleichen Sie diese Entwicklung mit der in der deutschen *Industrie* („verarbeitendes Gewerbe") und stellen Sie heraus, auf welche Bestimmungsgründe das Institut der deutschen Wirtschaft die günstige Entwicklung zurückführt (M 106 b, Z. 5 ff.). Erläutern Sie dazu, was mit „Lohnzurückhaltung" gemeint ist und inwiefern die „Sozialbeiträge*" (s. M 106a) ein Teil der Arbeitskosten (Lohnnebenkosten*) sind.

5 Das Institut der deutschen Wirtschaft weist darauf hin, dass neben der Darstellung der *Entwicklung* der Lohnstückkosten ihre *absolute Höhe* nicht vergessen werden darf, wenn von der Wettbewerbsfähigkeit des Standorts Deutschland die Rede ist. Beschreiben Sie anhand der Abb. 2, wie sich darauf bezogen die Position Deutschlands (in der Industrie) im internationalen Vergleich darstellt.

6 Beschreiben Sie die Entwicklung der Lohnstückkosten in der Industrie im Verlaufe der Finanz- und Wirtschaftskrise* 2008/2009 (Abb. 3) in Deutschland und erläutern Sie dazu die Erklärung der gewerkschaftsnahen Hans-Böckler-Stiftung (Z. 21 ff.).
- Durch welche wirtschaftspolitischen Maßnahmen der Bundesregierung ergab sich trotz des „starken Einbruchs des Wachstums" eine „gleichzeitig stabile Entwicklung der Erwerbstätigkeit"?
- Inwiefern ergibt sich bei einem Rückgang des Wachstums („Konjunktureinbruch") bei gleichzeitig weitgehendem Erhalt der Erwerbstätigkeit ein deutlicher Rückgang der Produktivität* und damit ein Anstieg der Lohnstückkosten?

M 107 Deutschland in der Spitze der internationalen Wettbewerbsfähigkeit

Bevor Unternehmen eine Standortentscheidung treffen, müssen sie viele Fragen klären: Wie schnell lassen sich meine Produkte an den Mann bringen? Können unbezahlte Rechnungen eingeklagt werden? Wie sieht das Arbeitskräfteangebot aus?
Diese Fragen und viele mehr beantwortet Jahr für Jahr der Wettbewerbsfähigkeitsreport des Weltwirtschaftsforums, bei dem 2011 erstmals das Institut der deutschen Wirtschaft Köln Consult offizieller Partner war. Danach belegt – über alle Kriterien hinweg – Deutschland den 6. Platz von 142 Ländern. Die deutsche Spitzenposition ruht auf mehreren Pfeilern (vgl. Grafik):
Qualität der Infrastruktur: Die Bundesrepublik nimmt bei diesem Indikator weltweit Rang zwei ein. Das Straßen- und Eisenbahnnetz ist dicht geflochten und gut in Schuss, sodass Personen

Internationale Wettbewerbsfähigkeit: Deutschland auf Rang 6

Diese Länder belegen im globalen Ranking der Wettbewerbsfähigkeit 2011 die ersten zehn Plätze

		2010
1	Schweiz	1
2	Singapur	3
3	Schweden	2
4	Finnland	7
5	USA	4
6	Deutschland	5
7	Niederlande	8
8	Dänemark	9
9	Japan	6
10	Vereinigtes Königreich	12

Wie Deutschland punktet

Deutschland belegt unter den 142 untersuchten Ländern in der Kategorie ... diesen Rang

2	Infrastruktur (z. B. Transportwege, Kommunikation)
4	Entwicklungsgrad der Unternehmen (z. B. Stand der Produktionstechnik)
5	Marktgröße (z. B. inländischer Markt, Exportstärke)
7	Innovationen (z. B. FuE-Ausgaben)
7	Hochschulbildung und Ausbildung
14	Technologischer Entwicklungsgrad (z. B. Einsatz neuester Techniken)
19	Institutionen (z. B. Eigentumsrechte, Korruption)
23	Gesundheit und Grundschulbildung
26	Effizienz der Gütermärkte (z. B. einheimische Wettbewerbsintensität, Existenzgründungen)
30	Makroökonomisches Umfeld (z. B. Inflation, Staatsschulden)
39	Entwicklungsgrad der Finanzmärkte (z. B. Zugang zu Krediten)
64	Arbeitsmarkteffizienz (z. B. Kündigungsschutz)

Quellen: Weltwirtschaftsforum, Institut der deutschen Wirtschaft Köln Consult GmbH, WHU, Vallendar

Institut der deutschen Wirtschaft Köln

und Güter schnell von A nach B transportiert werden können. Auch verfügt Deutschland über leistungsfähige Flughäfen.

Entwicklungsgrad der Unternehmen: Die Produktionsverfahren in Deutschland entsprechen dem neuesten Stand der Technik, die Vertriebskanäle sind in inländischer Hand. Das wird mit Platz vier auf der Weltrangliste belohnt.

Innovationen: Deutsche Unternehmen gehören zu den innovativsten der Welt. Nur in vier anderen Staaten wird mehr in Forschung und Entwicklung (FuE) investiert. Dass viele deutsche Produkte und Verfahren konkurrenzlos sind, wird auch in einem anderen Punkt deutlich: Deutsche Unternehmen nutzen nur selten Lizenzen oder imitieren ausländische Erzeugnisse.

Positiv werten die Experten des Weltwirtschaftsforums zudem, dass der Wettbewerb in Deutschland funktioniert, weil so gut wie keine Firma ihren Markt beherrscht.

Es gibt aber auch einige Schwachstellen am Standort D:

1. Arbeitsmarkt: Hier landet die Bundesrepublik nur auf Rang 64. Die Löhne seien fest zementiert, bemängelt der Report, auch wenn es in den Firmen mal nicht rund laufe, gebe es keine Luft nach unten. Und der ausgedehnte Kündigungsschutz führe dazu, dass Unternehmen nur zögerlich neues Personal rekrutierten. Kritisiert wird außerdem, dass Wissenschaftler und Ingenieure knapp seien und so ein wichtiger Wettbewerbsvorteil Deutschlands auf der Kippe stehe.

2. Finanzmärkte: In dieser Kategorie schneidet Deutschland nicht so gut ab, weil Firmen über einen eingeschränkten Zugang zu Krediten klagen.

Die Wettbewerbsfähigkeitsanalyse wird seit 2004 in dieser Form durchgeführt. Ihre Einstufungen basieren auf öffentlich zugänglichen „harten" Fakten und dem Executive Opinion Survey. Dabei wurden in allen 142 Ländern zusammen mehr als 14 000 Unternehmensführer nach ihrer Einschätzung befragt.

Der Index analysiert insgesamt zwölf Bereiche – angefangen bei der Infrastruktur über das makroökonomische Umfeld bis hin zur Grundschulbildung – und fasst diese zu einem gewichteten Gesamtindex zusammen (Grafik). Der gesamte Report steht (in englischer Sprache) im Internet zur Verfügung unter: http://www.weforum.org/issues/global-competitiveness

(Wettbewerbsfähigkeit – Deutschland steht in den Top Ten; © 2011, IW Medien – iwd 36, Institut der deutschen Wirtschaft Medien GmbH, 08.09.2011, S. 3; http://www.iwkoeln.de/de/infodienste/iwd/archiv/beitrag/27231)

1. Beschreiben Sie auf der Grundlage der Textinformationen (M 107), auf welcher Basis (Merkmale, Indikatoren, sonstige Informationen) das Schweizer Weltwirtschaftsforum (www.weforum.org) die internationale Wettbewerbsfähigkeit in einer Indexberechnung* beurteilt und in eine „Rangordnung" bringt.
2. Erläutern Sie die Stellung Deutschlands im Hinblick auf die im Text genannten Indikatoren, die Stärken und Schwächen des „Standorts".
3. Erklären und diskutieren Sie die wirtschaftspolitische Konzeption (vgl. M 60) und Einstellung, aus der heraus die Verfassung des deutschen Arbeitsmarkts beschrieben und beurteilt wird (Z. 23 ff.).

Methodischer Anhang

Hinweise zur Analyse von Statistiken

Statistische Daten spielen im sozialwissenschaftlichen Unterricht bei der Behandlung vieler Themen eine wichtige Rolle. Das ist schon deshalb so, weil man zur Beurteilung einzelner konkreter Fälle und Fakten wissen muss, wie es „im Ganzen“ oder „im Durchschnitt“ aussieht. Statistiken sind in einer „Sprache“ abgefasst, die sich auf wenige Begriffe, auf Zahlen und grafische Zeichen beschränkt, um auf diese Weise eine Vielzahl und eine Vielfalt von Fakten unter ganz bestimmten (vom Verfasser der Statistik ausgewählten) Gesichtspunkten zusammenzufassen, zu ordnen und überschaubar zu machen. Wenn man diese „Sprache“ richtig verstehen und „übersetzen“ will, muss man sie ein Stück weit erlernen. Das geht am besten, wenn man beim „Lesen“ der Statistik bestimmte Regeln beachtet und sich an bestimmten Leitfragen orientiert (s. u.). Das ist auch deshalb wichtig, weil man nur auf diese Weise auf Unklarheiten, Mängel und Fehler aufmerksam wird, die nicht selten in Statistiken enthalten sind. Denn: Statistische Darstellungen erwecken zumeist den Anschein vollkommener Objektivität und unbezweifelbarer Richtigkeit, obwohl sie oft – absichtlich oder unabsichtlich, vermeidbar oder unvermeidbar – wesentliche Informationen verschweigen oder gar das Urteil des Lesers über die dargestellten Sachverhalte in einer bestimmten Richtung beeinflussen.

A. Arten von Statistiken

Statistiken (statistische Daten) lassen sich grob unterteilen in **Tabellen** (zahlenmäßige Übersichten) und **Grafiken** (Veranschaulichung von Zahlenwerten und Größenverhältnissen mithilfe grafischer Elemente). Grafische Darstellungen gibt es in vielfältiger Form. Neben *Schaubildern*, die durch die Verwendung figürlicher Darstellungen gekennzeichnet sind, sind *Diagramme* aller Art sehr gebräuchlich. Die häufigste Form stellen aber wohl *Tabellen* dar. Deshalb sei ihr Aufbau hier kurz erläutert.

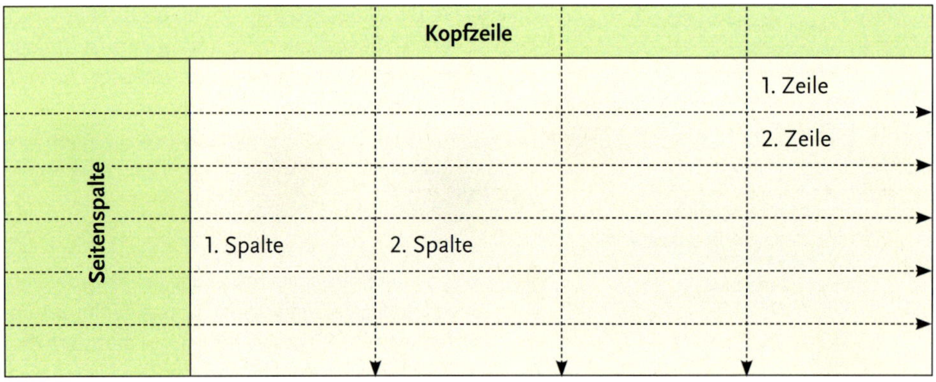

Parteien / Wahljahr	CDU/ CSU	SPD	FDP	Die Grünen[1]	PDS[2]
1972	44,9	45,8	8,4	–	–
1976	48,6	42,6	7,9	–	–
1980	44,5	42,9	10,6	1,5	–
1983	48,8	38,2	7,0	5,6	–
1987	44,3	37,0	9,1	8,3	–
1990	43,8	33,5	11,0	5,0	2,4

1994	41,4	36,4	6,9	7,3	4,4
1998	35,2	40,9	6,2	6,7	5,1
2002	38,5	38,5	7,4	8,6	4,0
2005	35,2	34,2	9,8	8,1	8,7
2009	33,8	23,0	14,6	10,7	11,9
2013	41,5	25,7	4,8	8,4	8,6

[1] Seit 1990: Bündnis 90/ Die Grünen
[2] 2005: Die Linke.PDS, 2009: Die Linke

Die tabellarische Anordnung beruht im Allgemeinen darauf, dass *zwei Aspekte* (Kategorien) eines (in der Überschrift genannten) Sachbereichs *miteinander in Beziehung* gesetzt werden. Das geschieht in der Weise, dass der eine Aspekt im Kopf der Tabelle (*Kopfzeile*) bezeichnet wird, der andere in der *Seitenspalte* (Vorspalte). Auf diese Weise ergeben sich in einer Tabelle (horizontale) *Zeilen* und (vertikale) *Spalten*, die dann mit Zahlenwerten gefüllt werden können.

Wenn eine Tabelle etwa – um ein einfaches Beispiel zu wählen – **die Stimmenanteile der im Bundestag vertretenen Parteien** bei den Bundestagswahlen darstellen will, kann sie in der Kopfzeile die Namen dieser Parteien auflisten und in der Seitenspalte die Wahljahre. Die Stimmenanteile werden *in Prozent der abgegebenen gültigen Stimmen* angegeben (s. Abb.).
Diese Form der tabellarischen Anordnung ermöglicht es in unserem Beispiel, sozusagen „auf einen Blick" nicht nur die *Anteile* der Parteien im jeweiligen Wahljahr miteinander zu vergleichen (in den Zeilen), sondern auch die *Entwicklung* der Anteile für jede einzelne Partei über viele Jahre hin zu überblicken (in den *Spalten*).

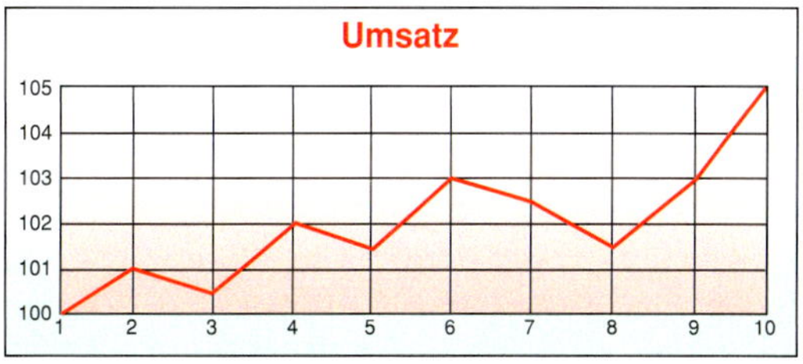

(Walter Krämer, So lügt man mit Statistik, Campus Verlag, Frankfurt/ New York 1995, S. 31 – 34)

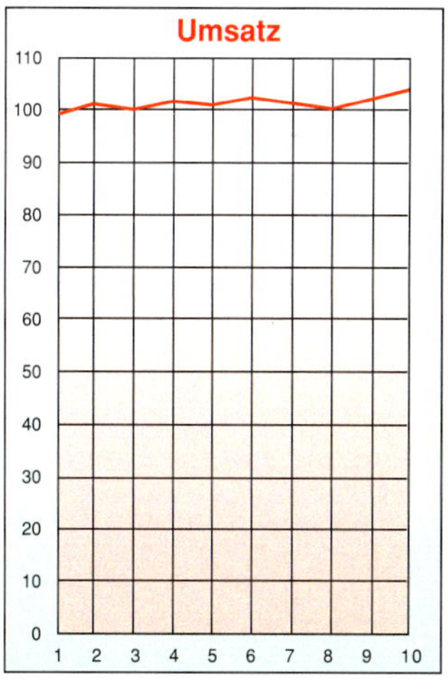

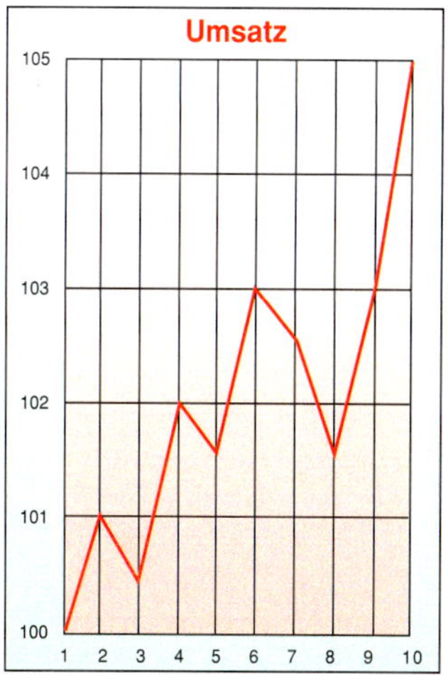

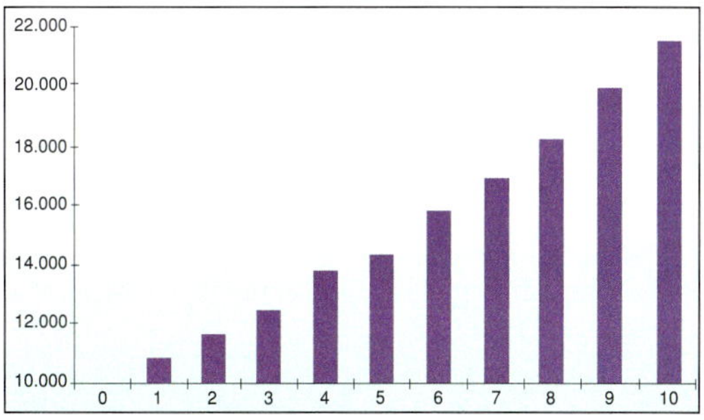

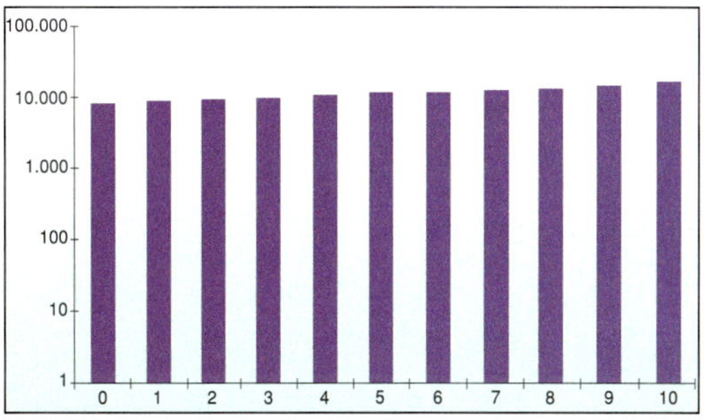

(Computer + Unterricht 16/1994, Friedrich Verlag, Seelze 1994, S. 48 f.)

Neben „einfachen" **Diagrammen**, in denen unterschiedliche Größen vergleichend nebeneinander gestellt werden, sind vor allem Diagramme verbreitet, die auf einem „Koordinatensystem" beruhen: Auf der (senkrechten) y-Achse (Ordinate) wird die (zahlen- oder preismäßige) Größe/Höhe einer bestimmten Einheit erfasst; auf der waagerechten x-Achse (Abszisse) wird die zeitliche Entwicklung wiedergegeben („Zeitachse"). Die Wahl der Abstände zwischen den Maßeinheiten auf beiden Achsen ist ganz entscheidend für den optischen Eindruck, den ein Diagramm (insbesondere ein Kurvendiagramm) von der dargestellten Entwicklung vermittelt.

Die drei hier abgebildeten Kurvendiagramme zeigen dieselbe Umsatzentwicklung eines Unternehmens (von 100 auf 105 Mio Euro in 10 Monaten). Die beiden Säulendiagramme darunter basieren ebenfalls auf identischen Daten (Entwicklung einer Geldanlage von 10 000 auf 21 000 Euro durch Zinseinnahmen über 10 Jahre).

B. Arbeitsschritte bei der Analyse von Statistiken

Um eine exakte Erarbeitung zu gewährleisten, ist es notwendig, *Beschreibung* und *Interpretation* (Auswertung und kritische Beurteilung) deutlich zu trennen und dabei bestimmte **Leitfragen** zu beachten (nicht alle Fragen des folgenden Katalogs sind für jede einzelne Statistik von Bedeutung).

1. Beschreibung

a) Aussagebereich und Quelle (Überschrift und Quellenangabe)

- Wozu soll die Statistik etwas sagen? Welche Frage will sie beantworten?
- Für welche Zeit und für welchen Raum soll sie gelten?
- Wer hat die Statistik verfasst (verfassen lassen)? Auf welchen Quellen beruht sie?
- Bei Befragungsergebnissen: Auf welche Frage hatten die Befragten zu antworten? Welche Antwortmöglichkeiten hatten sie?

b) Darstellungsform, Kategorien und Zahlen

- Welche Form der Darstellung wurde gewählt?
- Welche Kategorien (Begriffe) werden miteinander in Beziehung gesetzt? (z. B. bei Tabellen: Was steht in der Kopfzeile/Tabellenkopf, was in der Seitenspalte/Vorspalte?) Was bedeuten diese Begriffe genau?
- Welche Zahlenarten (absolute Zahlen, Prozentzahlen, Index*-Zahlen) werden verwendet? Auf welche Gesamtzahl beziehen sich ggf. die Prozentzahlen?
- Welche Informationen lassen sich der Statistik entnehmen? (Was bedeutet z. B. eine bestimmte Zahl in der Tabelle, ein bestimmter Punkt auf der Kurve des Diagrammes usw.?)

Hinweis: Insbesondere bei Vergleichen zwischen **Prozentzahlen** muss man darauf achten, ob die Gesamtzahl angegeben ist. So kann z. B. der Vergleich zweier Zeitungsverlage, von denen der eine seine Auflage von 500 000 auf 1 Million (also um 100 %) gesteigert, der andere seine Auflage von 2 Millionen auf 3 Millionen (also um 50 %) erhöht hat, einen ganz unterschiedlichen Eindruck hervorrufen, je nachdem, ob man diesen Vergleich in absoluten Zahlen (500 000 im Vergleich zu 1 Million) oder in Prozentzahlen (100 % im Vergleich zu 50 %) formuliert.
Auch der Unterschied zwischen einer Veränderung in *Prozent* und in *Prozentpunkten* ist bei der Beschreibung zu beachten.

2. Interpretation

a) Auswertung

- Welche Aussagen (Antworten auf die Fragestellung) lassen sich formulieren?
- Welche Aussagen (Beziehungen, Entwicklungen) sind besonders wichtig? Lassen sich bestimmte Schwerpunkte (Maxima, Minima), regelhafte Verläufe, besondere Verhältnisse und Entsprechungen feststellen?
- Wie lässt sich die Aussage zusammenfassend formulieren?

b) Kritik

- Gibt es Unklarheiten im Hinblick auf die Angaben zur Quelle, zur Fragestellung, zum Zeitpunkt usw.? – Enthält die Statistik offensichtliche Mängel und Fehler (z. B. in der Berechnung, Benennung, grafischen Anlage usw.)?
- Zu welchem Bereich der Fragestellung macht die Statistik keine Angaben? Was müsste man wissen, um die Daten und ihren Stellenwert im größeren Zusammenhang beurteilen zu können?
- Lässt sich ein bestimmtes Interesse an der Veröffentlichung erkennen? Könnte sie jemandem nutzen oder schaden?

(Autorentext)

Hinweise zur Analyse von Texten

1. Klarstellung des inhaltlichen Zusammenhangs

In den meisten Fällen ist ein bestimmtes Vorwissen schon vorhanden, oder der Text ist ein Glied in einer Reihe schon erarbeiteter Materialien. Sich diese Zusammenhänge klarzumachen, erleichtert das Verständnis und die Einordnung der neuen Informationen; es hilft, gezielt und wirksam zu lesen. In diesen Zusammenhang gehört es auch, sich einer vorgegebenen Aufgabenstellung genau zu vergewissern. In den Arbeitshinweisen dieses Buches finden sich viele solcher Erschließungshilfen.

2. Schritte der Texterschließung

2.1 Jede Texterschließung sollte damit beginnen, die äußeren *Textmerkmale* festzustellen:

- Was ist laut der Überschrift der *Gegenstand* des Textes?
- Wer ist der *Verfasser* (z. B. Politiker/in einer bestimmten Richtung, Fachwissenschaftler/in, Vertreter/in von Interessengruppen)?
- Wer ist oder war ursprünglich der *Adressat* (z. B. eine breite Öffentlichkeit bei Zeitungsartikeln, ein bestimmtes Publikum bei einer Rede, Fachleute auf einem bestimmten Gebiet bei einem wissenschaftlichen Text)? Wird der Entstehungsanlass genannt?
- Wann und wo ist der Text ursprünglich *veröffentlicht* worden? Wie aktuell ist er?

Die Beantwortung dieser Fragen erleichtert in vielen Fällen das Verständnis des Textes und seine spätere Einschätzung.

2.2 Zunächst sollte der Text zur Orientierung überflogen werden. Für eine genaue Erschließung muss er dann sorgfältig gelesen und auf den gedanklichen Ablauf und seine Hauptaussagen hin untersucht werden. Dabei ist es eine gute Hilfe, auf zentrale Begriffe („Signalwörter") zu achten. Verbindungswörter („außerdem", „und", „denn, weil", „allerdings", „obwohl", „andererseits", „zunächst", „schließlich") helfen bei der richtigen Erfassung des Gedankenvorganges.

Zur besseren Erfassung der Textaussagen kann man sich verschiedener Techniken bedienen (s. aber den kursiv gesetzten Hinweis unten):

- *Unterstreichen* oder farbiges *Markieren* von Kernaussagen und zentralen Begriffen, bei längeren Sätzen oder Abschnitten unter Umständen auch am Rand.
- *Randvermerke* in Form von Zeichen, z. B.: ? = Verständnislücke, Unklarheit z. B. bei Fremdwörtern und Fachbegriffen, ! = (vorläufige) Zustimmung, ?! = Zweifel, (vorläufige) Kritik. In Verbindung mit solchen Zeichen, aber auch ohne sie können kurze Randbemerkungen die Zielrichtung oder Begründung der Zustimmung oder der Kritik kennzeichnen.
- Randvermerke in Form einer *Zusammenfassung* von Absätzen in kurzen, prägnanten Formulierungen, auch in der Form von Überschriften.

Auf diese Weise kann, falls der Originaltext eine solche Gliederung z. B. durch Zwischenüberschriften nicht schon enthält, auch eine *inhaltliche Gliederung* des Textes entstehen. Wichtig ist jedoch, dass eine solche Gliederung erst im Verlauf und nach einer genauen Textlektüre entstehen kann und nicht am Anfang der Texterfassung steht.

- Im Verlauf oder am Ende der Lektüre müssen unbekannte Fremdwörter und Fachbegriffe mit dafür geeigneten Hilfsmitteln (Fremdwörterlexikon, Fachwörterbuch, Internet oder mit einem Glossar wie in diesem Buch) so weit wie möglich abgeklärt werden. Kurze Erklärungen können vermerkt werden.

Alle Mittel zur Kennzeichnung des Textes müssen jedoch so sparsam verwendet werden, dass sie ihre Funktion, Wichtiges hervorzuheben, erfüllen.

Da man die beschriebene Kennzeichnung von Texten direkt in Schulbüchern (Schulbuchausleihe) nicht vornehmen kann, kann man sich z. B. mit entsprechenden Notizen in einem Heft oder auf Zetteln helfen, die man in das Buch einlegt (mit Angabe, zu welchem Text der Zettel gehört).

3. Fragen zu einer genaueren Untersuchung des sachlichen Gehaltes, der Aussageabsicht und der Argumentationsstruktur

- Wie kommt der Autor zu seinen Erkenntnissen? Woher bezieht er seine Informationen?
- Wie begründet der Autor seine Aussage, seine These, die Position, für die er wirbt?
- Von welchen expliziten (ausdrücklich genannten) bzw. impliziten (nicht ausdrücklich genannten) Voraussetzungen geht der Autor aus?
- Auf welche Zusammenhänge nimmt der Autor ausdrücklich oder indirekt Bezug?
- Zu welchen Ergebnissen kommt der Autor?

- Was sind – in einem argumentativen Text – die Hauptaussagen des Textes?
- Worin liegt die Aussageabsicht des Autors? Was ist dem Autor besonders wichtig? Worauf will er hinaus?

4. Texterörterung und -bewertung

Bei diesem Schritt geht der Leser über die Erfassung des Textinhaltes und seine genauere Untersuchung und Kommentierung hinaus und bestimmt sein Verhältnis zum Text. Auch wenn Bewertungen bei den vorhergehenden Schritten immer schon „mitgeschwungen" sind, müssen sie am Ende der Arbeit mit einem Text genau formuliert und begründet werden. Eine gut begründete Textbewertung resultiert gedanklich aus einer Texterörterung, in der Aussagen des Textes, ausgehend von bestimmten Gesichtspunkten, abgewogen und Pro- und Kontra-Argumente entwickelt werden. Die daran anschließende *persönliche Stellungnahme* sollte sich nicht in einer pauschalen Zustimmung oder Ablehnung erschöpfen, sondern die eigene Position – wenn möglich – differenziert begründen. Wichtig ist dabei, sich der *eigenen Beurteilungskriterien und Wertmaßstäbe* bewusst zu sein und diese auch deutlich zu machen.
Allgemeine *Beurteilungskriterien* können z. B. sein,
– ob die Aussagen des Autors sachlich richtig sind (soweit dies nachprüfbar ist),
– ob sie keine Unklarheit enthalten oder wichtige Aspekte eines Sachverhaltes nicht berücksichtigen,
– ob sie auch Gegenargumente berücksichtigen,
– ob sie in sich widerspruchsfrei sind,
– ob sie erkennbar übertriebene oder beschönigende Darstellungen enthalten.
Eigene *Wertmaßstäbe* können z. B. in Vorstellungen bestehen von dem, was gerecht bzw. „sozial gerecht" ist, was „demokratisch" oder „rechtsstaatlich" ist, was der Wertordnung des Grundgesetzes (Menschenwürde, Grundrechte) entspricht.
Die Gesamtbewertung muss nicht unbedingt in einer vollständigen Zustimmung oder Ablehnung enden. Auch eine teilweise Übereinstimmung oder die Feststellung offener Fragen z. B. aufgrund fehlender Informationen kann am Ende stehen. (Autorentext)

Hinweise zur Unterrichtsmethode der Expertenbefragung

Ein Experte/eine Expertin ist ein Sachverständiger, also eine Person, die über einen bestimmten Sachverhalt aus eigenem Erleben und/oder intensiver Beschäftigung genaue Kenntnisse hat. Ein Experte kann häufig Sachverhalte genauer und anschaulicher darstellen, als das z. B. in Texten möglich ist; er hat zudem häufig Informationen, die in Büchern (noch) nicht vorhanden sind.

Hauptzweck von Expertenvortrag und Expertenbefragung ist die *Informationsgewinnung*. Der Unterschied zu einer politischen Diskussion, in der es zentral um Meinungsbildung, Meinungsaustausch und ggf. Entscheidungsfindung geht, darf nicht verwischt werden. Das schließt nicht aus, dass eine Expertenbefragung nach einer gewissen Zeit in eine politische Diskussion übergeht.
Jeder Experte hat aber neben Kenntnissen auch *Meinungen* zu den Gegenständen oder Sachverhalten, mit denen er sich beschäftigt. Wertungen und Meinungen, die sich ein Experte bei der Auseinandersetzung mit dem Gegenstand gebildet hat, können eine wertvolle Anregung für die eigene Meinungsbildung sein. Voraussetzung dafür ist jedoch, dass der Experte und seine Zuhörer zwischen Informationen und Wertungen so weit wie möglich trennen. Der Experte ist dann nicht mehr sachliche Autorität, sondern grundsätzlich gleichberechtigter Gesprächspartner.

Eine *Expertenbefragung* hat gegenüber einem Experten*vortrag* den Vorzug, dass die zu übermittelnden Informationen genau auf die Bedürfnisse der Zuhörer abgestimmt werden können und dass die Zuhörer Verlauf und Ergebnis der Veranstaltung aktiv mitgestalten können. Deshalb konzentrieren sich die folgenden Hinweise auf die Experten*befragung*. Bei der Vorbereitung und Durchführung einer solchen Befragung sollte Folgendes beachtet werden:

1. Auswahl des Themas für eine Expertenbefragung

Nicht jedes Thema eignet sich für eine Expertenbefragung. Da eine Expertenbefragung einen nicht unerheblichen *Aufwand* für den Experten und seine Zuhörer bedeutet, sollte sie nur veranstaltet werden, wenn die gewünschten Informationen nicht oder nur erheblich schlechter auf anderem Weg beschafft werden können.

2. Auswahl des Experten

Der Experte muss so ausgewählt werden, dass er für das gewählte Thema über den bisherigen Kenntnisstand der Zuhörer hinaus tatsächlich Neues vermitteln kann. Das muss vorher eventuell durch ein *Vorgespräch* mit dem Experten ermittelt werden.

3. Organisatorische und inhaltliche Vorbereitung

Ort, Zeitpunkt und Dauer der Befragung sollten frühzeitig vereinbart, Sitzordnung, Gesprächsleitung und die Form des Festhaltens der Ergebnisse (Protokollführung) vorher abgeklärt werden. Gezieltes Fragen setzt eine gewisse Kenntnis des Gegenstandes voraus. Die Zuhörer müssen also bereits in das Thema der Befragung eingearbeitet sein. Fragenbereiche und Einzelfragen sollten auf der Grundlage der bisherigen Beschäftigung mit dem Gegenstand genau *vorbereitet* sein. Im Regelfall sind auch vorherige Vereinbarungen darüber, wer welche Fragen zu welchem Zeitpunkt stellt, unumgänglich. Der Experte sollte rechtzeitig über die an ihn gerichteten Erwartungen informiert werden, damit er sich – falls notwendig – gezielt auf die Befragung vorbereiten kann.

4. Durchführung der Befragung

Eine Expertenbefragung kann nur gelingen, wenn alle Beteiligten (Experte, Frager und Zuhörer, Gesprächsleiter) sich an die am Anfang formulierten *Regeln* halten. In besonderer Weise ist dafür der Gesprächsleiter verantwortlich. Er muss z. B. darauf achten, dass die vorbereiteten Themenbereiche zur Sprache kommen, dass der Experte und die Fragenden nicht abschweifen, dass der Unterschied zu einer politischen Diskussion erhalten bleibt bzw. der Übergang zu einer solchen Diskussion deutlich markiert wird.

5. Auswertung der Befragung

Jede Expertenbefragung sollte zu einem späteren Zeitpunkt ohne den Experten *ausgewertet* werden. Der sachliche Ertrag sollte klar bestimmt werden. Dieses Ergebnis sollte daraufhin überprüft werden, welche neuen Informationen gewonnen wurden und inwieweit das Ziel der Befragung erreicht wurde. Auch Vorbereitung, Organisation und das Verfahren sollten im Hinblick auf weitere Befragungen kritisch überprüft werden. (Autorentext)

Hinweise zur Vorbereitung eines Kurzreferates

Ein Referat ist ein mündlicher Vortrag über ein deutlich markiertes Thema. Es dient dazu, einer Zuhörerschaft neue Informationen über ein bestimmtes Thema zu vermitteln, die sie ohne erheblichen Aufwand sonst nicht bekommen würde. Für den Referenten/die Referentin gibt es die Möglichkeit, sich darin zu üben, Sachverhalte in zusammenhängender, geordneter Form vorzutragen.
Für die **Vorbereitung** ist Folgendes zu beachten:

- Das *Thema* muss klar bezeichnet und eingegrenzt werden. Eine solche klare Fragestellung hilft bei der Stofferarbeitung und erleichtert später beim Vortrag das Zuhören.
- Das in der Vorbereitung zu erarbeitende *Material* sollte – eventuell nach einer Phase der Materialsuche – genau eingegrenzt werden. Unüberschaubares Material führt zur Verzettelung und oberflächlichen Bearbeitung.
- Der Referent sollte sich bei der Vorbereitung an einen Arbeitsplan mit folgenden *Arbeitsphasen* halten:

– Materialsuche (falls nicht vorgegeben),
– Auswertung des Materials (Lesen, Unterstreichen, Notizenmachen),
– Erstellung einer Gliederung,
– Ausarbeitung des Referates in Stichworten (kein Aufsatz),
– Vorbereitung von unterstützenden Materialien für den Vortrag (evtl. Folie oder vervielfältigte Übersicht).

Für die **Durchführung** des Referates sollten folgende Grundsätze beachtet werden:

- Ein Referat sollte *klar gegliedert* sein. Nach einer Einleitung, die das Thema sowie die Materialgrundlage nennt und versucht, die Zuhörer für das Thema zu interessieren, folgt ein unter Umständen noch einmal unterteilter Hauptteil mit den Informationen und Gedanken, die der Referent vermitteln will. Am Ende steht eine knappe Zusammenfassung, in der unter Umständen auch offene Fragen und Möglichkeiten der Weiterarbeit benannt werden.
- Ein Referat soll auf die Fähigkeit der Zuhörer, konzentriert zuzuhören, ausgerichtet sein. Die *Länge* des Referates muss deshalb genau überlegt werden.

- Ein Referat sollte nach Stichworten *frei vorgetragen* und nicht abgelesen werden, da der Vortrag so lebendiger wird.
- Der Referent sollte den Zuhörern zu Beginn mitteilen, wie er sich *Rückfragen* vorstellt (Zwischenfragen während des Referates oder Fragen nach der Beendigung des Vortrags). Solche vereinbarten Regeln geben Referent und Zuhörer Sicherheit.
- In vielen Fällen ist es sinnvoll, den mündlichen Vortrag durch kurze Skizzen, Schemata und Zusammenfassungen zu unterstützen. Ihre Präsentation auf einer *Folie*, auf die der Referent laufend Bezug nimmt, konzentriert die Aufmerksamkeit der Zuhörer auf den Vortrag. Schriftliche Zusammenfassungen in vervielfältigter Form sollten deshalb im Regelfall erst am Ende des Vortrags ausgegeben werden.

Für ein aktives und wirksames *Zuhören* bei Referaten sollte Folgendes beachtet werden:

- Wichtiger als die Erfassung aller Einzelheiten ist es, den „roten Faden" des Referenten zu verfolgen. Dabei ist es hilfreich, auf Einleitungssätze, Überleitungen und Zusammenfassungen besonders zu achten.
- Ein Versuch, möglichst viel möglichst genau mitzuschreiben, behindert eher bei der Aufnahme der Informationen. Insbesondere, wenn eine schriftliche Zusammenfassung angekündigt wird, ist es besser, sich nur die grobe Struktur des Vortrags und ggf. Stichworte zu Rückfragen oder Diskussionsbeiträgen zu notieren.

(Autorentext)

Glossar

Abgeltungsteuer. Am 1.1.2009 eingeführte pauschale Steuer auf Erträge aus Kapitalanlagen wie Zinsen, → Dividenden und Kursgewinne, mit der zugleich die Einkommensteuer abgegolten ist. Der Steuersatz beträgt 25 %; zuzüglich → Solidaritätszuschlag und Kirchensteuer errechnet sich eine Steuerbelastung von 27,8 %. Die Abgeltungsteuer ist eine Quellensteuer, die Banken und Finanzdienstleister einbehalten und an das Finanzamt abführen.

Abschreibung. In einem Unternehmen nutzen sich die bei der betrieblichen Leistungserstellung eingesetzten Maschinen, Gebäude, Fahrzeuge etc. ab. Diese Wertverluste werden als Kosten erfasst, die bei der Berechnung des Verkaufspreises der produzierten Güter und bei der Ermittlung des Gewinns als „Abschreibungen" berücksichtigt werden müssen. Beispiel: Eine Maschine wurde für 10 000 Euro eingekauft. Es kann von einer jährlichen Wertminderung von 1 000 Euro ausgegangen werden. Diese Abschreibungen müssen im Verkaufspreis der Güter berücksichtigt werden, wenn das Unternehmen nach Ablauf der Nutzungsdauer die verschlissene Maschine ersetzen will. Andernfalls wäre der Preis zu niedrig kalkuliert. Es würde die Gefahr bestehen, dass das Unternehmen sich „aufzehrt" (ein „Substanzverlust" eintritt), weil die notwendigen → Ersatzinvestitionen nicht vorgenommen werden könnten. Steuerrechtlich sind Abschreibungen Ausgaben und mindern daher den zu versteuernden Gewinn.

Absorption. Aufsaugen, In-sich-Aufnehmen.

Aggregate. „Anhäufungen"; Bezeichnung für relativ strukturlose Mengen, Massen oder Gesamtheiten (soziale Aggregate beziehen sich auf entsprechende Gesamtheiten von Individuen).

Aggregation. Zusammenfassung vieler, möglichst gleichartiger Einzelgrößen (Wirtschaftssubjekte, Güter, → Produktionsfaktoren usw.) zu Gesamtgrößen. Aggregation beruht immer auf Abstraktion (von der Vielfalt konkreter Einzelheiten).

aggregieren. → Aggregation.

Aktie. → Wertpapier, in dem das Anteilsrecht an einer Aktiengesellschaft (AG) verbrieft ist. Der Nennwert entspricht dem aufgedruckten Geldbetrag; er weicht in der Regel vom Marktwert (Börsenkurs) der Aktie ab. Aktionäre sind am Gewinn der betreffenden Gesellschaft beteiligt (→ Dividende).

Angestellte. Angestellte sind wie → Arbeiter abhängig Beschäftigte (Arbeitnehmer), d. h., sie stellen ihre Arbeitskraft für Lohn einem Arbeitgeber zur Verfügung; Unterschiede bestehen u. a. im Hinblick auf Urlaubs- und Entlohnungsregelungen (Angestellte beziehen z. B. ein festes Monatsgehalt). Im Durchschnitt, nicht in jedem Einzelfall, werden Angestellte besser bezahlt als Arbeiter und haben einen höheren Bildungsstand. Als „leitende Angestellte" haben sie führende Positionen in den Betrieben.

Arbeiter. Arbeiter und → Angestellte sind zwei unterschiedliche Gruppen von Arbeitnehmern. Traditionell werden Arbeiter überwiegend in der Produktion mit körperlicher Arbeit beschäftigt, Angestellte dagegen überwiegend im Dienstleistungsbereich (z. B. Banken, Verwaltung) und im technisch-wissenschaftlichen Bereich.

Arbeitslosengeld (auch: **Arbeitslosengeld I**). Leistungen aus der beitragsfinanzierten Arbeitslosenversicherung in Höhe von 60 %, für Arbeitslose mit Kindern 67 % des früheren Nettoarbeitsentgelts. Anspruch haben Arbeitslose, die während der letzten zwei Jahre mindestens 360 Tage versicherungspflichtig beschäftigt waren, sich persönlich arbeitslos gemeldet haben und Arbeit suchen. Die Anspruchsdauer beträgt seit dem 1.1.2008 je nach Alter und Dauer der versicherungspflichtigen Beschäftigung maximal 24 Monate (50- bis 54-Jährige: 15 Monate; 55- bis 57-Jährige: 18 Monate; 58-Jährige und Ältere: 24 Monate).

Arbeitslosengeld II. Mit dem Inkrafttreten der sog. → „Hartz IV"-Reform (2005) wurde für alle Personen, die bisher Leistungen der *Arbeitslosenhilfe* erhielten, und alle erwerbsfähigen Personen, die bisher Anspruch auf Sozialhilfe hatten, als einheitliche Unterstützungsleistung die *„Grundsicherung für Arbeitsuchende"* geschaffen. Die Leistungen dieser Grundsicherung für die Arbeitsuchenden selbst heißen *„Arbeitslosengeld II"*, die für ihre im gleichen Haushalt lebenden Angehörigen *„Sozialgeld"* (nicht zu verwechseln mit der weiterhin bestehenden, nun aber nur noch für relativ wenige Personen infrage kommenden → „Sozialhilfe"). Der *Regelsatz* für einen Alleinstehenden beträgt seit Januar 2015 399 Euro. Ehepartner/Lebenspartner erhalten je 360 Euro, Kinder ab 14 Jahren 302 Euro, von 6 bis unter 14 Jahren 267 Euro und unter 6 Jahren 234 Euro. Beispiel: Eine Paarfamilie mit zwei Kindern im Alter von 4 und 12 Jahren erhält somit 1 460 Euro. Hinzu kommt die Erstattung der *Miet- und Heizkosten*, die nach den örtlichen Richtlinien der Städte und Gemeinden berechnet wird (vgl. http://www.hartziv.org/unterkunft-und-heizung.html [14.12.2014]). Auf die Gesamtsumme wird das bezogene Kindergeld (368 Euro) angerechnet. Im Dezember 2011 lebten in 3,30 Mio. Hartz IV-Bedarfsgemeinschaften insgesamt 6,12 Mio. Personen (4,43 Mio. Erwerbsfähige und 1,69 Mio. Nicht-Erwerbsfähige).

Arbeitsmarkt. Markt (Angebot und Nachfrage) für Arbeitskräfte, auf dem die Arbeitnehmer eine Beschäftigung, einen Arbeitsplatz suchen (ihre Arbeitskraft anbieten), die Arbeitgeber Arbeitsplätze anbieten (Arbeitskraft nachfragen). Wenn weniger Arbeitsplätze angeboten als gesucht werden, herrscht Arbeitslosigkeit. Da die Arbeitsleistung untrennbar mit der Person verbunden ist, bestimmt der Arbeitsmarkt in starkem Maße die Lebensverhältnisse der Arbeitnehmer. Der gesamte Arbeitsmarkt gliedert sich in regionale und sektorale Teilmärkte sowie in bestimmte Berufe, Qualifikationen und Personengruppen. Der durch → Arbeitsmarktpolitik beeinflusste Bereich des Arbeitsmarktes wird gelegentlich auch als „2. Arbeitsmarkt" bezeichnet.

Arbeitsmarktpolitik. Während der Begriff der Beschäftigungspolitik sich auf gesamtwirtschaftliche Maßnahmen zur Sicherung eines hohen Beschäftigungsstandes bezieht, richtet sich die Arbeitsmarktpolitik auf den Ausgleich von Angebot und Nachfrage auf Teilarbeitsmärkten (z. B. für Regionen, Qualifikationen, Problemgruppen) und verfolgt auch soziale Ziele. Mittel dieser Politik sind u. a. Berufsberatung, Arbeitsvermittlung, Maßnahmen zur Steigerung der Arbeitskräftemobilität und zur Förderung beruflicher Bildung, Arbeitsbeschaffungsmaßnahmen, Lohnersatzzahlungen (bei Arbeitslosigkeit). Hauptträger der Arbeitsmarktpolitik ist die → Bundesagentur für Arbeit.

Arbeitsproduktivität. → Produktivität

Basiseffekt. Auswirkung, die bei der Berechnung einer prozentualen Veränderung von der absoluten Höhe des Basiswertes auf die Höhe des Prozentsatzes der Veränderung ausgeht; beträgt z. B. ein Wert im Basisjahr 200, ergibt eine Steigerung um 40 Einheiten einen Prozentsatz von 20 %; beträgt der Basiswert 2 000, ergibt die gleiche Steigerung einen Prozentsatz von 2 %.

Beamter. Angehöriger des öffentlichen Dienstes (einer Gemeinde, des Landes, des Bundes), der in einem besonderen Dienstverhältnis zum Staat steht. Bestimmten Pflichten des Beamten (besondere Treuepflicht, Dienstverschwiegenheit, Gehorsam gegenüber den Vorgesetzten, Streikverbot) steht eine besondere Fürsorge und Schutzpflicht des Staates gegenüber (Anstellung auf Lebenszeit, angemessene Besoldung und Altersversorgung, Beihilfe in Krankheitsfällen). Im Durchschnitt, nicht in jedem Einzelfall, werden Beamte besser bezahlt als → Arbeiter und → Angestellte.

Bruttoinlandsprodukt (BIP). Wertmaßstab für die gesamte wirtschaftliche Leistung einer Volkswirtschaft in einem bestimmten Zeitraum (Inlandskonzept). Dabei werden alle innerhalb der geografischen Grenzen einer Volkswirtschaft in einer Periode erstellten und zu Marktpreisen bewerteten Güter und Dienstleistungen abzüglich der Vorleistungen (Güter, die in den inländischen Produktionsprozess eingehen) einbezogen. Zum zeitlichen Vergleich der wirtschaftlichen Leistungskraft einer Volkswirtschaft eignet sich besser das *reale* Bruttoinlandsprodukt, das nicht in laufenden Preisen gemessen wird, sondern in konstanten Preisen eines bestimmten Basisjahres.

Bruttoinvestitionen. Die gesamten → Investitionen eines Unternehmens oder einer Volkswirtschaft.

Bruttowertschöpfung. Der von einem Unternehmen in einer bestimmten Periode geschaffene Wertzuwachs (sein Beitrag zum Sozialprodukt). Sie wird ermittelt, indem von den Umsatzerlösen (± Lagerbestandsveränderungen) die Vorleistungen abgezogen werden. Durch Abzug der → Abschreibungen ergibt sich der Nettowert.

Bundesagentur für Arbeit. Zentrale Bundesbehörde für Arbeitsvermittlung, Abwicklung der Arbeitslosenversicherung, Berufsberatung und Fortbildung (bis 2003: Bundesanstalt für Arbeit). Als „Arge" wird die mit der Einführung des → „Arbeitslosengeldes II" (→ „Hartz IV") neue eingerichtete örtliche „Arbeitsgemeinschaft der Agentur für Arbeit und der Kommunalverwaltung" bezeichnet, die mit der Betreuung von Langzeitarbeitslosen, ihrer Vermittlung in Arbeitsplätze und der Auszahlung des Arbeitslosengelds II beauftragt ist (auch unter der Bezeichnung „Job-Center").

deficit spending. (deutsch: Defizit-Ausgaben) In der nachfrageorientierten („keynesianischen") Wirtschaftstheorie Bezeichnung für zusätzliche (ggf. schuldenfinanzierte) staatliche Ausgaben in einer Phase wirtschaftlicher Rezession und hoher Arbeitslosigkeit. Sie sollen zur Erhöhung der gesamtwirtschaftlichen Nachfrage und der Beschäftigung führen. Das ggf. entstandene → Haushaltsdefizit soll in einer folgenden Aufschwungphase ausgeglichen werden.

Deflation. Ein Prozess stetiger Preisniveausenkungen. Er entsteht, wenn bei einem herrschenden Preisniveau die Gesamtnachfrage geringer ist als das gesamtwirtschaftliche Angebot (deflatorische Lücke, Nachfragelücke). Der verzögerte Anpassungsprozess hin zu einem neuen Gleichgewicht geschieht über Preissenkungen. Da es außerdem oft zu Einkommenssenkungen und Entlassungen von Arbeitskräften kommt, verstärkt sich der Prozess. Sehr deutlich waren diese Zusammenhänge in der → Weltwirtschaftskrise, die 1929 ausbrach. In den USA fielen über einen Zeitraum von vier Jahren die meisten Preise, und die Zahl der Arbeitslosen nahm durch die Entlassungen massiv zu. Seit 1945 hat es in den Industrienationen nur in Japan (etwa 2000 – 2004) eine nennenswerte Deflation gegeben.

demografisch. Auf die Größe, die Entwicklung (Abnahme, Zunahme) und Struktur (Verteilung der Altersgruppen) der Bevölkerung bezogen.

Devisen. Ausländische Zahlungsmittel. Devisen kann ein Land nicht wie die eigene Währung „schöpfen", sondern muss sie verdienen, z. B. als Bezahlung für eigene, an das Ausland gelieferte Waren. Da jedes Land die Güter importieren muss, die es benötigt, aber nicht selbst herstellt, ist der Erwerb von Devisen hierfür notwendig.

Dividende. (lat. „das zu Verteilende") Der auf den Nennwert einer → Aktie entfallende Gewinnanteil (ausgedrückt in Prozent). Allgemein auch: der Gewinn, der sich aus einer Maßnahme ergibt.

Eigenkapital. Teil des → Kapitals eines Unternehmens, der vom Eigentümer aus eigenem Vermögen investiert wird; im Unterschied zum Fremdkapital, das das Unternehmen sich von außen (z. B. durch Bankenkredite) verschafft.

Einlagen. Bezeichnung für Geldbeträge, die von Bankkunden auf ihre Konten eingezahlt werden. Sie können entweder jederzeit (Sichteinlagen) oder zu einem festgelegten Zeitpunkt (Termineinlagen) oder nach bestimmten Kündigungsfristen (Spareinlagen) wieder abgehoben werden. Von Einlagen spricht man auch bei einer Beteiligung an Personen- und Gesellschaftsunternehmen zur Bildung des Eigenkapitals dieser Unternehmen.

Einzelunternehmen. Unternehmen, bei dem ein einzelner Unternehmer das notwendige Kapital aufbringt, das Unternehmen selber leitet und unbeschränkt haftet (auch mit seinem Privatvermögen).

empirisch. Auf die Wirklichkeit, die Erfahrung bezogen (im Unterschied zu „theoretisch", d.h. auf Überlegung und gedanklicher Verknüpfung beruhend); die Wirklichkeit durch Verfahren und Methoden erschließend, die nachvollziehbar und nachprüfbar sind und somit das Ergebnis von der Subjektivität des Forschers unabhängig machen.

Energiesteuer. Zusammenfassende Bezeichnung für sämtliche Steuern auf Energieerzeugnisse wie Kraftstoffe (v.a. Benzin, Diesel) und Heizstoffe (v.a. Heizöl, Erdgas). Am 1.8.2006 trat das Gesetz zur Neuregelung der Besteuerung von Energieerzeugnissen und zur Änderung des Stromsteuergesetzes (Energiesteuergesetz) in Kraft. Es fasst die verschiedenen Gesetze (Mineralölsteuergesetz, Stromsteuergesetz usw.) zusammen.

Ersatzinvestitionen. Investitionen zum Ersatz verbrauchter Anlagegüter mit dem Ziel, eine Substanzauszehrung des Unternehmens zu vermeiden; die Finanzierung erfolgt i.d. R. aus → Abschreibungen.

Ertrag. Der in Preisen ausgedrückte Wert der betrieblichen Leistungserstellung in einem bestimmten Zeitraum (z.B. einem Geschäftsjahr).

expansiv. „Ausdehnend". Bezeichnung für eine wirtschaftspolitische Maßnahme oder deren Wirkung, die eine vorhandene Größe (Geldmenge, → BIP, Beschäftigung) vergrößert. Gegensatz: → kontraktiv.

Faktoreinkommen. Einkommen als Entgelt für die zeitweilige Überlassung von Produktionsfaktoren (z.B. Löhne und Gehälter, Gebühren und Honorare für Arbeit, Zinsen und Gewinnanteile für Kapital, Pachten für Boden).

Faktorproduktivität. Verhältnis des Produktionsergebnisses zu den eingesetzten → Produktionsfaktoren (→ Produktivität).

Fazilität. (von lat. facilitas – Leichtigkeit) Die von einer Bank ihren Kunden eingeräumte Möglichkeit, kurzfristig Kredite in Anspruch zu nehmen oder Guthaben anzulegen; besonders im Zusammenhang mit dem Geschäftsverkehr der Zentralbank mit den Geschäftsbanken (als ihren „Kunden").

Finanz- und Wirtschaftskrise, internationale (2007–2009). Die im Jahr 2007 beginnende und sich danach verstärkende weltweite Krise an den internationalen → Finanzmärkten, die zu extrem hohen Kreditausfällen und Abschreibungen auf spekulative Anlagen bei Banken und Finanzinstituten führte. Ausgelöst wurde diese Krise durch die Vergabepraxis und mangelnde Besicherung von Hypotheken und die Verbriefung von Krediten am Immobilienmarkt der USA (**Hypothekenkrise**). Die Spekulation auf steigende Immobilienpreise in den USA platzte, risikoreiche Anleihepapiere verloren dramatisch an Wert. Deshalb betraf die Krise zunächst v.a. amerikanische → Investmentbanken, die zum Teil zahlungsunfähig wurden. Durch die *Verflechtung der internationalen Finanzmärkte* weitete sich die Krise auch auf Banken in Europa und Deutschland aus, die am US-Immobilienmarkt engagiert waren und hohe Kreditausfälle zu verzeichnen hatten. Die Finanzmarktkrise entwickelte sich zu einer *Liquiditätskrise*, da die Vergabe von Krediten der Banken, die über freie → Liquidität verfügen, an Banken, die flüssige Mittel in Form von Krediten benötigen, trotz Senkung der → Leitzinsen durch die wichtigsten → Zentralbanken auf unter 1% nahezu zum Erliegen kam. Dieser Interbanken-Kreditverkehr funktionierte aufgrund mangelnden Vertrauens der Banken untereinander nicht mehr. Aus der Liquiditätskrise wurde eine **Bankenkrise**. Funktioniert aber die gegenseitige Kreditvergabe der Banken nicht mehr, sind Auswirkungen auf die Realwirtschaft die Folge, da die Kreditversorgung für Industrie- und Dienstleistungsunternehmen und damit deren Liquidität nicht mehr gesichert ist. Die Folge einer solchen Kreditklemme können Liquiditätsengpässe und → Insolvenzen von Unternehmen sein. Ausgehend von den Finanzmärkten pflanzte sich die Krise auf die Gütermärkte fort. Es kam zu einem weltweiten Rückgang der Nachfrage, zu einer weltweiten Rezession mit sinkender Wirtschaftsleistung gemessen am Bruttoinlandsprodukt, sinkendem Welthandel, was Deutschland als Exportweltmeister besonders trifft, steigender Arbeitslosigkeit. Die Schwere des Konjunktureinbruchs weckte Erinnerungen an die Depression der 1930er-Jahre; man sprach auch von einer neuen → Weltwirtschaftskrise. Die Finanzmarktkrise und allgemeine **Wirtschaftskrise** zu bekämpfen, stellte die Regierungen vor neue Herausforderungen. Zum einen waren erhebliche Finanzhilfen des Staates in den wichtigsten Industrienationen erforderlich, um das Banken- und Finanzsystem zu stabilisieren, in Deutschland v.a. durch den Finanzmarktstabilisierungsfonds. Zum andern wurden in fast allen Industriestaaten umfangreiche „Konjunkturprogramme aufgelegt, in Deutschland v.a. die beiden sogenannten „Konjunkturpakete" (s. M 64). Weiterhin wurden Voraussetzungen geschaffen, in Schieflage geratene Banken, Versicherungsunternehmen oder große Industrieunternehmen teilweise oder ganz zu verstaatlichen oder sich staatlicherseits vorübergehend an solchen Unternehmen zu beteiligen. Die staatlichen Maßnahmen führten allerdings zu einem sprunghaften Anstieg der öffentlichen Schulden. Verstärkt wurde auch die internationale Abstimmung von Maßnahmen auf Weltwirtschafts- bzw. Weltfinanzgipfeln etwa im Rahmen der G-20-Staaten. In Diskussion ist eine bessere Kontrolle der internationalen → Finanzmärkte.

(Duden Wirtschaft von A bis Z: Grundlagenwissen für Schule und Studium, Beruf und Alltag, 4. Aufl. Mannheim: Bibliographisches Institut 2009. Lizenzausgabe Bonn: Bundeszentrale für politische Bildung 2009)

Finanzmärkte. Oberbegriff für alle Märkte, auf denen zwischen Gläubigern (Anbietern von Finanzierungsmitteln) und Schuldnern (Nachfragern nach Finanzierungsmitteln) Finanzierungen vereinbart und Kreditverträge abgeschlossen werden. An internationalen Finanzmärkten können die Marktteilnehmer aus verschiedenen Ländern stammen und in verschiedenen Währungen handeln. Gehandelt werden u.a. → Devisen (Devisenmarkt), kurzfristige (Geldmarkt) und langfristige (Kapitalmarkt) → Wertpapiere. Finanzmärkte können nach genau festgelegten Regeln funktionieren, wie etwa die Börsen, oder sich aber aufgrund von Handelsgewohnheiten herausbilden, wie z.B. der Telefonhandel zwischen Banken.

Flexibilisierung. Auf den Arbeitsmarkt bezogen Lockerung starrer gesetzlicher Regelungen (z.B. Kündigungsschutz, Flächentarife, Mindestlöhne) und verstärkte Arbeitszeitflexibilisierung (Teilzeitarbeit, Schichtarbeit, Gleitzeitarbeit, befristete Arbeitsverträge).

Flexibilität. Bezogen auf den Arbeitsmarkt zumeist die Bereitschaft und Fähigkeit der Arbeitnehmer, den Arbeitsort zu wechseln (regionale Flexibilität) und/oder sich beruflich umzuorientieren (berufliche Flexibilität).

Fonds. Allgemein: ein Vermögen für bestimmte Zwecke. Fonds sind insbesondere die Vermögen von Kapitalanlagegesellschaften (Investmentfonds). Meist bestehen sie aus → Aktien, Anleihen (Renten), Immobilien oder Geldmarktpapieren und werden von Banken oder anderen Finanzgesellschaften nach bestimmten, vorher veröffentlichten Kriterien zusammengestellt; die Fondsanteile (Investmentzertifikate) werden an private oder institutionelle Investoren, die Fondsanleger, verkauft. Die Anleger erwerben dadurch ein Miteigentum an sämtlichen Objekten des Fondsvermögens. Der Begriff kommt von französisch „fonds" (Grund, Boden, Schatz), dies von lateinisch „fundus" (Grund, Boden eines Gefäßes).

Forderung. Anspruch einer Person an eine andere, eine Leistung zu verlangen; Gegensatz: → Verbindlichkeit; Forderungen, die aus Warenlieferungen und Leistungen an Kunden stammen, werden als Außenstände bezeichnet.

Friedman, Milton. Amerikanischer Ökonomieprofessor (1912–2006), Nobelpreisträger von 1976; engagierter Gegner staatlicher Eingriffe in den Wirtschaftsprozess und Verfechter einer modifizierten Quantitätstheorie des Geldes (→ Monetaristen).

Gebietskörperschaften. Körperschaften (des öffentlichen Rechts) sind mitgliedschaftlich verfasste Organisationen, die durch Gesetz eingerichtet werden und öffentlichen Zwecken dienen. Gebietskörperschaften sind Gemeinden und Landkreise, im weiteren Sinn auch der Bund und die Länder.

Geldmarkt. Markt für kurzfristige Kredite; Teilnehmer sind die Geschäftsbanken, die untereinander Zentralbankguthaben mit Laufzeiten von einem Tag (Tagesgeld) bis zu einem Jahr handeln, und die EZB bzw. in deren Auftrag (als ausführendes Organ) die Deutsche Bundesbank, die Geldmarktpapiere mit Laufzeiten bis zu zwei Jahren an- und verkauft. Am Geldmarkt vollzieht sich der Liquiditätsausgleich des Geschäftsbankensektors (Interbankenhandel); für die EZB ist er das Handlungsfeld für die → Geldpolitik (Offenmarktpolitik).

Geldmengensteuerung. Wichtiges Element der → Geldpolitik der Europäischen Zentralbank. Basierend auf der Annahme, dass die Höhe der Geldmenge die Inflationsentwicklung beeinflusst (Quantitätstheorie), soll durch entsprechende Maßnahmen (u.a. die Variation der → Leitzinsen) die Geldmenge beschränkt bzw. ausgedehnt werden.

Geldpolitik. Gesamtheit der Maßnahmen zur Steuerung des Geldumlaufs und der Kreditversorgung in einer Volkswirtschaft. Wichtigster Träger der Geldpolitik ist die → Zentralbank. Laut Gesetz ist sie gehalten, zu einer ausreichenden Geldversorgung der Wirtschaft beizutragen, die Kreditversorgung der Wirtschaft zu regeln und insbesondere die Währung zu sichern.

Gewerbesteuer. Steuer auf den → Ertrag eines Unternehmens (Gewerbeertragssteuer). Die Gewerbesteuer ist die wichtigste Einnahmequelle der Gemeinden.

Giralgeld. Giral- oder Buchgeld besteht aus Guthaben bei Geld- oder Kreditinstituten, über die durch Lastschrift oder Überweisung verfügt werden kann. Buch- oder Giralgeld entsteht zum kleineren Teil durch Einzahlungen von Bargeld, zum größeren Teil durch die Kreditgewährung der Banken.

Global Player. Bezeichnung für ein „Multinationales Unternehmen" („Multi"), das zumindest eine „Tochterfirma" im Ausland hat. Große „Multis" (wie z.B. der Volkswagen-Konzern) sind in zahlreichen Ländern „zu Hause".

Grundsteuer. Realsteuer (Objektsteuer) auf den Wert und die Beschaffenheit von bebauten und unbebauten Grundstücken und Eigentumswohnungen.

Hartz IV. Bezeichnung für die gesetzlichen Neuregelungen zur Arbeitsmarktreform, die Teil eines von der sog. Hartz-Kommission (unter Leitung des Personalvorstandes der Volkswagen AG, Dr. Peter Hartz) vorgeschlagenen Reformmaßnahmen-Katalogs sind. Die aus diesem Katalog realisierten Maßnahmen wurden in vier Gesetze aufgeteilt: Hartz I: Schaffung von „Personal-Service-Agenturen" zur Schaffung neuer Beschäftigungsmöglichkeiten durch Leih- und Zeitarbeit; Hartz II: Gesetz zur Förderung von „Minijobs" und von „Ich-AGs" sowie zur Einrichtung von „Job-Centern"; Hartz III: organisatorischer Umbau der bisherigen Bundesanstalt für Arbeit zu einer → Bundesagentur für Arbeit mit stärkerem Akzent auf der Arbeitsvermittlung. Näheres zu Hartz IV s. → Arbeitslosengeld II.

Haushaltsdefizit. Fehlbetrag in den öffentlichen Haushalten (Bund, Länder, Gemeinden), der sich ergibt, wenn die Ausgaben höher sind als die Einnahmen durch Steuern und Abgaben; die Deckung des Fehlbetrags durch die Aufnahme von Krediten führt zum Anwachsen des Schuldenstands (Staatsverschuldung).

Humankapital. Aus dem engl. *Human Capital* übernommener Begriff für das durch Arbeitsvermögen gegebene Leistungspotenzial (Summe von Erfahrungen, Kenntnissen und Fähigkeiten) einer Person, einer Gruppe oder der Erwerbsbevölkerung einer Volkswirtschaft.

IAB. Institut für Arbeitsmarkt- und Berufsforschung bei der → Bundesagentur für Arbeit.

idealtypisch. Bezeichnung für eine Betrachtungsweise, welche die Realität nicht einfach beschreiben, sondern wichtige Wesenszüge und Merkmale hervorheben (unwesentliche vernachlässigen) und zu einem → Modell zusammenfassen will. Der von → Max Weber geprägte Begriff des Idealtypus trägt nicht den Charakter des Vorbildlichen, sondern dient methodisch der begrifflich-gedanklichen Analyse und Ordnung der sozialen Wirklichkeit.

Index. „Anzeiger"; in der Statistik eine Messzahl, die das Verhältnis mehrerer Zahlen zueinander angibt (z. B. in zahlenmäßigen Entwicklungsreihen über die Entwicklung der Löhne, der Bevölkerung usw.); dabei wird die Zahl eines bestimmten Jahres (Basisjahr) = 100 gesetzt und die Veränderungen der absoluten Zahl für das Bezugsjahr in Prozentpunkte umgerechnet.

Indikator (von lat. indicare – anzeigen). „Anzeiger" oder „Kennziffer" für bestimmte Sachverhalte, die zahlenmäßig erfasst und gemessen werden sollen. Der Indikator ist eine Größe, bei der das Vorhandensein an sich (Schimmel im Brot) oder das Überschreiten eines bestimmten Zahlenwertes (2 % Preisniveausteigerung) das Vorhandensein eines weitergefassten Begriffs „anzeigt" (verdorbenes Brot, Inflation). Der Indikator steht also für eine andere Sache, die unmittelbar nicht beobachtet oder gemessen werden kann, und ist nicht diese selbst.

Infrastruktur. Wirtschaftlicher und organisatorischer Unterbau: Gesamtheit der Einrichtungen, die die wirtschaftliche Entwicklung eines Landes wesentlich bestimmen. Neben der „materiellen" Infrastruktur (Verkehrs-, Nachrichten- und Gesundheitswesen, Wasser- und Energieversorgung, Bildungseinrichtungen) werden z. B. auch die Rechts- und Berufsordnung und der Bestand an Arbeitskräften zur Infrastruktur gezählt.

Innovation (lat.). Neuerung, die im Unterschied zur Erfindung (Invention) praktisch durchgeführt wird; die Erzeugung und Umsetzung von neuen, verbilligten und verbesserten Gütern und Diensten und die Anwendung neuer oder effizienterer Produktionsverfahren.

Input. In der Produktionstheorie alle Güter und Leistungen, die in einen Produktionsprozess eingehen oder ihn beeinflussen. Im Gegensatz dazu bezeichnet → „Output" das Produktionsergebnis.

Insolvenz. *Zahlungsunfähigkeit* liegt vor, wenn ein Schuldner seine fälligen Verbindlichkeiten ganz oder zu einem wesentlichen Teil, und zwar voraussichtlich dauernd, nicht mehr zu erfüllen vermag. Sie tritt äußerlich in Erscheinung durch Zahlungseinstellung. Das Insolvenzverfahren umfasst das gesamte der Zwangsvollstreckung unterliegende Vermögen des Gemeinschuldners. Für die Durchsetzung des Verfahrens ist das jeweilige Amtsgericht zuständig, bei dem der Gemeinschuldner gewerblich niedergelassen ist.

Investition. Langfristige Anlage von → Kapital zur Erhaltung und Vermehrung der Produktionsmittel in Form von Maschinen, Gebäuden usw. Man kann *Ersatzinvestitionen* (Ersatz abgenutzter Anlagen), *Erweiterungsinvestitionen* (zur Vergrößerung der betrieblichen Kapazität) und *Rationalisierungsinvestitionen* (zur Verbesserung der Produktivität, d. h. des Verhältnisses zwischen Kosten und Ertrag) unterscheiden; öffentliche Investitionen sind Investitionen des Staates (Bund, Länder, Gemeinden), z. B. im Bereich der → Infrastruktur. Investitionsgüter sind also nicht für den Konsum bestimmt, sondern werden zur Herstellung von Gütern (Sachgütern und Dienstleistungen) verwendet. Umgangssprachlich (aber nicht korrekt) wird das Wort investieren auch allgemein für die Geldausgabe zur Anschaffung von Gütern verwendet.

Investmentbank. Bank mit dem Schwerpunkt Investmentgeschäft (s. → Investmentgesellschaft).

Investmentgesellschaft. Andere Bezeichnung: *Kapitalanlagegesellschaft*; eine Gesellschaft, die → Aktien oder festverzinsliche → Wertpapiere kauft oder Immobilien erwirbt, dieses Vermögen zu → Fonds (Investmentfonds) zusammenfasst und Anteilsscheine (Investmentzertifikate) an diesen Fonds ausgibt. Der Käufer solcher Anteilsscheine erwirbt dann ein Miteigentum an den von der Investmentgesellschaft gehaltenen Wertpapieren oder Immobilien.

IWF, Internationaler Währungsfonds (engl. *International Monetary Fund*, Abk. IMF). Sonderorganisation der UN, die 1944 aufgrund des Abkommens von Bretton Woods zur Überwachung des internationalen Währungssystems gegründet wurde, mit 188 Mitgliedern (2015); Sitz Washington D.C.

juristische Personen. Organisationen, die ebenso wie natürliche Personen Träger von Rechten und Pflichten sind, in eigenem Namen klagen und verklagt werden können. Dazu zählen z. B. → Kapitalgesellschaften, Genossenschaften und Vereine sowie im öffentlichen Bereich → Gebietskörperschaften und Anstalten des öffentlichen Rechts (z. B. Rundfunkanstalten).

Kalter Krieg. Der Begriff bezeichnet die nach dem → Zweiten Weltkrieg entstandene Auseinandersetzung zwischen den USA und der ehemaligen Sowjetunion und ihren Bündnissystemen. Eine direkte militärische Auseinandersetzung konnte trotz mehrerer Krisen (Berlin 1948 und 1958, Kuba 1962), die einen „heißen Krieg" hätten herbeiführen können, vermieden werden. Während des Kalten Krieges versuchten beide Blöcke, ihre eigene Position durch Aufrüstung zu stärken bzw. zur Verhinderung eines Dritten Weltkrieges die jeweils andere Seite abzuschrecken. Noch während dieser Epoche wurde aber auch eine Entspannungspolitik entworfen und erfolgreich abgeschlossen (→ Ost-West-Konflikt).

Kapital. Geld- und Sachwerte (Geldkapital und Sachkapital), die eingesetzt werden, um weiteren Nutzen zu erwirtschaften (Güter herzustellen oder Zinsen zu erbringen). Als Produktionsfaktor versteht man unter Kapital alle Mittel, mit denen Güter hergestellt werden: Maschinen, Werkzeuge, Fabrikanlagen usw.

Kapitalgesellschaft. Unternehmensform, die eine Kapitalbeteiligung der Gesellschafter zur Voraussetzung hat. Die Gesellschafter haften im Unterschied zu einer → Personengesellschaft nicht mit ihrem ganzen Vermögen für die Schulden der Gesellschaft. Beispiele: Aktiengesellschaft (AG), Gesellschaft mit beschränkter Haftung (GmbH).

Kapitalismus. Schlagwortartige Bezeichnung für ein Wirtschafts- und Gesellschaftssystem, in dem die Produktionsmittel – im Gegensatz zum Sozialismus – privaten Eigentümern (Kapitaleigentümern) gehören und zu dem Zweck der Gewinnerzielung eingesetzt werden. Der Markt dient als Selektions- und Steuerungselement für Produktion (Art und Umfang), für Höhe und Verteilung der Einkommen und deren Verwendung (Verbrauch und Investition); der Wettbewerb soll der ständigen Verbesserung der wirtschaftlichen Leistung dienen.

Kapitalmarkt. Markt für mittel- bis langfristige Finanzmittel (über vier Jahre); Partner sind Banken, Unternehmen, öffentliche Stellen, private Haushalte, Ausländer und die → Zentralbank; der Kapitalmarkt findet an Börsen oder freien Stellen statt (Aktienmarkt, Rentenmarkt, Hypothekenmarkt); er besorgt den Emittenten (Ausstellern, Herausgebern) von → Wertpapieren langfristige Finanzierungsmittel und ermöglicht den Kapitalgebern einen jederzeitigen Verkauf der Papiere.

Kapitalproduktivität. → Produktivität.

Kapitalstock. Gesamtmenge des zu einem Zeitpunkt vorhandenen, für die Produktion nutzbaren Sachvermögens (Maschinen, Gebäude usw.).

Keynes, John Maynard. Britischer Nationalökonom (1883–1946), der schon zu Lebzeiten weltberühmt wurde und sich sowohl der Praxis wie der Theorie widmete. 1919 war er Chefunterhändler für das britische Finanzministerium bei den Friedensverhandlungen in Versailles, er war erfolgreicher Investmentmanager und lehrte an der Universität Cambridge. In den 1940er-Jahren nahm er für Großbritannien an den Verhandlungen zur Schaffung des Systems von Bretton Woods teil. Mit seinem Hauptwerk, der „Allgemeinen Theorie der Beschäftigung, des Zinses und des Geldes" (1936) begründete Keynes die → makroökonomische Theorie, indem er das Denken in gesamtwirtschaftlichen Größen (Konsum, Investitionen, Einkommen, Produktion) einführte. Wegen der Neuartigkeit seines Ansatzes, nach dem die Selbstheilungskräfte des Marktes nicht ausreichten und die Arbeitslosigkeit nur durch eine staatliche Nachfragepolitik bekämpft werden könne (→ deficit spending), spricht man in der Geschichte der Wirtschaftstheorie von der „keynesianischen Revolution".

Keynesianer. Anhänger einer Konzeption, die die gesamtwirtschaftliche Nachfrage (privater Konsum, private und staatliche Investitionen) als maßgebliche, die Konjunkturentwicklung bestimmende Größe betrachtet und staatliche Maßnahmen zur Beeinflussung dieser Nachfrage („Konjunkturprogramme") befürwortet.

Kommunismus. Höchste Stufe des Sozialismus, auf der die völlige Gleichheit aller Gesellschaftsmitglieder hergestellt sein soll; allgemein: Bezeichnung für politische Systeme, die durch die Alleinherrschaft einer an der Ideologie des Marxismus orientierten Partei gekennzeichnet sind (Nordkorea, China, Kuba).

Konsolidierung. „Festigung". Im Zusammenhang mit dem Problem der Staatsverschuldung bezeichnet der Begriff die Verringerung der Verschuldung bzw. des Anstiegs der Verschuldung.

kontraktiv. (lat. contrahere – zusammenziehen) Eindämmend, einschränkend; bezogen z. B. auf Maßnahmen, die das Wachstum des BIP (Konjunktur) oder der Geldmenge (Inflation) verringern (sollen).

Konvention. „Übereinkunft", begriffliche Festlegung.

Konvergenz. Allmähliche Angleichung der wirtschaftlichen Lage in verschiedenen Ländern an Verhältnisse, die als wünschenswert angesehen werden.

Kursentwicklung. Der Kurs (jeweiliger Wert/Marktpreis) der an der Börse gehandelten → Aktien und → Wertpapiere ändert sich je nach der Entwicklung von Angebot und Nachfrage im Börsenhandel. Beeinflusst wird diese Entwicklung u. a. durch Erwartungen an die wirtschaftliche Entwicklung (Konjunktur), durch politische (auch internationale) Ereignisse, aber auch durch → Spekulationen.

Kurzarbeit. Verkürzung der normalen Arbeitszeit in Unternehmen. Grund für Kurzarbeit ist meist eine schlechte Auftragslage wie 2009 in der Autoindustrie. Durch Kurzarbeit können die Firmen Kündigungen vermeiden, weil die → Bundesagentur für Arbeit für einen Teil der Verdienstausfälle aufkommt, die durch die verkürzte Arbeitszeit verursacht werden. Wird beispielsweise die Arbeitszeit um die Hälfte verringert, dann erhalten die Beschäftigten auch nur die Hälfte des Lohns vom Arbeitgeber. Für die andere Hälfte kommt die Bundesagentur auf, aber nur zum Teil. Sie zahlt auf diese Hälfte das Kurzarbeitergeld, das bei Arbeitnehmern mit Kindern 67 Prozent des letzten Nettoeinkommens ausmacht, ansonsten 60 Prozent. Weil die Bundesagentur einen Teil des Verdienstausfalls ausgleicht, müssen die Firmen Kurzarbeit bei ihr beantragen. Die Bezugsdauer beträgt grundsätzlich sechs Monate. Um Massenentlassungen im Zuge der → Finanz- und Wirtschaftskrise seit 2008 zu verhindern, wurde die Bezugsdauer 2009 auf zunächst 18 und später 24 Monate verlängert, sofern der Anspruch bis 31.12.2009 entstand.

Lehman Brothers. Als am 15. September 2008 („Schwarzer Freitag") im Zuge der → Finanz- und Wirtschaftskrise die große amerikanische → Investmentbank Lehman Brothers pleiteging und von der amerikanischen Regierung nicht gerettet wurde, geriet die Finanzkrise in eine neue Dimension. Lehman-Papiere waren im internationalen Wertpapierhandel, gerade auch in Deutschland, in riesigem Ausmaß verbreitet und erwiesen sich nun als wertlose „Schrottpapiere".

Leitzinsen. Zinssätze, die eine → Zentralbank im Rahmen ihres geldpolitischen Instrumentariums festsetzt, um damit die Zinsverhältnisse am Geldmarkt und darüber auch die allgemeine Zinsentwicklung in einer Volkswirtschaft maßgeblich zu beeinflussen bzw. zu leiten. Sie signalisieren den von der Notenbank angestrebten geldpolitischen Kurs. So soll die Anhebung (Senkung) eines Leitzinses eine restriktivere (→ expansivere) Geldpolitik anzeigen.

liberal. → Liberalismus

Liberalisierung. Die Beseitigung von Regelungen, die den freien Austausch von Waren, Dienstleistungen und → Kapital behindern, im nationalen Bereich spricht man auch von Deregulierung. Die Liberalisierung des internationalen Warenhandels führt zum Freihandel.

Liberalismus. Weltanschauung und politische Bewegung seit dem 18. Jh., die eine Kontrolle der einzelnen Person durch den Staat oder andere Institutionen zu verringern und die freie Entfaltungsmöglichkeit der Individuen zu fördern trachtet, sowohl im politischen wie im wirtschaftlichen Bereich. Der ökonomische Liberalismus setzte im Kern auf die Freiheit des Unternehmers, die sich auf privates Eigentum stützt, durch Innovationskraft und rationelles Gewinnstreben die → Produktivität steigert, den Wettbewerb fördert und zu einem freien Spiel der Kräfte im arbeitsteiligen Wirtschaftsleben beiträgt.

Liquidität (lat. „Flüssigkeit"). Die Fähigkeit und Bereitschaft eines Unternehmens, jederzeit seine bestehenden Zahlungsverpflichtungen der Höhe nach und fristgerecht erfüllen zu können. Die notwendigen Mittel (liquide Mittel, flüssige Mittel), um die Verbindlichkeiten begleichen zu können, sind die Kassenbestände und Guthaben auf den Girokonten (→ Sichtguthaben).

Lohnnebenkosten (Lohnzusatzkosten, Arbeitsnebenkosten, Personalnebenkosten). Aufwendungen des Arbeitgebers, die aufgrund von gesetzlichen Vorschriften, Tarifverträgen sowie Betriebsvereinbarungen oder freiwillig erbracht werden; z. B. Arbeitgeberanteile zur → Sozialversicherung, Weihnachtsgeld, Urlaubsgeld, vermögenswirksame Leistungen oder betriebliche Altersversorgungen und Gratifikationen. Die Lohnnebenkosten beeinflussen maßgeblich die Höhe der Arbeitskosten, die sich aus dem Lohn des Arbeitnehmers für seine geleistete Arbeit und den Lohnzusatzkosten zusammensetzen.

Lohn-Preis-Spirale. Sich wechselseitig aufschaukelnder Prozess von Preis- und Lohnsteigerungen, der in eine sich ständig beschleunigende Inflation münden kann. Eine Preis-Lohn-Preis-Spirale ist Ausdruck eines Verteilungskampfes zwischen den Tarifparteien. Sie kann z. B. durch einen Preisanstieg für Rohstoffe (Ölpreisschock) ausgelöst werden. Die Unternehmen versuchen, die gestiegenen Produktionskosten auf die Preise der von ihnen hergestellten Güter zu überwälzen. Die Arbeitnehmer wiederum nehmen die Preissteigerungen zum Anlass, höhere Lohnforderungen zu stellen. Der Lohnanstieg bedeutet eine erneute Kostenerhöhung für die Unternehmen, worauf es zu einem weiteren Anstieg der Güterpreise kommt, die nun wieder in erhöhten Lohnforderungen münden und so weiter.

Marketing. Bezeichnung für alle Maßnahmen, die eine Firma ergreift, um den Verkauf ihrer Produkte zu fördern (z. B. Werbung, Gestaltung der Produkte, Gestaltung der Preise, Erforschung des Marktes). In einem Unternehmen gibt es eigene Marketingabteilungen und einzelne Marketingexperten, die besondere Pläne und Maßnahmen zur Förderung des Absatzes (Marketingstrategien) entwickeln.

Marketingstrategie. Langfristige und systematische Planung der Absatzförderung (→ Marketing).

Maastrichter Vertrag. Auf der Gipfelkonferenz des Europäischen Rates 1991 vereinbarter, am 1.11.1993 in Kraft getretener Vertrag der EG-Mitgliedstaaten zur Vertiefung und Ausweitung der Europäischen Union (u. a. Einführung des Euro).

makroökonomisch. Bezeichnung für die Erforschung und Beschreibung des Wirtschaftsprozesses im Hinblick auf große (zu Sektoren/Aggregaten zusammengefasste) Wirtschaftseinheiten (private Wirtschaft, Staat, Import, Export usw.) und gesamtwirtschaftliche Zusammenhänge (Konjunktur, Beschäftigung, Inflation). Im Unterschied dazu bezieht sich die *mikroökonomische* Betrachtungsweise auf die Untersuchung des Verhaltens einzelner Wirtschaftseinheiten oder Wirtschaftssubjekte (z. B. das Angebots- und Nachfrageverhalten von Unternehmen und Haushalten auf den einzelnen Märkten, die Preisbildung und den Wettbewerb). Die mikroökonomische schafft die Voraussetzung für die makroökonomische Analyse.

Median. „Mittelwert". Im Unterschied zum arithmetischen Mittel (dem Durchschnittswert einer Häufigkeitsverteilung) bezeichnet der Median den Wert, der sich ergibt, wenn die Gesamtheit aller ermittelten Zahlenwerte in zwei gleich große Hälften geteilt wird (z. B. also die Höhe des Einkommens, das die eine Hälfte der Haushalte mit ihrem Einkommen unter-, die andere überschreitet); er wird daher auch als „Zentralwert" oder als „Halbierer" bezeichnet. Je nach Häufigkeitsverteilung kann er mit dem Durchschnittswert zusammenfallen.

mikroökonomisch. → makroökonomisch

Mobilität. Beweglichkeit; durch den wirtschaftlichen Strukturwandel bedingte Wanderung der → Produktionsfaktoren in Betriebe, Branchen und Regionen, die vom Strukturwandel begünstigt sind; insbesondere Arbeitsplatzwechsel (mit oder ohne Berufswechsel).

Modell. Im allgemeinen Sprachgebrauch eine vereinfachende Darstellung eines Sachverhalts, die es ermöglichen soll, den gesamten Sachverhalt in seiner *Struktur* zu verstehen. Ein Modell ist also nicht der gemeinte Sachverhalt selbst, es versucht, die für den Sachverhalt am wichtigsten erscheinenden Zusammenhänge abzubilden, setzt also immer eine Entscheidung darüber voraus, was als wesentlich und was als vernachlässigbar anzusehen ist. Für den Erkenntnisprozess in den Wirtschaftswissenschaften ist die Verwendung von Modellen typisch. Ihre Funktion besteht darin, ökonomische Vorgänge zu erklären oder auch zu prognostizieren. Dabei werden i.d.R. bestimmte Annahmen gemacht („wenn ..." oder „unter der Voraussetzung, dass ...") und es wird bei mehreren Faktoren, die eine Entwicklung beeinflussen, nur einer verändert, die übrigen konstant gehalten (Modellannahme: *ceteris paribus* – „wenn das Übrige gleich bleibt").

Monetaristen. Anhänger einer wirtschaftspolitischen Konzeption, die staatliche Eingriffe in den Wirtschaftsprozess grundsätzlich ablehnt und Wirtschaftspolitik weitgehend auf die Verstetigung der Geldmenge (durch eine entsprechende → Geldpolitik der → Zentralbank beschränken will.

monokausal. Kennzeichnung für Erklärungen und Theorien, die Ereignisse und Vorgänge auf eine einzige Ursache zurückzuführen versuchen.

Nachhaltigkeit (von engl. *sustainable development* – nachhaltige Entwicklung). In den Sozialwissenschaften häufig gebrauchter Begriff für die dauerhaft positive Wirkung einer Maßnahme oder politischen Konzeption, z.B. für eine Art des Wirtschaftens, die nicht nur die Bedürfnisse der heutigen Generation, sondern auch die zukünftiger Generationen berücksichtigt, deren Lebenschancen gesichert werden sollen. Der Begriff stammt ursprünglich aus der Forstwirtschaft, wo er besagt, dass nicht mehr Holz geschlagen werden soll, als in gleicher Menge und Qualität nachwächst. Er wurde zunächst in den Umweltschutzgedanken (dauerhafte Sicherung der natürlichen Lebensgrundlagen) und dann in andere Politikfelder, insbesondere in die Entwicklungspolitik übernommen. Er wird zunehmend exzessiv und nicht immer sinnvoll verwendet.

New Economy. Bezeichnung für Wirtschaftsbereiche, die im Zusammenhang mit der Verbreitung des Internets und der Computer sowie anderer Informations- und Kommunikationstechniken aufkamen und die wirtschaftlichen Abläufe in und zwischen Unternehmen, aber auch zwischen Unternehmen und ihren Kunden teilweise grundlegend änderten. Im Zuge der Einführung und Entfaltung der neuen Technologien und Wirtschaftsbereiche kam es 2000 zu einem Ansturm von Anlegern auf entsprechende Firmen und Firmengründungen und zu einer spekulativen Übertreibung an der Börse („Blase"). Im März 2000 kam es zur Einschätzung, dass diese Entwicklung den realen Gegebenheiten nicht entsprach, und zu Panikverkäufen und massiven Kurseinbrüchen an den Aktienbörsen.

OECD. *Organization for Economic Cooperation and Development.* Seit 1963 Nachfolgeorganisation der OEED (*Organization for European Economic Cooperation*), die 1948 mit dem Ziel des Wiederaufbaus der europäischen Wirtschaft gegründet wurde. Der OECD gehören 30 Länder an (alle westlichen Industrieländer einschließlich USA, Kanada, Japan, Australien und der Türkei). Ziel der OECD ist die Koordinierung der Konjunktur- und Währungspolitik und die Förderung der Entwicklungshilfe. Sitz: Paris.

öffentliche Güter. Güter, die nicht vom Markt, sondern vom Staat (Gemeinden, Ländern, Bund) zur Verfügung gestellt werden (z.B. Straßen, Schulen, Verwaltungen) und prinzipiell von jedem in Anspruch genommen werden können.

Ölschocks. Bezeichnung für die beiden Ölkrisen im Herbst 1971 (Verknappung der Ölmenge durch die → OPEC, Anstieg der Ölpreise um 70%) und 1979/80 (Revolution im Iran, Golfkrieg; erheblicher Preisanstieg bis auf 38 Dollar je Barrel Öl).

OPEC. Abk. für *Organization of the Petroleum Exporting Countries*, Organisation der Erdöl exportierenden Länder, gegründet 1960; Mitglieder: Algerien, Ecuador, Gabun, Indonesien, Irak, Iran, Katar, Kuwait, Libyen, Nigeria, Saudi-Arabien, Venezuela und die Vereinigten Arabischen Emirate; Sitz: Wien. Die OPEC war zunächst eine Schutzorganisation gegen die Ölkonzerne, die vor allem zur Stabilisierung der Mitgliedsländer beitragen sollte.

Option. Handlungsmöglichkeit, für die man sich entscheiden kann.

Ordnungspolitik. Teil der Wirtschaftspolitik, der auf die Gestaltung der Wirtschaftsordnung ausgerichtet ist. In der Marktwirtschaft zählen zur Ordnungspolitik z.B. die Wettbewerbspolitik, die Gestaltung der Unternehmensverfassung, die Verstaatlichung oder Reprivatisierung von Produktionsmitteleigentum.

Output. „Ausstoß"; Menge von Gütern, die gewünschtes Ergebnis einer Produktion sind (im weiteren Sinn auch unerwünschte Produktionsergebnisse, wie z.B. Abfall); vgl. → Input.

Ostblock. Bezeichnung für den Zusammenschluss der kommunistischen Staaten in der Zeit des → Ost-West-Konfliktes (s. → Kalter Krieg).

Ost-West-Konflikt. Bezeichnung für die nach dem → Zweiten Weltkrieg aufbrechenden Gegensätze zwischen den östlichen Staaten mit einer → kommunistischen Gesellschaftsordnung und einer Zentralverwaltungswirtschaft (→ Ostblock) einerseits und den westlichen Staaten mit parlamentarischen Regierungssystemen und einer marktwirtschaftlich-kapitalistischen Wirtschaftsordnung andererseits. Beide Seiten standen sich in den Militärbündnissen Warschauer Pakt und NATO gegenüber. Der Ost-West-Konflikt führte zu der weltweiten politischen Spaltung in ein westliches Lager unter der Führung der USA und ein östliches Lager unter der Vorherrschaft der UdSSR.

Personengesellschaften. Gesellschaften (Unternehmen), deren wichtigstes rechtliches Merkmal (im Unterschied zu → Kapitalgesellschaften) die persönliche Haftung der Gesellschafter für die Gesellschaftsschulden ist. Bei der Offenen Handelsgesellschaft (OHG) haften sie unbeschränkt (wie Einzelunternehmer), bei Kommanditgesellschaften (KG) haften die „Komplementäre“ unbeschränkt, die „Kommanditisten“ nur mit ihrem Beteiligungsvermögen.

Preiselastizität. Unter Elastizität versteht man das Ausmaß, in dem sich eine veränderliche Größe (z. B. die Nachfrage nach einem bestimmten Gut) durch die Änderung einer anderen veränderlichen Größe (z. B. des Preises für dieses Gut) verändert. Die Preiselastizität ist hoch, wenn die Nachfrage auf eine Änderung des Preises empfindlich reagiert (also bei Preiserhöhung deutlich zurückgeht oder bei Preissenkung deutlich zunimmt).

Primärverteilung. Verteilung der Einkommen, die unmittelbar durch den Marktprozess zustande kommt. Jedem der Produktionsfaktoren fällt je nach seinem Beitrag Einkommen zu (Arbeit: Lohneinkommen; Boden: Pachteinkommen; Kapital: Zinseinkommen). Diese („funktionelle“) Verteilung kann durch staatliche Maßnahmen korrigiert werden (→ Umverteilung, → Sekundärverteilung).

Produktinnovationen. → Innovationen, die sich auf die Erfindung und Erstellung neuer Produkte (Sachgüter und Dienstleistungen) beziehen.

Produktionsfaktoren. Mittel, mit denen Güter hergestellt (produziert) werden. Die Volkswirtschaftslehre unterscheidet im Allgemeinen drei Produktionsfaktoren: 1. Boden bzw. Natur (Land und Wasser, mit allen darin enthaltenen Bodenschätzen und Energiequellen); 2. Arbeit (körperliche und geistige menschliche Arbeit); 3. → Kapital (außer Boden und Arbeit alle sonstigen Mittel, die für die Produktion verwendet und selber erst hergestellt werden müssen: Maschinen, Werkzeuge, Gebäude usw.).

Produktionskapazität. Kapazität drückt als wirtschaftlicher Begriff aus, welche Menge an Gütern ein Unternehmen in einer bestimmten Zeit mit seinen Maschinen und Anlagen produzieren kann. Bleibt die Produktion unterhalb dieser möglichen Menge, sind die Produktionskapazitäten nicht voll „ausgelastet“ (Auslastungsgrad).

Produktionspotenzial. Das gesamtwirtschaftliche Produktionspotenzial bezeichnet das mit dem vorhandenen Bestand an Sachkapital (Maschinen, Gebäude usw.) und Arbeitskräften bei voller Auslastung der → Produktionskapazitäten produzierbare → Bruttoinlandsprodukt (Produktionsmaximum einer Volkswirtschaft).

Produktivität. Verhältnis von Produktionsergebnis zum Einsatz der → Produktionsfaktoren. Die Produktivität ist gestiegen, wenn mit dem gleichen Einsatz von Produktionsfaktoren ein größeres Produktionsergebnis erzielt wurde oder bei gleichem Produktionsergebnis die Einsatzmenge der Produktionsfaktoren geringer war. Gemessen wird zumeist die Arbeitsproduktivität (Produktion je Beschäftigten oder je Beschäftigtenstunde). Gründe für steigende Arbeitsproduktivität können eine höhere Leistungsintensität der Arbeit oder eine verbesserte Arbeitsorganisation oder die Einsparung von Arbeitskräften durch den Einsatz von Maschinen (Rationalisierung) sein.

Prozessinnovation. → Innovation, die auf das Produktionsverfahren bezogen ist.

prozyklisch. Die Ausschläge der Konjunkturbewegung verstärkend; prozyklisch wirkende wirtschaftspolitische Maßnahmen werden auch als „Parallelpolitik“ bezeichnet.

ratifizieren. → Ratifizierung

Ratifizierung. Völkerrechtliche Verträge, die nach Abschluss der Vertragsverhandlungen von den Regierungen oder ihren Unterhändlern unterzeichnet wurden, werden rechtswirksam erst nach der Zustimmung durch die verfassungsmäßigen Organe (vor allem die Parlamente) der betr. Länder. Diese Zustimmung heißt Ratifizierung, die Ratifizierungsurkunden werden anschließend ausgetauscht bzw. hinterlegt.

Rationalisierung. Sammelbegriff für alle technischen und organisatorischen Maßnahmen in Produktion und Verwaltung mit dem Ziel, Kosten zu sparen und die → Produktivität und → Rentabilität zu erhöhen.

Rationalisierungsinvestitionen. Investitionen, die einer wirtschaftlicheren (kostengünstigeren) Leistungserstellung dienen; sowohl Erweiterungsinvestitionen als auch → Ersatzinvestitionen können gleichzeitig der → Rationalisierung dienen.

real. Im Unterschied zu nominalen (in jeweiligen Preisen gerechneten) werden in realen wirtschaftlichen Größen (z. B. reales Bruttoinlandsprodukt, Reallohn) die Preissteigerungen berücksichtigt (d. h. die Preiseffekte werden durch Zurückrechnung auf konstante Preise eines Basisjahres ausgeschaltet).

Reallohn. Im Unterschied zum Nominallohn der an seiner Kaufkraft gemessene (Preissteigerungen berücksichtigende) Lohn.

Refinanzierung. Bezeichnung für den Vorgang, mit dem sich Banken bei der → Zentralbank (im Rahmen der „Refinanzierungspolitik“) → Zentralbankgeld beschaffen. Dies geschieht i. d. R. über Offenmarktgeschäfte, bei denen die Initiative bei der Zentralbank liegt, und über ständige → Fazilitäten, welche die Kreditinstitute aus eigener Initiative in Anspruch nehmen können.

Rendite. In Prozent ausgedrückter, tatsächlicher jährlicher Gesamtertrag eines angelegten Kapitals (Effektivverzinsung).

Rentabilität. Das prozentuale Verhältnis zwischen dem Gewinn und dem eingesetzten Kapital (Kapitalrentabilität) bzw. dem Umsatz (Umsatzrentabilität) in einem Zeitabschnitt.

Rentenmark. Deutsche Hilfs- und Zwischenwährung 1923–1924 zur Überwindung der Inflation; sie ersetzte die bis dahin gültige, völlig entwertete „Mark“ im Verhältnis von eins zu einer Billion und wurde dann durch die „Reichsmark“-Währung abgelöst, die bis zur Einführung der „Deutschen Mark“ (DM) durch die Währungsreform 1948 Gültigkeit hatte.

Ressourcen. Hilfsmittel, Reserven. In der Volkswirtschaft alle Mittel, die für die Produktion von Gütern und Dienstleistungen zur Verfügung stehen. Im engeren umwelt- und energiepolitischen Sinn: Gesamtheit aller natürlichen Rohstoffe und Energieträger. In der Politik: Machtmittel, Möglichkeiten, auf die man sich stützen kann. Im weiteren Sinne alle Mittel und Möglichkeiten, aus denen eine Person oder eine Gruppe schöpfen kann, um ihre Stellung in der Gesellschaft zu erhalten oder zu verbessern.

Saldo. Betrag, der sich nach Aufrechnung der Soll- und Haben-Seite auf einem Konto (der Plus- und Minus-Werte in einer Zahlen-Aufstellung) ergibt.

Say, Jean Baptiste. Französischer Nationalökonom (1767–1832); verbreitete die Theorie von A. Smith in Frankreich. Sein berühmt gewordener Lehrsatz besagt, dass Angebot und Nachfrage in einer Volkswirtschaft stets gleich groß sein müssen, da jede Produktion sich selbst eine wertmäßig entsprechende kaufkräftige Nachfrage schafft (Say'sches Theorem).

Say'sches Theorem. s. → Say, Jean Baptiste.

Schwellenländer. Bezeichnung für Länder, die sich aufgrund ihrer wirtschaftlichen Entwicklung auf dem Wege von einem Entwicklungsland zu einem „Industrieland" befinden; auch als *Newly Industrializing Countries* (NIC) bezeichnet. Die größten Schwellenländer sind China, Indien, Brasilien, Südafrika, Mexiko und Malaysia.

Sekundärverteilung. Verteilung der Einkommen, die sich durch staatliche Umverteilungsmaßnahmen aus der → Primärverteilung ergibt. Zum einen vermindert sich das Bruttoeinkommen durch die Zahlung von direkten Steuern und → Sozialabgaben, zum anderen fließen den Haushalten ggf. → Transferzahlungen (Kindergeld, → Wohngeld, Elterngeld, Sozialhilfe usw.) zu.

Selbstständige. Alle Erwerbstätigen, die in eigenem Namen und auf eigenes wirtschaftliches Risiko arbeiten, ihre Tätigkeit und die Arbeitszeit im Wesentlichen frei gestalten oder als Eigentümer oder Pächter eine eigene Betriebsstätte führen, wobei die Vergütung des Selbstständigen von dem Gewinn abhängt, der mit den produzierten Waren oder Dienstleistungen erzielt wird. Selbstständige in diesem Sinn sind also z. B. Landwirte, Unternehmer, Hoteliers oder Angehörige freier Berufe wie Ärzte oder Anwälte.

Sichtguthaben. Einlagen bei Kreditinstituten, die auf Wunsch des Gläubigers sofort fällig, d. h. sofort rückzahlbar sind. Sie werden niedriger als Spareinlagen verzinst.

Solidaritätszuschlag (Soli). Ergänzungsabgabe auf die Einkommen- und Körperschaftsteuer. Sie ist zwar rechtlich nicht zweckgebunden, 1991 aber als Beitrag zur Finanzierung der deutschen Einheit eingeführt, zwischenzeitlich wieder abgeschafft und (1995) erneut eingeführt worden (1997: 7,5 Prozent der Einkommen- und Körperschaftsteuerschuld; seit 1.1.1998 5,5 %; 2007: 12,1 Mrd. Euro).

Sozialabgaben. Beiträge der Unternehmen und der sozialversicherungspflichtig Beschäftigten zur → Sozialversicherung.

sozialistisch. Bezeichnung für eine Gesellschaft oder eine Theorie, die die Grundprinzipien des Sozialismus (kein Privatbesitz an Produktionsmitteln, Vorrang des Prinzips der Gleichheit vor dem der Freiheit, Ausübung der Macht durch eine Einheitspartei) verwirklicht bzw. zu verwirklichen versucht.

Sozialleistungen. Sammelbezeichnung für alle Leistungen (Zahlungen) des Staates, die sozialen Zwecken dienen (Sozialversicherung, Kindergeld, → Arbeitslosengeld II, Sozialhilfe usw.; vgl. → Transferzahlungen).

Sozialversicherung. Alle → Angestellten und → Arbeiter sind verpflichtet, monatliche Beiträge an vier Versicherungen zu leisten, die zusammenfassend als Sozialversicherung bezeichnet werden: Die *Krankenversicherung* übernimmt die Kosten für die medizinische Betreuung im Krankheitsfall; die *Arbeitslosenversicherung* zahlt Arbeitslosengeld, wenn man arbeitslos wird; die *Rentenversicherung* zahlt die monatliche Rente, wenn man aus Altersgründen aus dem Erwerbsleben ausgeschieden ist; die *Pflegeversicherung* leistet Zahlungen, wenn Menschen, vor allem ältere Menschen, zu Pflegefällen werden. Die Beiträge zu allen vier Versicherungen machten 2012 für die Arbeitnehmer 20,5 % ihres monatlichen Bruttoeinkommens aus; weitere 19,6 % werden von den Arbeitgebern in die Versicherungskassen gezahlt.

Spekulation. Ausnutzung zeitlicher Preisunterschiede und Zufälligkeiten auf dem Markt zu Gewinnzwecken; so werden z. B. Güter oder Devisen mit der Absicht gekauft, sie später (wenn der Preis gestiegen ist) wieder zu verkaufen; jede Spekulation enthält das Risiko, dass die Preiserwartung nicht eintritt.

Subventionen. Zuschüsse der „öffentlichen Hand" (des Staates) an förderungsbedürftige Wirtschaftszweige (z. B. Landwirtschaft, Wohnungsbau, Schifffahrt) oder an Personengruppen mit geringem Einkommen (Sparförderung, Vermögensbildung). So können Subventionen etwa zur Erhaltung von Betrieben oder ganzen Wirtschaftszweigen gewährt werden, zur Anpassung an neue Bedingungen, zur Förderung des Produktivitätsfortschritts und des Wachstums von Unternehmen oder Unternehmenszweigen. Subventionen werden als direkte Finanzhilfen oder indirekt in Form von Steuervergünstigungen gezahlt und können mit bestimmten Auflagen verbunden sein. Im allgemeinen Sprachgebrauch werden alle Arten von staatlichen Zuschüssen und Fördermitteln als Subventionen (von lat. subvenire – zu Hilfe kommen) bezeichnet.

Transaktion. Wirtschaftlicher Vorgang, bei dem ein Gut oder ein Rechtsanspruch von einem → Wirtschaftssubjekt (Privatperson, Haushalt, Unternehmen, Staat) auf ein anderes übergeht (übertragen wird). So ist z. B. jeder Kauf oder Verkauf eine Transaktion.

Transferzahlungen. Zahlungen des Staates an private Haushalte, für die der Staat keine Gegenleistung erhält. Sie bewirken eine Einkommensumverteilung und sollen soziale Ungleichheiten mildern (→ Wohngeld, Kindergeld, Bafög etc.).

Umverteilung. Staatliche Maßnahmen zur Veränderung der Einkommens- und/oder Vermögensverteilung (z. B. durch staatl. → Transferzahlungen und Steuern). Zu einer Umverteilung kann es auch durch wirtschaftliche Entwicklungen (z.B. Strukturveränderungen, Inflation, Staatsverschuldung) kommen.

Verbindlichkeit. Verpflichtung zu einer meist geldlichen Leistung, die jemand (als Schuldner) gegenüber jemand anderem (als Gläubiger) hat; vgl. → Forderungen.

Weber, Max. Professor für Wirtschaftswissenschaften und Soziologie in Berlin, Freiburg und Heidelberg (1864–1920). Hauptwerk: Wirtschaft und Gesellschaft. Grundriss der verstehenden Soziologie, drei Bde., Berlin 1921.

Wechselkurs. Preis einer ausländischen Währung, ausgedrückt in Einheiten der eigenen Währung. Im Unterschied zur Preisnotierung gibt die Mengennotierung an, welcher Betrag der Auslandswährung als Gegenwert für eine bestimmte Menge an Inlandswährung zu zahlen ist (z.B. 1,20 US-Dollar für einen Euro).

Wechselkursrisiko. Unsicherheiten in der Planung und Durchführung internationaler Geschäfte (z.B. Exporte in Länder mit anderer Währung), die durch kurzfristige, nicht vorhersehbare Änderungen des Wechselkurses entstehen.

Weltwirtschaftskrise. Allgemeine Bezeichnung für eine Wirtschaftskrise, die weltweit zumindest die wichtigsten Wirtschaftsmächte erfasst; im engeren Sinne Bezeichnung für die Wirtschaftskrise, die sich nach dem New Yorker Börsenkrach („Schwarzer Freitag" des 25.10.1929) global ausweitete und auf ihrem Höhepunkt zur Arbeitslosigkeit von rd. 30 Mio. Menschen führte.

Wertpapiere. Im weitesten Sinne alle Urkunden über Vermögensrechte, Banknoten genauso wie eine → Aktie oder sogar eine Briefmarke. Wertpapiere im Sinne des Wertpapierhandelsgesetzes sind, auch wenn für sie keine Urkunden ausgestellt sind, → Aktien, Zertifikate, Schuldverschreibungen und andere Wertpapiere, die mit Aktien oder Schuldverschreibungen vergleichbar sind, wenn sie an einem Markt gehandelt werden können. Wertpapiere sind auch Anteilsscheine, die von einer → Investmentgesellschaft ausgegeben werden. Sie werden ausgegeben durch die staatlichen Institutionen (Bund, Länder, Gemeinden, Bahn, Post), durch Banken, durch die Industrie oder durch das Ausland.

Wertschöpfung. „Zufluss" an Wert durch eine Verarbeitungsstufe, also Verkaufspreis minus Preis der Vorprodukte, z.B. Verkaufspreis eines Fahrrads minus die Preise der gekauften Schaltung, Felgen, Bremsen und Reifen. „Wertschöpfungsketten" entstehen, wenn sich der Wertschöpfungsprozess (Güterproduktion) auf mehrere Unternehmen und/oder Länder verteilt.

Wertschöpfungsketten. → Wertschöpfung

Werturteil. Aussage, die explizit eine Wertung enthält, d.h. bestimmte Vorgänge, Handlungen oder Entscheidungen als gerechtfertigt/wünschenswert/gut bzw. als nicht gerechtfertigt/schlecht bezeichnet.

Wettbewerbspolitik. Staatliche Maßnahmen zur Förderung des wirtschaftlichen Wettbewerbs als eines für die Marktwirtschaft wesentlichen Elementes. Wettbewerbspolitik betreibt der Staat vor allem durch Gesetze und Verordnungen (z.B. Gesetz gegen Wettbewerbsbeschränkungen, auch „Kartellgesetz" genannt), durch die Wettbewerbsbeschränkungen verhindert werden sollen, wie sie sich besonders aus dem wirtschaftlichen Konzentrationsprozess ergeben.

Wirtschaftssubjekte. Bezeichnung für alle natürlichen (Menschen) oder → juristischen (Unternehmen, Staat) Personen, die wirtschaftliche Entscheidungen treffen (durch Kaufen, Verkaufen, Sparen, Investieren usw.) und so am Wirtschaftsleben teilnehmen.

Wohngeld. Staatlicher Zuschuss zu den Mietkosten (Mietzuschuss, Mietbeihilfe) für Haushalte, deren Einkommen unter einer bestimmten Grenze liegen und deren Mietkosten (z.B. wegen vieler Kinder) das Einkommen stark belasten (ca. 800000 Bezieher; der durchschnittliche Betrag liegt bei 142 Euro).

WTO. *World Trade Organization.* Die Welthandelsorganisation mit Sitz in Genf wurde 1994 gegründet und hat 153 Mitgliedsländer. Ihr Hauptziel ist es, die Handelsbarrieren (Zölle, Einfuhrbeschränkungen usw.) zwischen den Ländern abzubauen. Die Verhandlungen werden in den letzten Jahren durch die Interessengegensätze zwischen den Entwicklungsländern und den Industrieländern erschwert.

Zentralbank. Geldpolitische Entscheidungsinstanz einer Volkswirtschaft. Als Bestandteil des Bankensystems ist die Zentralbank allein zur Ausgabe gesetzlicher Zahlungsmittel berechtigt. Über den Einsatz ihrer geldpolitischen Instrumente kann die Zentralbank die Bankenliquidität und die Geldschöpfung der Banken so steuern, dass die Ziele der → Geldpolitik erreicht werden. Zu den geldpolitischen Zielen zählt vorrangig die Erreichung und Sicherung der Geldwertstabilität. Die Deutsche Bundesbank ist die nationale Zentralbank der Bundesrepublik Deutschland. In der Europäischen Wirtschafts- und Währungsunion bilden die nationalen Zentralbanken und die Europäische Zentralbank zusammen das Eurosystem, das die Geldpolitik für alle Teilnehmer einheitlich festgelegt.

Zweiter Weltkrieg. Von Deutschland unter der Herrschaft des Nationalsozialismus begonnener Krieg (1939), u.a. mit dem Ziel der Eroberung von „Lebensraum im Osten", der sich (gegen Russland, England, Frankreich, USA) über einen großen Teil Europas hin ausdehnte und mehr als 55 Mio. Tote (davon 30 Mio. unter der Zivilbevölkerung) zur Folge hatte. Nach der totalen Niederlage (1945) wurde Deutschland, dessen große Städte schwer zerstört wurden, von den Siegermächten besetzt und in vier Besatzungszonen aufgeteilt. Daraus bildeten sich Ende der 1940er-Jahre die beiden Staaten Deutsche Demokratische Republik (DDR) und Bundesrepublik Deutschland (BRD), die bis 1990 bestanden und durch den Eisernen Vorhang getrennt waren.

Register (G = Glossar)

Bildquellenverzeichnis

Umschlag: vorne links: ullstein-bild – oed, vorne rechts: © picture-alliance/Arco Images GmbH, hinten: © picture-alliance/Sven Simon, © picture-alliance/dpa-infografik; S. 7: Gerhard Mussel, Basis-Know-How Volkswirtschaft, Campus Verlag, Frankfurt/New York 2000, S. 24; S. 8: Gerhard Mussel, Basis-Know-How Volkswirtschaft, Campus Verlag, Frankfurt/New York 2000, S. 28; S. 10: l.: © picture-alliance/Denkou Images, r.: © picture-alliance/dpa; S. 12 o.: Christian Leipert, Grundzüge der Volkswirtschaftlichen Gesamtrechnung. In: Verbrauchererziehung, Informationsdienst zur wirtschaftlichen Bildung Heft 9, 1980, S. 16f. Hrsg. vom Informationsdienst des Instituts für wirtschafts- und sozialwissenschaftliche Bildung, Münster; S. 13: Zeichnung: © Marie Marcks, Heidelberg; S. 16: Quelle: Unterrichtsbogen zum aktuellen Wirtschaftsgeschehen. Sparkasse 11./12.1980, Nr. 6; S. 17: Verlagsarchiv Schöningh; S. 18: © picture-alliance/dpa-infografik; S. 20: Quelle: Statistisches Bundesamt, Wiesbaden 2011; S. 26: o.: Verlagsarchiv Schöningh, u.: © Bergmoser + Höller Verlag AG; S. 30: l.: Zeichnung: Kossatz, M.: Zeichnung: Auth; S. 34: Heinz Dieter Hardes/Alexandra Uhly, Grundzüge der Volkswirtschaftslehre, Oldenbourg Wissenschaftsverlag, München, 9. Aufl. 2007, S. 282; S. 35: o.: © picture-alliance/dpa-infografik, u.: Graphik-Ident-Nr. 2012-15-0002 © Statistisches Bundesamt, Wiesbaden 2012; S. 40: Foto: Bilderdienst Süddeutscher Verlag; S. 41: © Globus; S. 43: Bernd Nolte, Volkswirtschaft konkret, Wiley VCH Verlag, Weinheim 2003, S. 92ff.; S. 46: l.: © picture-alliance/akg-images, r.: © picture-alliance/Helga Lade Fotoagentur GmbH; S. 49: Globus 1953 (Ausschnitt); © picture-alliance/dpa-infografik; S. 52 o.: © Bergmoser + Höller Verlag AG; S. 53: © picture-alliance/dpa-infografik; S. 55: o.: Zeichnung: Erik Liebermann/CCC, www.c5.net, u.: Zeichnung: Horst Haitzinger/CCC, www.c5.net; S. 56: © picture-alliance/dpa-infografik; S. 57: Zeichnung: Klaus Pielert; S. 58 und 59: © picture-alliance/dpa-infografik; S. 60: © Manfred Jahreis 2002; S. 62: © Bergmoser + Höller Verlag AG; S. 63: http://www.sozialpolitik-aktuell.de/tl_files/sozialpolitik-aktuell/_Politikfelder/Arbeitsmarkt/Datensammlung/PDF-Dateien/abbIV1.pdf; S. 65: M.: http://www.sozialpolitik-aktuell.de/tl_files/sozialpolitik-aktuell/_Politikfelder/Arbeitsmarkt/Datensammlung/PDF-Dateien/abbIV34.pdf, u.: aus: Bundesagentur für Arbeit (Hg.): IAB-Kurzbericht 18/2010; S. 66 und 67 o.: © picture-alliance/dpa-infografik; S. 67 u.: © Bergmoser + Höller Verlag AG; S. 70 u.: © Bergmoser + Höller Verlag AG; S. 71: Quelle: IAB. http://doku.iab.de/grauepap/2011/Quali_Alo-Quoten_1975–2009.pdf; S. 72: Quelle: Bundesagentur für Arbeit; S. 74 M.: Zeichnung: Jan Tomaschoff/CCC, www.c5.net; S. 76: o.: © Bergmoser + Höller Verlag AG, u.l.: Quelle: Gesamtverband der deutschen Textil- und Modeindustrie/Textilwirtschaft, u.r.: © picture-alliance/dpa-infografik; S. 77: Zeichnung: Horst Haitzinger/CCC, www.c5.net; S. 80–84: © picture-alliance/dpa-infografik; S. 87: © Bergmoser + Höller Verlag AG; S. 88: © picture-alliance/dpa-infografik; S. 91: © Bergmoser + Höller Verlag AG; S. 92: o.l.: Zeichnung: Felix Mussil/CCC, www.c5.net, o.r.: Zeichnung: Walter Hanel/CCC, www.c5.net, u.l.: Zeichnung: Luis Murschetz/CCC, www.c5.net, u.r.: Zeichnung: Pepsch Gottscheber/CCC, www.c5.net; S. 93: © picture-alliance/dpa-infografik; S. 96: AKG, Berlin; S. 99: Camera Press/INTERFOTO; S. 101: Globus 2606 (Auszug); © picture-alliance/dpa-infografik; S. 103: l.: © picture-alliance/Globus Infografik, r.: © dpa-Fotoreport; S. 104: Geld und Geldpolitik Sek. II Ein Heft für die Schule, hg. von der Arbeitsgemeinschaft zur Förderung der wirtschaftl. und sozialen Bildung, Ausgabe 2002/2003, © Verlag Th. Mann, Gelsenkirchen-Buer 2002, S. 26–28; S. 106: Quelle: Deutsche Bundesbank, Geld und Geldpolitik 2010, S. 65; S. 107: © picture-alliance/dpa-infografik; S. 108: Foto: Europäische Zentralbank/Andreas Böttcher; S. 109: © Bergmoser + Höller Verlag AG; S. 112 o.: © picture-alliance/dpa-infografik; S. 114: o.: Zeichnung: Walter Hanel/CCC, www.c5.net, u.: © picture-alliance/dpa-infografik; S. 115: o.l.: Zeichnung: LUFF/CCC, www.c5.net, o.r.: Zeichnung: Peter Bensch/Handelsblatt v. 17./18.3.2000, S. 47, u.l.: Zeichnung: Pepsch Gottscheber/CCC, www.c5.net, u.r.: Zeichnung: Götz Wiedenroth; S. 116 und 117: © picture-alliance/dpa-infografik; S. 118, 121 und 122: © Bergmoser + Höller Verlag AG; S. 124: Quelle: Bundesfinanzministerium; S. 127: o.: Grafik: Niebel, in: Frankfurter Allgemeine Sonntagszeitung v. 7.11.2010, S. 53; u.: © picture-alliance/dpa-infografik; S. 130: l.: Jörn Altmann, Wirtschaftspolitik, Lucius & Lucius, Stuttgart, 8. Aufl. 2007, S. 339f.; r.: © picture-alliance/dpa; S. 131: M.: © picture-alliance/dpa-infografik, u.: Quelle: Bundeszentrale für politische Bildung, Themenblätter im Unterricht Nr. 82, Bonn 2010, Arbeitsblatt B; http://www.bpb.de/files/V9PCF3.pdf; S. 132: Quelle: Deutsche Bundesbank, Monatsbericht April 2010, S. 26; S. 133: o.: Zeichnung: Pepsch Gottscheber/CCC, www.c5.net, M.: © picture-alliance/dpa-infografik, u.: Zeichnung: J. Partykiewicz; S. 134: Zeichnung: Thomas Plaßmann/CCC, www.c5.net; S. 135: F.A.Z.-Grafik/Brocker; S. 137: © picture-alliance/dpa-infografik; S. 138: o.: © Wolfgang Horsch, u.: © picture-alliance/dpa-infografik; S. 140: © Bergmoser + Höller Verlag AG; S. 142 u.: © picture-alliance/dpa-infografik; S. 143: http://www.bpb.de/cache/images/9ZXSMR_590x460.gif; S. 144: M.: © picture-alliance/dpa-infografik, u.l.: © picture-alliance/chromorange, u.r.: Handelsblatt, Agenda Globalisierung 3.0, v. 23.1.2007, S. 47; S. 147: o.: © picture-alliance/dpa-infografik, u.l.: http://www.bpb.de/files/81SS68.pdf, u.r.: Wolfgang Sischke/DIE ZEIT, 1995.10.20; S. 148: o.: © 2012, IW Medien iwd 16, u.l.: © picture-alliance/dpa, u.r.: © picture-alliance/dpa-infografik; S. 149: © Bergmoser + Höller Verlag AG; S. 150: SZ-Grafik: Adelheid Beck aus: Süddeutsche Zeitung vom 5.11.2004; S. 152: © picture-alliance/Globus Infografik; S. 153: o.: Henning Klodt, Einkommens- und Beschäftigungseffekte der Globalisierung; http://www.fes-online-akademie.de/download.php?d=henning_klodt.pdf; u.: Zeichnung: Klaus Pielert; S. 155: Stiebel Eltron; S. 157: Zeichnung: Jan Tomaschoff/CCC, www.c5.net; S. 158: © picture-alliance/dpa-infografik; S. 159: o.: Grafik: Walter; Quelle: Frankfurter Allgemeine Zeitung v. 29.9.2006, S. 17; u.: © Statistisches Bundesamt, Wiesbaden 2008; S. 160: Zeichnung: Thomas Plaßmann/CCC, www.c5.net; S. 161: o.: © picture-alliance/Globus Infografik, u.: © Statistisches Bundesamt, Wiesbaden 2008; S. 162: Bundesverband deutscher Banken (Hrsg.), Berlin, Schul/Bank, Informationsdienst für Schule und Lehrer 02/2010, S. 2; S. 164: © 2011, IW Medien iwd 41; S. 165: o.: © Statistisches Bundesamt Deutschland 2007, u.: © 2012, IW Medien iwd 3; S. 167: © 2011, IW Medien iwd 36

Sollte trotz aller Bemühungen um korrekte Urheberangaben ein Irrtum unterlaufen sein, bitten wir darum, sich mit dem Verlag in Verbindung zu setzen, damit eventuelle Korrekturen vorgenommen werden können.